Cartas Previleg.ᵒˢ

Cedulas

y otras Escrituras

de Dõ Xpoual Colon

Almirante Mayor

l Mar Oceano Visorey

y Gouernador delas

Yslas y Tierra firme

CHRISTOPHORUS COLUMBUS

Paraísos Perdidos · Lost Paradises · Paradis Perdus

Luces y Sombras en el Siglo de Colón:
la Historia y la Poesía en diálogo con las músicas
árabo-andaluzas, judías y cristianas
de la Antigua Hesperia hasta el descubrimiento del Nuevo Mundo.

Disco I

I PROFECIAS Y EVOCACIONES ANTIGUAS

Medea. (Tragedia, Acto II) – Séneca (s. I d.C)
Música: Coro: G. Binchois; Solo: Anónimo s. XII
(textos citados y traducidos por Colón en su Libro de las Profecías)

1. Introducción: 0'57
   Pierre Hamon (flauta doble), Pedro Estevan (percusión)

2. Invocación: Coro: *Tethysque novos detegat orbes*   1'06
   La Capella Reial de Catalunya, Pierre Hamon (flauta doble), Pedro Estevan (percusión)

3. Evocación 1: Medea: *Nunc iam cessit pontus et omnes patitur leges*   2'34
   Montserrat Figueras, Jordi Savall (rebab)

4. Invocación: Coro: *Tethysque novos detegat orbes*   1'28
   La Capella Reial de Catalunya, P. Hamon (flauta doble), B. Olavide (psalterio)

5. Evocación 2: Medea: *Terminus omnis motus et urbes*   2'30
   Montserrat Figueras, Dimitris Psonis (santur)

6. Invocación: Coro: *Tethysque novos detegat orbes*   1'52
   La Capella Reial de Catalunya, Pierre Hamon (Flauta doble))

7. Evocación 3: Medea: *Venient annis saecula seris*   2'29
   Montserrat Figueras, Dimitris Psonis (santur), Jordi Savall (rebab)

8. Recitado: *"Venient annis sæcula seris quibus oceanus vincula rerum laxet..."*   0'45
   Manuel Forcano

9. Invocación: Coro: *Tethysque novos detegat orbes*   0'52
   La Capella Reial de Catalunya, Pierre Hamon (flauta doble)

10. Recitado: *"Vendrán los tardos años del mundo..."*   1'13
    Francisco Rojas, Pierre Hamon (flauta doble), Begoña Olavide (psalterio)

1408 Reinado del Emir Nazarí Yusuf III

11. Música: Himno Sufí (improvisación instrumental)   1'25
Dimitris Psonis (santur), Pedro Estevan (percusión)

12. Música: Improvisación   1'32
Driss el Maloumi (oud)
Recitado: Descripción de las bellezas de Granada – Ibn Battuta, *Los Viajes*
Manuel Forcano

13. Música: Instr. Al-Andalus   2'44
Mowachah Billadi askara min aadbi Llama
B. Olavide, D. El Maloumi, D. Psonis, F. Alqhai, J. Savall, P. Estevan

II CONQUISTAS Y NACIMIENTO DE COLON

1410 (Septiembre) Las tropas del infante Fernando conquistan Antequera

14. Romance antiguo: *El moro de Antequera* (Anónimo Sefardí)   6'50
Montserrat Figueras, Hespèrion XXI

15. Música: Percusiones   1'53
Pedro Estevan, David Mayoral
Recitado: "Estando el infante sobre Antequera..."
Crónica de los Reyes de Castilla, cap. XXIX
Francisco Rojas

16. Música: *Zappay* (instr.) CMM 20   0'53
J.P. Canihac, B. Delpierre, D. Lassalle, P. Estevan

1443 (Febrero) Alfonso V el Magnánimo entra en Nápoles

17. Música: *Collinetto* (instr.) CMM 22   2'46
Xavier Díaz-Latorre (laúd), David Mayoral (percusión)
Recitado: "Ací diré la gran honor que fon feta al senyor rei..."
(*Dietari* de Melcior Miralles, cura del rey Alfonso V y Vicario de la Catedral de Valencia)
Manuel Forcano

18. Villota: *Dindirindin* – Anónimo CMM 127   2'02
La Capella Reial de Catalunya

1451 (Octubre) Nace Cristóbal Colón

19. Música: *O tempo bono* (introducción)   0'52
    Recitado: "Siendo sus antepasados de la real sangre..." Hernando de Colón
    Recitado: "Sus padres fueron personas notables..." Fray Bartolomé de las Casas
    Francisco Rojas

20. Strambotto: *O tempo bono* – Anónimo CMM 132   3'30
    Carlos Mena, Lambert Climent, Francesc Garrigosa, Daniele Carnovich
    Hespèrion XXI

III NUEVAS RUTAS Y GRANDES PROYECTOS

1474 (25 de Junio) Carta del físico de Florencia Toscanelli enviada al Príncipe Don Juan

21. Música: *Voca la galiera* – Anónimo CMM 18   1'16
    Xavier Díaz-Latorre (vihuela)
    Recitado: "Mito ergo sue maiestati cartam, manibus meis factam..."
    Manel Forcano

22. Basse Dance: *Mappa mundi (Kyrie de la Misa Mappa Mundi)*   1'36
    Johannes Cornago
    Hespèrion XXI

1480 Naufragio en el Cabo de San Vicente

23. Música: *Chiave, chiave* (instr.) – Anónimo CMM 131   0'57
    Hespèrion XXI
    Recitado: "El Almirante salió al encuentro de cuatro grandes galeras
    venecianas..." (Hernando de Colón, *Vida del Almirante*)
    Francisco Rojas

1485 Casamiento de Colón durante su estancia en Portugal

24. Improvisación: Melodía antigua (s. XI) y palos de agua   0'44
    Pierre Hamon (flauta), David Mayoral (palos de agua)
    Recitado: "Como no estaba muy lejos de Lisboa..."
    Francisco Rojas

25. Villancico: *Meis olhos van por lo mare* – Anónimo CMP 453   2'48
    Ll. Vilamajó, X. Díaz-Latorre, J. Savall (viola soprano), D. Mayoral

1486 Colón presenta su proyecto a los Reyes Católicos

26. Música: Introducción *In te Domine speravi* (violas)   0'52
    Recitado: "Finalmente, atendiéndose al uso castellano..."
    Francisco Rojas

27. Frottola: *In te Domine speravi* – Josquin des Près CMP 84   3'55
    D. Sagastume, Ll. Vilamajó, F. Zanasi, J. Ricart
    Hespèrion XXI

IV EL FIN DEL AL-ANDALUS

28. Improvisación melodía arabo-andaluza   1'28
    Dimitris Psonis (santur), Pierre Hamon (flauta)

    Poema en piedra de la Alhambra de Granada
29. Música: improvisación psalterio (Begoña Olavide)   1'12
    Recitado: Texto en árabe de Ibn Zamrak
    Manuel Forcano

30. Jarcha: *Ya amlaja halki* (Andalucía s. XIII)   6'18
    Montserrat Figueras, Driss El Maloumi, Fahmi Alqhai, Begoña Olavide

1492 (2 de Enero) La Conquista de Granada

31. Música: *La Spagna* (instr.)   1'39
    J.P. Canihac, B. Delpierre, D. Lasalle, J. Borràs, M. Behringer, P. Estevan

32. Música: Tambores, Campanas   1'59
    Recitado: "Pasaron Julio e Agosto..."
    Del partido de la Alhambra y de cómo se dio Granada, por Andrés Bernaldez
    (cura y confesor de la reina Isabel I y del Inquisidor General de Castilla)
    Francisco Rojas

33. Recitado: *"Levanta pascual..."*   0'16
    Francisco Rojas

34. Villancico: *Levanta pascual que Granada es tomada*   5'12
    Juan del Enzina CMP 184
    Carlos Mena, Lambert Climent, Jordi Ricart, Daniele Carnovich

35. Romance: *Qu'es de ti, desconsolado* – Juan del Enzina CMP   7'31
    Lluís Vilamajó, David Sagastume, Jordi Ricart, Driss El Maloumi,
    Hespèrion XXI

Disco II

V LA DIASPORA SEFARDI

VI DESCUBRIMIENTOS Y AGRAVIOS

VII TESTAMENTO DE ISABEL I Y MUERTE DE COLON

17. Música: *Departez vous* (instrumental) – Guillaume Dufay   1'45
    Xavier Díaz-Latorre (laúd)

1504 Testamento de la Reina Isabel I de Castilla

18. Música: Tambores, Campanas, Psalterio y Voces   1'27
    Recitado: " Y no consientan..." Sobre el trato a los indios, en una réplica
    de Fray Bartolomé de las Casas al doctor Ginés de Sepúlveda
    Núria Espert

19. Villancico: *Todos los bienes del mundo* – Juan del Enzina CMP 61   4'22
    La Capella Reial de Catalunya, Hespèrion XXI

1506 (20 de mayo) Muere en Valladolid Cristóbal Colón

20. *Fortuna desperata* – Heinrich Isaac   2'16
    Jordi Savall, Sergi Casademunt, Fahmi Alqhai (violas)

21. Música: Introducción del *Miserere nostri*   1'22
    Campanas y violas
    Recitado: "En mayo de 1505, salió de viaje ..."
    Francisco Rojas

22. *Miserere nostri / Vexilla Regis* – Anónimo CMM 106   9'39
    La Capella Reial de Catalunya, Hespèrion XXI

Epitafio
23. *Fantasía I* – Lluís del Milà   2'12
    Xavier Díaz-Latorre (vihuela)

Fragmento de una carta del Almirante
24. Música: *Melodía anónima* s. XVI   0'59
    Pierre Hamon (flauta)
    Recitado: "No soy el primer Almirante de mi familia..."
    Francisco Rojas

25. Himno Procesional: *Hanacpachap cussicuinin* (en Quechua)   5'15
    Juan Pérez Bocanegra
    La Capella Reial de Catalunya, Hespèrion XXI

Concepción del Programa, Selección de textos y músicas y Adaptaciones musicales
Jordi Savall

Dramaturgia y Textos Arameos, Hebreos, Árabes y Náuhatl
Manuel Forcano

Recitantes
Núria Espert *castellano* (CD II núm. 18)
Francisco Rojas *castellano*
Manuel Forcano *latín, catalán, árabe, arameo y náuhatl*

Montserrat Figueras *soprano*
Begoña Olavide *mezzosoprano*
Lluís Vilamajó *tenor*
Furio Zanasi *barítono*

La Capella Reial de Catalunya
Arianna Savall, Henar Álvarez, Ana Huete *sopranos*
Carlos Mena, David Sagastume, José Hernández *contratenores*
Francesc Garrigosa, Lambert Climent *tenores*
Jordi Ricart *barítono*
Daniele Carnovich *bajo*

HESPÈRION XXI
Pierre Hamon *flautas*
Jordi Savall *vielle, vihuela de arco soprano y rebab*
Fahmi Alqhai *rebec y vihuela de arco baja*
Driss El Maloumi *oud*
Andrew Lawrence-King *arpa renacentista*
Begoña Olavide *psalterio*
Dimitris Psonis *santur*
Sergi Casademunt *vihuela de arco tenor*
Rolf Lislevand, Xavier Díaz-Latorre *vihuela de mano y guitarra*
Jean-Pierre Canihac, Lluís Coll *cornetto*
Béatrice Delpierre *chirimía*
Daniel Lassalle, Richard Cheetham, Jordi Giménez *sacabuche*
Josep Borràs, Carles Cristóbal *bajón y dulcián*
Michael Behringer *órgano de cámara*
Pedro Estevan, David Mayoral *percusión*

Dirección: Jordi Savall

La Capella Reial de Catalunya tiene el patrocinio de la Generalitat de Catalunya
Con la colaboración de la Fundación Ariane de Rothschild

Grabaciones realizadas en el Monasterio de Sant Pere de Rodes (El Port de la Selva, Girona),
los días 6 Mayo, 25 al 27 Junio, 10 Julio y 6 Agosto 2006 por Nicolas de Beco.
Montaje digital: Musica Numeris. **Transfer y Masterización SACD: Musica Numeris**

PARAÍSOS PERDIDOS
1400 - 1506

"Este mundo bueno fue
si bien usáramos de él
como debemos."

Jorge Manrique (1440-1479)

Nuestro pasado no es sólo nuestro. El espacio geográfico que nuestra cultura ha ocupado a lo largo de los siglos ha incluido en su interior gentes diversas con otras formas culturales y religiosas como, en los tiempos de la antigua Hesperia, la musulmana y la judía. Pero durante la Edad Media –que fue como la actual, una época de odios religiosos e incomprensión– el paraíso de la Hesperia de las "Tres Culturas" se degradó, y a pesar de la intolerancia y las crueldades, árabes y judíos habitaban entre nosotros, vivían como nosotros, eran nosotros. A finales del siglo XV, después de la conquista de Granada, fueron expulsados, o convertidos al cristianismo por decreto y su marcha significó el fin de una época, la pérdida de un posible paraíso: los textos lo denuncian, las músicas lo lloran, la memoria lo ilumina y nuestra conciencia lo dignifica.

Paralelamente a estas convulsiones, una figura excepcional emerge: Cristóbal Colón, el almirante que en 1492 descubre el Nuevo Mundo. Un nuevo paraíso va a ser transformado: la llegada de los colonizadores comportará, por un lado la destrucción y la pérdida de muchas culturas indígenas, y por otro, la cristalización de un mestizaje social y cultural muy fructífero tanto en el Viejo como en el Nuevo Mundo.

Las músicas de la época, junto con los diferentes textos que jalonan la biografía de Cristóbal Colón, y especialmente los que fueron anotados por él mismo en sus cuadernos como la premonitoria citación del Coro de la Tragedia *Medea* de Séneca, (que anuncia la existencia de un mundo desconocido más allá de la isla Thule que será descubierto por un audaz marinero), son testimonios directos y reveladores de todas estas profundas transformaciones. De la combinación entre estas fuentes históricas y musicales, nace un espectáculo renovador, en el cual la belleza y la emoción de la música establece un expresivo diálogo con los textos recitados; unos descriptivos, otros poéticos, algunos verdaderamente crueles y otros más dramáticos, pero todos profundamente representativos del acontecer de una época de cambios, de un pasado lejano pero que no deberíamos olvidar. La música nos permite acercarnos con intensa emoción a las crónicas de este siglo excepcional, que muestran la extrema ambivalencia de una época a la vez convulsa y muy creativa, y que a pesar de sus numerosas sombras, se destacó por un brillante florecimiento de todas las artes. Escuchemos cómo las maravillosas músicas de los villancicos y romances de la época se alternan con el dolido y sincero sentimiento de las crónicas contemporáneas de Andrés Bernáldez, los lamentos sefardíes, las descripciones de Ibn Battuta, el diario de a bordo del almirante, los contundentes edictos reales, así como con el magistral verbo poético tanto de Juan del Enzina como del granadino Ibn Zamrak, sin olvidar el maravilloso poema en lengua náhuatl sobre la fugacidad universal.

Con esta propuesta deseamos, a parte de recuperar un importante patrimonio musical interpretado vocal e instrumentalmente con criterios históricos y con instrumentos de época, presentar también nuestro homenaje a las otras principales culturas de la época. Así nuestras músicas cortesanas conservadas en valiosos manuscritos, se complementan con las músicas de tradición oral procedentes de las culturas árabe y judía, y de las de un Nuevo

Mundo hoy desconocido, evocadas simbólicamente por el sugestivo sonido de las diferentes flautas originales de las antiguas culturas amerindias. Recordar los momentos más significativos de este siglo no es solamente sumarse a la conmemoración del Vº Centenario del fallecimiento de Cristóbal Colón (1506-2006). De una forma simbólica, pero profundamente sincera, queremos dar a este proyecto el sentido de un necesario gesto de desagravio, hacia tantos hombres y mujeres, que por pertenecer a unas culturas y creencias tan diferentes a las nuestras no fuimos capaces de entender, ni de respetar. Los *Paraísos Perdidos* trenza la música y la literatura de la época y nos ofrece un friso breve pero intenso de esos días cruciales de metamorfosis religiosa y cultural donde un Viejo Mundo desaparecía y un Nuevo Mundo emergía. El testimonio de los textos, seleccionados por Manuel Forcano, recitados por él mismo en las lenguas árabe, hebrea, aramea, latín y náhuatl, y los recitados por Francisco Rojas y Núria Espert en castellano, así como las músicas cantadas también en latín, hebreo, árabe, quechua, ladino, castellano, portugués, catalán e italiano, por Montserrat Figueras, Begoña Olavide, Lluis Vilamajó y los solistas de *La Capella Reial de Catalunya* son la mejor prueba de la riqueza cultural de una época que las vio desaparecer de nuestros horizontes y que actualmente recuerdan lo importante y necesario que es el diálogo y la comprensión entre las diferentes religiones y culturas para ser capaces de preservar y restaurar, en este conflictivo siglo XXI, un bagaje cultural de tal envergadura y significación.

Los *Paraísos Perdidos* propone un merecido reconocimiento a la literatura, a la historia y a la música de la antigua Hesperia y del Nuevo Mundo. Plenamente conscientes que más de quinientos años nos separan de estas épocas remotas, creemos por ello que, de la misma forma que la calidad poética y la fuerza expresiva de la evocación recitada, puede hacer que sus acontecimientos más dramáticos vuelvan a estremecernos, la belleza y la vitalidad de sus músicas puedan también emocionarnos intensamente. Recordemos también, que si bien su dimensión artística es siempre intemporal, todas éstas músicas, sus instrumentos, sus formas, sus sonidos, en definitiva su estilo, llevan inevitablemente en sí mismas la marca de su tiempo. Por ello optamos por la justa adecuación histórica vocal e instrumental, complementada con la correspondiente capacidad de imaginación creativa que tan bien caracterizan los solistas vocales e instrumentales de las formaciones musicales de *Hespèrion XXI* y de *La Capella Reial de Catalunya*, así como la presencia de los solistas especializados en las tradiciones orientales, y en los instrumentos antiguos (flautas amerindias) del Nuevo Mundo.

El poeta Jorge Manrique escribió: *"¿Qué se hizo aquel trovar, las músicas acordadas qué tañían?"* Con este libro-disco, los escritores, musicólogos, recitantes, cantantes e instrumentistas que colaboran en este proyecto, proponen dar no sólo una respuesta a la pregunta del poeta, sino una hipótesis de reflexión: las músicas vivas de tiempos lejanos, acordadas a la memoria de nuestra historia, pueden transformarse en el alma de una renovada visión crítica y humanística de nuestros orígenes y quizás también ayudarnos a liberarnos un poco más de una cierta amnesia cultural, especialmente grave en lo referente a nuestra música. Sólo así, recuperando y revitalizando el antiguo patrimonio musical, así como aproximándonos desde otra perspectiva a la historia y al pasado, podremos imaginar y construir mejor la memoria del futuro.

JORDI SAVALL
Bellaterra, Verano del 2006

DE LA PROFECÍA A LA TRAGEDIA

1. – *"Pasados los años vendrán tiempos nuevos: / soltará el Océano los lazos del orbe, / y un gran continente saldrá de las olas, / y Tetis la gloria verá de otros mundos. / Y entonces la tierra no acabará en Tule."* La evocadora voz de Montserrat Figueras es de nuevo la de una Sibila, rodeada por un susurrante coro de sacerdotes y pronunciando las proféticas palabras de Medea escritas por el dramaturgo y filósofo romano Séneca en el primer siglo de la era cristiana.

La profecía de Medea es casi escalofriante en su meridiana descripción de un aconteci-miento que no tendrá lugar hasta quince siglos más tarde. Sin embargo, esa creencia en un nuevo mundo aún por descubrir tenía profundas raíces en la tradición cultural de la anti-gua Grecia, así como en el legado de los grandes profetas hebreos del Antiguo Testamento, y no dejó de estar de modo permanente en el corazón mismo de la visión del mundo medieval y protorrenacentista.

Cristóbal Colón fue muy consciente de esa secular línea de pensamiento. Entre otras fuentes, había leído la *Historia rerum ubique gestarum* del papa Pío II y la *Imago mundi* del cardenal Pedro de Ailly y estaba familiarizado con los relatos de viajes de Marco Polo al Lejano Oriente. Más tarde, en los años finales de su vida, acabaría convencido de que el éxito de su viaje de descubrimiento constituía el cumplimiento de todas esas profecías. Con la ayuda de su querido amigo el monje cartujo Gaspar Corricios, empezaría a escribir en 1501 una extensa antología de todos los fragmentos de autores clásicos, bíblicos y ecle-siásticos en los encontró algún indicio de semejante visión, el *Libro de profecías*, una obra que escapó milagrosamente al misterioso destino de tantas otras fuentes originales relacio-nadas con el Almirante, lo que sumiría la biografía de Colón a una niebla de incertidumbre y alimentaría una interminable cadena de hipótesis sobre sus orígenes familiares y las primeras etapas de su vida.

¿Fue Colón un italiano de Génova, como siempre ha mantenido su biografía oficial? ¿O fue en realidad un judío catalán deseoso de escapar de la persecución religiosa? ¿O quizá un miembro de la más alta nobleza portuguesa, enviado en una misión por el rey de Portugal? ¿Quizá fue gallego? Ninguna de esas interpretaciones alternativas, a menudo muy entrelazadas con las más fantásticas teorías de conspiraciones históricas, ha sobrevi-vido a la crítica de la investigación seria, pero todas ellas proceden, en el fondo, de esa enigmática ausencia de fuentes originales relevantes, empezando por sus auténticos diarios de viajes. El mito siempre prolifera sobre la falta de información que la investigación eru-dita no ha sido capaz de suplir. Por otra parte, no deja de ser muy curioso que uno de los más desconcertantes documentos autógrafos existentes de Colón sea precisamente un texto de hondas vinculaciones con la tradición mítica: el mencionado *Libro de profecías*, que se conserva en la Biblioteca Colombina y Capitular de Sevilla (z. 138-25).

A menudo se ha despreciado esta recopilación de apariencia caótica de Salmos, profecías bíblicas, citas clásicas y pasajes de los Padres de la Iglesia por considerarse que era un simple texto devocional, cuando no un palmario testimonio de la supuesta inestabilidad mental del Almirante al final de su vida. En realidad, es un documento muy relevante que muestra de qué manera estaba arraigado en el mito la visión de Colón del significado último de su viaje de descubrimiento: una "gran narración" del cristianismo que acaba abarcando a la humanidad entera mediante la conversión de todas las naciones, y donde la renta extraída de las tierras recién descubiertas generarían la riqueza necesaria para pagar la reconquista de Jerusalén y el debido cumplimiento de la voluntad de Dios sobre la tierra, tal como se anunciaba en las Escrituras. Colón estaba firmemente convencido de ser el instrumento del Señor para lograr semejante propósito de unificación y salvación del mundo.

2. – Dondequiera que naciera, Colón es un producto de la Europa meridional, de esa costa noroccidental del Mediterráneo que empieza en la Península italiana y Sicilia, continúa por el Mediodía francés y España, pasa el estrecho de Gibraltar y se abre al Atlántico a lo largo de las costas de Portugal. Desde tiempos inmemoriales, esa región ha sido siempre escenario de innumerables encuentros entre culturas diversas: el Imperio romano –en sí un complejo mosaico intercultural– había cedido a la progresión de las tribus migratorias germánicas en los siglos IV y V, y ambos habían acabado por fusionarse en los primeros reinos cristianos de la Alta Edad Media. Las herencias latina y germana se combinaron y dieron lugar a nuevas identidades culturales mixtas, con elementos de ambas tradiciones; y, a medida que la Iglesia logró poco a poco reconstruir la jerarquía trasnacional, ese impulso hacia la integración cultural se hizo más fuerte.

Sin embargo, ese proceso tuvo que enfrentarse, casi desde su inicio, a un grave obstáculo con la llegada a la región del Mediterráneo occidental de otra religión monoteísta con una estrategia de expansión igual de poderosa, el Islam. Los árabes enseguida conquistaron todo el Magreb, penetraron en la península ibérica y la ocuparon casi por completo, con la excepción del pequeño enclave septentrional de las montañas de Asturias. Cuando Carlos Martel, mayordomo de palacio del reino franco de Austrasia, derrotó al ejército árabe de Abderramán en Poitiers en el año 732, su victoria tuvo el efecto inmediato de detener la ofensiva militar musulmana en Europa occidental. De todos modos, también tuvo dos consecuencias importantes para la historia del continente en su conjunto: por un lado, fue la base del prestigio político de la familia de Carlos, cosa que más tarde le permitió a su hijo Pipino el Breve convertirse en rey de todos los francos en 750 y convirtió en 800 a Carlomagno, hijo de Pipino, en el primer emperador de Occidente desde la caída de Roma; por otro, convirtió los Pirineos una frontera cultural así como militar, al otro lado de la cual las cosas eran necesariamente muy diferentes de lo que sucedía en el resto de Europa.

A lo largo de la Edad Media, la antigua Hispania se vio envuelta en un constante torbellino político, puesto que fue un mosaico de entidades políticas en cambio permanente, tanto en el lado cristiano como en el musulmán. El Al-Ándalus islámico unificado llegó a su cima de poder, riqueza y esplendor con el establecimiento del emirato omeya (más tarde, califato) de Córdoba en 755, pero en 1031 la caída del último califa condujo a la subdivisión del territorio en múltiples Estados independientes, los llamados reinos de taifas, que no tardaron en verse envueltos en permanentes luchas de unos contra otros y también contra los nuevos ejércitos musulmanes procedentes del norte de África que esos soberanos llamaban en su auxilio en momentos de desesperación (los almorávides, después de la caída de Toledo, en 1085; los almohades, después de la caída de Lisboa, en 1147), con el resultado de que enseguida aparecía un nuevo contrincante en la lucha por el territorio. En cuanto a los cristianos, el inicial reino de Asturias que había sobrevivido a la invasión árabe no tardó en dar lugar a nuevas entidades políticas: los reinos de León y Castilla (más tarde unificados en una sola corona), así como los de Aragón, Navarra y Portugal.

Esta subdivisión geopolítica de la Península se encontraba en cambio constante debido a todo tipo de factores: la pura fuerza militar y la astucia diplomática, las alianzas matrimoniales y los pactos comerciales. A menudo, los conflictos militares no seguían las fronteras religiosas: un monarca cristiano y un rey musulmán podían aliarse contra un enemigo común; y, en períodos de debilidad, un territorio gobernado por una religión podía verse obligado a pagar un fuerte tributo a la potencia militar más fuerte de un reino vecino del credo opuesto. Además, tuvo lugar a escala peninsular, tanto en los Estados musulmanes como cristianos, una amplia circulación de productos de diverso tipo.

Internamente, a pesar de las migraciones o las "limpiezas étnicas" ocasionales que seguían a una operación militar, todos esos reinos tenían una población constante y mixta de árabes y cristianos, a los que debían añadirse las comunidades judías adineradas y cultas situadas en las ciudades más importantes. Aunque debe decirse que los gobernantes islámicos se mostraron mucho más tolerantes con las otras confesiones religiosas que sus equivalentes cristianos, lo cierto es que debía mantenerse un equilibrio en este sentido para que la economía funcionara y se lograra la supervivencia de todos. Las dos principales comunidades religiosas se necesitaban en cierto modo la una a la otra, del mismo modo que ambas necesitaban a los judíos, quienes a su vez no podían sobrevivir solos dentro de ese sistema.

La coexistencia diaria significaba también necesariamente el intercambio cultural. En todos los niveles de la sociedad los individuos de diferente origen étnico y religioso escuchan, por ejemplo, canciones y danzas de otros, y los instrumentos como el 'ud o el rabab circulaban de una cultura a otra. Las primeras universidades cristianas, como las de Salamanca o Coimbra, no podían evitar el estudio de las obras de los matemáticos, astrónomos y cartógrafos árabes y judíos, contratados muchas veces por los propios reyes cristianos como asesores y administradores; y, en particular en el ámbito musical, los tratados de Al Farabí se consideraban como una referencia básica. Cuando los aristocráticos trovadores galaicoportugueses empezaron a desarrollar su propia canción cortés bajo la influencia de sus equivalentes en el sur de Francia, encontraron un modelo mucho más cercano en los refinadísimos esquemas de la poesía y la música árabes; y fue asimismo entre las élites árabes donde se hallaban todo tipo de apreciadísimos artículos de lujo ajenos a la austera tradición visigoda y olvidados desde los remotos tiempos del Imperio romano. Las iluminaciones de las *Cantigas de santa María*, reunidas bajo el patrocinio del rey Alfonso X de León y Castilla, así como las del cancionero *Ajuda* de Lisboa, muestran a numerosos músicos árabes dedicados a la ejecución de ese repertorio. Muchos reyes musulmanes eran poetas o músicos: el rey de Granada Yusuf III, que reinó entre 1408 y 1417, por ejemplo, nos ha dejado algunos maravillosos pasajes de poesía naturalista –y, en algunos casos, claramente homoerótica–, cuyos ecos resuenan en muchos aspectos en las obras de los poetas tardomedievales y protorrenacentistas cristianos de la época.

Colón, dondequiera que se encuentren sus orígenes, vivió sin duda alguna esa realidad multiétnica de constante intercambio cultural, intelectual y artístico, en el que la música, por la propia naturaleza no verbal de su discurso, era ciertamente fundamental. Por desgracia, la música arabo-andalusí no estaba anotada y cualquier intento de reconstruir la práctica musical debe basarse en el repertorio transmitido oralmente y conservado en la estricta tradición enseñada en las escuelas musicales marroquíes, que afirman haber preservado gran parte de ese repertorio y la práctica interpretativa tal como llegaron de la Península en los siglos XV y XVI. Gran parte de esas melodías comportan un sustancial grado de improvisación de acuerdo con reglas codificadas.

3. – A principios del siglo XV el equilibrio de poder había evolucionado de modo significativo en la península y ya no cabía duda alguna del resultado militar de la confrontación entre los reinos cristianos y musulmanes locales. En Portugal, Castilla y Aragón, la centralización del poder en manos de los soberanos estaba creando poco a poco el esquema básico del Estado absolutista moderno en el que la Iglesia y el funcionariado eran percibidos como dos pilares de la autoridad del monarca. Más que un simple jefe y *primus inter pares*

dentro de la alta nobleza, el rey buscó afirmarse como una entidad por encima de todas las clases, ungido y legitimado de modo directo por la voluntad y la gracia de Dios. Crearía una corte de acuerdo con las pautas del modelo promovido por los duques de Borgoña en su acaudalada corte de Dijon, reuniendo a su alrededor a los estratos más altos de la aristocracia, así como a los funcionarios eruditos de más alto rango; por otra parte, tampoco tendría reparos en romper los privilegios tradicionales de la jerarquía eclesiástica o de comunidades urbanas tradicionales establecidas en la Edad Media.

No se trataba sólo de un constructo político. El crecimiento del comercio internacional y la transición gradual hacia una economía monetaria atribuyó al Estado un nuevo papel regulador, que incluía una recaudación mucho más importante y amplia de los impuestos y su redistribución en forma de una administración pública organizada y centralizada. Quizá en mayor medida que los otros soberanos absolutistas de su época, los monarcas ibéricos también creían en la necesidad de rodear su poder recién reforzado de un aura añadida majestad y de una afirmación simbólica del privilegio real que afectaba a todos los ámbitos de la producción artística patrocinada por el Estado. La creación de capillas musicales con una rica dotación económica al servicio de cada soberano peninsular en el siglo XV y provistas de los mejores músicos disponibles, constituye una parte importante de esta estrategia. Las cortes castellana, aragonesa y portuguesa enseguida se convirtieron en sofisticados centros culturales, en los que el desarrollo de la canción y la danza seculares de acuerdo con las pautas más cosmopolitas acompañaba el fortalecimiento del repertorio polifónico sacro interpretado por las capillas reales.

Se trató de una época de agresiva afirmación geopolítica y militar para cada uno de esos Estados. Portugal, atrapado entre Castilla y el Atlántico, y por lo tanto incapaz de expandirse territorialmente por la Península, buscó abrirse camino a través del mar: en 1415 los ejércitos portugueses conquistaron la plaza fuerte de Ceuta, en Marruecos; en 1418, los barcos portugueses llegaron a la isla de Madeira; y unos años más tarde, empezaron a explorar la costa de África. Aragón se dedicó a la expansión de sus territorios italianos, y en 1443 Alfonso V el Magnánimo hizo su entrada triunfal en Nápoles como rey de Aragón, Mallorca, Nápoles y Sicilia. Castilla buscó, sobre todo, conseguir la derrota final del reino moro de Granada, y en 1410 una gran operación militar logró la conquista de Antequera.

El matrimonio entre los herederos de los tronos de Aragón y Castilla, Fernando e Isabel, respectivamente, que se produjo en 1469, creó una nueva y poderosa alianza entre los dos adversarios tradicionales. No habría sido realista por su parte intentar anexionarse Portugal, pero de todos modos les resultaba importante poder competir con los portugueses en la lucrativa exploración del Atlántico en la que sus vecinos estaban muy avanzados y por ello, en 1470, Isabel y Fernando ordenaron la ocupación de las islas Canarias. En 1482 se lanzó contra Granada una fuerte ofensiva conjunta: Alhama cayó el 14 de mayo, con lo que se despejó el camino hacia la capital mora y a partir de entonces una ciudad tras otra cayeron en manos de los ejércitos castellanoaragoneses, hasta que la pareja reinante entró por fin en Granada el 2 de enero de 1492 y aceptó la rendición del último rey musulmán de la dinastía nazarí, Abu Abdalá o Mohamed XI, conocido por los cristianos como Boabdil.

Todas estas victorias fueron convenientemente celebradas en canciones, y los cancioneros polifónicos reunidos en la Península (*Cancionero del Palacio*) o en Nápoles (*Cancionero de Montecassino*) incluyeron, junto a las refinadas canciones de amor que se habían convertido en símbolo clave de distinción musical para la nobleza de corte, múltiples romances estróficos loando los triunfos de los monarcas conquistadores. De particular importancia para Isabel y Fernando, que se enfrentaban a la necesidad de crear una causa común capaz de movilizar dos naciones tradicionalmente rivales, era la producción de un discurso "católico" unificado opuesto al enemigo "hereje". Un inmenso repertorio poético y musical hace renacer el espíritu de una cruzada antimusulmana, vista como base para una identidad nacional "española" compartida por aragoneses y castellanos dirigidos por el "rey y la reina católicos" ("ella con oraciones, él con muchos hombres armados", como dice el poema de un romance narrativo de la época).

4. – La victoria de Granada marca el principio de una nueva época de la cultura ibérica en la que la diversidad cultural y religiosa que había logrado sobrevivir a lo largo de la Edad Media queda del todo abolida por el nuevo Estado absolutista triunfante. Poco después, por el llamado decreto de Alhambra, del 31 de marzo de 1492, firmado simbólicamente en la recién conquistada ciudad de Granada, los dos soberanos expulsan de su reino a todos los judíos que no se conviertan al cristianismo, una medida que el rey de Portugal Manuel I también promulgaría cuatro años más tarde, aplicándola a hebreos y moros. Quienes parten se llevan con ellos el triste y querido recuerdo de la tierra que dejan atrás, un recuerdo que codificarán en canciones, como un elemento clave de su identidad específica en el seno de las diversas comunidades que los aceptan por todo el Mediterráneo. Las canciones sefardíes son conservadas por los judíos ibéricos en las sinagogas de Dubrovnik, Venecia, Palestina o el Yemen, del mismo modo que las canciones andalusíes seguirán siendo, hasta el día de hoy, la práctica emblemática de los musulmanes que llegaron al Magreb procedentes de España y Portugal.

Por desgracia, es este modelo de fundamentalismo religioso controlado por el Estado y de brutal intolerancia cultural el que se llevará al Nuevo Mundo. El sueño de Colón de una utópica epifanía cristiana dirigida a la humanidad en su conjunto cederá paso a una operación a gran escala de genocidio y explotación, impulsada por la codicia y la ambición. La historia nos enseña pocos ejemplos de una brutalidad similar, de una incapacidad similar de comprender y respetar las diferencias culturales, de un desprecio similar de la dignidad humana.

Y, sin embargo, los artistas y los músicos también aquí serán capaces de luchar contra la crueldad y la estupidez con los poderes de curación y comunicación de su oficio. Tanto en la Península como en toda América Latina, las diversas tradiciones culturales encontrarán formas de interactuar, y no tardará en aparecer un mosaico de procesos interculturales con una energía y una creatividad sorprendentes, como los que caracterizaron el repertorio ibérico medieval. Un himno procesional en quechua, *Hanacpachap Cussicuinin*, publicado en 1631 en el *Ritual formulario* de Juan Pérez Bocanegra logra combinar una melodía amerindia con un marco polifónico europeo en una oración mariana que retrata a al Virgen como la "esperanza de los hombres y protectora de los débiles". Del mismo modo que el diálogo musical entre diferentes cultural puede tener lugar incluso bajo las más opresivas condiciones, también la religión y el canto sacro pueden transformarse de arma de dominación en discurso de los oprimidos.

RUI VIEIRA NERY
Universidad de Évora

Traducción: Juan Gabriel López Guix

1492: EL AÑO CRUCIAL

En el siglo XV, toda una constelación de nuevas ideas influyó sobre la realidad física, tanto como la realidad física influyó sobre el clima intelectual. El llamado "descubrimiento de América", cualquiera que sea nuestra posición ideológica al respecto, fue un gran triunfo de la hipótesis científica sobre la percepción física. Los avances de la navegación incrementaron el comercio y la comunicación entre los pueblos, en tanto que la invención de la imprenta provocó enorme curiosidad y una sed creciente de información y saber en todo el mundo. Los hombres de ciencia se preguntaron si este planeta nuestro podría realmente ser el centro del universo. Y se interrogaron a sí mismos sobre la forma de la Tierra, en tanto que los artistas reflexionaron sobre el sentido de la presencia humana en la Tierra, incluyendo las formas de los cuerpos humanos, masculinos y femeninos, y celebrando el aquí y el ahora, más que la vida eterna. "Todo es posible", escribió el humanista italiano Marsilio Ficino: "Nada debe ser desechado. Nada es increíble. Nada es imposible. Las posibilidades que negamos son tan solo las posibilidades que ignoramos." La expansión de Europa, primero hacia Oriente y enseguida hacia el Occidente, fue, en cierto modo, una hazaña de la imaginación renacentista. Fue también el triunfo de la hipótesis sobre la percepción y de la imaginación sobre la tradición.

Desde su castillo en Sagres, en la costa atlántica de Portugal, el príncipe Enrique (1394-1460), hijo del rey Juan I, reunió toda la sabiduría náutica de su tiempo, perfeccionó la cartografía y los instrumentos de navegación, desarrolló embarcaciones nuevas, rápidas y de fácil maniobra como la carabela, y entrenó a tripulaciones capaces de manejarlas. Enrique, el Navegante, como se le conoció, poseía una gran designio: flanquear a los turcos navegando por las costas africanas hacia el sur y enseguida hacia el Oriente. Con la ayuda de los banqueros flamencos, Portugal saltó de la isla de Madeira a las Azores y a Senegal y, finalmente, al extremo mismo del continente africano, el Cabo de Buena Esperanza, en 1488. Desde ahí, los portugueses pudieron proceder rápidamente hasta la India. En el camino, se plantó azúcar y se reclutaron esclavos.

Pero en tanto que Portugal miraba hacia el sur y hacia el Oriente, no se atrevía a mirar hacia el Occidente, hacia el *Mare Ignotum*, el océano del misterio, ni siquiera cuando un testarudo marinero de supuesto origen genovés, arrojado por un naufragio cerca del castillo de Enrique el Navegante, alegó que la mejor manera de llegar al Oriente era navegando hacia el Occidente. En muchos aspectos, el hombre era personalmente menos impresionante que sus trabajos o sus ideas: afiebrado, a veces sin control de sí mismo, sospechoso de ser un mitómano. Pero lo que le sobraba era coraje y determinación. Su nombre era Cristóforo Colombo: Cristóbal Colón.

Portugal no le prestó atención a Cristóbal Colón. El navegante se dirigió entonces a España, el país aislado, introspectivo, dedicado a librar su prolongada guerra de Reconquista. Lo hizo en el momento propicio, y ahí ofreció su proyecto a los monarcas católicos Isabel y Fernando. Encendidos por la victoria sobre los moros en Granada, los Reyes Católicos le dieron a Colón los medios para realizar el tercer gran acontecimiento del año crucial de la historia de España: 1492: el descubrimiento de América.

Una flotilla de tres carabelas, la Pinta, la Niña y la Santa María, zarpó del puerto de Palos el 3 de agosto de 1492. Navegando siempre hacia el oeste, después de 66 días de falsas esperanzas, estrellas desplazadas, fantasmales islas de nubes, quejas de la marinería y motín abierto, Colón tocó tierra el 12 de octubre de 1492 en la pequeña isla de Guanahaní, en las Bahamas, bautizada con el nombre de San Salvador. Colón pensó que había llegado a Asia. Le movían el coraje, el valor renacentista de la fama, el placer del descubrimiento, el afán de oro y el deber de evangelizar. Gracias a él, Europa pudo verse en el espejo de la Edad de Oro y del buen salvaje.

¿Cómo hemos de comprender la denominación "descubrimiento de América"? ¿No son todos los descubrimientos, al cabo, mutuos? Los europeos descubrieron el continente americano, pero los pueblos indígenas de las Américas también descubrieron a los europeos preguntándose si estos hombres blancos y barbados eran dioses o mortales, y si eran tan piadosos como lo proclamaban sus cruces, o tan despiadados como lo demostraron sus espadas. Estos individuos portaban la energía sobrante de la Reconquista española, 700 años de lucha contra el infiel. Ellos eran los portadores de una fe militante y de una política militante. Después de 1492, los judíos se fueron al norte de Europa. Los árabes regresaron a Africa, lamentando su exilio de los jardines de la Alhambra. Pero ahora, ¿hacia dónde iría la energía impetuosa de la España cristiana?

En 1492, Isabel y Fernando eran impulsados por una visión unitaria de la cristiandad, de la Reconquista y de la expansión. Indudablemente, los capitanes y soldados de Castilla y Aragón del otro lado del mar compartían esta visión. Pero no debemos olvidar que eran también los herederos de una experiencia policultural de coexistencia y mestizaje en tensión con judíos y con moros. Todas las excepciones que podamos oponer a la virtud de la tolerancia disminuyen el hecho de que las tendencias hacia la coexistencia respetuosa con el otro efectivamente estructuraron en España una realidad tricultural, en contraste flagrante con la política oficial de expulsión y negación de judíos y moros, desarrollada bajo Fernando e Isabel, y que culminó con el duro régimen de censura inspirado por la contrarreforma e instrumentado por la Inquisición.

Los conquistadores del Nuevo Mundo eran parte de esta realidad, pero no pudieron evadir el dilema de España. Frailes, escritores, cronistas, obligarían a España a darle la cara a su alternativa humanista y policultural. La singularidad cultural de España consistió en reconocer al otro: combatiéndolo, abrazándolo, mezclándose con él. Jean Paul Sartre escribió en una ocasión que el infierno son los demás. ¿Pero hay otro paraíso que el que podamos construir con nuestros hermanos y hermanas? Y, sin embargo, la historia insiste en preguntarnos, ¿cómo podemos vivir sin el otro?, ¿seremos capaces de comprender que yo soy lo que soy sólo porque otro ser humano me mira y me completa? Esta pregunta contemporánea, propuesta cada vez que el blanco y el negro, el Oriente y el Occidente, el predecesor y el inmigrante, se encuentran en nuestro propio tiempo, fue una realidad central de la España medieval y enseguida se convirtió en la cuestión central de la conquista y colonización de las Américas. En el momento en que España entró en contacto con lo radicalmente otro: pueblos de otra raza, otra religión, otra cultura, la cuestión fue: ¿Quiénes eran estos hombres? ¿Cuál era la forma de sus almas? ¿Tenían siquiera una alma?

Fueron cuestiones que dividirían a España. Y si una parte de su corazón le ordenó "¡Conquista!", la otra parte, recordando a Séneca el estoico, diría: "No te dejes conquistar por nada excepto por tu propia alma".

La hazaña de Cristóbal Colón abrió el telón sobre un inmenso choque de civilizaciones, una gran epopeya, compasiva a veces, sangrienta otras, pero siempre conflictiva: la destrucción y creación simultáneas de la cultura del Nuevo Mundo.

CARLOS FUENTES
El espejo enterrado, cap. IV

EL MISTERIO DE CRISTÓBAL COLÓN

La historia explica lo que pasó.
La poesía, lo que tenía que haber pasado.
Aristóteles

No siempre las historias oficiales son las verdaderas. A menudo, la información es víctima desamparada de manipulaciones y, por conveniencia ya sea política o económica, algunos hechos se transforman y la historia se presenta con datos muchas veces alejados de lo que verdaderamente ocurrió. De todas formas, somos deudores de los documentos, de lo que queda, y sólo a partir de lo que dicen como también de lo que callan, podemos intentar reconstruir el pasado entre los velos negros del olvido.

La historia del Almirante Cristóbal Colón es un ejemplo claro de este tipo de personajes cuya historia, en la versión oficial, presenta tantos interrogantes e incongruencias, que despierta las sospechas y crean a su alrededor un aura de misterio. No es nada extraño, pues, que de él se presenten numerosas teorías y se especule sobre su origen, su linaje, su país y las circunstancias del hecho más trascendente de su biografía: el descubrimiento del continente americano en 1492.

La versión oficial de la vida de Cristóbal Colón lo presenta como hijo de una familia humilde de los arrabales de Génova, con un padre tejedor dedicado también al comercio. Parece que a temprana edad, para alejarse de la miseria de su entorno, Colón decidió dedicarse a la navegación. Sus orígenes, de todas formas, son oscuros y su verdadera historia no empieza hasta el 1476 cuando, víctima de un naufragio en un combate naval entre mercaderes y corsarios, llega y se instala en Portugal. El año 1479, en Lisboa, contrae nupcias sorprendentemente con una mujer de rango nobiliario, Felipa Muñiz, nieta del colonizador portugués de las islas Madeira y con la que tendrá un hijo, Diego. En Portugal se dedica a la marina hasta 1485 realizando numerosos viajes por el Mediterráneo y el Atlántico hacia las islas Canarias, el Cabo Verde y las Azores. Asimismo también navegaría por aguas del Mar del Norte donde algunas voces indican que podría haber alcanzado las costas de Islandia y donde le habrían informado de las rutas que llevaban hacia nuevos territorios al oeste.

Fue en este ambiente marinero, pues, donde Cristóbal Colón empezó a fraguar su plan para llegar a las Indias y a las tierras del Gran Khan por el oeste. Los conocimientos geográficos y matemáticos del médico florentino Paolo dal Pozo Toscanelli, así como la obra *La Descripción del Mundo* de Marco Polo, lo empujaron finalmente a presentar decididamente una propuesta en este sentido, primero al rey Juan II de Portugal en 1484 –que fue rechazada–, y luego a los reyes de Castilla y Aragón, Isabel y Fernando en 1486, que tampoco no quisieron apoyarlo –ocupados como estaban con la guerra de Granada– y el proyecto quedó en agua de borrajas. De todas formas, consiguió de los reyes católicos una asignación de la corona y Colón se instaló a partir de ese momento en la ciudad de Córdoba. Viudo desde 1485, Colón conoció allí a Beatriz Enríquez de Arana, la madre de su hijo Fernando o Hernando que sería después el biógrafo más cercano de su padre con su obra *Vida del Almirante Don Cristóbal Colón* donde se enaltece –quizás en exceso– la figura del descubridor.

Colón, de todas formas, no dio su brazo a torcer e insistió en su idea. Gracias a la intercesión de Hernando de Talavera –entonces confesor de la reina Isabel–, así como del poderoso duque de Medinaceli, la reina Isabel –que ya preveía la inminente caída del reino nazarí de Granada– accedió a recibirle de nuevo y a escuchar sus argumentos. En diciembre de 1491, Colón llegó al campamento real de Santa Fe de Granada y se iniciaron las negociaciones para aprobar definitivamente el proyecto. Las reticencias de la corona fueron vencidas gracias a la intervención de los conversos Luis de Santángel y Diego de Deza que convencieron al rey Fernando de Aragón para que aceptara las condiciones de Colón. El resultado las negociaciones fueron las famosas *Capitulaciones de Santa Fe* del 17 de abril de 1492 donde, a *grosso modo*, diremos que Colón, a cambio de conceder a los reyes el descubrimiento de nuevas tierras, obtenía el título de Almirante con carácter hereditario, el título de Virrey y Gobernador General de las tierras y las islas que descubriera, el diezmo del producto neto de las mercancías compradas, ganadas o halladas en los nuevos territorios (quedándose un quinto la corona), la jurisdicción comercial de los pleitos derivados del comercio en la zona de su almirantazgo, así como el derecho a contribuir con un octavo en la expedición y a participar de sus beneficios, por lo tanto, en esa misma proporción. Una vez conseguidas estas substanciosas prebendas por parte de Colón, los reyes católicos firmaron las *Capitulaciones* en Granada el 30 de abril de 1492.

La versión oficial nos dice entonces que Colón organizó la primera expedición que zarpó del puerto andaluz de Palos de la Frontera el 3 de agosto de 1492, y que no tocó tierra firme –después de una larguísima e inquietante travesía por el desierto de agua del Atlántico– hasta el día 12 de octubre, en que desembarcaron en la isla de Guanahaní del archipiélago de las Bahamas que fue bautizada con el nombre de San Salvador. También desembarcaron en la isla de Cuba y en La Española. El 25 de diciembre de 1492, la nave capitana, la *Santa María*, naufragó y con sus restos se construyó el primer asentamiento en tierras americanas, el Fuerte de la *La Navidad*. Las dos carabelas a las órdenes de Colón volvieron a tierras peninsulares el 15 de marzo de 1493, y el 3 de abril, para anunciar oficialmente el descubrimiento, Colón fue recibido por el rey Fernando en Barcelona.

El segundo viaje (1493-1496) sirvió para explorar y colonizar los territorios descubiertos, y Colón desembarcó en Puerto Rico. En el tercer viaje (1498-1500), Colón capitanea seis barcos y con él viaja su amigo Fray Bartolomé de las Casas que después proporcionará parte de las transcripciones de los *Diarios* de Colón. Durante este viaje se exploran las islas de Trinidad, Tobago, Granada, la costa de Venezuela y la desembocadura del Orinoco. En la descripción de estos territorios, Colón cree todavía que se encuentra en el continente asiático. El 19 de agosto, cuando retorna a la base de La Española, Colón encuentra a los colonos en abierta revuelta junto a los indígenas. Algunos castellanos que habían vuelto a tierras peninsulares se apresaron a acusar a Colón de mal gobierno ante la corte. Los reyes católicos enviaron a La Española un nuevo administrador real, Francisco de Bobadilla, en 1500, quien, a su llegada, arrestó a Colón y a sus hermanos, y los embarcó con grilletes hacia Castilla. Durante el viaje, Colón rechazó que lo libraran de los grilletes, y así esposado escribió una larga y dolida carta a los reyes católicos. Una vez en Castilla, recuperó la libertad, pero había perdido definitivamente su prestigio y muchos de sus privilegios.

En su cuarto y último viaje (1502-1504) –donde le acompañó su hijo Fernando– Colón exploró las actuales Honduras, Nicaragua, Costa Rica y Panamá. Dos años después, el 20 de mayo de 1506 moría en Valladolid y fue enterrado en el monasterio de La Cartuja de Sevilla. En su testamento, redactado por Pedro de Inoxedo, escribano de cámara de los reyes católicos, Colón aparece citado con sus títulos de Almirante, Virrey y Gobernador de las islas y tierra firme de las Indias descubiertas y por descubrir. Su primer hijo Diego sería el heredero de sus títulos y rangos.

Este resumen de su biografía oficial presenta muchos puntos de difícil admisión y que, según algunos historiadores, parecen demostrar una clara y premeditada adulteración de la historia. ¿Quién es éste extranjero de procedencia humilde que se atreve a exigir a los reyes católicos prebendas altísimas y honores desmesurados? ¿Quién tenía que ser para que finalmente sus majestades aceptaran acordárselas? A la luz de las últimas investigaciones realizadas por prestigiosos historiadores como Jordi Bilbeny, Cristóbal Colón sería un príncipe catalán emparentado con las casas reales catalana y portuguesa, de familia noble que explicaría, por lo tanto, los cargos que los reyes de Castilla y Aragón le concedieron sin demasiada reticencia, así como el hecho que se casara con una princesa portuguesa que, más que Felipa Muñiz, fue Felipa de Coimbra. El origen catalán de Colón se explica, según Bilbeny, a partir de trastornadoras evidencias: los reyes católicos nunca hubieran permitido otorgar a un genovés unos cargos tan elevados ni tampoco unos privilegios tan sustanciosos a un aventurero de orígenes oscuros. En el caso que hubiera sido un extranjero, lo habrían obligado a naturalizarse, pero esto no fue necesario pues ya era súbdito y vasallo suyo. El título de Virrey es, además, un cargo propio de la administración de la Corona de Aragón, y las famosas *Capitulaciones*, por las formas jurídicas utilizadas, el contenido, los títulos que se otorgaron a Colón, por los funcionarios que intervinieron en ellas y las firmaron, y por el archivo donde se guardaron –el *Arxiu Reial*, actualmente el *Arxiu de la Corona d'Aragó* con sede en Barcelona–, son un documento cien por cien catalán. Las leyes de Castilla no contemplaban la posibilidad de otorgar cargos a título hereditario, ni tampoco existía en Castilla, hasta entonces, el título de Virrey ni ningún otro régimen virreinal. Por tratarse de capítulos de corte y de pacto entre rey y súbdito, la forma contractual de las *Capitulaciones* era totalmente inexistente en Castilla. El *lapsus* de tiempo entre el 17 y el 30 de abril de 1492 en que se establecieron las *Capitulaciones* indica que las condiciones exigidas por Colón se negociaron en Cataluña, donde se encontraba para preparar el primer viaje, y no se confirmaron en Santa Fe –donde se encontraban los reyes– hasta 13 días más tarde, el tiempo que tardaría el correo para ir de Cataluña a Granada.

Para muchos historiadores, la catalanidad de Colón es clara y sin sombra de duda a causa del uso de su nombre catalán "Colom" en la casi totalidad de las ediciones europeas de la *Carta* donde anunciaba el descubrimiento. También debido a la multitud de topónimos catalanes con que bautizó las nuevas tierras de las Indias a las cuales creía haber llegado, así como por los catalanismos evidentes en todos sus escritos y la palabra catalana "Almirant" en su firma. A pesar de que Colón siempre fuera considerado un extranjero en Castilla, en sus escritos se refiere a los reyes católicos como sus "señores naturales", por lo que se hace evidente que sólo podía ser de la Corona de Aragón, y la tesis de su origen genovés cae por su propio peso, así como su pretendido origen humilde y sus profesiones manuales de tejedor, lanero o tabernero a partir de las cuales jamás se le hubieran otorgado las altas dignidades de Almirante, Virrey y Gobernador general de los nuevos territorios de ultramar. Pero estos títulos, sí que podía reunirlos en su persona por pertenecer a la poderosa familia barcelonesa de los Colom-Beltran, de la cual el mismo Colón dice: "*yo no soy el primer almirante de mi familia*", ya que él mismo ya había ejercido ese cargo durante la guerra civil que asoló Cataluña cuando la Generalitat se levantó contra el rey de la dinastía castellana de los Trastámara Joan II, padre de Fernando el Católico. Esta toma de posición política de la familia Colom a favor de la dinastía catalana de la Casa de Urgell y de su descendencia portuguesa, y por lo tanto contra los reyes de origen castellano que desde el Compromiso de Caspe de 1413 ya reinaban en Cataluña, podría explicar las tensas relaciones entre Fernando II y Cristóbal Colón, así como la necesaria intervención de intercesores de peso para convencer a los monarcas católicos y negociar las *Capitulaciones*.

A pesar de las desavenencias con el rey, dos años después de la muerte de Colón, en la real Provisión del 29 de octubre de 1508, Fernando II confirma los títulos de Almirante, Virrey y Gobernador General de las Indias a su hijo Diego o Jaime Colón: *"Es mi merced y voluntad que* Jaume Colom, *almirante de las dichas Indias, islas y tierra firme, tenga por mi la gobernación y oficio de juez en ellas."* De estas palabras se desprende que la empresa del descubrimiento fue catalana y por esto mismo es el rey catalán quien renueva unilateralmente los títulos del heredero de Cristóbal Colón y lo envía al Nuevo Mundo para que, con aquellos títulos, lo sirviera como un oficial más de su corte. De aquí, pues, que se haga evidente por la documentación posterior y algunos grabados que las carabelas de Colón no zarparon del puerto andaluz de Palos, sino del puerto catalán del mismo nombre, Pals, y con las banderas catalanas ondeando en el mástil principal. De hecho, la potencia marítima de ese momento era el reino de Cataluña-Aragón —con posesiones en Cerdeña, Nápoles, Sicilia y Grecia—, y para nada una Castilla falta de cultura de mar y totalmente obsesionada en la reducción definitiva del agonizante reino árabe de Granada.

A la vista de toda esta contundente documentación, algunos historiadores coinciden en concluir que la manipulación de la historia de Cristóbal Colón por parte de la corona castellana es un flagrante caso de historicidio. ¿Por qué? ¿Qué beneficios conseguía con ello? El origen catalán de Colón y la consecuente autoría del descubrimiento del Nuevo Mundo por parte de la potencia marítima de la Corona de Aragón dejaban Castilla en un segundo plano en el momento de reivindicar parte en la colonización y explotación de los nuevos territorios. Las riquezas que pronto empezaron a fluir a montones del continente americano enseguida fueron codiciadas por todos y se inició un conflicto de derechos y reivindicaciones entre Castilla y Aragón para imponer su hegemonía sobre los territorios americanos. Empezó entonces, ya en vida del propio Cristóbal Colón, una campaña de manipulación de los datos que hacían referencia al descubrimiento, a las condiciones pactadas entre el Almirante y los reyes católicos, y a su propia biografía. Los herederos de Colón, viendo que gradualmente se recortaban sus privilegios y, con ellos, las rentas establecidas en las *Capitulaciones*, iniciaron una batalla legal de interminables pleitos donde la corona castellana fue apropiándose de los porcentajes y minó sus privilegios y prebendas. Los títulos de Colón, que lo situaban al frente de toda la aristocracia del reino, llegaron a representar una amenaza para los reyes, ya que —emparentado como estaba con la casa real catalana y la portuguesa— se levantaron sospechas de si lo que pretendía en el fondo era fundar una nueva dinastía... Por este motivo, en el retrato del Almirante que pintó Sebastiano del Biombo en 1519, Cristóbal Colón aparece representado con la mano izquierda abierta sobre el pecho, con los dedos separados ejecutando el signo del Pentáculo o pentagrama de la estrella de cinco puntas, un signo cabalístico judío que significa la interiorización y la meditación, pero que también indica la actitud real, el cetro de la realeza... Como fuera, los documentos directamente relacionados con Colón o que mencionaran directamente su persona fueron manipulados para así acabar presentándolo como un extranjero de orígenes humildes a quien no podían ser debidos todos los privilegios que sus herederos reclamaban a partir del controvertido documento de las *Capitulaciones*.

A la historia oficial y a las tesis que defienden el origen catalán del Almirante, se añade una nueva teoría que convierte el misterioso Colom o Colón en un personaje de ascendencia judía. En una Península Ibérica sometida entonces a los más oscuros y horribles dictados de una Inquisición religiosa que perseguía con ensañamiento todo lo que no fuera puro catolicismo, muchas familias de conversos escondían sus orígenes para no despertar sospechas y no caer en manos de unos tribunales que por nada enviaban gratuitamente muchos inocentes al fondo de los calabozos o a las piras. Los misteriosos orígenes de Colón han hecho creer a muchos que el silencio alrededor de su exacta procedencia fue por querer esconder intencionadamente el posible origen judío de su familia. Si bien es cierto que esta tesis tiene mucha menos base histórica que las dos anteriores, el mismo Colón insiste en citar en sus textos su conexión con el Rey David de la Biblia y su Dios, que es el de los judíos. Las tesis que judaizan a Colón lo presentan como hijo de una familia de conversos hispanos asentados en Génova después de haber escapado de la Inquisición, y hay que reconocer que, documentalmente hablando, el nombre italiano de Colón –Colombo– es bastante común entre los judíos italianos del periodo tardo medieval. Según algunos historiadores y grafólogos, la mismísima firma del Almirante, a menudo llena de signos misteriosos e iniciales de difícil interpretación, han permitido fabular sobre posibles fórmulas cabalísticas, de bendiciones hebreas o de admoniciones al dios de los judíos. En el extremo superior izquierdo de las cartas privadas de Colón a su hijo Diego aparece una peculiar inscripción que bien podría tratarse de la fórmula de bendición judía *B"H*, que utilizaban normalmente los judíos en su correspondencia y que resume la expresión hebrea *Be-ezrat Ha-Shem*, "Con la ayuda de Dios."

En sus escritos Colón demuestra ser capaz de citar perfectamente la Biblia y hasta de conocer la historia judía. Precisamente, cuando habla del primer o del segundo templo de Jerusalén, los denomina "Casa", traducción literal de la palabra hebrea *bayit* con la que los judíos se han referido siempre al santuario jerosomilitano. Parece ser que Colón pospuso deliberadamente el inicio del viaje (previsto para el 2 de agosto de 1492) hasta un día después con el fin de no hacer coincidir el día de zarpar con la fecha fatídica del calendario judío del 9 de Av en la que los judíos llorosamente conmemoran, entre otras desgracias, la destrucción del segundo templo de Jerusalén el año 70 dC. Sorprende, por inusual, que un cristiano laico demuestre tales conocimientos de la historia del pueblo de Israel, haciendo gala, por lo tanto, de una sofisticada cultura personal que no sería tan extraña en alguien de procedencia judía. También en la carta a los reyes católicos donde explica su primer viaje a las Indias, Colón incluye una referencia crítica a la expulsión de los judíos de los reinos de Aragón y de Castilla, cuando el tema no tiene nada que ver con el contenido central de la misiva.

Si su posible origen judío no es más que pura especulación, lo que sí es evidente y claro es la participación y la entusiasta ayuda de personajes de origen judío de la corte catalana-aragonesa en beneficio de los viajes de Colón, especialmente los nobles Luis de Santángel, escribano de Ración, y Gabriel Sánchez, tesorero real. Estos dos próceres –plenamente conscientes de sus orígenes judíos y hasta con familiares perseguidos por la Inquisición– ofrecieron a Colón soporte moral y político, y presionaron a los reyes católicos para convencerles de los méritos del proyecto del Almirante. El primer viaje de Colón fue posible gracias al préstamo privado de 1.140.000 meravedís de Luis de Santángel, a partir del cual también Fernando e Isabel se involucraron en el patrocinio de la expedición. De hecho, las primeras cartas en que Colón relata su descubrimiento van dirigidas, no a los reyes católicos, sino a sus valedores Santángel y Sánchez, y son estos documentos los que, inmediatamente publicados y traducidos, circularon por toda Europa y dieron a conocer su gesta por doquier. El segundo viaje de Colón –el más importante de los cuatro ya que en él zarparon a su mando nada menos que 17 naves– se financió íntegramente con la venta de las numerosas propiedades judías confiscadas después del edicto de expulsión de 1492. Es difícil precisar qué proporción de la tripulación del primer viaje de Colón era de origen judío, pero a juzgar por la agresiva persecución inquisitorial a la que se veían sometidos muchos conversos, no sería extraño suponer que un buen número de marineros lo fueran. De entre todos ellos destaca la figura del intérprete Luis de Torres, un judío que hablaba varios idiomas, inclusive el hebreo, que para unirse a la expedición se convirtió justo antes de zarpar. Luis de Torres no volvería nunca más a la Península Ibérica y se establecería en Cuba.

Colón aprovecharía en gran medida el progreso científico que protagonizarían los judíos durante la baja Edad Media en los campos de la astronomía, la cartografía y la navegación. El mismo Colón escribió que todas las naciones habían aprendido de los judíos los principios de la astronomía. Nombres como Jacob Corsino, Yosef Vecinho y Abraham Zacuto son esenciales en la empresa de Colón: Zacuto, rabino y profesor de astronomía y navegación en la Universidad de Salamanca, desarrolló el astrolabio náutico de cobre y, a partir de las tablas astronómicas de Corsino, compiló las famosas tablas astronómicas –el *Almanach Perpetuum*– que Colón se llevó en sus viajes. El científico portugués Yosef Vecinho tradujo la obra de Zacuto al castellano y se la entregó a Colón, aunque él mismo participado en la Comisión Real que en un primer momento desestimó la idoneidad del plan de Colón que después sí apadrinarían los reyes católicos.

Desde el punto de vista práctico, pues, podemos afirmar que la empresa de los viajes de Colón y su descubrimiento fueron posibles parcialmente gracias a los esfuerzos ya sea intelectuales como financieros de personajes de origen judío. Esta ayuda directa e indirecta de algunos conversos de renombre al proyecto de Cristóbal Colón ha dado pie a que algunos historiadores judíos y especialmente el Samson Trust de América hayan creído posible la teoría de un probable origen marrano del Almirante basada, especialmente, en los vacíos de la censurada historia oficial castellana y que, a pesar de todo, también entra en plena contradicción con la teoría de los orígenes nobiliarios catalanes de Colón.

Si los orígenes de Cristóbal Colón quedaron deformados por la manipulación documental y ahora nos son desconocidos y han alentado todo tipo de especulaciones, su fin también se ha visto envuelto en la polémica. Después de ser enterrado en Sevilla, por deseo de su primer hijo Diego o Jaime, sus restos fueron llevados a Santo Domingo en 1542. Cuando esta isla fue conquistada por los franceses en 1795, sus restos fueron trasladados a La Habana, y después de la guerra de Independencia de Cuba en 1898, sus restos retornaron a Sevilla donde ahora reposan en la catedral. Asimismo, en 1877, apareció en la catedral de Santo Domingo una caja de plomo con una inscripción donde se podía leer: "Varón ilustre y distinguido Cristóbal Colón", con polvo y huesos en su interior. Hasta el año 1992 permanecieron en la catedral de Santo Domingo hasta que fueron trasladados al *Faro de Colón*, un monumento faraónico construido por las autoridades dominicanas para homenajear los despojos del Almirante. Lejos de las disputas entre historiadores y los asépticos resultados de los análisis del ADN de los restos de Colón que tienen que determinar de una forma definitiva sus orígenes, Jordi Savall y Montserrat Figueras presentan este doble disco el tesoro de textos y músicas de todo un siglo, el XV, cuyos grandes protagonistas en la Península Ibérica fueron agentes, directa o indirectamente, de la pérdida de los paraísos tanto de la multiculturalidad en los reinos de Aragón y Castilla como del Nuevo Mundo. El tan misterioso Cristóbal Colón –genovés, catalán o judío– fuera quien fuera y viniera de donde viniera, fue claramente el personaje principal.

MANUEL FORCANO
Barcelona, 2006

delos officiales de pluma

mochi tlaçoihuitl vel ipan tlapiuiz:
ic nonqua quintecac, quincalten cen
tetl calli quinmacac iniscoian inamā
tecahoan catca imitech pouia: nepanis
toca inTenochtitlan amanteca ioan
inTlatilulco amanteca. Auh iniehoan
inhy, canquiscahuiaia inquichioaia
itlatqui Vitzilobuchtli inquitoca
iotiaia teuquemitl, quetzalquemitl
quitzitzilquemitl, xiuhtotoquemitl,
ie tlatlacuilolli, ic tlatlatlamachtli
iniemochi iniz quican icac tlaçoihuitl. yoan quichioaia iniscoian
itlatqui motecuçoma: inquinmaca-
ia, inquintlauhtiaia icoahoan in
altepetl ipan tlatoque, ic monotzaia
motenehoaia tecpan amanteca
ittul tecahoan in tlacatl. Auh mce
quintin, motenehoaia calpixcan
amanteca, itechpouia inizquitetl
icaca icalpixcacal motecuçoma:
iehoatl quichioaig, intlein imaceh
ya tlatqui motecuçoma inipan ma
cehoaia, mitoaia: inicoac ilhuitl
quiçaia, quitlatlattitia, quitlane
nectiaia, inçaço catlehoatl queleviz
inipan mitotiz: cacecentlamantli
iecauia, cecentlamantli quichioaia

Códice Florentino. Historia Universal de las cosas de Nueva España. Fray Bernardino de Sahagún.

CHRISTOPHORUS COLUMBUS
Paraísos Perdidos · Lost Paradises · Paradis Perdus
Luces y Sombras en el Siglo de Colón:
la Historia y la Poesía en diálogo con las músicas
árabo-andaluzas, judías y cristianas
de la Antigua Hesperia hasta el descubrimiento del Nuevo Mundo.

Concepción del programa, Selección de textos y músicas y Adaptaciones musicales
Jordi Savall
Dramaturgia y adaptación de los textos Arameos, Hebreos, Árabes y Náuhatl
Manuel Forcano

Disco I

I PROFECIAS Y EVOCACIONES ANTIGUAS

Medea. (Tragedia, Acto II) – Séneca (Siglo I d.C.)
Música: Coro: G. Binchois; Solo: Anónimo s. XII
(textos citados y traducidos por Colón en su Libro de las Profecías)

1. INTRODUCCIÓN:
Pierre Hamon (flauta doble), Pedro Estevan (percusión)

2. INVOCACIÓN:
Coro: "Tethysque novos detegat orbes"

3. EVOCACIÓN 1:
Medea (Tragedia, Acto II, vv. 364-379) de Séneca

Nunc iam cessit pontus
et omnes patitur leges:
qualibet altum cumba pererrat.

Ahora ya está el ponto dominado
y ya a todas las leyes se somete:
cualquier pequeña barca boga por alta mar.

Tethysque novos detegat orbes
nec sit terris ultima Thule.

Tetis nos descubrirá nuevos orbes
y el confín de la tierra ya no será Tule.

4. INVOCACIÓN:
Coro: "Tethysque novos detegat orbes"

5. EVOCACIÓN 2:
Terminus omnis motus et urbes
muros terra possuere nova,
nil quan fuerat sede reliquit pervius orbis.

En nuevas tierras han puesto sus murallas
las ciudades.
Nada ha dejado en donde antes estaba
el orbe, cuando se ha hecho transitable.

Tethysque novos detegat orbes
nec sit terris ultima Thule.

Tetis nos descubrirá nuevos orbes
y el confín de la tierra ya no será Tule.

6. INVOCACIÓN:
Coro: "Tethysque novos detegat orbes"

7. EVOCACIÓN 3:

Venient annis saecula seris
quibus Oceanus vincula rerum
laxet et ingens pateat tellus.

Tiempos vendrán al paso de los años
en que suelte el océano las barreras del mundo
y se abra la tierra en toda su extensión.

*Tethysque novos detegat orbes
nec sit terris ultima Thule.*

*Tetis nos descubrirá nuevos orbes
y el confín de la tierra ya no será Tule.*

8. RECITADO:
En el acto II de la Medea de Lucio Anneo Séneca utilizada por Colón se leen los siguientes versos: *"Venient annis saecula seris quibus oceanus vincula rerum laxet: et ingens pateat tellus: Typhysque novos detegat orbes: nec sit terris ultima Thyle."*

9. INVOCACIÓN:
Coro: "Tethysque novos detegat orbes"

10. RECITADO:
La traducción del propio Colón, que figura en su libro de las Profecías, con ser algo libre e interpretativa, reza: *"Vendrán los tardos años del mundo ciertos tiempos en los cuales el mar océano aflojará los atamientos de las cosas y se abrirá una grande tierra y un nuevo marinero como aquél que fué guía de Jasón que hubo nombre Thyphis descubrirá nuevo mundo y entonces no será la isla Thule la postrera de las tierras."*

1408 Reinado del Emir Nazarí Yusuf III

11. MÚSICA:
Himno Sufí Improvisación instrumental (santur & percusión)

12. MÚSICA:
Improvisación (oud)

RECITADO:
Descripción de las bellezas de Granada
Ibn Battuta, *Los Viajes*, cap. XVI: Visita al reino nazarí de Granada en 1350.

ثم سافرنا منها إلى الحمة ، وهي بلدة صغيرة ، لها
مسجد بديع الوضع عجيب البناء ثم سافرت منها إلى غرناطة
قاعدة بلاد الأندلس وعروس مدنها وخارجها لا نظير له في
بلاد الدنيا وهو مسيرة اربعين ميلا يخترقه نهر شنيل المشهور
وسواه من الأنهار الكثيرة والبساتين والجنات والرياض
والقصور والكروم محدقة بها من كل جهة ومن عجيب
مواضعها عين الدمع وهو جبل فيه الرياض والبساتين لا مثل
له بسواها ولكن ما اشتهر كاشتهارها لا معنى الإطالة القول فيه

Desde Málaga me trasladé hasta Alhama, una pequeña ciudad con una mezquita muy bien situada y espléndidamente construida. Desde Alhama proseguí mi viaje hasta la ciudad de Granada, la capital de Al-Andalus, que es la novia entre todas las ciudades. Sus alrededores són de una belleza que no tiene parangón en ningún otro país del mundo: abarcan una extensión de cuarenta millas y las atraviesan el famoso río Genil y otros riachuelos y un sinfín de torrentes. Vergeles, huertos, pastos, fincas y viñas rodean la ciudad por todos sus flancos. Uno de los lugares más bonitos es el que llaman "La fuente de las lágrimas", una colina donde hay unas huertas y unos jardines que ninguna otra ciudad puede presumir tener. Pero es una ciudad con tal renombre que no necesita que nadie insista en llenarla de elogios...

13. MÚSICA:
Mowachah Billadi askara min aadbi Llama (Instr. Al-Andalus)

II CONQUISTAS Y NACIMIENTO DE COLON

1410 (Septiembre) Las tropas del infante Fernando conquistan Antequera

14. MÚSICA:
Romance antiguo: *El moro de Antequera* (Anónimo Sefardí)

De la juma sale el moro
de la juma a medio día,
con trezientos caballeros
se lleva por compañía.
No era por compañía
sino por favor que quería,
que digan toda la gente:
-¡O que gran caballería!-
La toca que el moro lleva
labrada a la maravilla:
¿Quén se la labró esta toca?
Xerifa la su amiga.
Xerifa está en altas torres,
las más altas de Turquía,
allí adientro y más adientro
hay un mancebo afinado.
Quen lo llora por pariente,
quen lo llora por hermano,
la hija del rey lo llora
por su primo enamorado.

15. MÚSICA:
Percusiones

RECITADO:
Crónica de los Reyes de Castilla, cap. XXIX

Estando el infante sobre Antequera, mandó a sesenta hombres, entre ellos a Rodrigo de Narvaez, que estuviesen prestos para cuando él mandase, que subiesen por el escala para tomar la torre. Estando los Moros sin sospecha, hizo señas al maestro del escala que la derrocase sobre la torre, é la gente de armas subió. É los Moros subieron para defender su torre. Los Caballeros é hombres darmas pelearon tan valientemente con los Moros, que los echaron dende é se apoderaron della. Todos los grandes Caballeros que ende estaban, se fueron a tomar cada uno su combate por la villa, y eran muy servidos de pasadores é de piedras, de manera que hicieron muchos tiros. Peleaban con los Moros por las calles de la villa, é como los Moros vieron que la villa por todas partes se entraba, desampararon las torres y el adarve, é fuéronse quanto más presto pudieron al castillo. Los Moros, desde el castillo peleaban quanto podian con vallestas é hondas y mandrones, é ferian a muchos de los que estaban en la villa. Pero la villa fue tomada. Los Moros que estaban retardos en el castillo hablaron con el Condestable, é pidiéronle por merced que dixese al Infante que los dexase ir con todo lo que tenian, y que le darian el castillo libremente. La pleytesía concertada, comenzaron a salir todos juntos del castillo, é murieron muchos dellos porque iban dolientes. Después que la villa é castillo estuvo por el Infante, é los Moros fueron partidos, el Infante todo lo entregó a Rodrigo de Narvaez, Alcayde, porque diese buena cuenta de lo que rescibia al Rey su señor cuya aquella villa era.

16. MÚSICA:
Zappay (instr.) – CMM 20

1443 (Febrero) Alfonso V el Magnánimo entra en Nápoles

17. MÚSICA:
Colinetto (instr.) – CMM 22

RECITADO:
Del *Dietari* de Melcior Miralles, capellán del rey magnánimo y de la Seo de Valencia

Ací diré la gran honor que fon feta al senyor rei quan entrà en la ciutat de Nàpols, i la manera de l'entrada qui fon a vint-i-sis de febrer en l'any 1443. Entrà el dit senyor en la forma següent: "Primo, i primerament, els de la ciutat de Nàpols trencaren trenta braces del mur de la dita ciutat, de la part del Carme, i fora del mur un tret de pedra, fon aportat un carro molt gran i bell, de quatre rodes rodant, tot cobert de drap de brocat; i el senyor rei seia al mig del dit carro quatre palms pus alt que no era el carro, en una cadira reial segut, en cabells, vestit d'una roba de carmesí folrada de marts gebelins; i portaven un palis damunt, de brocat sobre brocat carmesí, el pus bell i ric que mai hom ves. I, davant el dit senyor rei, dins el carro, li estava el siti perillós, molt bellament aparellat, a molt gran meravella; i aquest carro era tirat per cinc cavalls blancs, molt bells, portant cascun cavall, en el dors, un bell coixí de vellut carmesí, tirant el dit carro amb cordes de seda groga i vermella. I un àngel cantava lloant el dit senyor: "O rei Alfonso, Déus te do vida e prosperitat!"

Aquí diré el gran honor que fue hecho al señor rey cuando entró en la ciudad de Nápoles, y la manera de la entrada que fue el veintiséis de febrero de 1443. Entró el dicho señor de la forma siguiente: "Primo y primeramente, los de la ciudad de Nápoles rompieron treinta brazas del muro de la dicha ciudad, de la parte del Carmen, y una vez sacado el bloque de piedra, trajeron un carro muy grande y bello, de cuatro ruedas rodando, todo cubierto de tela de brocado; y el señor rey estaba sentado en medio del dicho carro cuatro palmos más alto que el carro, sentado en una silla real, en cabellos, vestido con un ropaje forrado de martas gibelinas; y sostenían un palio por encima hecho de brocado sobre brocado carmesín, el más bello y rico nunca antes visto. Y, delante del señor rey, en el carro, estaba su peligroso asiento, muy bellamente adornado, en muy gran maravilla; y a este carro lo tiraban cinco caballos blancos, muy bellos, llevando cada uno de ellos, en su dorso, un bello cojín de terciopelo carmesín, y tiraban del dicho carro con cuerdas de seda amarilla y roja. Y un ángel cantaba alabando el dicho señor: "¡O rey Alfonso, Dios te de vida y prosperidad!

18. MÚSICA:
Villota: *Dindirindin* – Anónimo CMM 127

Dindirindin ridin rindayna
dindiridin dindi rindayna
rindayna dindiridin.

Me levay un domatin
matineta davant l'alba
per andar a un giardin
per collir la cirofrada.
Dindirindin...

Ju me levé un bel maitín
matineta per la prata
encontré le ruyseñor
que cantava so la rama.
Dindirindin...

Encontré le ruyseñor
que cantava so la rama.
"Ruyseñor, le ruyseñor
fácteme aquesta embaxata."
Dindirindin...

"Ruyseñor, le ruyseñor,
fácteme aquesta embaxata
Y digaolo a mon amí
que ju ja só maritata."
Dindirindin...

1451 (octubre) Nace Cristóbal Colón

19. MÚSICA:
O tempo bono (introducción)

RECITADO:
Hernando Colón, *Historia del Almirante*, cap. I.

Dice Hernando de Colón en su *Historia del Almirante*: "Siendo sus antepasados de la real sangre de Jerusalén, prefirió que sus padres apenas fueran conocidos, de modo que, cuanto más apto y capacitado estaba para la gran empresa, tanto menos quiso que su patria y origen fuesen conocidos."

Dice su amigo y confidente fray Bartolomé de las Casas: "Sus padres fueron personas notables, en algun tiempo ricos, cuyo trato o manera de vivir debió ser por mercaderías por la mar; otro tiempo debieron ser pobres por las guerras y parcialidades que siempre hubo y nunca faltan. El linaje de suyo, dicen que fué generoso y muy antiguo."

20. MÚSICA:
Strambotto: *O tempo bono* – CMM 132

O tempo bono, e chi me t'a levato,
que non te tengo più como solea?
O tempo chiaro, e como si'turbato,
che fai fortuna da chi bonanza avea?
O dolze tempo, e como m'ai lassato
intrare senza vista e senza via?
Felice tempo, tu te nde si'andato
mo luce ad altro la lenterna mia.

Oh, buenos tiempos, ¿quién de mí os ha apartado,
que ya no os tengo como solía?
Oh, tiempos despejados, ¡cómo os habéis nublado!
¿qué le estás haciendo, fortuna,
a uno que vio la bonanza?
Oh, dulces tiempos, ¿cómo me habéis dejado
avanzar ciego y sin rumbo?
Tiempos felices, ido os habéis;
mi farol ilumina ahora en otra dirección.

III NUEVAS RUTAS Y GRANDES PROYECTOS

1474 (25 de junio) Carta del físico Toscanelli al Príncipe Don Juan

21. MÚSICA:
Voca la galiera (instr.) – Anónimo CMM 18

RECITADO:
Vuestro viaje hacia el oeste
Salvador de Madariaga, *Vida del muy magnífico Señor don Cristóbal Colón*, p. 103.

Mito ergo sue maiestati cartam, manibus meis factam, in qua designantur litora vestra et insule ex-quibus incipeatis iter facer versus occasum semper, et loca ad que deneatis pervenire, et quantum a polo, vel a linea equinoctiali debeatis declinare, et per quantum spacium scilitet per quot miliaria debeatis pervenire ad loca fertilissima omnium aromatum et gemarum et non miremini si voco occidentales quia navigantibus ad occidentem semper ille partes invenientur per subterraneas navigaciones. Si enim per terram et per superiora itinera ad orientem semper reperirentur.

He hecho un mapa por mis propias manos en el que están dibujados vuestros litorales e islas desde las cuales podréis empezar vuestro viaje hacia el oeste y los lugares a los que debéis llegar y la distancia al Polo y la línea Equinoccial a que debéis ateneros y cuántas leguas habréis de cruzar para llegar a aquellas regiones fertilísimas en toda suerte de aromatas y gemas; y no os extrañéis que llame Oeste a la tierra de las especias, siendo así que es usual decir que las especias vienen de Oriente, porque el que navegue a Poniente

por el hemisferio inferior hallará siempre aquellas partes al Oeste, y el que viaje por tierra
en el hemisferio superior las encontrará al Oriente.

22. MÚSICA:
Basse Dance: *Mappa Mundi* (Kyrie de la Misa Mappa Mundi) – Johannes Cornago

1480 Naufragio en el Cabo de San Vicente

23. MÚSICA:
Chiave, chiave (instr.) – Anónimo CMM 131

RECITADO:
Hernando Colón, *Historia del Almirante*, cap. V.
El Almirante salió al encuentro de cuatro grandes galeras venecianas y topó con ellas en el
Cabo de San Vicente que está en Portugal. Entablado el combate, lucharon fieramente, se
lanzaron al abordaje con gran furor, matándose y golpeándose sin piedad. Ya llevaban
combatiendo desde la mañana cuando se incendiaron el navío del Almirante y una de las
galeras. Los que pudieron lanzáronse al agua prefiriendo morir así antes que soportar el
tormento de las llamas. El Almirante, que era un gran nadador, se aferró a un remo que la
suerte le ofreció y, apoyándose en él, comenzó a nadar. Llegó a tierra, pero cansado y
debilitado por la humedad del agua, tardó muchos días en recuperarse.

1485 Casamiento de Colón durante su estancia en Portugal

24. MÚSICA:
Improvisación Melodía antigua s. XI (flauta y palos de agua)

RECITADO:
Como no estaba muy lejos de Lisboa, acudió allí, y le dieron tan buen trato y tan excelente
acojida, que puso casa en aquella ciudad y se casó con una señora llamada doña Felipa
Moniz, de sangre noble y comendadora del Monasterio de los Santos, a donde el Almirante
solía acudir a oír misa, tomó tanto trato y amistad con él que se convirtió en su mujer.

25. MÚSICA:
Villancico: *Meis olhos van por lo mare* – Anónimo CMP 453

Meis ollos van per lo mare	Mis ojos van por el mar,
mirando van Portugale.	mirando van a Portugal.
Meis ollos van per lo rrio	Mis ojos van por el río
buscando van Douro e Minho.	buscando van Duero y Miño.

1486 Colón presenta su proyecto de viaje a los Reyes Católicos

26. MÚSICA:
Introducción *In te Domine* (violas)

RECITADO:
Hernando Colón, *Historia del Almirante*, cap. LXXXIII.

Finalmente, atendiéndose al uso castellano de decir *Duda San Agustín* ante todo lo que no parece razonable, porque dicho santo en su *De civitate Dei* consideraba imposible que existieran antípodas y que se pudiera pasar de un hemisferio a otro, sirviéndose los reyes contra el Almirante de estas fábulas y otras mentiras en las que creían a pies juntillas, decidieron considerar la empresa vana e imposible. Así que, sus majestades respondieron al Almirante que estaban ocupados en muchas otras guerras y conquistas, por lo que no tenían posibilidad de dedicarse a una nueva empresa, y no quisieron prestar oídos a las grandes promesas que hacía el Almirante.

27. MÚSICA:
Frottola: *In te Domine speravi*
Josquin des Pres CMP 84

In te Domine speravi
per trovar pietà in eterno.
Ma in un tristo e oscuro inferno
fui e frustra laboravi.
In te, Domine, speravi.

Rotto e al vento ogni sperança
vegio il ciel voltarmi in pianto.
Suspir lacrime me avansa
del mio tristo sperar tanto.
Fui ferito, se non quanto
tribulando ad te clamavi:
In te, Domine Speravi.

Frottola: *En ti Señor esperaba*
Josquin des Près CMP 84

En ti Señor esperaba
para encontrar piedad en eterno.
Más en un triste y oscuro infierno
terminé, labrando mi dolor.
En ti Señor esperaba.

Derrotado y echando al viento toda esperanza
veo el cielo volverse llanto.
Suspiros y lágrimas me quedan
tras una larga triste espera.
Fui herido, si no tanto cuanto
atribulando te imploraba:
En ti Señor esperaba.

IV EL FIN DEL AL-ANDALUS

28. MÚSICA:
Improvisación melodía arabo-andaluza (santur & flauta)

29. MÚSICA:
Improvisación (psalterio)

RECITADO:
Poema en piedra de la Alhambra de Granada de Ibn Zamrak
Poema de la sala de las Dos Hermanas sobre las bellezas de la Alhambra. Ibn Zamrak, en tiempos del rey nazarí Muhammad V (1354-1359). Versos 1, 3, 8, 9, y 19.

أنا الروض قد أصبحت بالحسن حاليا
تأمل جمالي تستفد شرح حاليا

Soy el jardín que la hermosura adorna:
verla, sin más, te explicará mi rango.

و لله مبناه الجميل فإنه
يفوق على حكم السعود المبانيا

Sublime es la mansión, porque Fortuna
le mandó superar a toda casa.

وتهوى النجوم الزهر لو ثبتت بها
ولم تك في أفق السماء جواريا

Bajar quieren las fúlgidas estrellas
sin más girar por las rayas celestiales,

ولو مثلت في ساحتيها وسابقت
إلى خدمة ترضيه منها الجواريا

y en los patios, de pie, esperar mandatos
del rey, con las esclavas a porfía.

فلم نر قصرا منه أعلى مظاهرا
وأوضح آفاقا وأفسح ناديا

Jamás alcázar vimos tan excelso,
de más claro horizonte y más anchura.

30. MÚSICA:
Jarcha: *Ya amlaja halki* (Andalucía, s. XIII)

Jarcha: *Dí, cómo soportaré*

يا أملح خلقي له اركانا
مذ بنت فواد صبي قد بانا
يبكي عسفا للبيني هيرانا

¡Oh tú el más bello de los seres!
Mi corazón va en pos tuyo, y no vuelves.
Óyele cuando de ausencia se duele:

Gar kom lebare dha al-ghaiba: ¡non tanto!
¡Ya weliyosh dhe l'ashiqa, si non tu!

Dí, ¿cómo soportaré tanto rigor de la ausencia
oh, ojos del amante, sino tú?

1492 (2 de Enero) La Conquista de Granada

31. MÚSICA:
La Spagna (instr.)

32. MÚSICA:
Tambores y campanas

RECITADO:
Del partido de la Alhambra y de cómo se dió Granada
Andrés Bernáldez (m. ca. 1513), cura y confesor de la reina Isabel I y del inquisidor
General de Castilla, Torquemada. *Memorias del Reinado de los Reyes Católicos*, cap. II.

Pasaron Julio é Agosto, é Septiembre, é Octubre, é Noviembre, que nunca los moros quisieron
dar, é ya en el mes de Diciembre, que no tenian qué comer sino pocos mantenimientos,
demandaron partido al Rey é á la Reyna, el qual se concertó en treinta dias del mes de
Diciembre, de entregar todas las fortalezas que ellos y el Rey Baudili tenían, é fueron con-
formes todos. El Rey é la Reyna se lo otorgaron, con otras condiciones y capítulos, que se
fuesen los que quisiesen a dónde quisiesen é cuando quisiesen, é que les diesen pasaje, é
diesen ellos todos los cristianos cautivos. El concierto era que las fuerzas de la ciudad se
habían de entregar el día de los Reyes Magos. É el Rey é la Reyna aderezaron de ir a tomar

el Alhambra, y partieron del lugar del real, lunes dos de Enero, con sus huestes muy ordenadas.
Llegando cerca de la Alhambra, salió el Rey Mulay Baudili acompañado de muchos caballeros, con las llaves en las manos, encima de un caballo, y quísose apear á besar la mano al Rey, y el Rey no le consintió descabalgar del caballo, ni le quiso dar la mano. El rey moro lo besó en el brazo y le dió las llaves, é dijo: "Toma Señor, las llaves de tu ciudad, que yo y los que estamos dentro somos tuyos." Y el Rey Don Fernando tomó las llaves é dióselas á la Reyna.
É los caballeros castellanos entraron en la Alhambra é se apoderaron de ella, é fueron y la tomaron é mostraron en la más alta torre primeramente el estandarte de Jesucristo, que fue la Santa Cruz que el Rey traía siempre en la santa conquista consigo.

33 - 34. MÚSICA:
Villancico: *Levanta pascual* – Juan del Enzina CMP 184

Levanta, Pascual, levanta,
aballemos a Granada,
que se suena qu'es tomada.

Levanta toste priado,
toma tu perro y currón,
tu samarra y samarrón,
tus albogues y cayado.
Vamos ver el gasajado
de aquella ciudad nombrada,
que se suena qu'es tomada.

Asmo cuidas que te creo,
¡Juro a mí que me chufeas!
Si tú mucho lo deseas
¡soncas! yo más lo deseo.
Mas alamiefe no veo
apero de tal majada.
Que se suena qu'es tomada.

¡Ora pese a diez contigo,
siempre piensas que te miento!
¡Ahotas que me arrepiento
porque a tu nada te digo!
And'acá, vete conmigo,
no te tardes más tardada,
que se suena qu'es tomada.

Déxate desso, carillo:
curemos bien del ganado,
no se meta en lo vedado,
que nos prenda algún morillo.
Tañamos el caramillo,
porque todo lo otro no es nada.
Que se suena qu'es tomada.

Yo te diré cómo fue:
que nuestra reina y el rey,
luzeros de nuestra ley,
partieron de Santafé,
y partieron, soncas,
que dizen que esta madrugada.
Que se suena qu'es tomada.

Luego allá estarán ya todos
metidos en la ciudad
con muy gran solemnidad,
con dulces cantos y modos.
¡O claridad de los godos,
reyes de gloria nombrada!
Que se suena qu'es tomada.

¡Que consuelo y qué conhorte
ver por torres y garitas
alçar las cruzes benditas!
¡O qué plazer y deporte!
Y entraba toda la corte
a milagro ataviada.
Que se suena qu'es tomada.

Por vencer con tal victoria
los reyes nuestros señores,
demos gracias y lores
al eterno Rey de Gloria,
que jamás quedó memoria
de reyes tan acabada:
que se suena qu'es tomada.

35. MÚSICA:
Romance: *Qu'es de ti, desconsolado* – Juan del Enzina CMP

¿Qu'es de ti, desconsolado?
¿ Que es de ti, rey de Granada?
¿Que es de tu tierra y tus moros?
¿Donde tienes tu morada?
Reniega ya de Mahoma
y de su seta malvada,
que bivir en tal locura
es una burla burlada.
Torna, tórnate, buen rey
a nuestra ley consagrada,
porque, si perdiste el reuno,
tengas el alma cobrada.
De tales reyes vencidos
honra te debe ser dada.
¡O Granada noblecida,
por todo el mundo nombrada,
hasta aquí fueste cativa
y agora ya libertada!
Perdióte el rey don Rodrigo
por su dicha desdichada,
ganóte el rey don Fernando
con ventura prosperada,
la reina doña Isabel,
la más temida y amada:
ella con sus oraciones,
y él con mucha gente armada.
Según Dios haze sus hechos
la defensa era escusada,
que donde Él pone su mano
lo imposible es casi nada.

Disco II

V LA DIASPORA SEFARDI

1. MÚSICA:
Las Estrellas de los cielos (Anónimo Sefardí) Improvisación

La Santa Inquisición
2. HIMNO:
Patres nostri peccaverunt – Johannes Cornago CMM 2

Patres nostri peccaverunt, et non sunt:	Nuestros padres pecaron y ahora ya no están aquí;
et nos iniquitates eorum portavimus.	y nosotros hemos recibido el peso de sus iniquidades.

1492 (31 de marzo) Expulsión de los judíos no convertidos

3. MÚSICA:
Improvisación (tambor)

RECITADO:
Edicto de Expulsión de los judíos.
Redacción del Secretario de los Reyes Católicos, Joan Coloma, en Granada el 31 de marzo de 1492.

Don Fernando é doña Isabel, por la gracia de Dios rey é reyna de Castilla, de León, de Aragón, conde é condesa de Barcelona, salud é graçia:
Sepades é saber debedes que los judíos procuran siempre, por quantas vías é maneras pueden, de subvertir de Nuestra Sancta Fée Católica á los fieles é los apartan della é tráenlos á su dañada creeneçia é opinión, instruyéndolos en las creençias é ceremonias de su ley, façiendo ayuntamiento é façiéndoles entender que non hay otra ley ni verdad, sinon la ley de Moysen.
[…] Para obviar é remediar com çese tan grande oprobio é ofensa, porque cada dia se falla é paresce que los dichos judíos tratan é continuan su malo é dañado propósito, si la causa principal desto no se quitase, que es echar los judíos de nuestros reynos.
[…] Aviendo avido sobre ello mucha deliberaçion, acordamos mandar salir á todos los judíos de nuestros reynos, que jamas tornen, ni vuelvan a ellos. Mandamos a todos los judíos é judías de qualquier edad que seyan, que vivan é moran é stan en los dichos reynos é señoríos, que fasta en fin deste mes de julio salgan con sus fijos é sus fijas é criados é criadas é familiares judíos, ansi grandes como pequeños, de qualquier edad que sean, e non seyan osados de tornar a ellos de viniendo nin de paso, nin en otra manera alguna so pena de muerte é confiscaçion de todos sus bienes.
[…] É mandamos é defendemos que ninguna, ni algunas personas, ni algunas personas de los dichos nuestros reynos, de qualquier estado, condiçion é dignidad, non seyan osados de reçibir, nin reçiban, ni acojan, nin defiendan nin pública nin secretamente judío ni judía, pasado todo el terminio de fin de julio en adelante, para siempre jamas, so pena de perdimiento de todos sus bienes, vasallos é fortalezas é otros heredamientos.
[…] Damos liçencia é facultad á los dichos judíos é judías que puedan sacar fuera de los dichos nuestros reynos, sus bienes é façiendas por mar é por tierra, en tanto no seya ni oro ni

plata, nin moneda amonedada nin las otras cosas vedadas por las leyes de nuestros reynos.
[...] É porque esto pueda venir á notiçia de todos, é ninguna pueda pretender igno-rançia, mandamos que esta nuestra Carta sea pregonada publicamente por las plazas é mercados é otros lugares acostumbrados de las dichas çibdades é villas é logares por pregonero é ante escribano publico.
[...] Dada en la çibdad de Granada, 31 del mes de marzo, año del Nascimiento de Nuestro Salvador Jesucristo de mil quatro-çientos é noventa é dos.
Yo el rey. Yo la Reyna. Yo Joan de Coloma, secretario del rey é de la reyna, nuestros señores, la fiçe escribir por su mandado.

4. MÚSICA:
Improvisación sobre *El Pan de la aflicción* (rebab)

ORACIÓN:
Ha lajmá aniyá (Arameo)

5. MÚSICA:
El pan de la aflicción (Ladino)

הא לחמא עניא	Este el pan de la aflicción
די אכלו אבהתנא בארעא דמצרים	que comieron nuestros padres en tierra de Ayifto (Egipto).
כל דכפין ייתי ויכל	Todo el que tiene hambre venga y coma,
כל דצריך ייתי ויפסח	y todo el que tiene de menester venga y pascue.
השתא אנחנו גאלי ישראל	Éste año aquí,
לשנה הבאה כל בית ישראל	a el año el vinien en tierra de Yisraél,
השתא עבדי לשנה הבאה	Éste año aquí siervos,
בני חורין	a el año el vinien en tierra de Yisraél.

Testimonio de la expulsión de los judíos.
6. MÚSICA:
Melodía Sefardí (percusión y flauta)

RECITADO:
Andrés Bernáldez (m. ca. 1513), Cura y confesor de la reina Isabel I y del inquisidor General de Castilla, Torquemada. *Memorias del Reinado de los Reyes Católicos.*

En contados meses, los judeos vendieron todo lo que pudieron. Daban una casa a cambio de un asno, una viña por un corte de tela o de lienzo. Antes de partir, casaron entre sí a los niños de más de doce años, para que cada muchacha tuviese la compañía de un marido... Después, confiando en las vanas esperanzas de su ceguera, se pusieron en camino abandonando las tierras de sus nacimientos, chicos y grandes, viejos y niños, a pie y a caballeros en asnos y otras bestias, y en carretas, y continuaron sus viajes, cada uno a los puertos que debían de ir, e iban por los caminos y campos por donde iban con muchos trabajos y fortunas, unos cayendo, otros levantando, otros muriendo, otros naciendo, otros enfermando, que no había cristiano que no hubiese dolor de ellos, y siempre por do iban los convidaban al baptismo y algunos, con la cuita, se convertían y quedaban, pero muy pocos, y los rabíes los iban esforzando y hacían cantar a las mujeres y mancebos y tañer panderos y adufos para alegrar la gente, y así salieron de Castilla.

7. MÚSICA:
Lamentación en hebreo: *Mà aidéj? Mà adamélaj* – Anónimo
2,13/5,2-4/2,11/2,13/2,15

מה אעוךך מה אדמה לך
ירושלם הבת
מה אשוה לך ואנהמך
ציון בת בתולת

¿A quién te compararé?
¿A quién te asemejaré, hija de Jerusalén?
¿Quién te podrá salvar y consolar,
virgen, hija de Sión?

נחלתנו נהפכה לזרים
לנכרים בתינו
כי גדול כים שברך
מימינו בכסף שתינו

Nuestra heredad ha pasado a extranjeros,
nuestras casas a extraños.
Grande como el mar es tu quebranto.
A precio de plata bebemos nuestra agua.

יתומים היינו אין אב
איכה יועם זהב

Somos huérfanos, sin padre.
¡Cómo, ay, se ha deslucido el oro!

כלו בדמעות עיני
חמרמרו מעי
נשפך לארץ כבדי
מי ירפא לך

Se agotan mis ojos a causa de las lágrimas,
mis entrañas hierven,
mi corazón se derrama por tierra.
¿Quién te podrá sanar?

ספקו עליך כפים
כל עברי דרך
שרקו וינעו ראשם
על בת ירושלים

Aplaudían contra ti
todos los que pasaban por el camino.
Silbaban y sacudían sus cabezas
ante la hija de Jerusalén, diciendo:

הזאת העיר שיאמרו
כלילת יפי

"¿Es ésta la ciudad de la cual decían
que era perfecta en hermosura?"

VI DESCUBRIMIENTOS Y AGRAVIOS

1492 (3 de octubre) Primer viaje de Colón

8. MÚSICA:
Improvisación sobre una Fantasía de Lluís del Milà (vihuela)

RECITADO:
Carta de Colón a los Reyes Católicos (Primer viaje)
Salvador de Madariaga, *Vida del muy magnífico Señor don Cristóbal Colón*, p. 215.

Así que después de haber echado fuera todos los judíos de todos vuestros reinos y señoríos,
en el mismo mes de enero mandaron vuestras Altezas a mí que con armada suficiente me
fuese a las dichas partidas de India; y para ello me hicieron grandes mercedes, y me ano-
blecieron.

9. MÚSICA:
Voca la galiera (instr.) – Anónimo CMM 18

1492 (12 de octubre) Desde la carabela la Pinta se ve el Nuevo Mundo

10. RECITADO:
Cristóbal Colón. *Diario de a bordo.*

Noche de 11 de octubre de 1492:
Navegó al Ouesudeste. Tuvieron mucha mar y más que en todo el viaje habían tenido. Vieron pardelas y un junco verde junto a la nao. Vieron los de la carabela Pinta una caña y un palo, y tomaron otro palillo labrado a lo que parecía con hierro, y un pedazo de caña y otra hierba que nace en tierra, y una tablilla. Con estas señales respiraron, y alegráronse todos. Anduvieron en este día, hasta puesto el sol, veintisiete leguas. Después del sol puesto, navegó a su primer camino al Oueste: andarían doce millas cada hora; y hasta dos horas después de media noche andarían noventa millas. Toda la noche oyeron pasar pájaros. La mar estaba plana como el río de Sevilla. Y porque la carabela Pinta era la más velera e iba delante del Almirante, halló tierra y hizo las señas que el Almirante había mandado. Esta tierra vido primero un marinero que se decía Rodrigo de Triana. Fue sobre el castillo de popa: vió un resplandor, muy ténue y furtivo, pero no atrevióse a decir nada. Llamó al Oficial de la Cámara Real y le dijo que parecíale haber visto una luz. Él escrutó la oscuridad y también viola. Era como una luz chica de candela de cera que subíase y bajábase cada vez más cerca. A dos horas después de medianoche, la tierra apareció distante sólo de dos leguas.

MÚSICA:
Improvisación (flauta india y palos de agua)

1502 Conversión forzosa de todos los moros de los Reinos de Castilla

11. MÚSICA:
Lamento instrumental (improvisación)

12. MÚSICA:
Preludio de la Nuba

RECITADO:
Crónica de los Reyes de Castilla, cap. CXCVI.

Viendo el Rey y la Reyna que por muchas formas dadas por los moros, mudéjares y con los que se habían baptizado, no se podían escusar muchos daños que los moros contínuamente hacían en los christianos, habido su consejo, mandaron de hecho que todos los moros mudéjares de Castilla e Andalucía, dentro de dos meses fuesen christianos e se convirtiesen a nuetra sancta fe católica, e fuesen baptizados so pena de ser esclavos del Rey y de la Reyna los que fuesen realengos. Y cumplióse el plazo de los dos meses en el mes de abril del dicho año de 1502, e ansí de ellos, convertidos de buena voluntad e todos los más contra su voluntad, fueron baptizados considerando que si los padres no fuesen buenos christianos, que los fijos o nietos o viznietos lo serían.

13. MÚSICA:
Nuba Hiyay Msmarqi. Mizan Bsit. Ya muslimin qalbi (Lamento Árabo-andaluz s. XVI)

يا مسلمين قلبي دعاني آش كان دعاه حتى سكن فيه الغرام
عاشق متيم كئيب وجد دعاه بين الانام صب قتيل

¡Oh, escuchadme! Mi corazón me ha llamado.
¿Quién ha provocado que el amor lo habite?

Extremadamente amoroso, triste, tanta ansia
lo hace sufrir entre la desesperación y una pasión que mata.

1502 Moctezuma II es elegido emperador azteca

Poema Náhuatl sobre la fugacidad universal
14. MÚSICA:
Improvisación (flauta indígena – Colombia)

RECITADO:
¿Cuix oc nelli nemohua oa in tlalticpac Yhui ohuaye?
Cantares Mexicanos, fol. 17, r.

¿Cuix oc nelli nemohua oa in tlalticpac Yhui ohuaye?
An nochipa tlalticpac: zan achica ye nican.
Tel ca chalchihuitl no xamani
no teocuitlatl in tlapani
no quetzalli poztequi Ya hui ohuaya
an nochipa tlalticpac: zan achica ye nican.

15. MÚSICA:
Homagio Kogui (quena & tambores amerindios)

16. MÚSICA:
Improvisación (flauta indígena – Colombia)

RECITADO:
¿Acaso de verdad se vive en la tierra?
Cantares Mexicanos, fol. 17, r.

¿Acaso de verdad se vive en la tierra?
No para siempre en la tierra: sólo un poco aquí.
Aunque sea jade se quiebra,
aunque sea oro se rompe,
aunque sea plumaje de quetzal se desgarra,
no para siempre en la tierra: sólo un poco aquí.

VII TESTAMENTO DE ISABEL Y MUERTE DE COLON

17. MÚSICA:
Departez vous – Guillaume Dufay

1504 Testamento de la Reina Isabel

18. MÚSICA:
Improvisación (tambores, campanas, psalterio y voces)

RECITADO:
Sobre el trato a los indios
Testamento de la Reina Isabel, en una réplica de Fray Bartolomé de las Casas al doctor Ginés de Sepúlveda.

…Y no consientan ni den lugar que los indios vecinos e moradores de las dichas islas e Tierra Firme, ganadas e por ganar, reciban agravio alguno en sus personas ni bienes, mas manden que sean bien y justamente tratados. Y si algún agravio han recibido, lo remedien y provean por manera que no excedan cosa alguna de lo que por las letras de la dicha concesión nos es iniungido y mandado.

19. MÚSICA:
Villancico: *Todos los bienes del mundo* – Juan del Enzina CMP 61

Todos los bienes del mundo
pasan presto y su memoria
salvo la fama y la gloria.

El tiempo lleva los unos,
a otros fortuna y suerte,
y al cabo viene la muerte,
que no nos dexa ningunos.
Todos son bienes fortunos
y de muy poca memoria,
salvo la fama y la gloria.

La fama bive segura
aunque se muera su dueño;
los otros bienes son sueño
y una cierta sepoltura.
La mejor y más ventura
pasa presto y su memoria,
salvo la fama y la gloria.

Procuremos buena fama,
que jamás nunca se pierde,
arbol que siempe está verde
y con el fruto en la rama.
Todo bien que bien se llama
pasa presto y su memoria,
salvo la fama y la gloria.

1506 (20 de mayo) Muere en Valladolid Cristóbal Colón

20. MÚSICA:
Fortuna desperata – Heinrich Isaac

21. MÚSICA:
Introducción *Miserere nostri*

RECITADO:
Hernando Colón, *Vida del Almirante*, cap. CVIII.

"En mayo de 1505 salió de viaje hacia la corte del rey católico. El año antes, la gloriosa reina doña Isabel había pasado a mejor vida, lo que causó gran pesar al Almirante, porque había sido ella la que lo ayudaba y favorecía, mientras que el rey siempre lo había encontrado algo seco y contrario a sus asuntos. Él mismo y su majestad la reina lo habían enviado a realizar aquel viaje. Al mismo tiempo que el rey católico salía de Valladolid a recibirlo, el Almirante, cuyas condiciones se habían agravado por la gota y el dolor de verse decaído de su estado, a lo que se añadieron otros males, entregó su alma a Dios el día de la Ascensión, 20 de mayo de 1506 en la mencionada ciudad de Valladolid, habiendo previamente recibido los santos sacramentos de la iglesia y pronunciado estas sus últimas palabras: "In manus tuas, Domine, commendo espiritum meum", el cual, por su alta misericordia y bondad, tenemos por cierto que lo recibió en su gloria. "Ad quam nos eo perducat. Amen".

22. MÚSICA:
Miserere nostri / Vexilla Regis CMM 106

Ten piedad de nosotros, Señor.

[Vexilla regis prodeunt:
Fulget crucis mysterium,
Quo carne carnis conditor
Suspensus est patibulo.]

[Los estandartes del rey avanzan,
fulge el misterio de la cruz
Por el cual, en su carne,
el creador de la carne fue colgado.]

Quo vulneratus insuper
Mucrone diro lancee,
Ut nos lavaret crimine,
Manavit unda et sanguine.

Y herido además
por la punta de la lanza,
Para lavarnos las faltas,
manó agua y sangre.

[Impleta sunt quae concinit
David fideli carmine,
Dicens: In nationibus
Regnavit a ligno Deus.]

[Se cumplió lo que cantó David,
digno de fe, Diciendo:
"Sobre las naciones reinaba
Dios desde el madero".]

Arbor decora et fulgida,
Ornata regis purpura,
Electa digno stipite,
Tam sancta membra tangeret.

Arbol bello y reluciente,
adornado con la púrpura del rey,
escogido como digno de tocar
tan santos miembros.

Beata cujus brachiis,
Saecli pependit pretium,
Statera facta corporis,
Praedamque tulit tartari.

O crux, ave, spes unica,
Hoc passionis tempore,
Auge piis justitiam,
Regisque dona veni.

Te summa, Deus trinitas,
Collaudet omnis spiritus
Quos per crucis mysterium Salvas,
Rege per saecula.

Amen.

Santa balanza hecha del cuerpo,
de cuyos brazos ha pendido
el precio del mundo,
y ha ganado la presa del infierno.

Ave, oh cruz, única esperanza,
en este tiempo de pasión,
aumenta la justicia para los piadosos
y trae los dones del rey.

A ti, Dios, suprema trinidad,
te colme de elogios todo espíritu
que salvas por el misterio de la cruz,
reina por los siglos.

Amen.

Epitafio
23. MÚSICA:
Fantasía I – Lluís del Milà

Fragmento de una carta del Almirante
24. MÚSICA:
Melodía anónima s. XVI

RECITADO:
Salvador de Madariaga, *Vida del muy magnífico Señor don Cristóbal Colón*, p. 60.

No soy el primer Almirante de mi familia. Póngame el nombre que quisieren que al fin David, Rey muy sabio, guardó ovejas y después fue hecho rey de Jerusalén; y yo soy siervo de aquel mismo Señor que puso a David en este estado.

25. MÚSICA:
Himno Procesional: *Hanacpachap cussicuinin* (en Quechua) – Juan Pérez Bocanegra

Hanacpachap cussicuinin
huaran cacta muchascaiqui,
yupairurupucoc mallqui,
runa cunap suyacuinin,
callpan nacpa quemi cuinon,
huac iascaita.

Llya rihuos muchascaita
Diospacampan Diospa maman
yurac tocto hamancaiman yupascalla,
collpascaita huahuorquiman
suyus caita ricuchillai.

Alegría del cielo,
mil veces te adoraré.
Escucha mi súplica
árbol lleno de fruta
esperanza de la humanidad
defensor del débil.

Contesta mi plegaria
pilar de Dios, madre de Dios,
lirio hermoso, blanco y amarillo
por todas mis ofrendas
para que me ayudes
a conseguir mis deseos.

dela conquista mexicana

fo. 18.

teca, cempoalteca, injc qujmo
ichteca tlatlanjque: conjtuguee
caamoie ichoatl tuteeujcaane.
Inm tzioac popocatzin, gajnj
xiptlatica in. Moteeu çomatzin:
qujtujque. cujx ieto inh Mo
teccçoma. Conjtu. Carehoatl
in ramotechieth caeth in njMo
tecuçoma. Auh njman gujtkeij,
gee. Hepa xiaceh, tleica in te
techiztlacavia, ac ti techmiatj
amo vel titechiztlacaviz, amo
vel tiça timocaiaoaz, amo vel
titech guamanaz, amo vel ti
techix mamatiloz, amo vel ti
techich chioaz. amo vel titechix
cuepaz, amo vel titechix pa
tiliz, amo vel titech tlacuepi
liz, amo vel titechixpopoloz,
amo vel titechix mjmjcteiz, a
mo vel titechix coqujviz, amo
vel titechix coqujmatvaz, a
motehoatl canveca in Mote
cuçoma, amo vel tehnetla
tiliz, amo vel mjnaiaz, cam
paiaz, cujxtotvtl, cujxpa
tlaniz, cujnoço tlallan guj
quezaz yiovi, cujx canaca
tepeh coionguj yitic calaqujz

Ni Motecucoma se nos podra asconder
por mucho que haga, aunque sea ave
yaunque se meta debaxo de tierra
no se nos podra asconder de verle
a vemos y de oyr avemos loque
nos dira. Y luego con afrenta em
biaron aquel principal y a todos

Representación del sistema del universo según Copérnico. Harmonia Macrosósmica, Andrea Cellari, 1660.

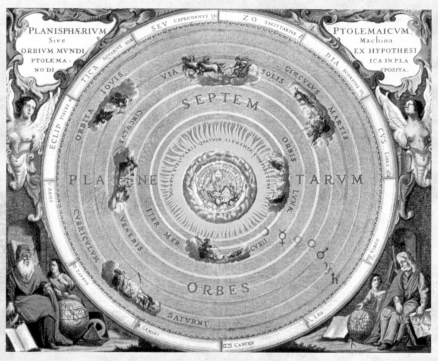

Planisferio Tolemaico. Harmonia Macrosósmica, Andrea Cellari, 1660.
Colón tomó como modelo los mapas de Tolomeo para sus cálculos cartográficos.

CHRISTOPHE COLOMB
Paradis Perdus
Ombres et lumières au Siècle de Colomb :
l'Histoire et la Poésie en dialogue
avec les musiques arabo-andalouses, juives et chrétiennes
de l'Ancienne Hesperia jusqu'à la découverte du Nouveau Monde.

Disque I

I PROPHÉTIES ET EVOCATIONS ANCIENNES

Médée. (Tragédie, acte II) – Sénèque (s. I)
Musique : Choeur : G. Binchois ; Solo : Anonyme s. XII
(texte cité et traduit par Colomb dans son Livre des Prophéties)

1. Introduction : Pierre Hamon (flûte double) Pedro Estevan (percussion)
2. Invocation : Choeur : « Tethysque novos detegat orbes »
3. Évocation 1 : Medea : « *Nunc iam cessit pontus et omnes patitur leges* »
4. Invocation : Choeur : « Tethysque novos detegat orbes »
5. Évocation 2 : Medea : *Terminus omnis motus et urbes*
6. Invocation : Choeur : « Tethysque novos detegat orbes »
7. Évocation 3 : Medea : *Venient annis saecula seris*
8. Récit : « *Venient annis sæcula seris quibus oceanus vincula rerum laxet...* »
9. Invocation : Choeur : *Tethysque novos detegat orbes*
10. Récit : « *Vendrán los tardos años del mundo...* »

1408 Royaume de l'Emir Nazarí Yusuf III

11. Improvisation : *Hymne Soufi* (santur & percussion)
12. Récit : « Description des beautés de Grenade » Ibn Battuta, *Les Voyages.*
13. Musique : *Mowachah Billadi askara min aadbi Llama* (Instr. Al-Andalus)

II CONQUÈTES ET NAISSANCE DE COLOMB

1410 (Septembre) Les troupes de l'infant Ferdinand font la conquête d'Antequera

14. Romance Séfarade : *El Moro de Antequera* (Anonyme séfarade)
15. Récit : « Alors que l'Infant arrivait à Antequera... »
16. Musique : *Zappay* (instr.) – CMM 20

1443 (Février) Alphonse V le Magnanime entre dans Naples

17. *Collinetto* (instr.) – Anonyme CMM 22
    Récit : « Je dirai ici le grand honneur qui accueillit Messire... » Du Journal de Melcior Miralles, chapelain du roi Magnanime et du Siège épiscopal de Valence.
18. Villota : *Dindirindin* – Anonyme CMM 127

1451 (Octobre) Naissance de Christophe Colomb

19. Récit : « Ses ancêtres étant du sang royal de Jérusalem... » Hernando Colomb, *Histoire de l'Amiral*, chap. I.
20. Strambotto: *O tempo bono* – Anonyme CMM 132

III NOUVELLES ROUTES ET GRANDS PROJETS

1474 (25 Juin) Lettre du physicien de Florence, Toscanelli, envoyée au Prince Don Juan

21. Musique : *Voca la galiera* – Anonyme CMM 18
    Récit : « J'ai fait de mes propres mains une carte où sont dessinées ... » Salvador de Madariaga, *Vida del muy magnífico Señor don Cristóbal Colón*, p. 103.
22. Basse Danse : *Mappa Mundi* (Kyrie de la Messe Mappa Mundi) – Johannes Cornago

1480 Naufrage au Cap de San Vicente

23. Musique : *Chiave, Chiave* (instr.) – Anonyme CMM
    Récit : « L'Amiral partit à la rencontre de quatre grandes galère... » Hernando Colón, *Histoire de l'Amiral*, chap. V

1485 Mariage de Colomb durant son séjour au Portugal

24. Musique : *Mélodie Ancienne*
    Récit : « Comme il n'était pas très loin de Lisbonne... »
25. Villancicos : *Meis olhos van por lo mare* – Anonyme CMP 453

1486 Colomb présente son projet aux Rois Catholiques

26. Récit : « Finalement, les Souverains se conformèrent à l'usage castillan... » Hernando Colón, *Histoire de l'Amiral*, chap.LXXXIII.
27. Frottola : *In te Domine Speravi* – Josquin des Près CMP 84

IV LA FIN DE L'AL-ANDALUS

28. Improvisation Arabo-andalouse (santur & flûte)
29. Récit : Poème d'Ibn Zamrak sur une pierre de l'Alhambra de Grenade
30. Jarcha : *Ya amlaja halki* (Andalousie, XIIIe s.)

1492 (2 Janvier) La Conquête de Grenade

31. Musique : *La Spagna* (instr.)
32. Récit : « Passèrent Juillet et Août. Du départ de l'Alhambra et de comment Grenade se rendit. Andrés Bernáldez (mort vers 1513), curé et confesseur de la reine Isabelle I et de l'Inquisiteur Général de Castille.
33 - 34. Villancico : *Levanta Pascual* – Juan del Enzina CMP
35. Romance : *Qu'es de ti desconsolado ?* – Juan del Enzina CMP

Disque II

V LA DIASPORA SÉFARADE

1. Musique : *Las estrellas de los cielos* (Anonyme séfarade)
   La Sainte Inquisition
2. Hymne : *Patres Nostri peccaverunt* – Johannes Cornago

1492 (31 mars) Expulsion des Juifs non convertis

3. Récit : « Don Ferdinand et doña Isabelle, par la grâce de Dieu... »
   Édit d'Expulsion des juifs. Rédaction du Secrétaire des Rois Catholiques, Joan
   Coloma, à Grenade le 31 mars 1492.
4-5. Musique : Improvisation sur *El pan de la Aflicción* (rebab)
   Récit : Prière en araméen : *Ha lajmá aniyá* - Anonyme séfarade
   Prière en ladino : *Ceci est le pain de l'affliction* – Anonyme séfarade de la *Hagadá*
   de la Pâque juive.
   Témoignage de l'expulsion des juifs
6. Récit : « En peu de mois...» Andrés Bernáldez (mort vers. 1513),
   Curé et confesseur de la reine Isabelle I
7. Lamentation en Hébreu : *Mà didéj ? Mà adamélaj* – Anonyme séfarade

VI DÉCOUVERTES ET INIQUITÉS

1492 (3 de octobre) Premier voyage de Colomb

8. Musique : Improvisation sur une Fantaisie de Lluís del Milà (vihuela)
   Récit : « C'est ainsi qu'après avoir mis dehors les juifs ». Lettre de Colomb aux
   Rois Catholiques (Premier voyage)
9. Musique : *Voca la galiera* (instr.) – Anonyme CMM 18

1492 (12 de octubre) Depuis la Caravelle la Pinta on voit le Nouveau Monde

10. Récit: « La flotte allait l'une vers l'Ouest et l'autre vers le Sud-est... ».
    Christophe Colomb, *Diario de a bordo (journal de bord)*.

1502 Conversion forcée de tous les maures des Royaumes de Castille

11. *Lamentation instrumentale* (improv.)
12. Récit : « Quand le Roi et la Reine virent que... » Chronique des Rois de Castille,
    chap. CXCVI.
13. Musique : *Nuba Hiyay Msmarqi. Mizan Bsit. Ya muslimin qalbi*
    Plainte arabo-andalouse XVIe s.

1502 Moctezuma II est élu empereur aztèque

14-16. Récit : *¿ Cuix oc nelli nemohua oa in tlalticpac Yhui ohuaye ?* (Poème Náhuatl
   sur la fugacité universelle) *Cantares Mexicanos*, fol. 17, r.
15. Musique : *Homagio Kogui* (quena & tambours amérindiens)

VII TESTAMENT D' ISABELLE ET MORT DE COLOMB

17. Musique : *Departez vous* (instr.) – Guillaume Dufay

1504 Testament de la Reine Isabelle I de Castille

18. Récit : Sur le traitement des Indiens. Testament de la Reine Isabelle, dans une réponse de Frère Bartolomé de las Casas au Docteur Ginés de Sepúlveda.
19. Villancico : *Todos los bienes del mundo* – Juan del Enzina CMP 61

1506 (20 mai) Christophe Colomb meurt à Valladolid

20. Musique : *Fortuna desperata* – Heinrich Isaac
21. Récit : « En mai 1505... »
    Hernando Colomb, *Vida del Almirante*, chap. CVIII
22. Musique : *Miserere nostri / Vexilla Regis* – Anonyme CMM 106

Épitaphe

23. Musique : *Fantasía I* – Lluís del Milà
Fragment d'une lettre de l'Amiral
24. Musique : Melodie ancienne s. XVI
    Récit : « Je ne suis pas le premier Amiral de ma famille ». Salvador de Madariaga, *Vida del muy magnífico Señor don Cristóbal Colón*, p. 60.
25. Hymne processionnel : *Hanacpachap cussicuinin* (en Quechua) – Juan Pérez Bocanegra

Conception du Programme, Sélection des textes et des musiques
et Adaptations musicales
Jordi Savall

Dramaturgie et textes Araméens, Hébreux, Arabes et Náhuatl
Manuel Forcano

PARADIS PERDUS

1400 – 1506

« Ce monde était bon,
si nous savions
en faire bon usage. »

Jorge Manrique (1440-1479)

Notre passé n'est pas seulement le nôtre. L'espace géographique que notre culture a occupé durant des siècles contenait en son sein des gens différents, pratiquant d'autres formes culturelles et religieuses comme, au temps de l'ancienne Hesperia, la musulmane et la juive. Mais au Moyen Âge – qui fut comme l'époque actuelle, celle des haines religieuses et de l'incompréhension – le paradis des « Trois cultures » de l'Hesperia vint à se dégrader et pourtant malgré l'intolérance et les cruautés, Arabes et Juifs habitaient parmi nous, vivaient comme nous, étaient nous. À la fin du XVe siècle, après la conquête de Grenade, ils furent expulsés ou convertis au Christianisme par décret et leur départ signifia la fin d'une époque, la perte d'un paradis possible : les textes la dénoncent, les musiques la pleurent, la mémoire l'illumine et notre conscience la dignifie.

Parallèlement à ces convulsions, émerge une figure exceptionnelle : Christophe Colomb, l'amiral qui en 1492 découvre le Nouveau Monde. Un nouveau paradis va être transformé : l'arrivée des colonisateurs comportera, d'une part, la destruction et la perte de nombreuses cultures indigènes, et d'autre part, la cristallisation d'un métissage social et culturel fructifère pour le vieux comme pour le nouveau continent.

Les musiques de l'époque, ainsi que les différents textes qui jalonnent la biographie de Christophe Colomb, et spécialement ceux qui furent annotés par lui-même en ses cahiers, telle la citation prémonitoire du Chœur de la Tragédie *Médée* de Sénèque, (qui annonce l'existence d'un monde inconnu au-delà de l'île de Thulé et sera découvert par un marin audacieux) sont des témoignages directs et révélateurs de toutes ces profondes transformations. De la combinaison de ces sources historiques et musicales, naît un spectacle novateur, dans lequel la beauté et l'émotion de la musique établissent un dialogue expressif avec les textes récités. Certains sont descriptifs, d'autres poétiques, certains véritablement cruels et d'autres encore plus dramatiques, mais tous sont profondément représentatifs de l'émergence d'une époque de changements, d'un passé lointain mais que nous ne devrions pas oublier. La musique nous permet d'approcher avec une intense émotion des chroniques de ce siècle exceptionnel, qui nous montrent l'ambivalence extrême d'une époque à la fois convulsive et très créative qui, malgré sa part importante d'ombres, s'illustra par une brillante floraison de tous les arts. Écoutons comment les merveilleuses musiques des *villancicos* et des *romances* de cette époque alternent avec le sentiment douloureux et sincère des chroniques contemporaines d'Andrés Bernáldez. Les lamentations séfarades, les descriptions d'Ibn Battuta, le journal de bord de l'amiral, les édits royaux implacables y dialoguent ainsi avec le verbe poétique magistral tant de Juan del Enzina que du poète de Grenade Ibn Zamrak, sans oublier le merveilleux poème en langue nahuatl sur la fugacité universelle.

Nous désirons avec cette proposition, non seulement récupérer un important patrimoine musical interprété vocalement et instrumentalement avec des critères historiques et sur instruments d'époque, mais encore présenter nos hommages aux principales cultures de cette période. Ainsi, nos musiques de cour conservées sur de précieux manuscrits sont complétées par des musiques de tradition orale provenant des cultures arabe et juive et de celles d'un Nouveau Monde aujourd'hui peu connu, symboliquement évoquées par le son suggestif des diverses flûtes originales des anciennes cultures amérindiennes. Se souvenir des moments les plus significatifs de ce siècle n'est pas seulement se joindre à la commémoration du Ve Centenaire de la mort de Christophe Colomb (1506-2006). Nous voulons aussi, de façon symbolique et profondément sincère, donner à ce projet le sens d'un geste nécessaire de réparation envers tant d'hommes et de femmes ayant appartenu à l'une ou l'autre de ces cultures ou croyances différentes des nôtres, et dont nous n'avons pas été capables de comprendre et respecter la différence. Les *Paradis Perdus* unissent musique et littérature de l'époque et nous offrent une frise brève mais intense de ces jours cruciaux de métamorphose religieuse et culturelle où disparaissait un Vieux Monde et en émergeait un Nouveau. Le témoignage des textes sélectionnés par Manuel Forcano, récités par lui-même en langue arabe, hébraïque, araméenne, latine et nahuatl ou récités par Francisco Rojas et Núria Espert en castillan, ainsi que celui des musiques chantées également en latin, hébreu, arabe, quechua, ladino, castillan, portugais, catalan et italien, par Montserrat Figueras, Begoña Olavide, Lluís Vilamajó et les solistes de *La Capella Reial de Catalunya*, est la meilleure preuve de la richesse culturelle d'une époque qui les a vus disparaître de nos horizons et nous rappelle aujourd'hui que le dialogue et la compréhension entre les différentes religions, les différentes cultures sont nécessaires à la préservation et la restauration, en ce conflictuel XXIe siècle, d'un bagage culturel d'une telle envergure et d'une telle signification.

Les *Paradis Perdus* proposent une reconnaissance méritée envers la littérature, envers l'histoire et la musique de l'ancienne Hesperia et du Nouveau Monde. Pleinement conscients que plus de cinq siècles nous séparent de ces époques lointaines, nous croyons justement que, de la même manière que la qualité poétique et la force expressive de l'évocation récitée des événements les plus dramatiques arrivent à nous ébranler, la beauté et la vitalité de leurs musiques peut aussi nous émouvoir intensément. Nous nous souvenons aussi que s'il est vrai que la dimension artistique est toujours intemporelle, toutes ces musiques, leurs formes, leurs sonorités, en définitive leur style, portent inévitablement en elles les marques de leur temps. Pour cette raison, nous avons opté pour la juste adéquation historique vocale et instrumentale, complétée par la capacité d'imagination créative correspondante, qui caractérise si bien les solistes vocaux et instrumentaux d'*Hespèrion XXI* et de *La Capella Reial de Catalunya*, ainsi que pour la présence de solistes spécialisés dans les traditions orientales et les instruments anciens (flûtes amérindiennes) du Nouveau Monde.

Le poète Jorge Manrique écrivait: « *Qu'est ce qui leur fit trouver les musiques correspondantes à celles qu'ils jouaient?* » Avec ce livre-disque, les écrivains, les musicologues, les récitants, les chanteurs et les instrumentistes qui collaborent à ce projet proposent non seulement de donner une réponse à la question du poète, mais encore une hypothèse de réflexion. Les musiques vivantes des temps reculés, en accord avec la mémoire de notre histoire, peuvent se muer en l'âme même d'une vision critique rénovée, d'une vision humaniste de nos origines. Elles peuvent peut-être aussi nous aider à nous libérer un peu d'une certaine amnésie culturelle, particulièrement grave quand il s'agit de notre musique. C'est seulement ainsi, en récupérant et en revitalisant un ancien patrimoine musical, et aussi tout en approchant, depuis une perspective différente, l'histoire et le passé, que nous pourrons imaginer et mieux construire la mémoire du futur.

JORDI SAVALL
Bellaterra, Eté 2006

DE LA PROPHÉTIE À LA TRAGÉDIE

1.– « *Des temps viendront au cours des années où l'océan repoussera les barrières du monde et où la terre s'ouvrira dans toute son extension, et un grand marin, tel celui qui guida Jason, dont le nom était Thyphis, nous découvrira de nouveaux mondes et les confins de la terre ne seront plus Thulé.* » La voix envoûtante de Montserrat Figueras est une fois encore celle d'une Sybille, encadrée par le murmure d'un choeur de prêtres masculins et déclamant les paroles prophétiques de Médée, telles qu'elles ont été écrites par le philosophe et dramaturge romain Sénèque, au tout premier siècle de l'ère chrétienne.

La prophétie de Médée est presque effrayante dans sa description cristalline d'un événement qui ne prendra place que près de quinze siècles plus tard. Mais cette croyance en un nouveau monde encore à atteindre était déjà profondément enracinée dans la tradition culturelle de la Grèce ancienne, aussi bien que dans le legs des grands prophètes hébreux de l'Ancien Testament ; elle était encore ancrée au tréfond de la vision médiévale du monde et de celle du début de la Renaissance.

Christophe Colomb était parfaitement au courant de cette ligne de pensée propre à son temps. Parmi d'autres sources, il avait lu l'*Historia rerum ubique gestarum* du Pape Pie II et l'*Imago mundi* du Cardinal Pierre d'Ailly, et il était d'autre part familier des récits de voyage de Marco Polo en Extrême Orient. Plus tard, dans les dernières années de sa vie, il essaiera en fait de se convaincre que le succès de son voyage de découverte était le véritable aboutissement de toutes ces prophéties. Avec l'aide d'un ami cher, le Frère chartreux Gaspar Corricios, il commencera en 1501 à rédiger une anthologie extensive de tous les extraits d'auteurs classiques, bibliques et ecclésiastiques dans lesquels il pouvait trouver une allusion à un tel point de vue : le *Libro de profecías*. Ce livre a miraculeusement échappé au destin mystérieux des si nombreuses sources associées à l'Amiral, plongeant la biographie de Colomb dans un brouillard d'incertitude et nourrissant une chaîne sans fin d'hypothèses concernant ses origines familiales et les premières étapes de sa vie.

Colomb était-il réellement un Italien de Gênes, comme sa biographie classique l'a toujours soutenu ? Ou bien, était-il un Catalan juif converti, essayant d'échapper aux persécutions religieuses? Ou encore peut-être un membre de la plus haute noblesse portugaise, en mission pour le roi du Portugal ? Ou peut-être même un Galicien? Aucune de ces interprétations alternatives, souvent étroitement tissées de théories des plus échevelées autour d'une conspiration historique, n'a jusqu'ici survécu à la critique des principaux érudits. Mais toutes dérivent, après tout, de l'énigmatique absence de tant de sources originales pertinentes, à commencer par son journal de voyage authentique. Le mythe se nourrit des lacunes de l'information que la recherche érudite n'a pas été capable de combler. Mais par ailleurs, il est certainement curieux de constater que l'un des écrits autographes de Colomb parmi les plus intrigants est précisément un texte qui plonge au plus profond de la tradition mythique : c'est le *Libro de profecías* déjà mentionné, qui est conservé à la Bibliothèque *Colombina y Capitular* de Séville (z. 138-25).

Cette réunion d'apparence chaotique de psaumes, de prophéties bibliques, de citations classiques et de passages des écrits des Pères de l'Eglise, a souvent été négligée car prise pour un simple texte de dévotion, quand elle n'a pas été considérée comme un parfait témoignage de l'instabilité mentale de l'Amiral alléguée à la fin de sa vie. Pourtant, en fait, c'est un document hautement révélateur, qui montre comment la vision de Colomb du sens ultime de son voyage de découverte se basait elle-même sur un mythe : un « grand roman » de la Chrétienté, appréhendant finalement l'humanité comme un tout, du fait de la conversion de toutes les nations. Car le revenu dégagé par les terres nouvellement trouvées devait générer le financement de la mise en œuvre de la reconquête de Jérusalem et l'accomplissement du dessein de Dieu sur Terre annoncé dans les Écritures. Il croyait profondément être l'instrument choisi par le Seigneur pour poursuivre un tel dessein d'unification et de salut du monde.

2.– Quel que soit le lieu de naissance de Colomb, il est spécifiquement un produit de l'Europe du Sud, de cette côte du nord de la Méditerranée qui commence dans la Péninsule italienne et la Sicile, continue à travers le *Midi* de la France et en Espagne va au-delà du détroit de Gibraltar pour déboucher sur l'Atlantique tout au long de la côte du Portugal. Depuis des temps immémoriaux, cette région a toujours été la scène d'innombrables rencontres de cultures différentes : l'Empire romain – en soi une mosaïque inter-culturelle complexe – a cédé devant la progression de tribus germaniques variées aux IVe et Ve siècles, et les deux camps se sont finalement fondus dans les divers premiers royaumes chrétiens du haut Moyen Âge. Les héritages latin et germanique avaient forgé des identités culturelles nouvelles, puisant dans les deux traditions, et comme l'Eglise s'arrangeait pour progressivement reconstruire sa hiérarchie transnationale, cette tendance à l'intégration culturelle devint encore plus forte.

Mais cette évolution devait, presque depuis sa phase initiale, se heurter à un sérieux défi, avec l'arrivée dans la région de la Méditerranée occidentale d'une autre religion monothéiste d'une aussi forte stratégie d'expansion: l'Islam. Les Arabes conquirent rapidement l'ensemble du Maghreb, traversèrent la Péninsule Ibérique qu'ils occupèrent presque entièrement, à l'exception d'une petite enclave chrétienne dans les montagnes du nord des Asturies. Quand Charles Martel, maire du palais du royaume franc d'Austrasie, battit l'armée arabe d'Abd-al-Rahman à Poitiers en 732, sa victoire produisit l'effet immédiat de prévenir l'avance ultérieure de l'offensive militaire musulmane à l'intérieur de l'Europe de l'Ouest. Elle eut cependant deux autres conséquences majeures sur l'histoire du continent, dans sa totalité. D'une part, ce fut la base du prestige politique de la famille de Charles, qui permit par la suite à son fils Pépin le Bref de devenir roi de tous les Francs en 750, et convertit le fils de ce dernier, Charlemagne, en premier Empereur de l'Ouest depuis la chute de Rome. D'autre part, ce fait fit des Pyrénées une limite culturelle autant qu'une frontière militaire, car à l'Ouest les choses devinrent nécessairement très différentes de ce qui se passait dans le reste de l'Europe.

Tout au long du Moyen Âge, la vieille Hispania était dans une constante agitation politique, formée d'une mosaïque d'entités en perpétuel changement, tant du côté chrétien que musulman. Al-Andalus, royaume islamique unifié, atteignit l'apogée de son pouvoir, de sa richesse et de l'éclat de sa civilisation avec l'établissement de l'Emirat Umayyad (plus tard Califat) de Cordoue en 755. Mais en 1031, la chute du dernier Calife mena à la division de son territoire en plusieurs états indépendants, appelés royaumes *taifa*. Ceux-ci s'engagèrent rapidement dans des luttes intestines incessantes. Ils se lancèrent aussi dans des affrontements avec les nouvelles armées d'Afrique du Nord, quand l'un ou l'autre des souverains de ce continent appelait à la rescousse en cas de détresse, au risque d'ailleurs de se retrouver rapidement face à un autre conflit pour leur terre. Ce fut le cas des Almoravides, par exemple, après Tolède en 1085 ou des Almohades après la chute de Lisbonne en 1147. Pour ce qui est des Chrétiens, le premier royaume des Asturies qui avait survécu à l'invasion arabe céda rapidement la place à de nouvelles entités politiques : les royaumes de Léon et de Castille (qui devaient par la suite fusionner sous une seule couronne), comme le firent ceux d'Aragon, de Navarre et du Portugal.

Cette subdivision géopolitique de la Péninsule était en changement constant du fait de toutes sortes de facteurs : simple force militaire ou ruse diplomatique, alliances matrimoniales ou partenariats commerciaux. Souvent les conflits armés ne se produisaient pas forcément en fonction d'obédiences strictement religieuses : un monarque chrétien et un roi musulman pouvaient se retrouver alliés contre un ennemi commun et en période de faiblesse, un territoire dominé par l'une ou l'autre des religions pouvait être forcé de payer un lourd tribut au pouvoir militaire plus fort d'un royaume voisin et de croyance opposée. En outre, une ample circulation commerciale de produits de différentes sortes prenait place à l'échelle péninsulaire, couvrant aussi bien des états musulmans que chrétiens.

Dans les états, malgré quelques migrations occasionnelles ou « nettoyages ethniques », faisant suite à une opération militaire, tous ces royaumes avaient une population constante mélangée d'Arabes et de Chrétiens, à laquelle il faut ajouter des communautés juives fortunées et hautement éduquées, installées dans la plupart des villes d'importance. Même s'il est vrai de dire que les gouvernants islamiques étaient considérablement plus tolérants pour les autres observances religieuses que leurs homologues chrétiens, un certain équilibre naturel demeurait dans ce domaine quand l'économie devait fonctionner et la survie de tous l'emporter. D'une certaine façon, les deux principales communautés religieuses dépendaient l'une de l'autre, de même qu'elles dépendaient des Juifs, qui eux-mêmes, à leur tour, ne pouvaient survivre qu'à l'intérieur du système.

Cette coexistence quotidienne signifiait aussi nécessairement l'échange culturel. Par exemple, à tous les niveaux de la société, les gens d'environnements ethniques et religieux différents écoutaient mutuellement les chants et les danses des autres et des instruments, comme le « oud » ou le « rebab », circulaient d'une culture à l'autre. Les premières universités chrétiennes, comme celles de Salamanque ou Coïmbra, ne pouvaient éviter d'étudier les travaux de mathématiciens, d'astronomes ou de cartographes arabes et juifs, dont les souverains chrétiens eux-mêmes louaient les services en tant que conseillers ou administrateurs. En particulier, dans le domaine de la théorie musicale, les traités d'Al-Farabi étaient considérés comme une référence de base. Quand les troubadours de l'aristocratie galicienne et portugaise entamèrent l'essor de leur propre production de chansons courtoises, sous l'influence du mouvement équivalent dans le Sud de la France, ils trouvèrent une référence beaucoup plus proche dans les modèles hautement raffinés de la poésie et de la musique arabes. C'est aussi auprès des élites arabes qu'on pouvait retrouver toutes sortes de produits de grand luxe étrangers à la tradition austère des Visigoths et disparus depuis les temps reculés de l'Empire romain. Les enluminures des *Cantigas de Santa María*, rassemblées sous le parrainage du roi Alphonse X de Léon et Castille, ainsi que celles du Livre de chansons *Ajuda*, à Lisbonne, dépeignent nombre de musiciens arabes impliqués de façon parfaitement admise dans les concerts de ce répertoire. De nombreux rois musulmans étaient eux-mêmes poètes et/ou musiciens : par exemple, le roi de Grenade Youssouf III, qui régna entre 1408 et 1417, nous a laissé quelques merveilleux passages de poésie naturaliste – et dans certains cas ouvertement érotique homosexuelle– , dont on retrouve à la même époque certains échos, à bien des égards, dans les ouvrages des poètes chrétiens d'un Moyen Âge tardif ou d'une Renaissance à ses débuts.

Colomb, quelles que soient ses origines, vivait indéniablement au milieu de cette réalité multiethnique, faite d'échanges constants dans les domaines culturels, intellectuels et artistiques, où la musique, par la nature profonde de son discours non verbalisé, était certainement fondamentale. Malheureusement, la musique arabo-andalouse de l'époque n'était pas notée et toutes les tentatives pour reconstruire la pratique musicale de ce temps doit s'appuyer sur le répertoire transmis oralement. Ce répertoire a été préservé dans la plus stricte tradition enseignée dans les écoles de musique du Maroc. Celles-ci revendiquent avoir conservé par la pratique des concerts une grande partie d'une tradition qui leur est parvenue en provenance de la Péninsule des XVe et XVIe siècles. Et beaucoup de ces musiques impliquent un important degré d'improvisation selon des règles codifiées.

3.– Dès le début du XV e siècle, l'équilibre des pouvoirs avait évolué de façon significative dans la Péninsule, et l'émergence d'une confrontation entre les royaumes locaux chrétiens et islamiques ne faisait plus de doute. Au Portugal, en Castille et en Aragon, la centralisation du pouvoir entre les mains de leurs souverains construisait progressivement le modèle de base de la monarchie absolue moderne. L'église et l'administration civile y étaient vues comme les deux piliers de l'autorité du monarque. Plus qu'un simple commandant en chef militaire et *primus inter pares* parmi la plus haute noblesse, le roi cherchait à s'affirmer comme une entité au-dessus de toutes les classes, consacré et directement légitimé par la volonté et la grâce de Dieu. Il en vint à constituer une cour selon les grandes lignes du modèle instauré par les Ducs de Bourgogne en leur riche cour de Dijon, rassemblant autour d'eux les échelons les plus élevés de l'aristocratie ainsi que des serviteurs civils du plus haut rang et ils n'eurent de cesse de briser les privilèges traditionnels de la hiérarchie ecclésiastique ou ceux des communautés urbaines traditionnelles, établis durant le Moyen Âge.

Ce n'était pas une pure construction politique. L'essor du commerce international et la transition graduelle vers une économie monétaire attribuaient à l'Etat un rôle régulateur nouveau, ce qui impliquait une collecte des taxes plus importante et plus étendue et sa redistribution sous la forme d'une administration plus organisée et plus centralisée. Peut-être plus qu'aucun des autres souverains absolus d'Europe, les monarques ibériques de cette époque crurent bon d'entourer leur pouvoir nouvellement renforcé d'une aura de majesté magnifiée et d'une affirmation symbolique de leur privilège royal, en influant économiquement sur tous les domaines de la production artistique. Au XVe siècle pour tous les souverains de la Péninsule, placer à leur service des chapelles musicales richement dotées et équipées des meilleurs musiciens disponibles, constitue une part importante de cette stratégie. Les cours castillane, aragonaise et portugaise devinrent rapidement des centres culturels sophistiqués où chants et danses séculiers, développés selon les critères les plus cosmopolites d'Europe, s'accompagnèrent du renforcement du répertoire sacré polyphonique, interprété par les chapelles royales.

Il s'agit d'une ère d'affirmation géopolitique et militaire agressive pour chacun de ces états. Le Portugal coincé entre la Castille et l'Atlantique, donc dans l'impossibilité de s'étendre territorialement dans la Péninsule, chercha une issue outremer : en 1415, l'armée portugaise conquit la forteresse de Ceuta au Maroc, en 1418, des navires portugais arrivèrent à l'île de Madère et quelques années plus tard, ils commencèrent à explorer les côtes africaines. L'Aragon s'investit fortement dans l'expansion de ses territoires italiens et en 1443, Alphonse V, le Magnanime, faisait son entrée triomphale à Naples en tant que roi d'Aragon, de Majorque, de Naples et de Sicile. La Castille cherche par-dessus tout à aboutir à la défaite finale du royaume mauresque de Grenade, et en 1410 une opération militaire massive amène à la prise de la ville d'Antequera.

Le mariage des héritiers des trônes d'Aragon et de Castille, Ferdinand et Isabelle respectivement, qui eut lieu en 1469, créa une nouvelle et puissante alliance entre les deux adversaires traditionnels. Il aurait été peu réaliste de leur part d'essayer d'annexer le Portugal, mais il était cependant important de pouvoir faire concurrence aux Portugais dans l'exploration lucrative de l'Atlantique qui était déjà bien avancée. Aussi, Isabelle et Ferdinand ordonnèrent-ils en 1470 l'occupation des Iles Canaries. En 1482 une forte offensive commune est lancée contre Grenade : la ville d'Alhama tombe le 14 Mai, ouvrant la voie vers la capitale mal protégée du royaume mauresque. Peu à peu, durant la décennie suivante, une ville après l'autre tombe aux mains des armées castillano-aragonaises, jusqu'à ce que le couple régnant fasse finalement son entrée à Grenade le 2 Janvier 1492 et accepte la reddition du dernier roi musulman de la dynastie nasride, Abu'abd Allah Muhammad XI, connu des Espagnols comme Boabdil.

Toutes ces victoires militaires sont célébrées comme il convient en chantant, et les recueils polyphoniques de la Péninsule (*Cancionero del Palacio*) ou à Naples (*Cancionero de Montecassino*) incluent, à côté des chansons d'amour raffinées qui sont devenues un symbole-clé de la distinction musicale aux yeux de la noblesse de cour, des *romances* aux multiples strophes qui exaltent les triomphes des monarques conquérants. Pour Isabelle et Ferdinand, ceci est particulièrement important pour faire face à la nécessité de construire une cause commune capable de mobiliser deux nations traditionnellement rivales : il fallait produire un discours « catholique » unifié à opposer à un ennemi « hérétique ». Un vaste répertoire poétique et musical rallume l'esprit d'une croisade anti-musulmane, considérée comme la base d'une nation commune, d'une identité « espagnole » entre Aragonais et Castillans, guidée par « Les Rois Catholiques » (« elle avec ses prières a gagné, lui avec plein de gens armés » comme le dit le poème d'un *romance* de cette période).

4. – La victoire de Grenade marque le commencement d'une ère nouvelle pour la culture ibérique, dans laquelle la diversité culturelle et religieuse, qui avait réussi à survivre tout au long du Moyen Âge, est simplement abolie par la nouvelle monarchie absolue triomphante. Bientôt, par le dit « Décret de l'Alhambra » du 31 Mars 1492, signé symboliquement dans la ville nouvellement conquise de Grenade, les deux souverains expulsent de leur royaume tous les Juifs qui ne se seront pas convertis au Christianisme, une mesure que le roi du Portugal, Manuel I, décrètera quatre années plus tard, en l'appliquant aux Hébreux et aux Maures. Ceux qui partent, emmènent avec eux le souvenir triste et nostalgique de la terre qu'ils abandonnent, une mémoire qu'ils exprimeront en chansons, comme une clé de leur identité spécifique à l'intérieur des différentes communautés autour de la Méditerranée qui les accepteront. Les chants « séfarades » sont conservés par les Juifs ibériques dans les synagogues à Dubrovnik, Venise, en Palestine ou au Yémen, de même que les chants « andalous » resteront, jusqu'à nos jours une pratique emblématique des Musulmans venus d'Espagne et du Portugal, au Maghreb.

C'est malheureusement ce modèle de contrôle étatique, de fondamentalisme religieux et d'intolérance culturelle brutale qui va maintenant être importé vers le Nouveau Monde. Le rêve de Colomb d'une Epiphanie chrétienne utopique qui s'adresse à l'humanité dans sa totalité, va donner lieu à une vaste opération de génocide et d'exploitation, menée par l'avidité et l'ambition. L'histoire nous montre peu d'exemples d'une telle brutalité, d'une telle inaptitude à la compréhension et au respect pour les différences culturelles, d'un tel mépris pour la dignité humaine.

Et cependant des artistes et des musiciens seront aussi capables de combattre cette cruauté et cette stupidité, grâce à leurs pouvoirs de calmer et de communiquer par leur talent. Dans la Péninsule et à travers l'Amérique Latine, les diverses traditions culturelles vont trouver le moyen d'agir les unes sur les autres, et une mosaïque d'émergences de cultures croisées se fait rapidement jour avec une énergie et une créativité aussi frappantes que celles qui caractérisaient le répertoire médiéval ibérique. Un hymne processionnel en Quechua, *Hanacpachap Cussicuinin*, publié en 1631 dans le *Ritual Formulario* de Juan Pérez Bocanegra, arrive à combiner un air amérindien avec une composition polyphonique européenne, dans une prière mariale qui peint la Vierge comme « l'espoir de l'humanité et la protectrice des faibles ». De même que le dialogue entre différentes cultures peut exister dans les conditions de la plus grande oppression, de même la religion et le chant sacré sont arrivés à se transformer d'arme de domination en discours des opprimés.

RUI VIEIRA NERY
Université d'Évora

1492 : L'ANNÉE CRUCIALE

Au XVe siècle, toute une constellation d'idées nouvelles ont eu une influence sur la réalité physique, de même que la réalité physique a influencé le climat intellectuel. Ce que l'on a appelé « la découverte de l'Amérique », quelle que soit notre position idéologique sur le sujet, a été un grand triomphe de l'hypothèse scientifique sur la perception physique. Les progrès de la navigation ont fait croître le commerce et la communication entre les peuples, aussi sûrement que l'invention de l'imprimerie provoqua une énorme curiosité et une soif accrue d'information et de connaissance dans le monde entier. Les hommes de science se demandèrent si notre planète pouvait être réellement le centre de l'Univers. Ils s'interrogèrent eux-mêmes sur la forme de la Terre, tandis que les artistes entamèrent une réflexion sur le sens de la présence humaine sur Terre, y compris sur les formes du corps humain, masculin et féminin et célébrèrent « l'ici et maintenant » plutôt que la vie éternelle. « Tout est possible » écrivait l'humaniste italien Marsilio Ficino : « Rien ne doit être négligé. Rien n'est incroyable. Rien n'est impossible. Les possibilités que nous nions ne sont que les possibilités que nous ignorons. » L'expansion de l'Europe, d'abord vers l'Orient et très vite vers l'Occident fut, d'une certaine façon, une prouesse de l'imagination de la Renaissance. Ce fut aussi le triomphe de l'hypothèse sur la perception et de l'imagination sur la tradition.

Depuis son château de Sagres, sur la côte atlantique du Portugal, le prince Henri (1394-1460), fils du roi Jean I, réunit toute la science nautique de son temps, perfectionna la cartographie et les instruments de navigation, développa de nouveaux types d'embarcations rapides et de maniement facile comme la caravelle et organisa l'entraînement d'équipages capables de les manœuvrer. Henri le Navigateur, comme on l'a appelé, avait un grand projet : poursuivre les Turcs qui naviguaient vers le Sud le long de la côte africaine, puis vers l'Orient. Avec l'aide de banquiers flamands, le Portugal sauta de l'île de Madeira aux Açores puis au Sénégal puis finalement, en 1488, à l'extrémité du continent africain, au Cap de Bonne Espérance. De là, les Portugais purent continuer rapidement jusqu'en Inde. Sur le chemin, ils plantèrent de la canne à sucre et recrutèrent des esclaves.

Mais tandis que le Portugal regardait vers le Sud et vers l'Orient, il n'osait pas regarder vers l'Occident, vers la *Mare Ignotum*, l'océan du mystère. Même quand un marin entêté qui provenait, semblait-il, de Gênes, jeté par un naufrage tout près du château d'Henri le Navigateur, soutenait que la meilleure manière d'arriver en Orient était de naviguer vers l'Occident. A bien des égards, l'homme était personnellement moins impressionnant que ses travaux ou ses idées: fébrile, parfois sans contrôle de lui-même, suspect d'être un mythomane. Mais ce qui ne lui manquait pas c'était le courage et la détermination. Son nom: Cristoforo Colombo, Christophe Colomb.

Le Portugal ne fit aucun cas de Christophe Colomb. Le navigateur se tourna alors vers l'Espagne, un pays isolé, introspectif, occupé à livrer sa guerre prolongée de Reconquête. Il le fit au moment opportun, et il offrit son projet aux monarques catholiques Isabelle et Ferdinand. Illuminés par la victoire sur les maures à Grenade, les Rois Catholiques donnèrent à Colomb les moyens de réaliser le troisième grand événement de l'année cruciale de l'histoire de l'Espagne: 1492, la découverte de l'Amérique.

Une flottille de trois caravelles, la *Pinta*, la *Niña* y la *Santa María*, prirent la mer du port de Palos, le 3 août 1492. En naviguant toujours vers l'Ouest et après 66 jours de fausses espérances, d'étoiles déplacées, d'îles de nuages fantasmatiques, de doléances de l'équipage des marins et d'une mutinerie ouverte, Colomb toucha terre le 12 octobre 1492 sur la petite île de Guanahani, aux Bahamas, qu'on baptisa du nom de San Salvador. Colomb pensait avoir atteint l'Asie. Il était mû par le tempérament, le courage de la renommée propre à la Renaissance, le plaisir de la découverte, le goût de l'or et le devoir d'évangélisation. Grâce à lui, l'Europe a pu se voir dans le miroir de l'Age d'Or et du bon sauvage.

Comment devons-nous comprendre la dénomination « découverte de l'Amérique »? Toutes les découvertes ne sont-elles pas, finalement, mutuelles ? Les Européens découvraient le continent américain, mais les peuples indigènes des Amériques découvraient aussi les Européens, en se demandant si ces hommes blancs et barbus étaient des dieux ou des mortels, et s'ils étaient aussi pieux que le proclamaient leurs croix, ou sans pitié ainsi que le démontraient leurs épées. Ces individus portaient en eux le surplus d'énergie de la Reconquête espagnole, 700 ans de lutte contre l'infidèle. Ils étaient porteurs d'une foi militante et d'une politique aussi militante. Après 1492, les juifs partirent au nord de l'Europe. Les Arabes revinrent en Afrique, pleurant leur exil loin des jardins de l'Alhambra. Mais maintenant où devait aller l'impétueuse énergie de l'Espagne chrétienne ?

En 1492, Isabelle et Ferdinand étaient mus par une vision unitaire de la chrétienté, de la Reconquête et de l'expansion. Indubitablement, les capitaines et les soldats de Castille et Aragon de l'autre côté de la mer partageaient cette vision. Mais nous ne devons pas oublier qu'ils étaient aussi les héritiers d'une expérience pluriculturelle de coexistence et de métissage sous tension avec les juifs et les maures. Toutes les exceptions que nous pouvons opposer à la vertu de la tolérance ne font que tempérer le fait que les tendances envers la coexistence respectueuse de l'autre aient effectivement structuré une réalité tri-culturelle en Espagne. Ceci en contraste flagrant avec la politique officielle de l'expulsion et la négation des juifs et des maures, telle qu'elle se développa sous Isabelle et Ferdinand et telle qu'elle culmina avec le dur régime de la censure instaurée par la contre-réforme et instrumentalisée par l'Inquisition.

Les conquistadors du Nouveau Monde faisaient partie de cette réalité et ils ne pouvaient éluder le dilemme de l'Espagne. Les moines, les écrivains, les chroniqueurs obligèrent l'Espagne à se confronter à son alternative humaniste et pluri-culturelle. La singularité culturelle de l'Espagne consistait en la reconnaissance de l'autre : en le combattant, en l'embrassant, en se mélangeant à lui. Jean Paul Sartre écrivit, en une occasion, que l'enfer c'était les autres. Mais existe-t-il un autre paradis que celui que nous pouvons construire avec nos frères et nos sœurs ? Cependant l'histoire continue à nous interroger: comment pouvons-nous vivre sans l'autre ? Serons-nous capables de comprendre que je suis ce que je suis, seulement parce qu'un autre être humain me regarde et me complète ? Cette question contemporaine, posée chaque fois que le blanc et le noir, l'Orient et l'Occident, le prédécesseur et l'émigré se rencontrent à notre époque, a été une réalité centrale de l'Espagne médiévale qui s'est rapidement convertie en questionnement central de la conquête et de la colonisation des Amériques. Au moment où l'Espagne est entrée en contact avec le radicalement autre, peuples d'autres races, d'autres religions, d'autres cultures, la question est devenue : qui étaient ces hommes ? Quelle était la forme de leur âme ? Avaient-ils seulement une âme ?

Voilà les questions qui divisèrent l'Espagne. Et si une partie de son cœur disait « Conquête! », l'autre partie, se souvenant de Sénèque le stoïque, devait dire: « ne te laisse conquérir par rien, exceptée ton âme propre ».

La prouesse de Christophe Colomb ouvrit le rideau sur un immense choc des civilisations, sur une grande épopée, parfois pleine de compassion, parfois sanglante, mais toujours conflictuelle : la destruction et la création simultanées de la culture du Nouveau Monde.

CARLOS FUENTES
Le miroir enfoui, chap. IV

LE MYSTÈRE DE CHRISTOPHE COLOMB

L'histoire explique ce qui s'est passé.
La poésie, ce qui aurait dû se passer.
Aristote

Les histoires officielles ne sont pas toujours les véritables. Souvent, l'information est la victime désemparée de certaines manipulations et pour des convenances soit politiques, soit économiques, certains faits se transforment et l'histoire présente des énoncés quelquefois éloignés de ce qui s'est réellement passé. De toutes façons, nous sommes redevables des documents ou de ce qu'il en reste, et c'est seulement à partir de ce qu'ils disent et de ce qu'ils taisent, que nous pouvons reconstruire le passé, à travers les voiles noirs de l'oubli.

L'histoire de l'Amiral Christophe Colomb est un exemple clair de ce type de personnages dont la vie, dans la version officielle, pose tant de questionnements et d'incongruités, qu'elle en arrive à susciter des soupçons qui créent autour d'elle une aura mystérieuse. Il n'est donc pas étonnant que de nombreuses théories se fassent jour et que l'on spécule sur ses origines, sa filiation, son pays et les circonstances du fait le plus marquant de sa biographie: la découverte du continent américain en 1492.

La version officielle de la vie de Christophe Colomb le présente comme le fils d'une famille humble des faubourgs de Gênes, dont le père tisserand s'occupait aussi de commerce. Il semblerait que dans son jeune âge, pour fuir la misère de son milieu, Colomb ait décidé de s'adonner à la navigation. Ses origines sont, de fait, obscures et sa véritable histoire ne commence qu'en 1476 quand, victime d'un naufrage lors d'un combat naval entre marchands et corsaires, il arrive au Portugal et s'y installe. De façon surprenante, au cours de l'année 1479, à Lisbonne, il convole en justes noces avec une femme de noble extraction, Felipa Muñiz, petite-fille du colonisateur portugais des îles de Madère, dont il aura un fils Diego. Au Portugal il s'occupe de marine jusqu'en 1485 et réalise de nombreux voyages en Méditerranée et sur l'Océan Atlantique en se rendant aux îles Canaries, au Cap Vert et aux Açores. Il a également navigué sur la Mer du Nord et l'on dit parfois qu'il y aurait atteint les côtes d'Islande, où on l'aurait informé de routes menant vers de nouveaux territoires à l'ouest.

C'est dans cette ambiance amarinée que Christophe Colomb commença à forger son plan pour arriver aux Indes et aux territoires du Grand Khan par l'ouest. Les connaissances géographiques et mathématiques du médecin florentin Paolo dal Pozo Toscanelli, ainsi que *La Description du Monde* de Marco Polo, le poussèrent finalement à présenter sans hésitation une proposition dans ce sens. Il la présenta d'abord au roi Jean II du Portugal en 1484 –qui la refusa– puis en 1486, aux rois de Castille et d'Aragon, Isabelle et Ferdinand, qui ne souhaitèrent pas non plus l'appuyer –tant ils étaient occupés par la guerre de Grenade–. Le projet tomba à l'eau. Il obtint cependant des rois catholiques une subvention de la couronne et s'installa dès ce moment dans la ville de Cordoue. Devenu veuf en 1485, Colomb fit la connaissance de Beatriz Enríquez de Arana, la mère de son fils Fernando ou Hernando qui devait devenir le biographe le plus proche de son père avec son ouvrage *Vida del Almirante Don Cristóbal Colón (Vie de l'Amiral Christophe Colomb)* dans lequel il exalte –peut-être à l'excès– la figure du conquistador.

De toutes manières, Colomb n'était pas disposé à lâcher prise et persista dans son idée. Grâce à l'intercession de Hernando de Talavera –alors confesseur de la reine– ainsi que du puissant duc de Medinacelli, la reine Isabelle –qui prévoyait déjà la chute imminente du royaume nasride de Grenade– accepta de le recevoir à nouveau et d'écouter ses arguments. En décembre 1491, Colomb arriva au campement royal de Santa Fe à Grenade et les négociations commencèrent, en vue d'e l'approbation définitive du projet. Les réticences de la couronne furent vaincues grâce à l'intervention des convertis Luis de Santángel et Diego de Deza qui persuadèrent le roi Ferdinand d'Aragon d'accepter les conditions de Colomb. Les fameuses *Capitulaciones de Santa Fe* du 17 avril 1492 furent le résultat des négociations où, *grosso modo*, nous dirons que Colomb, en échange de concéder aux rois la découverte des terres nouvelles, obtint le titre d'Amiral avec un caractère héréditaire, le titre de Vice-roi et Gouverneur général des terres et des îles qu'il découvrirait. Il obtenait aussi le dixième du produit net des marchandises achetées, gagnées ou trouvées dans les territoires nouveaux (tandis que la couronne en gardait le cinquième), la juridiction commerciale sur les procès dérivant des échanges dans la zone de l'exercice de son amirauté, ainsi que le droit de contribuer pour un huitième à l'expédition, et donc, de participer à ses bénéfices dans les mêmes proportions. Alors que ces substantielles prébendes étaient obtenues par Colomb, les rois catholiques firmèrent les *Capitulaciones* à Grenade le 30 avril 1492.

La version officielle nous dit alors que Colomb organisa la première expédition qui partit du port andalou de Palos de la Frontera le 3 août 1492 et qui ne toucha la terre ferme –après une longue et inquiétante traversée à travers le désert d'eau de l'Atlantique– que le 12 octobre. À cette date, les équipages débarquèrent sur l'île de Guanahaní de l'archipel des Bahamas que l'on baptisa du nom de San Salvador. Ils débarquèrent également sur l'île de Cuba et sur La Española. Le 25 décembre 1492, la nef capitaine, le *Santa Maria*, fit naufrage et avec ses restes fut construit le siège de la première colonie sur la terre américaine, le fort de *La Navidad*. Les deux caravelles aux ordres de Colomb revinrent vers les terres de la Péninsule, le 15 mars et le 3 avril 1493, pour annoncer officiellement la découverte. Colomb fut reçu par le roi Ferdinand à Barcelone.

Le second voyage (1493-1496) servit à explorer et coloniser les territoires découverts, et Colomb débarqua à Puerto Rico. Lors du troisième voyage (1498-1500), Colomb était aux commandes de six bateaux et était accompagné par son ami le Frère Bartolomé de las Casas, qui par la suite, facilitera la transcription d'une partie du *Journal* de Colomb. Pendant ce voyage, sont explorées les îles de Trinidad, Tobago, Granada, la côte du Venezuela et l'embouchure de l'Orinoco. Dans sa description de ces territoires, Colomb croit encore qu'il se trouve sur le continent asiatique. Le 19 août, quand il revient à sa base de *La Española*, Colomb trouve les colons qui, auprès des indigènes, étaient entrés en rébellion ouverte. Certains castillans, de retour en terres péninsulaires se dépêchèrent d'accuser Colomb de mauvaise gestion devant la cour. Les rois catholiques envoyèrent à *La Española* un nouvel administrateur royal, Francisco de Bobadilla qui, à son arrivée en 1500, arrêta Colomb et ses frères et les mit aux fers pour les rapatrier vers la Castille. Pendant le voyage, Colomb refusa d'être délivré de ses fers et les mains ainsi liées, il écrivit une lettre longue et affligée aux rois catholiques. Une fois en Castille, il récupéra la liberté mais il avait perdu définitivement son prestige et beaucoup de ses privilèges.

Pour son quatrième et dernier voyage (1502-1504) –qu'accompagne son fils Fernando– Colomb explore les territoires actuels de l'Honduras, du Nicaragua, du Costa Rica et du Panama. Deux années plus tard, le 20 mai 1506, il meurt à Valladolid et est enterré dans le monastère de la Chartreuse de Séville. Dans son testament, rédigé par Pedro de Inoxedo, greffier de la chambre des rois catholiques, Colomb est cité avec tous ses titres, ceux d'Amiral, de Vice-roi et de Gouverneur des îles et de la terre ferme dans les Indes découvertes ou à découvrir. Son fils aîné Diego serait l'héritier de ses titres de noblesse.

Ce résumé de sa biographie officielle présente divers points difficiles à admettre et qui, selon certains historiens, prouvent une adultération claire et préméditée de l'histoire. Qui est donc cet étranger d'humble origine qui ose exiger des rois catholiques des avantages considérables et des honneurs démesurés? Qui pouvait-il bien être pour que finalement Leurs Majestés acceptent de les lui accorder? À la lumière des dernières recherches réalisées par d'éminents historiens comme Jordi Bilbeny, Christophe Colomb serait un prince catalan allié aux familles royales catalanes et portugaises, donc de famille noble, ce qui justifierait les charges que les rois de Castille et d'Aragon lui concédèrent sans trop de réticences et qui expliquerait qu'il ait épousé une princesse portugaise qui, plus que Felipa Muñiz, était Felipa de Coimbra. L'origine catalane de Colomb s'explique, selon Bilbeny, à partir d'évidences qui ont été distortionnées : les rois catholiques n'auraient jamais donné leur autorisation pour confier à un génois des charges aussi élevées, ni pour accorder des privilèges aussi importants à un aventurier aux origines obscures. Tout d'abord, dans le cas où il se serait agi d'un étranger, il aurait dû se faire naturaliser alors que ce n'était pas nécessaire s'il s'agissait d'un de leurs sujets et vassaux. Par ailleurs, le titre de Vice-roi est un titre propre à l'administration de la couronne d'Aragon. Les fameuses *Capitulaciones* le sont aussi, du fait des formes juridiques utilisées, de leur contenu, des titres accordés à Colomb, des fonctionnaires qui intervinrent dans leur confection et qui les signèrent et aussi du fait des archives où elles sont gardées. Ces archives –l'*Arxiu Reial*, actuellement l'*Arxiu de la Corona d'Aragó* dont le siège est à Barcelone– sont des documents cent pour cent catalans. D'autre part, les lois castillanes n'envisageaient pas la possibilité d'accorder des charges à titre héréditaire et jusque là, il n'existait pas non plus en Castille de titre de Vice-roi ni aucune autre institution qui s'y réfère. S'agissant d'un protocole émanant de la cour et d'un pacte entre roi et sujet, la forme contractuelle des *Capitulaciones*, était totalement inexistante en Castille. Enfin, le *lapsus* de temps entre les 17 et 30 avril 1492, quand s'établirent les *Capitulaciones*, indique que les conditions exigées par Colomb furent négociées en Catalogne, où il se trouvait pour préparer son premier voyage, et elles ne se confirmèrent à Santa Fe –où se trouvaient les rois– que 13 jours plus tard, le temps que pouvait tarder le courrier pour aller de Catalogne à Grenade.

Pour de nombreux historiens, la catalanité de Colomb est claire et ne fait pas l'ombre d'un doute à cause de l'usage de son nom catalan « Colom », qu'en font la plupart des éditions européennes de la *Carta* dans laquelle il annonce la découverte. À cela s'ajoutent la multitude de noms catalans avec lesquels il a baptisé la presque totalité des nouvelles terres des Indes où il croyait être arrivé, ainsi que les catalanismes évidents dans l'ensemble de ses écrits et le mot « Almirant » (*Amiral* en catalan) accompagnant sa signature. Même si Colomb a toujours été considéré comme un étranger en Castille, il se réfère toujours aux rois catholiques comme ses « seigneurs naturels », ce qui rend évident qu'il pouvait seulement appartenir à la couronne d'Aragon. Tout ceci fait tomber de soi-même la thèse de son origine génoise, de même que ses prétendues origines humbles et ses professions manuelles de tisserand, de lainier ou de tavernier, à partir desquelles il n'aurait jamais pu obtenir les hautes dignités d'Amiral, de Vice-roi et de Gouverneur général des nouveaux territoires d'outremer. En revanche, il pouvait réunir ces titres sur sa personne en appartenant à la puissante famille des Colom-Beltran, ce qu'il dit lui-même avec ces mots: « *je ne suis pas le premier amiral de ma famille* », puisqu'un Colom avait exercé cette charge durant la guerre civile qui dévasta la Catalogne. En effet, la Generalitat s'était soulevée contre le roi Jean II, de la dynastie castillane des Trastámara, père de Ferdinand le Catholique. Cette prise de position politique de la famille Colom en faveur de la dynastie catalane de la Maison d'Urgell et de sa descendance portugaise, et par conséquent contre les rois d'origine castillane qui à partir du Compromis de Caspe de 1413 régnaient en Catalogne, pourrait expliquer les relations tendues entre Ferdinand II et Christophe Colomb ainsi que la nécessaire intervention de plusieurs intercesseurs de poids, pour convaincre les monarques catholiques puis négocier les *Capitulaciones.*

Malgré ces désaccords entre le roi et Colomb, deux ans après sa mort , Ferdinand II confirme dans le décret royal du 29 octobre 1508, les titres d'Amiral, de Vice-roi et Gouverneur général des Indes de son fils Diego ou Jaume Colomb: « *C'est ma grâce et ma volonté que Jaume Colom, amiral des dites Indes, îles et terre ferme, obtienne de moi le gouvernement et la charge de juge sur et en elle* ». De ces mots, on peut déduire que l'entreprise de la découverte fut catalane et cela explique que c'est le roi catalan qui renouvelle unilatéralement les titres de l'héritier de Christophe Colomb et l'envoie dans le Nouveau Monde pour que, grâce à ces titres, il le serve comme l'un des officiers de sa cour. D'où il devient évident, de par la documentation postérieure et de par certaines gravures, que les caravelles de Colomb ne sont point parties du port andalou de Palos, sinon du port catalan du même nom, Pals, et avec les pavillons catalans flottant au haut du grand mât. Et de fait, la puissance maritime de l'époque était celle du royaume de la Catalogne-Aragon –avec ses possessions en Sardaigne, Naples, Sicile et Grèce- et nullement celle d'une Castille qui n'avait pas de culture de la mer et restait obsédée par la réduction définitive du royaume arabe de Grenade à l'agonie.

Au vu de cette documentation digne de foi, certains historiens coïncident pour conclure que la manipulation de l'histoire de Christophe Colomb par la couronne castillane est un cas flagrant d'historicide. Quelle en est la cause? Quels bénéfices en retirait la Castille? L'origine catalane de Colomb et l'autorité consécutive de la découverte du Nouveau Monde par la puissance maritime de la couronne d'Aragon plaçait la Castille au second plan au moment de revendiquer sa part de la colonisation et de l'exploitation des nouveaux territoires.

Les richesses qui rapidement commencèrent à affluer du continent américain furent vite convoitées par tous et un conflit de droits et de revendications entre la Castille et l'Aragon se fit jour pour imposer leurs hégémonies sur les territoires américains. Du temps même de la vie de Christophe Colomb, commença une campagne de manipulation des faits concernant la découverte, les conditions du pacte entre l'Amiral et les rois catholiques et sa propre biographie. Les héritiers de Colomb, voyant qu'on diminuait graduellement leurs privilèges et de ce fait, les rentes établies par les *Capitulaciones*, initièrent une bataille légale constituée d'interminables procès dans lesquels la couronne castillane s'appropria progressivement les pourcentages et mina leurs privilèges et leurs avantages. Les titres de Colomb qui le plaçaient à la tête de toute l'aristocratie du royaume, finissaient par représenter une menace pour les rois, vu que –allié comme il l'était aux maisons royales catalane et portugaise– des soupçons apparurent selon lesquels son intention était peut-être finalement de fonder une nouvelle dynastie... Pour cette raison, dans le portrait de l'Amiral peint par Sebastiano del Piombo en 1519, Christophe Colomb apparaît représenté avec la main gauche ouverte sur sa poitrine, avec les doigts écartés, faisant le signe du Pentacle ou représentation de l'étoile à cinq branches, un signe cabalistique juif qui signifie l'intériorisation et la méditation, mais qui indique aussi l'attitude royale, le sceptre de la royauté... Quoi qu'il en soit, les documents en relation directe avec Colomb ou qui mentionnaient directement sa personne furent manipulés pour le représenter comme un étranger d'humble extraction à qui ne pouvaient être accordés tous les privilèges que ses héritiers réclamaient, à partir du document controversé des *Capitulaciones*.

A l'histoire officielle et aux thèses qui défendent l'origine catalane de l'Amiral, s'ajoute une nouvelle théorie qui convertit le mystérieux Colom ou Colomb en un personnage d'ascendance juive. Dans une Péninsule Ibérique soumise alors aux dictats les plus obscurs et les plus horribles, d'une Inquisition religieuse qui pourchassait avec opiniâtreté tout ce qui n'était pas pur catholicisme, beaucoup de familles de convertis cachaient leurs origines pour ne pas éveiller les soupçons. Ils évitaient ainsi de tomber aux mains de tribunaux qui, pour un rien, envoyaient bien des innocents gratuitement au fond d'un cachot ou au bûcher.

Les origines mystérieuses de Colomb ont fait croire à beaucoup que le silence autour de sa naissance exacte se devait au désir de cacher intentionnellement l'origine juive possible de sa famille. S'il est vrai que cette thèse a bien moins de base historique que les deux autres, Colomb lui-même insiste à citer sa relation avec le Roi David de la Bible et son Dieu, qui est celui des juifs. Les thèses qui judaïsent Colomb le présentent comme le fils d'une famille de convertis hispaniques installés à Gênes après avoir échappé à l'Inquisition, et il faut bien reconnaître que, si l'on s'en tient aux sources, le nom italien de Colomb –Colombo– est assez commun parmi les juifs italiens de l'époque médiévale tardive. Selon certains historiens et graphologues, la signature même de l'Amiral, souvent accompagnée de signes mystérieux et d'initiales d'interprétation délicate, a permis d'affabuler sur de possibles formules cabalistiques, de bénédictions hébraïques ou d'invocations au dieu des juifs. Sur l'extrémité supérieure gauche des lettres privées de Colomb à son fils Diego, apparaît une inscription particulière qui pourrait bien être la formule de bénédiction juive *B"H*, que les juifs utilisaient normalement dans leur correspondance et qui résume l'expression hébraïque *Be-ezrat Ha-Shem*, « avec l'aide de Dieu ».

Dans ses écrits, Colomb se montre capable de citer parfaitement la Bible et même de connaître l'histoire juive. Précisément, quand il parle du premier ou du second temple de Jérusalem, il le qualifie de « Maison », traduction littérale du mot hébreu *bayit* par lequel les juifs se sont toujours référés au sanctuaire en question. Il semble que Colomb ait proposé de façon délibérée le départ du voyage (prévu pour le 2 août 1492) pour le lendemain afin de ne pas faire coïncider le jour de l'appareillage avec la date fatidique du calendrier juif du 9 avril, que les juifs commémorent dans les larmes, parmi d'autres malheurs, en tant que jour de la destruction du second temple de Jérusalem en l'an 70 après J.C. Il est surprenant, pour ne pas dire inhabituel, qu'un chrétien laïc manifeste de telles connaissances de l'histoire du peuple d'Israël, faisant montre ainsi d'une culture personnelle sophistiquée qui ne serait pas si surprenante chez quelqu'un d'extraction juive. Par ailleurs, Colomb dans sa lettre aux rois catholiques où il explique son premier voyage aux Indes, inclut une référence critique à l'égard de l'expulsion des juifs des royaumes d'Aragon et de Castille, alors que ce sujet n'a rien à voir avec le contenu central de sa missive.

Si son origine juive possible n'est que pure spéculation, ce qui est tout à fait clair et évident c'est la participation et l'aide enthousiaste de personnages d'origine juive de la cour catalano-aragonaise en faveur des voyages de Colomb, tout spécialement les nobles Luis de Santángel, secrétaire de Ración, et Gabriel Sánchez, trésorier royal. Ces deux grands personnages –pleinement conscients de leurs origines juives et dont certains parents étaient poursuivis par l'Inquisition– offrirent à Colomb leur aide morale et politique et firent pression sur les rois catholiques pour les convaincre des mérites du projet de l'Amiral. Le premier voyage de Colomb fut rendu possible grâce au prêt privé de 1.140.000 meravedís de Luis de Santángel, qui fut suivi par l'implication de Ferdinand et Isabelle dans le parrainage de l'expédition. De fait, les premières lettres dans lesquelles Colomb relate sa découverte, sont adressées, non pas aux rois catholiques, mais à ses protecteurs Santángel et Sánchez, et ce sont ces documents qui, immédiatement publiés et traduits, circulèrent à travers l'Europe et firent ainsi connaître son exploit. Le deuxième voyage de Colomb –le plus important des quatre puisque sous ses ordres appareillèrent jusqu'à 17 navires– fut intégralement financé par la vente des nombreuses propriétés juives confisquées depuis l'édit d'expulsion de 1492. Il est difficile de préciser quelle proportion de l'équipage du premier voyage de Colomb était d'origine juive.

mais à en juger par l'agressive persécution inquisitoriale à laquelle étaient soumis beaucoup de convertis, il ne serait pas étrange de supposer qu'un bon nombre de marins l'étaient. Parmi eux, émerge la figure de l'interprète Luis de Torres, un juif qui parlait plusieurs langues, y compris l'hébreu, et qui pour s'unir à l'expédition se convertit juste avant le départ. Luis de Torres ne devait jamais revenir dans la Péninsule Ibérique et devait s'établir à Cuba.

Colomb a dû profiter dans une large mesure des progrès scientifiques dont les juifs furent les acteurs durant le bas Moyen Age, dans les domaines de l'astronomie, de la cartographie et de la navigation. Colomb lui-même écrivit que toutes les nations avaient appris des juifs les principes de l'astronomie. Des noms comme ceux de Jacob Corsino, Yosef Vecinho et Abraham Zacuto sont essentiels à l'entreprise de Colomb: Zacuto, rabbin et professeur d'astronomie et de navigation à l'Université de Salamanque, développa l'astrolabe nautique en cuivre. A partir des tables astronomiques de Corsino, il fit un recueil des fameuses tables astronomiques – l'*Almanach Perpetuum*– que Colomb emmena dans ses voyages. C'est le scientifique portugais Yosef Vecinho qui fit la traduction de l'oeuvre de Zacuto en castillan et la remit à Colomb, même s'il est aussi vrai qu'il participait à la Commission Royale qui mésestima dans un premier temps le bien-fondé du plan de Colomb que, par la suite, les rois catholiques devaient parrainer.

D'un point de vue pratique, nous pouvons affirmer que l'entreprise des voyages de Colomb et sa découverte sont dues partiellement aux efforts tant intellectuels que financiers de personnages d'origine juive. Cette aide directe ou indirecte de certains convertis de renom au projet de Christophe Colomb a permis que certains historiens juifs, spécialement le Samson Trust of America, aient cru possible la théorie d'une probable origine marrane de l'Amiral. Ils se basent en particulier sur les vides de l'histoire castillane officielle censurée et entrent, malgré tout, en pleine contradiction avec la théorie des origines nobiliaires catalanes de Colomb.

Si les origines de Christophe Colomb nous arrivent déformées par la manipulation des documents et nous sont aujourd'hui inconnues, suscitant toutes sortes de spéculations, sa mort s'est vue, elle aussi, entourée de polémique. Après avoir été enterré à Séville, selon le souhait de son premier fils Diego ou Jaime, sa dépouille fut transférée à Saint-Domingue en 1542. Quand cette île fut conquise par les Français en 1795, ses restes furent amenés à La Havane, puis après la guerre d'indépendance de Cuba en 1898, revinrent à Séville, où ils reposent maintenant dans la cathédrale. Par ailleurs, en 1877, dans la cathédrale de Saint-Domingue apparût une caisse en plomb, remplie de poussière et d'ossements, sur laquelle se lisait l'inscription: « Homme illustre et distingué Christophe Colomb », Jusqu'à l'année 1992, ces restes demeurèrent en la cathédrale de Saint-Domingue jusqu'à leur transfert à *Faro de Colón*, un monument pharaonique construit par les autorités dominicaines afin de rendre hommage aux cendres de l'Amiral. Loin des discussions entre historiens et des résultats aseptisés des analyses ADN des restes de Colomb, qui devraient déterminer de façon définitive leurs origines, Jordi Savall et Montserrat Figueras présentent, dans ce double disque, le trésor de textes et de musiques de tout un siècle, le XVe, dont les grands protagonistes dans la Péninsule Ibérique furent les agents, de façon directe ou indirecte, de la perte des paradis de la « multi-culturalité », tant dans les royaumes d'Aragon et de Castille que dans le Nouveau Monde. Le si mystérieux Christophe Colomb –génois, catalan ou juif–, quel qu'il fût et d'où qu'il vînt, en fut clairement le personnage principal.

MANUEL FORCANO
Barcelone 2006

Códice Florentino. Historia Universal de las cosas de Nueva España. Fray Bernardino de Sahagún.

CHRISTOPHE COLOMB
Paradis Perdus
Ombres et lumières au Siècle de Colomb :
l'Histoire et la Poésie en dialogue
avec les musiques arabo-andalouses, juives et chrétiennes
de l'Ancienne Hesperia jusqu'à la découverte du Nouveau Monde.

Conception du Programme, Sélection des textes et des musiques
et Adaptations musicales
Jordi Savall
Dramaturgie et textes Araméens, Hébreux, Arabes et Náhuatl
Manuel Forcano

Disque I

I PROPHÉTIES ET ÉVOCATIONS ANCIENNES

Médée. (Tragédie, acte II) – Sénèque. (s. I)
Musique : Choeur : G. Binchois ; Solo : Anonyme s. XII
(texte cité et traduit par Colomb dans son Livre des Prophéties)

1. INTRODUCTION :
Pierre Hamon (flûte double), Pedro Estevan (Perc.)

2. INVOCATION :
Choeur : « Tethysque novos detegat orbes »

3. ÉVOCATION 1 :
Médée (Tragédie, acte II, vers 364 à 379) de Sénèque

Maintenant que le Ponte est vaincu
et qu'à toutes les lois, il est soumis:
n'importe quelle embarcation vogue en haute mer.

Tetis nous découvrira de nouveaux mondes
et les confins de la terre ne seront plus Thulé.

4. INVOCATION :
Choeur : « Tethysque novos detegat orbes »

5. ÉVOCATION 2 :
En terres nouvelles, les cités bâtissent leurs murailles.
Rien n'a été laissé où il se trouvait avant
dans le monde, quand il est devenu traversable.

Tetis nous découvrira de nouveaux mondes
et les confins de la terre ne seront plus Thulé.

6. INVOCATION :
Choeur : « Tethysque novos detegat orbes »

7. ÉVOCATION 3 :
Des temps viendront au cours des années
où l'océan repoussera les barrières du monde
et où la terre s'ouvrira dans toute son extension.

Tetis nous découvrira de nouveaux mondes
et les confins de la terre ne seront plus Thulé.

8. RÉCIT :
À l'acte II de Médée de Lucius Anneus Sénèque, que Colomb a utilisé, l'on peut lire les vers suivants: « *Venient annis saecula seris quibus oceanus vincula rerum laxet: et ingens pateat tellus: Typhysque novos detegat orbes: nec sit terris ultima Thyle.* »

9. INVOCATION :
Choeur : « Tethysque novos detegat orbes »

10. RÉCIT :
La traduction de Colomb lui-même, quoiqu'un peu libre et interprétative, figure dans son livre des Prophéties et invoque: « *Dans les années reculées du monde, viendront des temps dans lesquels la mer océane dénouera les amarres des choses et une grande terre s'ouvrira et un nouveau marin, tel celui qui guida Jason et dont le nom était Thyphis, découvrira un nouveau monde et ainsi l'île Thulé ne sera plus la limite des terres.* »

1408 Royaume de l'Emir Nasride Youssouf III

11. MUSIQUE :
Hymne Soufi Improvisation instrumentale (santur & percussion)

12. MUSIQUE :
Improvisation (oud)

RÉCIT :
Description des beautés de Grenade
Ibn Battuta, *Les Voyages*, chap. XVI : Visite au règne nazari de Grenade en 1350.
Depuis Malaga, je me déplaçai à Alhama, une petite ville avec une mosquée très bien située et magnifiquement construite. Depuis Alhama, je continuai mon voyage jusqu'à la ville de Grenade, la capitale d'*Al-Andalus*, qui est l'élue entre toutes les villes. Ses alentours sont d'une beauté qui n'a son pareil en aucun autre pays au monde: ils s'étendent sur une surface de quarante miles et sont traversés par la fameuse rivière Genil et d'autres ruisseaux ainsi qu'une infinité de torrents.
Des vergers, des potagers, des pâturages, des domaines et des vignobles entourent la ville sur tous ses flancs. L'un des lieux les plus ravissants est celui qu'on appelle « La fontaine des larmes », une colline où se trouvent des cultures et des jardins qu'aucune autre ville ne peut se vanter de posséder. Mais c'est une ville d'une telle renommée qu'elle n'a besoin de personne pour en chanter les louanges…

13. MUSIQUE :
Mowachah Billadi askara min aadbi Llama (Instr. Al-Andalus)

II CONQUÊTES ET NAISSANCE DE COLOMB

1410 (Septembre) Les troupes de l'infant Ferdinand font la conquête d'Antequera

14. MUSIQUE :
Romance Séfarade : *El Moro de Antequera* (Le maure d'Antequera) – Anonyme

De la prière du Vendredi sort le Maure
de la prière de midi
avec trois cents cavaliers
qu'il amène comme compagnie.
Ce n'était pas pour compagnie
sinon par prestige car il voulait
que tous les gens disent :
Oh ! quelle grande cavalerie.
La toque que porte le maure
est décorée à merveille ;
Qui lui décora cette toque ?
Xerifa son amie
Xerifa vit au haut des tours,
les plus belles tours de Turquie,
et là à l'intérieur, tout dedans
est un jeune homme raffiné.
Comme son parent elle le pleure
elle le pleure comme son frère
la fille du Roi le pleure
comme son premier amoureux.

15. MUSIQUE :
Percussions

RÉCIT :
Crónica de los Reyes de Castilla, chap. XXIX

« Alors que l'Infant arrivait à Antequera, il envoya soixante hommes, dont Rodrigo de Narvaez, pour qu'ils s'apprêtent à recevoir ses ordres et monter sur l'échelle pour prendre la tour. Tandis que les Maures ne soupçonnaient rien, il fit signe au maître de l'échelle de l'appuyer contre la tour, et les gens d'armes montèrent. Et les Maures montèrent pour défendre leur tour. Les Chevaliers et leurs hommes d'armes luttèrent avec une telle vaillance contre les Maures qu'ils les jetèrent à bas et prirent la tour. Tous les preux Chevaliers qui se trouvaient là entrèrent chacun pour combattre dans la ville et bien armés de flèches et de pierres, ils réussirent à faire de nombreux tirs. Ils combattaient les Maures dans les rues de la ville et quand ceux-ci virent que la ville était prise de partout, ils abandonnèrent les tours et le chemin de guet et rentrèrent le plus vite possible dans le château. Depuis le château, les Maures luttaient tant et plus avec des arbalètes, des frondes et des pierres et touchaient beaucoup de ceux qui étaient dans la ville. Mais la ville fut prise. Les Maures qui étaient retranchés dans le château parlèrent avec le Connétable et demandèrent merci ; et à condition que l'Infant les laisse partir avec ce qu'ils possédaient, ils libèreraient le château. Une fois le pacte conclu, ils sortirent en groupe du château et beaucoup moururent car ils étaient très affaiblis. Dès que la ville fut acquise à l'Infant et que les Maures l'eurent quittée, l'Infant en confia la Mairie à Rodrigo de Narvaez, afin qu'il en rende compte au Roi, son Seigneur, à qui revenait la ville. »

16. MUSIQUE :
Zappay (instr.) – Anonyme CMM 20

1443 (Février) Alphonse V le Magnanime entre dans Naples

17. MUSIQUE :
Collinetto (instr.) – Anonyme CMM 22

RÉCIT :
Du Journal de Melcior Miralles, chapelain du roi Magnanime et du Siège épiscopal de Valence.

Je dirai ici le grand honneur qui accueillit Messire le roi quand il entra dans la ville de Naples, et la manière dont se déroula cette entrée, le vingt-six février 1443. Ce Seigneur y entra de la façon suivante : « Tout d'abord et précédemment, les habitants de la ville de Naples ouvrirent une brèche de cent quatre-vingts pieds dans le mur de cette ville, du côté du Carmen et une fois retiré le bloc de pierre, ils tirèrent un grand et très beau char de quatre roues, entièrement recouvert de brocard. Sire le roi était assis au centre de ce char, quatre empans au-dessus de celui-ci, assis sur un siège royal, en cheveux, vêtu d'une cape doublée de martres teutonnes ; un dais était soutenu au-dessus de lui, fait d'un brocard doublé d'un fond rouge, le plus beau et le plus riche jamais vu. Et devant Messire le roi, sur le char, était son siège périlleux, richement orné, une pure merveille. Ce char était tiré par cinq chevaux blancs, très beaux, chacun harnaché et sellé d'un superbe coussin de velours cramoisi, et ces chevaux étaient tirés par des cordes de soie jaune et rouge. Et un ange chantait les louanges de ce Seigneur : « Oh ! roi Alphonse, que Dieu te prête vie et prospérité !

18. MUSIQUE :
Villota : *Dindirindin* – Anonyme CMM 127

Dindiridin ridin rindayna
dindiridin dindi rindayna
rindayna dindiridin.

Je me levais un beau matin
petit matin, d'avant l'aube
pour aller dans un jardin
y cueillir la giroflée.
Dindirindin…

Je me levais un beau matin
petit matin, de par le pré
rencontrer le rossignol

qui chantait dessus la branche.
Dindirindin...

Rencontrer le rossignol
qui chantait dessus la branche.
« Rossignol, le rossignol
porte pour moi ce message. »
Dindirindin...

« Rossignol, le rossignol
porte pour moi ce message
et dis bien à mon ami
que je suis déjà mariée. »
Dindirindin...

1451 (octobre) Naissance de Christophe Colomb

19. MUSIQUE :
O tempo bono (introduction)

RÉCIT :
Hernando Colomb, *Historia del Almirante*, chap. I.

Hernando de Colomb écrit dans son *Histoire de l'Amiral*: « Ses ancêtres étant du sang royal
de Jérusalem, il préféra que l'on connaisse à peine ses parents, de telle sorte que, se sentant
plus qu'apte et capable pour la grande entreprise, il souhaita d'autant moins que soient
connues sa patrie et ses origines. »

Son ami et confident, Frère Bartolomé de las Casas écrit: « Ses parents furent des notables
fortunés en un temps, dont les activités et les moyens d'existence étaient liés au commerce
sur mer; en d'autres périodes, ils durent se trouver plus pauvres du fait des guerres et avanies
qui toujours existèrent et ne manquent point. On dit de sa lignée qu'elle fut généreuse et
très ancienne. »

20. MUSIQUE :
Strambotto: *O tempo bono* (O temps benis) – CMM 132

O temps bénis, qui vous a éloigné de moi,
puisque je ne vous ai plus, comme avant?
O temps clairs, comme vous vous êtes couverts!
Fortune que fais-tu de celui qui avait le bonheur?
O temps suaves, comment m'avez vous laissé
avancer sans vue et sans chemin?
Temps heureux, vous êtes partis,
ma lanterne éclaire ailleurs.

III NOUVELLES ROUTES ET GRANDS PROJETS

1474 (25 juin) Lettre du physicien Toscanelli au Prince Don Juan

21. MUSIQUE :
Voca la galiera – Anonyme CMM 18

RÉCIT :
Votre voyage vers l'Ouest
Salvador de Madariaga. *Vida del muy magnífico Señor don Cristóbal Colón*, p. 103.

J'ai fait de mes propres mains une carte où sont dessinées les côtes et les îles d'où vous avez commencé votre voyage vers l'Ouest, et les lieux où vous êtes arrivés ainsi que la distance au Pôle et la ligne de l'Equinoxe à laquelle vous deviez vous tenir, de même que le nombre de lieues que vous deviez traverser afin d'atteindre ces régions très riches en aromates et en pierres précieuses. Et ne vous étonnez pas que j'appelle Ouest la terre des épices, puisqu'il est usuel de dire que les épices viennent de l'Orient, mais celui qui navigue au Ponant par l'hémisphère inférieur trouvera toujours ces parties à l'Ouest tandis que celui qui voyage sur terre dans l'hémisphère supérieur les trouvera en Orient.

22. MUSIQUE :
Basse Danse : *Mappa Mundi* (Kyrie de la Messe Mappa Mundi) – Johannes Cornago

1480 Naufrage au Cap de San Vicente

23. MUSIQUE :
Chiave, Chiave (instr.) – Anonyme CMM 131

RÉCIT :
Hernando Colón, *Histoire de l'Amiral, chap. V*

L'Amiral partit à la rencontre de quatre grandes galères vénitiennes et se trouva nez à nez avec elles au Cap de San Vicente, qui se trouve au Portugal. Ils commencèrent le combat, luttèrent férocement, se lancèrent à l'abordage avec fureur, se tuant et se donnant des coups sans merci.
Ils étaient au combat depuis le matin, lorsque le navire de l'Amiral et une des galères prirent feu. Ceux qui le pouvaient se lancèrent à l'eau, préférant mourir de cette façon plutôt que de souffrir le tourment des flammes. L'Amiral qui était un grand nageur s'accrocha à une rame que la chance lui offrait et s'y appuyant, il commença à nager. Il arriva à terre, mais fatigué et affaibli par l'humidité de l'eau, il tarda plusieurs jours à se remettre.

1485 Mariage de Colomb durant son séjour au Portugal

24. MUSIQUE :
Improvisation Mélodie Ancienne (s. XI)

RÉCIT :
Comme il n'était pas très loin de Lisbonne, il s'y rendit et on le traita et l'accueillit si bien,
qu'il s'y installa et épousa une dame du nom de doña Felipa Moniz, de sang noble et diri-
geant le Monastère de Los Santos, où l'Amiral avait l'habitude d'entendre la messe. Elle
établit avec lui une telle relation et une telle amitié qu'elle devint sa femme.

25. MUSIQUE :
Villancicos : *Meis olhos van por lo mare* (Mes yeux vont vers la mer) – Anonyme CMP 453

Mes yeux vont vers la mer
en regardant le Portugal.
Mes yeux vont vers la rivière
cherchant le Douro et le Minho.

1486 Colomb présente son projet de voyage aux Rois Catholiques

26. MUSIQUE :
Introduction *In te Domine* (violes)

RÉCIT :
Hernando Colón, *Histoire de l'Amiral*, chap.LXXXIII.

Finalement, les Souverains se conformèrent à l'usage castillan de dire *Saint Augustin doute*
face à tous ceux qui ne semblaient pas raisonnables, puisque ce saint dans son *De civitate
Dei* considérait impossible qu'il existât des antipodes et que l'on puisse passer d'un
hémisphère à l'autre. Ils s'appuyèrent sur ces fables et autres mensonges, auxquels ils
croyaient dur comme fer, pour considérer, contre l'Amiral, l'entreprise vaine et impossible.
C'est ainsi que Leurs Majestés répondirent à l'Amiral qu'ils étaient engagés dans de nombreuses guerres et autres conquêtes qui, par conséquent, les empêchaient de s'occuper
d'une nouvelle entreprise et qu'ils ne voulurent point prêter l'oreille aux grandes promes-
ses que leur faisait l'Amiral.

27. MUSIQUE :
Frottola : *In te Domine Speravi* (En toi, Seigneur j'ai mis mon espoir)
Josquin des Près CMP 84

En toi, Seigneur j'ai mis mon espoir
pour trouver la pitié à jamais
Mais en un enfer triste et noir,
j'ai fini et rancœur j'ai éprouvé.
En toi, Seigneur, j'ai mis mon espoir.

Vaincu et, envolée toute espérance,
je vois le ciel à la plainte me renvoyer.
Soupirant, pleurant, je repense
à mon infortune de tant espérer.
J'ai été blessé, au point qu'attristé
et abandonné je t'ai appelé :
En toi, Seigneur j'ai mis mon espoir.

IV LA FIN DE L'AL-ANDALUS

28. MUSIQUE :
Improvisation melodie arabo-andalouse (santur & flûte)

29. MUSIQUE :
Improvisation (psalterio)

RÉCIT :
Poème d'Ibn Zamrak sur une pierre de l'Alhambra de Grenade
Poème de la salle des Deux Sœurs sur les beautés de l'Alhambra. Ibn Zamrak, au temps
du roi *nasride* Muhammad V (1354-1359). Vers 1, 3, 8, 9 et 19.

Je suis le jardin qu'a orné la beauté:
la voir suffira à expliquer mon rang.
Sublime est la demeure, toute maison surpassant
comme Fortune l'a demandé.
Les étoiles filantes de descendre ont choisi,
sans plus suivre les tracés célestes
pour attendre debout les requêtes
du roi, auprès d'esclaves à l'envi.
Jamais aucun alcazar nous ne vîmes,
où l'horizon soit si ample et clair, si sublime.

30. MUSIQUE :
Jarcha : *Dis-moi comment supporter* (Andalousie, XIIIe s.)

Ô toi le plus beau des êtres !
Mon cœur va au-devant de toi et tu ne lui reviens pas.
Ecoute-le, quand il se plaint de l'absence.

Dis-moi, comment supporter toutes les rigueurs de l'absence
des yeux de l'aimé, sinon près de toi ?

1492 (2 Janvier) La conquête de Grenade

31. MUSIQUE :
La Spagna (instr.)

32. MUSIQUE :
Tambours et cloches

RÉCIT :
Du départ de l'Alhambra et de comment Grenade se rendit
Andrés Bernáldez (mort vers 1513), curé et confesseur de la reine Isabelle I et de l'Inqui-
siteur Général de Castille, Torquemada. *Memorias del Reinado de los Reyes Católicos*, chap. II.

Passèrent Juillet et Août, et Septembre, et Octobre, et Novembre, et les maures ne se
rendaient jamais. Finalement, durant le mois de Décembre, alors qu'ils n'avaient plus rien

à manger que les dernières subsistances, ils demandèrent merci au Roi et à la Reine et accordèrent de remettre, au trentième jour du mois de Décembre, toutes les forteresses qu'ils tenaient, eux et le Roi Boabdil, et l'on parvint à un accord. Le Roi et la Reine leur concédèrent, entre autres conditions et articles, que ceux qui voulaient partir le fassent, là où ils voulaient et quand ils le voulaient, qu'on leur laisse le passage mais qu'ils libèrent tous les Chrétiens captifs. Le traité stipulait que les autorités de la ville devaient se rendre le jour des Rois Mages. Et le Roi et la Reine s'apprêtèrent à aller prendre l'Alhambra, ils quittèrent leur camp, le lundi deux Janvier, avec leurs armées bien ordonnées. À leur arrivée près de l'Alhambra, le Roi Moulay Boabdil accompagné de nombreux cavaliers en sortit, les clés à la main, sur son cheval et voulut mettre pied-à-terre et baiser la main du Roi, mais le Roi ne lui permit pas d'en descendre et ne lui tendit pas la main. Le Roi maure lui baisa le bras et lui donna les clés et dit: « Prends Seigneur, les clés de ta ville, moi-même et tous ceux qui y vivent, sommes à toi. » Et le Roi Ferdinand prit les clés et les donna à la Reine. Et les chevaliers castillans entrèrent dans l'Alhambra et y prirent le pouvoir; ils partirent alors pour s'en assurer en plaçant tout d'abord sur sa plus haute tour l'étendard de Jésus-Christ, celui de la Sainte Croix que le Roi amenait toujours avec lui lors de ses saintes conquêtes.

33 - 34. MUSIQUE :
Villancico : *Levanta Pascual* (Lève-toi Pascal) – Juan del Enzina CMP 184

Lève-toi Pascal, lève-toi
allons-nous-en à Grenade
car le bruit court qu'elle est tombée.

Lève-toi vite et presse-toi
prends ton chien, ta panetière
ta pelisse et ta fourrure
tes flûtiaux et ta houlette.
Allons voir la fête
en cette cité célèbre,
car le bruit court qu'elle est tombée.

Et tu t'imagines que je te crois,
vraiment tu te paies ma tête !
Si c'est là ton plus cher désir,
bigre ! il m'est plus cher encore.
Mais ma foi ! je ne discerne
une once de cette merveille.
Car le bruit court qu'elle est tombée.

Maintenant, cela suffit
tu penses toujours que je te mens !
Et je regrette assurément
la moindre chose que je te dis !
Allons, viens avec moi
ne prends pas plus de retard
car le bruit court qu'elle est tombée.

Après, ils seront tous là
à l'intérieur de la ville
et en grande solennité
avec des chants et des manières douces,
o magnificence des Goths
rois à la gloire reconnue,
car le bruit court qu'elle est tombée.

Quel réconfort et quel bonheur
de voir sur les tours et guérites
être brandies les croix bénites
quel plaisir et quelle réussite !
Et toute la cour est entrée
de ses plus beaux atours parée.
Car le bruit court qu'elle est tombée.

Pour une si grande victoire
de nos seigneurs, les roi et reine
nous rendons grâces et louons
l'éternel Roi de Gloire
car jamais rois ne laissèrent
souvenir aussi parfait :
car le bruit court qu'elle est tombée.

Renonce à cela, mon petit
occupons-nous de nos troupeaux
qu'ils n'aillent pas hors du pré
car quelque maure nous les prendrait
jouons donc du chalumeau
que tout le reste n'est rien.
Car le bruit court qu'elle est tombée.

Je te dirai ce qu'il en est
notre reine et notre roi
étoiles de notre loi
partirent de Santafé
ils partirent, sacrebleu
on dit que dès ce matin.
Car le bruit court qu'elle est tombée.

35. MUSIQUE :
Romance : *Qu'es de ti desconsolado* ? (Qu'en est-il de toi, l'inconsolable ?)
Juan del Enzina CMP

Qu'en est-il de toi, l'inconsolable ?
Qu'en est-il de toi, roi de Grenade ?
Qu'en est-il de ta terre, de tes maures ?
Où est ta demeure d'alors ?
Renie donc Mahomet déjà
et sa souche qui t'abandonna
car vivre en une telle folie
est plaisante plaisanterie.
Viens, viens donc, mon bon roi
à notre sacro-sainte loi
car si tu as perdu le royaume
que ton âme au moins se sauve.
Et de tous les rois vaincus
tu es celui à qui tout est dû.
Oh, Grenade si honorée
célébrée par le monde entier,
jusqu'ici tu étais esclave
libérée te voilà brave !
Le roi Rodrigue t'a perdue
par malchance et infortune
le roi Ferdinand qui t'a eue
le doit à son heur et fortune.
La reine, doña Isabelle
nul plus craint ni aimé qu'elle,
elle avec ses prières a gagné,
lui avec elle plein de gens armés.
Selon ce que Dieu décide,
toute défense, de sens est vide,
car là où il met la main
d'impossible il n'y a rien.

Disque II

V LA DIASPORA SÉFARADE

1. MUSIQUE :
Las Estrellas de los cielos – Anonyme séfarade. Improvisation

La Sainte Inquisition
2. HYMNE :
Patres nostri peccaverunt – Johannes Cornago CMM 2

Nos pères ont péché et ne sont plus :
et nous portons le poids de leurs iniquités.

1492 (31 mars) Expulsion des juifs non convertis

3. MUSIQUE :
Improvisation (percussion)

RÉCIT :
Édit d'Expulsion des juifs
Rédaction du Secrétaire des Rois Catholiques, Joan Coloma, à Grenade le 31 mars 1492.

Don Ferdinand et doña Isabelle, par la grâce de Dieu, roi et reine de Castille, de Léon, d'Aragon, comte et comtesse de Barcelone, « salud é graçia »! (santé et grâce !) :
Sachez et apprenez que les juifs essaient toujours, par tous moyens et toutes voies possibles, de subvertir notre Sainte Foi Catholique auprès de ses fidèles et de les en détacher en les amenant à leurs croyances et leurs opinions erronées, en les instruisant dans les pratiques et cérémonies attachées à leur loi ayant droit de cité et leur faisant ainsi comprendre qu'il n'y a d'autre norme ni d'autre vérité que celle de la loi de Moïse.
[...] Pour pallier et remédier à ce trouble et à cette offense, puisque chaque jour nous échouons, et qu'il paraît que les juifs en question ont l'intention de continuer leurs propositions mauvaises et dangereuses et puisqu'il ne peut être remédié à la cause principale de tout ceci, il faut jeter les juifs hors de nos royaumes.
[...] Ayant eu sur cette question de nombreuses délibérations, nous avons décidé de faire partir de nos royaumes tous les juifs, qu'ils n'y reviennent ni n'y retournent jamais. Nous commandons à tous les juifs et toutes les juives quel que soit leur âge, qui vivent et demeurent dans les dits royaumes et domaines, qu'à la fin de ce mois de juillet, ils partent avec leurs fils et leurs filles, leurs enfants, filles et garçons, et les membres juifs de leur famille, qu'ils soient grands ou petits, quel que soit leur âge et nous leur commandons qu'ils n'osent en aucun cas revenir, ni même de passage, sous peine de mort et confiscation de tous leurs biens.
[...] Et nous commandons et défendons qu'aucune personne, quelle qu'elle soit, à l'intérieur de nos royaumes, quel que soit son état, sa condition ou son rang, n'ose recevoir ni héberger ni accueillir, ni ne prenne la défense, ni publiquement ni secrètement, d'un juif ou d'une juive. Ceci après la fin du mois de Juillet et les suivants, pour toujours et à jamais, sous peine de perdre tous leurs biens, leurs vassaux, leurs forteresses et autres héritages.
[...] Et pour que ceci puisse venir à la connaissance de tous et que personne ne puisse

prétendre à son ignorance, nous commandons que cette Lettre soit énoncée publiquement sur les places et sur les marchés et autres lieux coutumiers des cités, villes et autres localités par crieur public et devant écrivain public.

[...] Fait en la ville de Grenade, le 31 du mois de mars, en l'année de la Naissance de Notre Sauveur Jésus-Christ, mille quatre cent quatre-vingt douze.

Moi le roi. Moi la reine. Moi Joan de Coloma, secrétaire du roi et de la reine, nos seigneurs, qui me la firent écrire sur leur ordre.

4. MUSIQUE :
Improvisation sur le *Pain de l'affliction*

PRIÈRE :
Ha lajmá aniyá (araméen)

5. MUSIQUE :
Ceci est le pain de l'affliction – (Ladino). Anonyme séfarade de la *Hagadá* de la Pâque juive.

Ceci est le pain de l'affliction
que nos pères ont mangé en terre d'Egypte.
Que tous ceux qui ont faim viennent et mangent.
Que tous les nécessiteux viennent et célèbrent la Pâque.
Cette année, nous sommes les renégats d'Israël.
L'année prochaine, on verra se former le peuple d'Israël.

Témoignage de l'expulsion des juifs
6. MUSIQUE :
Melodie séfarade. Improvisation (percussion et flûte)

RÉCIT :
Andrés Bernáldez (mort vers. 1513), Curé et confesseur de la reine Isabelle I et de l'Inquisiteur Général de Castille, Torquemada. *Memorias del Reinado de los Reyes Católicos*.

En peu de mois, les juifs vendirent tout ce qu'ils purent. Ils donnaient une maison en échange d'un âne, une vigne pour un morceau de tissu ou de drap. Avant de partir, ils marièrent entre eux les enfants de plus de douze ans, pour que chaque fille eût la compagnie d'un mari... Après, confiants en les vaines espérances de leur aveuglement, ils se mirent en chemin abandonnant les terres de leur naissance, petits et grands, vieux et enfants, à pied et à cheval, sur des ânes et autres bêtes, sur des charrettes et ils continuèrent leurs voyages, chacun vers les ports où ils devaient aller et ils allaient par les chemins et par les champs qu'ils traversaient avec beaucoup de peine et d'avanies, les uns tombant, les autres relevant, les uns mourant, les autres naissant, d'autres tombant malades, de telle sorte qu'il n'y avait chrétien qui ne compatisse à leur sort, et ils les invitaient au baptême et certains du fait du malheur, se convertissaient, mais ceux-là étaient très peu, et les rabbins les encourageaient et faisaient chanter les femmes et les enfants et jouer des tambourins et des tambours pour égayer les gens, et c'est ainsi qu'ils sortirent de Castille.

7. MUSIQUE :
Lamentation en Hébreu : *Mà aidéj ? Mà adamélaj* – Anonyme séfarade
2,13/5,2-4/2,11/2,13/2,15

A qui puis-je te comparer ?
A qui ressembles-tu, fille de Jérusalem ?
A qui te comparer et comment te consoler
jeune vierge de Sion ?
Car ta blessure est grande comme la mer.

Notre héritage est allé à des étrangers,
nos maisons à des barbares,
ils ont fait de nous des orphelins, sans parents
nous buvons notre eau à prix d'argent.

Ah ! Comme l'or est devenu vieux
et l'argent n'est guère bon !

Mes yeux sont ravagés à force de larmes,
mes entrailles sont en ébullition,
mon cœur se délite et s'effondre,
Qui pourra te guérir ?

Ils applaudissaient contre toi
tous ceux qui passaient leur chemin.
Ils sifflaient et secouaient la tête
devant la fille de Jérusalem, en disant :

« Est-ce bien la ville de laquelle on disait
qu'elle était d'une beauté parfaite ? »

VI DÉCOUVERTES ET INIQUITÉS

1492 (3 octobre) Premier voyage de Colomb

8. MUSIQUE :
Improvisation sur une Fantaisie de Lluís del Milà (vihuela)

RÉCIT :
Lettre de Colomb aux Rois Catholiques (Premier voyage)
Salvador de Madariaga, *Vida del muy magnífico Señor don Cristóbal Colón*, p. 215.

C'est ainsi qu'après avoir mis dehors les juifs de vos royaumes et domaines, durant ce même mois de janvier. Leurs Altesses me commandèrent qu'avec une flotte suffisante je parte pour les dites contrées de l'Inde. Et pour ce, elles me firent de grandes largesses, en m'anoblissant.

9. MUSIQUE :
Voca la galiera (instr.) – Anonyme CMM 18

1492 (12 octobre) Depuis la caravelle la *Pinta*, on voit le Nouveau Monde

10. RÉCIT :
Christophe Colomb, *Diario de a bordo (journal de bord)*.

Nuit du 11 octobre 1492 :
La flotte allait l'une vers l'Ouest et l'autre vers le Sud-est. La mer était grosse, plus que nous ne l'avions jamais eue durant tout le voyage. On aperçut des moineaux et un jonc bien vert près de la nef. Grâce à ces signes, ils respirèrent et se réjouirent tous. Ils parcoururent ce jour-là vingt-six lieues, jusqu'au couchant.

Après le coucher du soleil, la flotte navigua vers l'Ouest suivant son premier chemin: ils devaient avancer de douze miles par heure; et deux heures après minuit, ils devaient parcourir quatre-vingt-dix miles. Toute la nuit, ils entendirent passer des oiseaux. La mer était plane comme le fleuve à Séville. Et parce que la caravelle *Pinta* était la plus voilée et allait devant l'Amiral, elle trouva la terre et fit les signaux que l'Amiral avait demandés. Cette terre fut aperçue en premier par un marin qui s'appelait Rodrigo de Triana. Il alla sur le promontoire de poupe: il entrevit une lueur, très faible et furtive, mais il n'osa rien en dire. Il appela l'Officier de la Chambre royale et lui dit qu'il lui semblait avoir vu une lumière. Celui-ci scruta dans l'obscurité et la vit également. C'était comme une petite lueur de chandelle de cire qui montait et descendait, chaque fois plus près. Deux heures après minuit, la terre était en vue, seulement distante de deux lieues.

MUSIQUE :
Improvisation (flûte et *palos de agua*)

1502 Conversion forcée de tous les maures des Royaumes de Castille

11. MUSIQUE :
Lamentation instrumentale (improv.)

12. MUSIQUE :
Prélude de la *Nuba*

RÉCIT :
Chronique des Rois de Castille, chap. CXCVI.

Quand le Roi et la Reine virent que du fait des multiples usages propres aux maures « mudéjars », et que même si certains s'étaient fait baptiser, on ne pouvait empêcher les nombreux dommages que les maures causaient continuellement chez les chrétiens, ils ordonnèrent que tous les maures « mudéjars » de Castille et d'Andalousie fussent tenus de devenir chrétiens et de se convertir dans les deux mois à notre sainte foi catholique, et que tous fussent baptisés, sous peine de devenir esclaves du Roi et de la Reine, s'ils relevaient de ceux-ci. Et c'est ainsi qu'une fois passé le délai de deux mois, dès le mois d'avril de la dite année 1502, volontairement ou éventuellement contre leur volonté, ils furent baptisés, considérant que si les parents n'étaient pas de bons chrétiens, les fils, petits-fils et arrière-petits-fils le seraient.

13. MUSIQUE :
Nuba Hiyay Msmarqi. Mizan Bsit. Ya muslimin qalbi – Plainte arabo-andalouse XVIe s.

Oh! écoutez-moi! Mon cœur m'a appelé.
Qui donc a provoqué qu'il soit habité par l'amour ?

Amoureux à l'extrême, triste, un tel désir
le fait souffrir, entre désespoir et passion qui tue.

1502 Moctezuma II est élu empereur aztèque

Poème Náhuatl sur la fugacité universelle.

14 et 16. MUSIQUE :
Improvisation (flûte – Colombie)

RÉCIT :
¿ *Cuix oc nelli nemohua oa in tlalticpac Yhui ohuaye ?* *Cantares Mexicanos*, fol. 17, r.

Ce peut-il vraiment que l'on vive sur terre?
Le mot toujours n'existe pas sur terre: peu de temps ici-bas.
Le jade lui-même se fissure,
l'or lui-même se rompt,
le plumage de quetzal s'arrache
le mot toujours n'existe pas sur terre: peu de temps ici-bas.

15. MUSIQUE :
Homagio Kogui (quena & tambours amérindiens)

VII TESTAMENT D'ISABELLE ET MORT DE COLOMB

17. MUSIQUE :
Departez vous (instr.) – Guillaume Dufay

1504 Testament de la Reine Isabelle

18. MUSIQUE :
Improvisation (tambours, cloches, psalterio et voix)

RÉCIT :
Sur le traitement des Indiens
Testament de la Reine Isabelle, dans une réponse de Frère Bartolomé de las Casas au Docteur Ginés de Sepúlveda.

...Et il ne doit être consenti en aucune façon que les Indiens habitant et résidant dans les dites îles et sur la Terre Ferme, acquises ou à acquérir, subissent un quelconque dommage sur leurs personnes ou sur les biens; mais ordonnez qu'ils soient bien et justement traités. Et s'ils ont subi un quelconque dommage, qu'on y remédie et qu'on agisse de telle façon qu'il n'y ait d'abus en quoi que ce soit, au regard de ce qui nous est ordonné et commandé par les lettres de la dite concession.

19. MUSIQUE :
Villancico : *Todos los bienes del mundo*
(Tous les biens de ce monde)
Juan del Enzina CMP 61

Tous les biens de ce monde
passent, eux et leur mémoire,
sauf la renommée et la gloire.

Le temps en emporte certains,
d'autres la fortune et le sort
et à la fin arrive la mort
qui ne pardonne à aucun.
Tous sont des biens du hasard
laissant peu à la mémoire
sauf la renommée et la gloire.

La renommée encore perdure
quoique la vie de son maître s'achève,
les autres biens ne sont que rêves
et une certaine sépulture.
Même les plus belles aventures
Ne restent que peu en mémoire,
sauf la renommée et la gloire.

Mieux vaut la bonne renommée
qui jamais ne se perd.
Cet arbre qui est toujours vert
Le fruit sur sa branche sait garder.
Tout bien restant ce qu'il est,
Passe, lui et sa mémoire
sauf la renommée et la gloire.

1506 (20 mai) Christophe Colomb meurt à Valladolid

20. MUSIQUE :
Fortuna desperata – Heinrich Isaac

21. MUSIQUE :
Introduction *Miserere nostri*

RÉCIT :
Hernando Colomb, *Vida del Almirante*, chap. CVIII

En Mai 1505, il commença son voyage à destination de la cour du roi catholique. L'année antérieure, la reine doña Isabelle était passée de vie à trépas, ce qui affligea profondément l'Amiral, car c'était elle qui l'avait aidé et comblé de faveurs, tandis qu'il avait toujours trouvé le roi plutôt froid et contraire à ses affaires. C'était pourtant lui et sa majesté la reine qui l'avaient poussé à réaliser ce voyage. Au moment même où le roi catholique partait de Valladolid pour le recevoir, l'Amiral, dont l'état s'était aggravé du fait de la goutte et de la douleur de se voir tombé dans cet état, auquel s'étaient ajoutés d'autres maux, rendit son âme à Dieu le jour de l'Ascension, le 20 mai 1506 en la ville déjà nommée de Valladolid, après avoir reçu les saints sacrements de l'église et prononcé ces ultimes paroles:. « In manus tuas, Domine, commendo espiritum meum », et nous avons l'assurance que Celui-ci, dans sa grande bonté et sa miséricorde, l'a reçu en sa gloire. « Ad quam nos eo perducat. Amen ».

22. MUSIQUE :
Miserere nostri / Vexilla Regis CMM 106
(Prends pitié de nous Seigneur, prends pitié)

[La grandeur du Roi apparaît :
le mystère de la croix illumine,
le créateur dont la chair de la chair
est pendu sur cette croix.]

Supplicié sur elle
par la pointe affilée de la lance,
pour laver nos péchés
il exhale sang et eau.

[Les mots prophétiques sont réalisés
ceux que David chantait en disant:
« Sur toutes les nations
Dieu a régné depuis un arbre ».]

Cet arbre d'une fulgurante beauté
orné de la pourpre du Roi,
fut choisi dans un bois,
digne de porter un corps aussi saint.

Bienheureux au bras duquel
pendit le prix du monde,
balance faite d'un corps,
et qui gagna la prise sur l'enfer.

Ave O croix, unique espoir
en ce temps de passion,
fait croître la justice pour les hommes pieux,
et donne leur les dons du Roi.

Toi, Dieu, Trinité suprême,
comble de louanges tout l'esprit
de ceux que tu sauves par le mystère de la croix,
règne pour les siècles. Amen.

Epitaphe
23. MUSIQUE :
Fantasía I – Lluís del Milà

Fragment d'une lettre de l'Almiral
24. MUSIQUE :
Mélodie anonyme (s. XI)

RÉCIT :
Salvador de Madariaga, *Vida del muy magnífico Señor don Cristóbal Colón*, p. 60.

Je ne suis pas le premier Amiral de ma famille. Donnez-moi le nom que vous voulez car enfin David, Roi très sage, garda des moutons puis fut fait roi de Jérusalem; et je suis le serviteur de ce même Seigneur qui plaça David dans cette position.

25. MUSIQUE :
Hymne Processionnel : *Hanacpachap cussicuinin* (en Quechua) – Juan Pérez Bocanegra

Joie qui vient du ciel,
je veux t'adorer mille fois.
Écoute mon appel,
arbre plein de fruits,
espoir de l'humanité,
défenseur des faibles.

Réponds à mon appel,
pilier de Dieu, mère de Dieu,
bel iris blanc et jaune,
pour tout ce que je t'ai offert
afin que tu m'aides
à obtenir ce que j'attends.

Traductions : Irène Bloc

Insula hyspana

CHRISTOPHER COLUMBUS
Lost Paradises
Lights and Shadows in the Age of Columbus:
History and Poetry in dialogue
with Arabo-Andalusian, Jewish and Christian music
of Ancient Hesperia until the discovery of the New World.

Disc I

I ANCIENT PROPHECIES AND EVOCATIONS

Medea. (Tragedy, Act II) – Seneca (1 st. Century a.C.)
Music: Chorus: G. Binchois; Solo: Anonymous s.XII
(text quoted and translated by Columbus in his Book of Prophecies)
1. Introduction: Pierre Hamon (double Flute), Pedro Estevan (Perc.)
2. Invocation: Chorus: "Tethysque novos detegat orbes"
3. Evocation 1: Medea: *"Nunc iam cessit pontus et omnes patitur leges"*
4. Invocation: Chorus: "Tethysque novos detegat orbes"
5. Evocation 2: Medea: *Terminus omnis motus et urbes*
6. Invocation: Chorus: "Tethysque novos detegat orbes"
7. Evocation 3: Medea: *Venient annis saecula seris*
8. Reading: *"Venient annis sæcula seris quibus oceanus vincula rerum laxet..."*
9. Invocation: Chorus: "Tethysque novos detegat orbes"
10. Reading: *"Vendrán los tardos años del mundo..."*

1408 Reign of the Nasrid emir Yusuf III
11. Music: Hymn Sufi (Instrumental improv.) (santur & percusion)
12. Reading: "Description of the beautiful sights of Granada" – Ibn Battuta, *Travels*
13. Music: *Mowachah Billadi askara min aadbi Llama* (Al-Andalus)

II CONQUESTS AND THE BIRTH OF COLUMBUS

1410 (September) Prince Ferdinand's army conquers Antequera
14. Ancient Romance: *El Moro de Antequera* (Sephardic song)
15. Reading: "Having reached Antequera", *Chronicle of the Kings of Castile*, Ch. XXIX
16. Music: *Zappay* (instr.) – CMM 20

1443 (February) Alfonso V the Magnanimous enters Naples
17. Music: *Colinetto* (instr.) – CMM 22
   Reading: "Here I shall relate the great honour with which the king was received"
   From the *Diary* of Melcior Miralles, chaplain to Alfonso V and of the Cathedral of
   Valencia
18. Villota: *Dindirindin* – Anonymous CMM 127

1451 (october) Christopher Columbus is born

19. Reading: "Seeing as how his forefathers were of the royal blood of Jerusalem..."
Hernando Colón
20. Strambotto: *O tempo bono* – Anonymous CMM 132

III NEW ROUTES AND GRAND PROJECTS

1474 (25 June) Letter from the Florentine physician Toscanelli to Prince Juan

21. Music: *Voca la galiera* (instr.) – Anonymous CMM 18
Reading: "A map made by my own hand, ... on voyages to the west... "
22. Basse Dance: *Mappa mundi* (Kyrie of the Mass) – Johannes Cornago

1480 Shipwreck off Cape St Vincent

23. Music: *Chiave, chiave* (instr.) – Anonymous CMM 131
Reading: "They had been fighting from morning...", Hernando Colón,
Life of the Admiral

1485 Columbus is married during his time in Portugal

24. Ancient song (s. XI)
Reading: "Finding himself near Lisbon..."
25. Villancico: *Meis olhos van por lo mare* – Anonymous CMP 453

1486 Columbus presents his project to the Catholic Monarchs Ferdinand and Isabella

26. Reading: "Finally, having recourse to the Spanish expression ..."
27. Frottola: *In te Domine speravi* – Josquin des Près CMP 84

IV THE WANING OF AL-ANDALUS

28. Improvisation Arabo-Andalusian Song (santur & flute)
29. Reading: Arabic text by Ibn Zamrak
30. Kharcha: *Ya am laja halki* (Andalusia, 13th century)

1492 (2 January) The Conquest of Granada

31. Music: *La Spagna* (instr.)
32. Reading: Concerning the Treaty of the Alhambra and the surrender of Granada,
by Andrés Bernáldez (priest and confessor to Queen Isabella and to the Inquisitor
General of Castile)
33-34. Villancico: *Levanta pascual que Granada es tomada* – Juan del Enzina CMP
35. Romance: *Qu'es de ti desconsolado* – Juan del Enzina CMP

Disc II

V THE SEPHARDIC DIASPORA

1. Music: *Las Estrellas de los cielos* (Sefardic anonymous)
   The Saint Inquisition
2. Hymn: *Patres nostri peccaverunt* – Johannes Cornago

1492 (31 March) Expulsion of the unconverted Jews
3. Reading: Edict of the Expulsion of the Jews, Joan Coloma (Secretary to the King and Queen)
4-5. Reading: Prayer in Aramaic: *Ha lahma 'anya*
   Music: Prayer in Ladino: *The bread of affliction* – Anonymous Sephardic
   Account of the expulsion of the Jews
6. Reading: "Within a few months..." by Andrés Bernáldez, confessor to Queen Isabella
7. Hebrew Lament: *Mà aidéj? Mà adamélaj* – Anonymous

VI OF DISCOVERIES AND WRONGS

1492 (3 October) First Voyage of Columbus
8. Music: Improv. on a Fantasía de Lluís del Milà (Vihuela)
   Reading: Christopher Columbus, Letter to the Catholic Monarchs (First voyage): "Having expelled all the Jews from your realms and dominions..."
9. Music: *Voca la galiera* (instr.) – Anonymous CMM 18

1492 (12 October) The New World is sighted from the caravel the Pinta
10. Reading: "He sailed to the west-south-west. " Christopher Columbus, *Ship's log*.

1502 Forced conversion of all the Moors in the kingdoms of Castille
11. Music: Lament instr. (improv.)
12. Reading: "The King and Queen, seeing from the many signs given by the mudejar Moors..."
13. Music: *Nuba Hiyay Msmarqi. Mizan Bsit. Ya muslimin qalbi* – (Arabo-Andalusian lament, 16th century)

1502 Moctezuma II is proclaimed emperor of the Aztecs
14 & 16. Reading: Nauhatl poem on the fleeting nature of all things
15. Music: *Homagio Kogui* (Quena & Amerindian drums)

VII THE LAST WILL AND TESTAMENT OF ISABELLA AND THE DEATH OF COLUMBUS

17. Music: *Departez vous* (instr.) – Guillaume Dufay

1504 The last will and testament of Queen Isabella I of Castile

18. Reading: On the treatment of the native Indians, Friar Bartolomé de las Casas's reply to the physician Ginés de Sepúlveda
19. Villancico: *Todos los bienes del mundo* – Juan del Enzina CMP 61

1506 (20 May) Christopher Columbus dies in Valladolid

20. Music: *Fortuna desperata* – Heinrich Isaac
21. Reading: "In May, 1505..."
22. Music: *Miserere nostri / Vexilla Regis* – CMM 106

Epitaph

23. Music: Fantasía I – Lluís del Milà

Fragment of a letter from the Admiral

24. Reading: "I am not the first Admiral in my family..."
25. Processional Hymn: *Hanacpachap cussicuinin* (Quechua) – Juan Pérez Bocanegra

Program design, Selection of Texts and Music and Musical Adaptation
Jordi Savall

Dramatisation and Versions of Aramaic, Hebrew, Arabic and Nahuatl texts
Manuel Forcano

LOST PARADISES
1400 - 1506

*"This world would be good
if we made good use of it
as we should."*

Jorge Manrique (1440-1479)

We are not the sole owners of our past. The geographic space that our culture has occupied over the centuries has contained within it diverse peoples of different cultures and religions, such as the Muslim and Jewish communities in ancient Hesperia. But the Middle Ages, which, like the present day, was an age scarred by religious hatred and incomprehension, saw the decline of the former paradise of Hesperia and its "Three Cultures" where, despite all the intolerance and cruelty, Arabs and Jews lived among us, lived like us, *were* us. At the close of the 15th century, after the Christian conquest of Granada, they were expelled or forcibly converted to Christianity in compliance with royal decrees. Their departure marked the end of an era, the loss of a possible paradise: events which are decried in the written word, lamented in music, illuminated by memory and dignified by our conscience.

At the same time as Hesperia was being convulsed by these upheavals, an extraordinary figure emerged on the scene: Christopher Columbus, the admiral who in 1492 discovered the New World. Another paradise was about to be transformed: the arrival of the colonists would bring, on the one hand, the destruction and loss of many indigenous American cultures, and on the other, the crystalisation of a social and cultural mestissage that was to bear rich fruits both in the Old and the New World.

The music of the period, as well as the various texts which intersperse the biography of Christopher Columbus, particularly those that Columbus copied in his notebooks, such as the premonition expressed in a quote from the Chorus in Seneca's tragedy *Medea* (announcing the existence of an unknown world beyond the island of Thule which would be discovered by a daring sailor), provide revealing, first-hand accounts of those profound transformations. The combination of historical and musical sources gives rise to a refreshing new vision in which the beauty and emotion of the music enters into an eloquent dialogue with the recited texts. Some of the texts are descriptive, while others are poetic. Some are starkly cruel, and others more dramatic. But they are all profoundly representative of a period of change, of a past which, although distant, we should not forget. Through the music, we gain an intensely moving insight into the chronicles of that extraordinary century, which reveal the extreme ambivalence of an age both convulsed and highly creative, and which, in spite of its many dark shadows, was remarkable for the dazzling flowering of all the arts. Let us listen to the wonderful music of the carols and ballads of the period, alternating with the heartfelt sorrow of the contemporaneous accounts of Andrés Bernáldez, the Sephardic laments, the descriptive prose of Ibn Battuta, the admiral's logbook, the uncompromising royal edicts and the superb poetry of Juan del Enzina and Ibn Zamrak of Granada, not forgetting the marvellous poem in the Nahuatl language on the fleeting nature of the world.

In this project, our aim has been not only to rediscover a major musical legacy, performed according to historical criteria on period instruments, but also to pay tribute to the other principal cultures of the age. Our courtly music, preserved in precious manuscripts, is therefore complemented by music from the Arab and Jewish oral traditions, as well as music from a New World unknown to us today, symbolically evoked by the suggestive sound of various types of flute originating in ancient Amerindian cultures. In recalling the most significant moments of that century, we are not only joining in the fifth Centenary celebrations (1506-2006) to commemorate the death of Columbus. In a symbolic, but deeply sincere gesture, we wish to make amends to the countless men and women to whom we failed to show understanding and respect, simply because their culture and beliefs were different from our own. In *Paraísos Perdidos*, the music and literature of the period are interwoven, offering a brief but intense picture of those crucial times of religious and cultural metamorphosis in which an Old World disappeared and a New World came into being. The testimony we find in the texts, selected and recited by Manuel Forcano in Arabic, Hebrew, Aramaic, Latin and Nahuatl, together with those recited in Spanish by Francisco Rojas and Núria Espert, and the songs sung in Latin, Hebrew, Arabic, Quechua, Ladino, Spanish, Portuguese, Catalan and Italian by Montserrat Figueras, Begoña Olavide, Lluís Vilamajó and the soloists of *La Capella Reial de Catalunya*, are the best proof of the cultural richness of an age that was soon to disappear over our horizon. Texts and songs which remind us how important and necessary it is to achieve dialogue and understanding between different religions and cultures if, in this conflict-ridden 21st century, we are to have any hope of preserving and restoring such a vast and meaningful cultural heritage.

The aim of *Paraísos Perdidos* is to give the literature, history and music of ancient Hesperia and the New World the recognition that they deserve. Keenly aware of the gulf of more than five hundred years which separates us from those remote times, we believe that the beauty and vitality of the music they have bequeathed to us have the power to move today's audiences, in the same way that the poetic quality and expressive power of the texts recited in the programme movingly bring the dramatic events they evoke back into focus. We are also mindful of the fact that, despite the timeless artistic dimension of these various musical traditions, the instruments, individual forms and sounds associated with them - indeed, everything that goes to make up their characteristic styles, inevitably bears the imprint of the age in which they were created. We have therefore opted for appropriate historical accuracy in vocal and instrumental performance, enhanced by the corresponding creative imagination for which the vocalists and instrumentalists of the ensembles *Hespèrion XXI* and *La Capella Reial de Catalunya*, as well as the soloists specialising in Oriental musical traditions and in the ancient instruments (Amerindian flutes) of the New World, are justly famous.

The poet Jorge Manrique once wrote, *"What became of those minstrels, of the harmonious music that they played?"* In the present CD/Book, the writers, musicologists, actors, singers and instrumentalists taking part in the project aim not just to answer the poet's question, but to propose a hypothesis for further reflection: the living music of remote ages, when tuned to the memory of our history, can be kindled into the spirit of a renewed critical and humanistic vision of our own origins, and perhaps also help us to emerge from what might be described as our cultural amnesia, a particularly serious problem in the context of our musical heritage. For it is only by rediscovering and revitalising the musical legacy of the past, at the same time as we approach history and the past from a different perspective, that we shall be better able to imagine and build the memory of the future.

JORDI SAVALL
Bellaterra, summer 2006

FROM PROPHECY TO TRAGEDY

1. – *"The years shall come in which the ocean shall loosen up the knots of things and a great land shall be open, and a great mariner, like the one who was Jason's guide, whose name was Thyphis, shall discover a new world, and then the island of Thule shall no longer remain the remotest land of them all"*. The haunting voice of Montserrat Figueras is once again that of a Sybil, framed by a whispering chorus of male priests and uttering the prophetic words of Medea, as written by the Roman philosopher and playwright Seneca, in the early first century of the Christian Era.

Medea's prophecy is almost frightening in its crystal-clear description of an event that will not take place until almost fifteen centuries later. But this belief in a new world yet to be reached was already deeply rooted in the cultural tradition of Ancient Greece, as much as in the legacy of the great Hebrew prophets of the Old Testament, and remained permanently at the very heart of the mediaeval and early-Renaissance worldview.

Christopher Columbus was keenly aware of this time-honoured line of thought. Amongst other sources, he had read Pope Pius II's *Historia rerum ubique gestarum* and Cardinal Pierre d'Ailly's *Imago mundi*, and he was familiar with the travel accounts of Marco Polo in the Far East. Later on, in the final years of his life, he would in fact convince himself that the success of his voyage of discovery was the actual fulfilment of all these prophecies. With the help of a dear friend, the Carthusian friar Gaspar Corricios, he would begin in 1501 to write down an extensive anthology of all the excerpts from classical, biblical and ecclesiastic authors in which he found any hint of such a view – the *Libro de profecías*, which miraculously escaped the mysterious fate of so many other original sources associated with the Admiral, plunging Columbus' biography into a mist of uncertainty and feeding a never-ending chain of hypothesis in regard to his family origins and the early stages of his life.

Was Columbus really an Italian from Genoa, as his standard biography has always maintained? Or was he a converted Catalan Jew trying to escape religious persecution? Or perhaps a member of the highest Portuguese nobility, on a mission from the King of Portugal? Or even a Galician? None of these alternative interpretations, often densely interwoven with the wildest theories of historical conspiracy, has yet survived the criticism of mainstream scholars, but they all derive, after all, from the enigmatic lack of so many relevant original sources, starting with his authentic travel diaries. Myth always feeds on the information gaps that scholarly research has not been able to fill in. But on the other hand it is certainly curious to realize that one of the most puzzling extant autographs by Columbus is precisely a text deeply immersed into a mythical tradition: the already-mentioned *Libro de profecías*, preserved at the Seville Biblioteca Colombina y Capitular (z. 138-25).

This seemingly chaotic assembling of Psalms, biblical prophecies, classical quotations and passages from the writings of Church Fathers has often been dismissed as a mere devotional text, if not as a downright testimony to the Admiral's alleged mental instability at the end of his life. But as a matter of fact it is a highly revealing document which shows the way Columbus' view of the ultimate meaning of his voyage of discovery was in itself grounded on myth: a "great narrative" of Christianity finally encompassing mankind as a whole, due to the conversion of all nations, with the income to be drawn from the newly found lands generating the wealth needed to pay for the reconquest of Jerusalem and the duly fulfilment of God's purpose on Earth as announced in the Scriptures. He strongly believed to be the Lord's chosen instrument to pursue such a purpose of world unification and salvation.

2. – Wherever he may have been born, specifically, Columbus is a product of Southern Europe, of that Western Mediterranean Northern coast which starts in the Italian Peninsula and Sicily, continues through the French *Midi* and into Spain, goes beyond the strait of Gibraltar and opens into the Atlantic all along the coast of Portugal. From times immemorial, this region had always been the scenery of countless encounters of different cultures: the Roman Empire – in itself a complex inter-cultural mosaic – had yielded to the progression of the various Germanic migratory tribes in the 4th and 5th centuries, and both sides had ultimately merged into the various early Christian kingdoms of the High Middle Ages. Latin and German heritages had combined to establish new, mixed cultural identities drawing on both traditions, and as the Church gradually managed to rebuild its transnational hierarchy, this drive towards cultural integration also became stronger.

But this process, almost from its earliest stage, had to face a serious challenge with the arrival in the Western Mediterranean region of another monotheistic religion with an equally strong strategy of expansion – Islam. The Arabs quickly conquered the whole Mahgreb, crossed into the Iberian Peninsula and occupied it almost entirely, with the exception of a small Christian enclave on the Northern mountains of the Asturias. When Charles Martel, Mayor of the Palace of the Frankish kingdom of Austrasia, defeated the Arab army of Abd-al-Rahman at Poitiers, in 732, his victory had the immediate effect of preventing the further advance of the Muslim military offensive into Western Europe. It also had, however, two further major consequences for the history of the continent, as a whole: on the one hand it was the basis for the political prestige of Charles' family, which later allowed his son, Pippin "the Short", to become in 750 King of all Franks, and in the year of 800 converted Pippin's own son, Charlemagne, into the first Emperor of the West since the fall of Rome; on the other hand, it made the Pyrenees into a cultural frontier as much as a military border, westwards of which things were necessarily much different from what happened in the rest of Europe.

Throughout the Middle Ages the old Hispania was in constant political turmoil, as an ever-changing mosaic of separate entities, both on the Christian and on the Muslim side. The unified Islamic Al-Andalus reached its peak of power, wealth and civilizational brilliancy with establishment the Umayyad Emirate (later Caliphate) of Córdoba, in 755, but in 1031 the fall of the last Caliph led to the subdivision of his territory in various independent states, the so-called *taifa* kingdoms, which soon engaged in permanent infighting amongst themselves, as well as against the new Muslim armies from Northern Africa that one or another of these sovereigns would call to his help in a moment of distress (the Almoravids after of Toledo, in 1085, the Almohads after the fall of Lisboan, in 1147), only to be soon thus faced with yet another contender for his land. As to the Christians, the early kingdom of the Asturias which had survived the Arab invasion soon gave way to new political entities–the kingdoms of Leon and Castile (later to merge into a single crown), as well as those of Aragon, Navarre and Portugal.

This geopolitical subdivision of the Peninsula was in constant change, due to all kinds of factors: sheer military strength as well as diplomatic cunning, matrimonial alliances as well as trade partnerships. Often, the military conflicts did not necessarily occur along strict religious border lines: a Christian monarch and a Muslim king could find themselves allied against a common enemy, and in periods of weakness a territory ruled by either religion could be forced to pay a heavy tribute to the stronger military power of a neighbouring kingdom of the opposite creed. Furthermore, a wide circulation of commercial products of various kinds took place at the Peninsular scale, also covering Muslim and Christian states.

Internally, despite of occasional migrations or "ethnic cleansings" following a military operation, all of these kingdoms had a steady, mixed population of both Arabs and Christians, to which should be added the wealthy and highly educated Jewish communities located in most important cities. Although it must be said that the Islamic rulers were considerably more tolerant of other religious observations than their Christian counterparts, a certain natural balance had to be kept in this respect if the economy was to function and survival of all was to be achieved. The two main religious communities in a way needed each other, just as they both needed the Jews, who, in turn, could not survive by themselves within this system.

Daily coexistence necessarily meant also cultural exchange. At all levels of society people of different ethnic and religious background listened, for instance, to each other's songs and dances, and instruments such as the 'ud or the rabab circulated from one culture to another. The early Christian universities, such as Salamanca or Coimbra, could not avoid the study of the works of Arab and Jewish mathematicians, astronomers and cartographers, who were often hired by the Christian kings themselves to serve as advisors and administrators, and particularly in the field of Music Theory the treatises of Al-Farabi where considered a basic reference. When the Galician-Portuguese aristocratic *troubadours* began to develop their own brand of courtly song, under the influence of their counterparts from the South of France, they found a much closer model in the highly refined patterns of Arab poetry and music, and it was amongst the Arab elites that all kinds of now highly desirable luxury items foreign to the austere Visigothic tradition and forgotten since the high times of the Roman Empire could be found. The illuminations of the *Cantigas de Santa María*, assembled under the patronage of King Alfonso X of Leon and Castile, as well as those of the *Ajuda* Songbook, in Lisbon, depict numerous Arab musicians admittedly involved in the performance of this repertoire. Many of the Muslim kings were themselves poets and/or musicians: the King of Granada, Yusuf III, who reigned between 1408 and 1417, left us, for instance, some marvellous passages of naturalistic–and in some cases blatantly homoerotic–poetry, echoes of which can be found, in many aspects, in the works of late-mediaeval and early-Renaissance Christian poets of his time.

Columbus, wherever his origins may lie, lived undoubtedly through this multi-ethnic reality of constant cultural, intellectual and artistic exchange, in which music, by the very nonverbal nature of its discourse, was certainly fundamental. Unfortunately, Arab-Andalusian music of this time was not notated, and any attempts to reconstruct the musical practice of the time must rely on the orally transmitted repertoire which has been preserved in the strict tradition taught in Moroccan music schools, which claims to have preserved much of its repertoire and performance practice as these were brought back from the Peninsula in the 15th and 16th centuries. Much of this music implies a substantial degree of improvisation according to codified rules.

3. – By the early 15th century the balance of power had evolved significantly in the Peninsula, and there was no doubt any longer as to the military outcome of the confrontation between the local Christian and Islamic kingdoms. In Portugal, Castile and Aragon the centralization of power in the hands of the sovereigns was gradually building the basic pattern of the modern Absolutist State, in which Church and Civil Administration were seen as two pillars of the authority of the monarch. Rather than a mere military commander and *primus inter pares* within the upper nobility, the King sought to affirm himself as an entity above all classes, anointed and directly legitimized by the will and grace of God. He was to build a court along the lines of the model promoted by the Dukes of Burgundy at

their wealthy court of Dijon, assembling around himself the upper echelons of the aristocracy, as well as learned civil servants of the highest rank, and he had no qualm with breaking the traditional privileges of the church hierarchy or of the traditional urban communities established in the Middle Ages.

This was not a purely political construct. The growth of international commerce and the gradual transition towards a monetary economy attributed to the State a new regulatory role, which included a much more significant and widespread collection of taxes and their redistribution in the form of an organized and centralized Administration. Perhaps even more than any other Absolutist sovereigns of Europe at their time, the Iberian monarchs also believed in the need to surround their newly reinforced power with an added aura of majesty and a symbolic affirmation of royal privilege that touched every field of State-sponsored artistic production. The establishment of richly endowed musical chapels at the service of each Peninsular sovereign of the 15th century, staffed with the best musicians available, is an important part of this strategy. The Castilian, Aragonese and Portuguese courts quickly develop into sophisticated cultural centres, in which the development of secular song and dance according to the most cosmopolitan patterns of Europe accompanies the strengthening of the sacred polyphonic repertoire performed by the Royal Chapels.

This is an era of aggressive geopolitical and military affirmation for each of these states. Portugal, caught between Castile and the Atlantic and thus unable to expand territorially in the Peninsula, seeks its way overseas: in 1415 the Portuguese armies conquer the stronghold of Ceuta, in Morocco, in 1418 Portuguese ships arrive to the island of Madeira, and a few years later begin to explore the coast of Africa. Aragon invests strongly in the expansion of its Italian territories, and in 1443 Alfonso V, the Magnanimous, makes his triumphant entrance in Naples as King of Aragon, Mallorca, Naples and Sicily. Castile seeks, most of all, to achieve the final defeat of the Moorish kingdom of Granada, and in 1410 a massive military operation leads to the conquest of the city of Antequera.

The marriage of the heirs to the thrones of Aragon and Castile, Ferdinand and Isabella, respectively, which takes place in 1469, creates a new, powerful alliance between the two traditional adversaries. It would be unrealistic for them to try to annex Portugal, but it is important, nevertheless, to be able to compete with the Portuguese in the lucrative exploration of the Atlantic in which they are already well advanced, and in 1470 Isabella and Ferdinand order the occupation of the Canary Islands. In 1482 a strong joint offensive is launched against Granada: the city of Alhama falls on May 14, leaving the way to the Moorish capital unprotected, and from then on, for a whole decade, city after city fall into the hands of the Castilian-Aragonese armies, until the reigning couple finally enters Granada on January 2, 1492 and accepts the surrender of the last Muslim king of the Nasrid dinaty, Abu'abd Allah Muhammad XI, known to the Spaniards as Boabdil.

All these military victories as properly celebrated in song, and the polyphonic songbooks compiled in the Peninsula (*Cancionero del Palacio*) or in Naples (*Cancionero de Montecassino*) include, side by side with the refined love songs which have become a key symbol of musical distinction for the courtly nobility, multiple strophic *romances* which praise the triumphs of the conquering monarchs. Particularly important for Isabella and Ferdinand, who face the need to build a common cause able to mobilize two traditional rival nations, is the production of a unified "Catholic" discourse opposed to the "heretical" enemy. A vast poetic and musical repertory rekindles the spirit of an anti-Muslim crusade, seen as a basis for a shared national, "Spanish" identity between Aragonese and Castilians led by the "Catholic King and Queen" ("she with her prayers, he with many armed men", as the poem of a narrative *romance* of the period says).

4. – The victory of Granada marks the beginning of a new era in Iberian Culture in which the cultural and religious diversity which had managed to survive throughout the Middle Ages is simply abolished by the new triumphant Absolutist State. Soon, by the so-called "Decree of Alhambra", of March 31, 1492, symbolically signed at the newly conquered city of Granada, the two sovereigns expel from their kingdom all Jews who will not convert to Christianity, a measure which the King of Portugal, Manuel I, will also enact four years later, applying it both to the Hebrews and to the Moors. Those who leave take with them the sad, loving memory of the land they left behind, a memory they will codify in song, as a key to their own specific identity within the various communities that will accept them, al around the Mediterranean. "Sephardic" songs are kept by Iberian Jews in synagogues in Dubrovnik, Venice, Palestine or Yemen, just as "Andalousi" singing will remain, to this day, the emblematic practice of the Muslims who came from Spain and Portugal to the Maghreb.

Sadly it is this model of a State-controlled, religious fundamentalism and of a brutal cultural intolerance that will now be brought also to the New World. Columbus' dream of a Utopian Christian Epiphany addressed to mankind as a whole will give way to a large-scale operation of genocide and exploitation, driven by greed and ambition. History teaches us few examples of such brutality, such inability to understand and respect cultural differences, such contempt for human dignity.

And yet artists and musicians will here also be able to fight back against cruelty and stupidity with the powers of healing and communication of their craft. Both in the Peninsula itself and all over Latin America the various cultural traditions will somehow find ways of interacting, and a mosaic of cross-cultural processes quickly emerges with an energy and a creativity as stunning as those that characterized the mediaeval Iberian repertoire. A processional hymn in Quechua, *Hanacpachap Cussicuinin*, published in 1631 in Juan Pérez Bocanegra's *Ritual Formulario*, manages to combine an Amerindian tune with a European polyphonic setting, in a Marian prayer which portrays the Virgin as "the hope of mankind and the protector of the week". Just as the musical dialogue between different cultures can take place even under the most oppressive conditions, religion and sacred singing can be turned from a weapon of domination into the discourse of the oppressed.

RUI VIEIRA NERY
University of Évora

1492: THE CRUCIAL YEAR

In the 15th century, a whole constellation of new ideas impacted on physical/material reality, just as material reality had an impact on the intellectual climate of the age. Irrespective of our ideological stance, the so-called "discovery of America" was a great triumph of scientific hypothesis over physical perception. Advances in navigation increased trade and communication between peoples, at the same time that the invention of the printing press aroused immense curiosity and a growing thirst for information and knowledge throughout the world. Men of science asked themselves whether this planet of ours could really be the centre of the universe. They also pondered the shape of the Earth, while artists reflected on the meaning of human life on Earth, exploring the forms of the male and female human body, celebrating the here and now rather than the eternal. The Italian Humanist Marsilio Ficino wrote "Everything is possible... Nothing should be ruled out. Nothing is incredible. Nothing is impossible. What we dismiss as impossibilities are merely the possibilities of which we are ignorant." The expansion of Europe, first towards the East and then towards the West, was, in a sense, a feat of the Renaissance imagination. It was also a triumph of hypothesis over perception and of the imagination over tradition.

From his castle in Sagres, on the Atlantic coast of Portugal, Prince Henry (1394-1460), the son of King John I, gathered together all the nautical knowledge of his day, perfected the science of cartography and the instruments of navigation, developed fast, manoeuvrable new ships such as the caravel, and trained the crews who would man them. Henry the Navigator, as he came to be known, had a grand purpose: to attack the Turks on their western flank by sailing south along the African coasts and then eastward. With the help of Flemish bankers, the Portuguese sailed from the island of Madeira to the Azores and then on to Senegal, finally reaching the Cape of Good Hope, at the southernmost tip of the African continent, in 1488. From there, the Portuguese were rapidly able to proceed to India. On the way, they planted sugar and took slaves.

Although Portugal had its sights set on the South and the East, it was less adventurous when it came to looking westward across the ocean of mystery, the *Mare Ignotum*, even when a stubborn mariner of supposedly Genoese origin who had been shipwrecked near Henry the Navigator's castle claimed that the best way of reaching the East was to sail West. In many ways, the man himself was less prepossessing than his ideas and his accomplishments: hot-headed and sometimes lacking in self-control, he was suspected of having a pathological tendency to exaggerate. There was, however, one thing that he had in abundance: courage and determination. His name was Christoforo Colombo – Christopher Columbus.

Portugal took no notice of Christopher Columbus, so he turned his attentions to Spain, that isolated, introspective nation which was single-mindedly waging its prolonged wars of Reconquest. He chose just the right time to present his project to the Catholic Monarchs Ferdinand and Isabella. Flushed with their victory over the Moors of Granada, the Catholic Monarchs gave Columbus the means to bring about the third great event in that crucial year for the history of Spain: the discovery of America.

On 3rd August, 1492, a small fleet consisting of three caravels – the *Pinta*, the *Niña* and the *Santa María* – set sail from the harbour of Palos in south-eastern Spain. Following a westward course, after 66 days of false hopes, misaligned stars, ghostly islands that turned out to be nothing but banks of cloud, disgruntled crews and open mutiny, Columbus reached land on 12th October, 1492, at the small island of Guanahani, in the Bahamas, which he renamed San Salvador. Columbus believed he had reached Asia. He had been driven in his quest by courage, the Renaissance thirst for fame, the pleasure of discovery, a desire for gold and a mission to spread Christianity. Thanks to him, Europe would be able to look at herself in the mirror of the Golden Age and of the "noble savage".

What are we to make of the expression "the discovery of America"? After all, don't all discoveries involve a two-way process? The Europeans discovered the continent of America, but the indigenous peoples of America also discovered Europeans, wondering whether those bearded, white-skinned men were gods or mortals, whether they were as god-fearing as their crosses proclaimed or as godless and cruel as their swords demonstrated them to be. Those men brought with them the boundless energy of the Spanish Reconquest, 700 years of struggle against the Moors and the Islamic faith. They brought a new, militant faith and a militant politics. After 1492, the Jews of Spain were dispersed throughout northern Europe and the Arabs returned to Africa, bewailing their exile from the gardens of the Alhambra. But, what outlet would there be for the impetuous energy of Christian Spain now?

In 1492, Isabella and Ferdinand were driven by their unitary vision of Christianity, Reconquest and expansion. The Spanish captains and soldiers who had crossed the Atlantic undoubtedly shared that vision. But we should not forget that they were also heirs to a multicultural experiment in finely tuned coexistence and mestissage with the Jews and Moors of Spain. Whatever exceptions one might cite to the virtue of tolerance, the fact remains that respectful coexistence with others effectively provided the framework for a tricultural Spain, one which was in stark contrast to the official policy of expulsion and rejection of the Jews and Moors that was pursued under Ferdinand and Isabella and which culminated in the uncompromising regime of censorship inspired by the Counter-Reformation and implemented by the Inquisition.

The conquerors of the New World were part of that reality, but they could not escape the Spanish dilemma. Friars, writers and chroniclers would force Spain to face up to its polycultural, Humanist alternative. The cultural uniqueness of Spain lay precisely in the recognition of "the other": fighting him, embracing him, mingling with him. Jean-Paul Sartre once wrote that "hell was others". But, what Paradise is there if not the one we build with our brothers and sisters? History insistently poses the question. "How can we live without others?" When will we understand that "I" am what I am only because another human being looks at me and complements me?" This contemporary question, which is raised every time black and white, East and West, predecessor and immigrant come face to face in our own time, was a pivotal one in medieval Spain and rapidly became the crucial question at the heart of the conquest and colonization of the Americas. When Spain came into contact with the radically "other", with peoples of a different race, religion and culture, the question was: Who are these men? What is the nature of their souls? Do they even have souls?

These were the questions which were to divide Spain. One part of her heart shouted "Conquest!", while the other, recalling Seneca the Stoic, counselled "Do not allow yourself to be conquered by anything except your own soul".

The achievements of Christopher Columbus raised the curtain on a vast clash of civilisations; it was a great epic whose pages sometimes tell of compassion while others are stained with blood, but it was invariably a story of conflict: the simultaneous destruction and creation of culture in the New World.

CARLOS FUENTES
The Buried Mirror, Ch. IV.

THE MYSTERY OF CHRISTOPHER COLUMBUS

History tells us what happened.
Poetry tells us what should have happened.
Aristotle

The official version of history does not always reflect the true nature of events. Information is often the helpless victim of manipulation and, whether for political or economic expediency, many of the facts are changed to present history in a guise that is sometimes very different from what actually took place. Nevertheless, as we draw back the veils of oblivion in an attempt to reconstruct the past, we are indebted to documents and other surviving records, not just because of what they say, but because of what they do not say.

The story of Christopher Columbus, or "the Admiral", as he signed himself in some documents, is clearly one of those historical figures whose official history is riddled with unanswered questions and inconsistencies that serve only to breed doubts and envelop him in an aura of mystery. It is therefore hardly surprising that there are numerous theories speculating on his origins, his lineage, his country and the circumstances surrounding the most momentous event of his life – his discovery of the continent of America in 1492.

According to the official version, Christopher Columbus was born into a modest family near Genoa, where his father made a living as a weaver and trader. The story goes that at an early age Columbus decided to become a sailor to escape from the poverty in which the family lived. However, little is known about the early life of Columbus, and his true story does not begin until 1476 when, shipwrecked following a sea battle between merchants and corsairs, he arrived and settled in Portugal. Surprisingly, in 1479 he married a noblewoman called Filipa Perestrello e Moniz, granddaughter of the Portuguese colonizer of the Madeiras, who bore him a son, Didac. Columbus was based in Portugal until 1485, during which time he sailed on many voyages around the Mediterranean and the Atlantic, travelling to the Canary Islands, Cape Verde and the Azores. He also sailed the waters of the North Sea and, according to some commentators, reached Iceland, where he learned of the westerly routes leading to new lands.

It was in this maritime world, then, that Christopher Columbus first conceived his plan to travel to the Indies and the lands of the Great Kahn via the West. Encouraged by the geographic and mathematical knowledge of the Florentine physician Paolo dal Pozzo Toscanelli, as well as Marco Polo's *Description of the World*, he finally submitted a firm proposal to King John II of Portugal, in 1484. Unsuccessful in his bid, in 1486 he offered his project to King Ferdinand and Queen Isabella of Aragon and Castile, this time faring no better than the first. Embroiled as they were in the war against Granada, the Catholic Monarchs also turned him down and his plans came to nought. Nevertheless, Columbus did obtain an allowance from the Spanish Crown and took up residence in the city of Cordoba. There Columbus, whose wife died in 1485, met Beatriz Enríquez de Arana, who was to be the mother of his second son, variously known as Fernando or Hernand, who later became the explorer's earliest biographer with the work *Life of the Admiral Christopher Columbus*, in which the figure of the Columbus is extolled – perhaps excessively so.

Undaunted, Columbus did not abandon his project. Thanks to the intercession of Hernando de Talavera, who at that time was confessor to both Queen Isabella and the powerful Duke of Medinaceli, the queen, who was now assured of the imminent surrender of the Nasrid kingdom of Granada, granted Columbus a new audience and listened to his plans. In December, 1491, Columbus arrived at the royal encampment in Santa Fé de Granada, where negotiations to approve the project finally began. The monarchs' reservations were overcome, thanks to the *conversos* Luis de Santángel and Diego de Deza, who persuaded King Ferdinand of Aragon to accept Columbus's conditions. The negotiations resulted in the famous Capitulations of Santa Fé, dated 17th April, 1492. Broadly speaking, in exchange for conceding the discovery of new lands to the king and queen, Columbus was to receive in perpetuity the titles of Admiral of the Ocean Seas, Viceroy and Governor General of all the territories and islands that he discovered, 10% of all the revenues from goods purchased, obtained or found in the new territories (the Crown would receive 20%) and jurisdiction over trade disputes in the territories under his authority as admiral, as well as the option of buying a one-eighth stake in the expedition and receiving a proportional one-eighth share in the profits arising therefrom. Once these substantial rights had been secured by Columbus, the Catholic Monarchs signed the Capitulations in Granada on 30th April, 1492.

According to the official account, Columbus then organized his first expedition, sailing from the Andalusian port of Palos de la Frontera on 3rd August, 1492. After a long and anxious voyage across the deserted expanses of the Atlantic, he made landfall on 12th October of the same year, disembarking on the island of Guanahaní, renamed San Salvador, in the Bahamas. The expedition also disembarked on the islands of Cuba and Hispaniola. On 25th December, 1492, Columbus's flagship the *Santa María* ran aground and sank. The timber salvaged from the wreck was used to build the first settlement in America, the fort of *La Navidad*. The two remaining caravels under Columbus's command returned to Spain on 15th March, 1493. The official announcement of the discovery was made on 3rd April, when King Ferdinand received Columbus in Barcelona.

On his second voyage (1493-1496), after disembarking in Puerto Rico, Columbus explored and colonized the discovered territories. On the third voyage (1498-1500), Columbus commanded a fleet of six ships; with him went his friend Bartolomé de las Casas, who would later pen partial transcripts of Columbus's logs. On this voyage he explored the islands of Trinidad, Tobago, Grenada, the coast of Venezuela and the mouth of the Orinoco river. From his descriptions of these territories, it is clear that Columbus still believed himself to have reached the continent of Asia. On 19th August, when he returned to base on Hispaniola, he was met with a revolt by both colonists and natives. After a number of Spaniards who had returned to the Spanish Court accused Columbus of mismanagement, in 1500 the Catholic Monarchs sent a new royal administrator, Francisco de Bobadilla, to Hispaniola. Columbus and his brothers were arrested, chained and shipped back to Spain. During the voyage, on which he refused to have his shackles removed, Columbus wrote a long, wounded letter to Ferdinand and Isabella. Once in Castile, he was set free, but he had suffered permanent damage to his reputation and lost many of his privileges.

On his fourth and final voyage (1502-1504), during which he was accompanied by his son Fernando, Columbus explored what is now Honduras, Nicaragua, Costa Rica and Panama. Two years later, on 20th May, 1506, he died in Valladolid and was buried in the monastery of La Cartuja in Seville. In his last will and testament, drawn up by Pedro de Inoxedo, royal notary at the Court of the Catholic Monarchs, Columbus is styled as Admiral, Viceroy and Governor of all the islands and mainland territories – both those already discovered and those yet to be discovered – in the Indies. His eldest son Didac was named heir to his father's titles and ranks.

There are many points in this summary of Columbus's official biography that are difficult to accept and which, according to some historians, appear to indicate a willful adulteration of historical fact. Who was this foreigner of humble extraction who dared to exact such extraordinarily lucrative terms and disproportionate honors from the Catholic Monarchs? Who must he have been in order finally to obtain what he demanded from their Catholic majesties? Recent research carried out by eminent historians such as Jordi Bilbeny suggests that Christopher Columbus was in fact a Catalan prince with links to both the Catalan and Portuguese royal houses. Such noble origins would put the titles and privileges granted by King Ferdinand and Queen Isabella, as well as Columbus's marriage to the Portuguese princess Filipa Moniz, or Filipa de Coimbra, in an entirely more reasonable light. According to Bilbeny, there is overwhelming evidence to support the theory of Christopher Columbus's Catalan origins: the Catholic Monarchs, he argues, would never have conferred such high rank and substantial privileges on an obscure Genoese adventurer. If he had been foreign by birth, they would have obliged him to become a naturalised Spaniard, but such a step was unnecessary because he was already their subject and vassal. Moreover, the office and title of Viceroy was peculiar to the administration of the Crown of Aragon; the famous Capitulations are also 100% Catalan in terms of their legal formulation and content, the titles conferred on Columbus, the civil servants who drafted and put their signatures to the document, and the archive in which they were deposited, the *Arxiu Reial* or Royal Archive, now the Archive of the Crown of Aragon in Barcelona. There was no provision under the laws of Castile for the granting of hereditary posts, nor, until that time, did the title of Viceroy or any system of viceregency exist in the kingdom of Castile. Similarly, the contractual form of the Capitulations, whereby the king entered into an agreement with a subject, did not exist in Castile. The period of time during which the Capitulations were drawn up, between 17th and 30th April, 1492, indicates that the conditions set out by Columbus were negotiated in Catalonia, where he was making preparations for his first voyage, and that they were agreed in Santa Fé (Granada), where the Catholic Monarchs were residing, only 13 days later – the time necessary for a dispatch to be sent from Catalonia to Granada.

For many historians, the fact that the Catalan form of Columbus's name, "Colom", is used in almost all the European editions of the Letter in which his discovery was announced, the numerous Catalan place-names that were given to the newly discovered lands in what he believed to be the Indies, the unmistakeable Catalan words and turns of phrase that appear in all his writings and the use of the Catalan term "Almirant" in his signature, all provide clear and unquestionable proof that the explorer was a Catalan. Although Columbus was always regarded as a foreigner in Castile, in his own writings he refers to the Catholic Monarchs as his "natural lords", which, it is argued, suggests that he must have been a subject of the Crown of Aragon, thus quashing the theory that he was a humble Genoese weaver, wool-merchant or inn-keeper, a provenance which would have made his elevation to the rank of Admiral, Viceroy and Governor General of the new overseas territories quite unthinkable. Such titles, would, however, have been perfectly within his reach as a member of the powerful Colom-Bertran family of Barcelona to whom, it is argued, Columbus was alluding when he wrote "I am not the first admiral in my family", a rank he had already occupied during the civil war that ripped through Catalonia when its government, the Generalitat, rebelled against Castile's Trastamara dynasty in the person of King John II, father of King Ferdinand II. The political allegiances of the Colom family, who supported the House of Urgell and its Portuguese descendants and were therefore opposed to the Castilian kings who had reigned in Catalonia since the Agreement of

Caspe in 1413, might well explain the cool relations between Ferdinand and Columbus and the need for powerful intermediaries to intercede on the latter's behalf in persuading the Catholic Monarchs and negotiating the terms of the Capitulations.

Despite his disagreements with the king, two years after Columbus's death, in the Royal Provision dated 29th October, 1508, Ferdinand II confirmed Columbus's son Didac (or Jaume) Columbus in the hereditary titles of Admiral, Viceroy and Governor of the Indies: "It is my grace and will that Jaume Columbus, Admiral of the Indies, both the islands and the mainland, receive in my name the government and judicial authority of the said territories." These words suggest that Columbus's discovery was a Catalan enterprise, for it was the king of Catalonia-Aragon who unilaterally renewed the titles of Columbus's heir and sent him to the New World to serve as an official of his Court. It is evident from subsequent documents and engravings that Columbus's caravels sailed not from the Andalusian port of Palos, but the Catalan port of the same name, Pals, in the Ampurdan region north of Gerona, with Catalan flags flying from their masts. Indeed, the great maritime power of the day was the kingdom of Catalonia-Aragon, with its possessions in Sardinia, Naples, Sicily and Greece, and not Castile, a kingdom which, apart from having no maritime culture to speak of, was totally immersed in its mission to deal the final death blow to the Arab kingdom of Granada.

In the light of all this documentary evidence, some historians argue that the Crown of Castile's manipulation of Christopher Columbus's story was a flagrant act of historicide. But, why? What could have been its motives? Columbus's Catalan origins and the ensuing claim by the maritime power of the Crown of Aragon to the discovery of the New World would have left Castile at a disadvantage when it came to sharing in the colonisation and exploitation of the new territories. The wealth that was soon to flow so copiously from the American continent was immediately coveted by all, giving rise to a conflict of rights and claims between Castile and Aragon over their control of the American territories. It was then, in Christopher Columbus's own lifetime, that a campaign was mounted to manipulate information concerning the discovery, the conditions agreed between the Admiral and the Catholic Monarchs, and even the details of Columbus's life. Seeing the gradual erosion of their rights and privileges, as well as the resulting decrease in their income as stipulated under the terms of the Capitulations, Columbus's heirs initiated a legal battle during which the Crown of Castile progressively ate into their percentages and cut back their privileges and stipends. Columbus's titles, which put him above all the aristocracy of the kingdom, came to be seen as a threat by Ferdinand and Isabella. Given his connections to both the Catalan and Portuguese royal houses, a suspicion began to grow that his true ambition was to found a new dynasty... In a portrait of the Admiral painted by Sebastiano del Piombo in 1519, Christopher Columbus is shown with his left hand resting on his chest, the fingers spread wide in the sign of the pentacle, or pentagram, of the five-pointed star, not only a Cabbalistic sign symbolising introspection and meditation, but also an expression of royalty, or the royal sceptre... Whatever the case may be, it is argued that the documents directly relating to or making specific reference to Columbus were altered to present him as a foreigner of humble origin whose heirs could not legitimately claim all the privileges to which they were entitled under the terms of the controversial Capitulations.

In addition to the official version of Columbus's life and the theories supporting the Catalan origins of the Admiral, there is a new hypothesis according to which this mysterious figure was of Jewish descent. At a time when the Iberian Peninsula was subject to the sinister dictates of the Inquisition, which savagely persecuted everything that was not Catholicism in its purest form, many families of converted Jews took pains to conceal their origins so as not to arouse suspicion and fall into the hands of religious courts that gratuitously sentenced many innocent people to be burnt at the stake or imprisoned. Columbus's mysterious origins have led many to believe that the silence surrounding the precise details of his background was due to a deliberate wish on his part to hide his Jewish ancestry. Although this theory is based on less concrete historical evidence than the previous two hypotheses, there are many references in his writings to his links to King David and his God, the God of the Jews. According to the Jewish hypothesis, Columbus was the son of a family of converted Spanish Jews who had settled in Genoa after fleeing from the Inquisition. Certainly, there is documentary evidence of the Italian form of his name, Colombo, being a common surname among Italian Jews in the late medieval period. Even the Admiral's signature, sometimes incorporating mysterious signs and initials that defy interpretation, leads some historians and handwriting experts to speculate on the presence of Cabbalistic formulae, Jewish benedictions and admonitions invoking the God of the Jews. In the upper left corner of Columbus's private letters to his son Didac there is a peculiar inscription which could be the benediction formula B"H, standing for the Hebrew expression "Be-ezrat Ha-Xem" ("with God's help"), commonly used by Jews in their correspondence.

Columbus's writings reveal that he was able to quote the Bible and was even acquainted with Jewish history. For instance, when referring to the first and second temples in Jerusalem, he uses the term "Casa" (House), a literal translation of the Hebrew word "bayit" traditionally used by Jews to refer to the temple in Jerusalem. It seems that Columbus deliberately postponed the departure date of his first voyage (originally scheduled for 2nd August, 1492) until the following day, thus avoiding setting sail on Tishah B'Av, literally "the ninth of Av", a fateful date in the Jewish calendar commemorating, among other misfortunes, the destruction of the Second Temple in 70 A.D. The detailed knowledge of the history of the people of Israel that is apparent from Columbus's writings reveals a sophisticated cultural awareness which, whilst unusual in a lay Christian, would be perfectly natural in somebody with a Jewish background. Moreover, in his first letter to the Catholic Monarchs in which he describes his first voyage to the Indies, Columbus includes a critical reference to their expulsion of the Jews from the kingdoms of Castile and Aragon, a subject which has little to do with the central topic of the missive.

Although Columbus's possible Jewish origins are pure speculation, there is no doubt about the enthusiastic support and participation in Columbus's voyages by courtiers of Jewish extraction at the Catalan-Aragonese Court, in particular the noblemen Luis de Santángel, finance minister of the Aragonese Crown, and Gabriel Sanchís, the court treasurer. These two prominent figures, fully aware of their Jewish origins and of the persecution suffered by their own family members at the hands of the Inquisition, offered Columbus moral and political support by persuading the Catholic Monarchs of the attractiveness of his project. Columbus's first voyage was possible thanks to a personal loan of 1,140,000 maravedis by Luis de Santángel, which encouraged Ferdinand and Isabella to become involved in sponsoring the expedition. In fact, the first letters in which Columbus related his discovery were addressed not to the Catholic Monarchs, but to his patrons Santángel and Sanchís. These documents were immediately published and translated, rapidly circulating throughout Europe and spreading the news of Columbus's great achievement. The second and most ambitious of Columbus's four voyages, in which the Admiral commanded a fleet of 17 vessels, was financed entirely by proceeds from the sale of the numerous properties expropriated from the Jews following the Edict of Expulsion in

1492. It is difficult to estimate what proportion of the crew on Columbus's first expedition was of Jewish origin, but at a time of intense persecution by the Inquisition, it would not be surprising if a large number of his sailors were Jews. Most outstanding among them was the Jewish interpreter Luis de Torres, fluent in several languages, including Hebrew, who converted to Christianity just before the voyage so that he could join the expedition. Luis de Torres was never to return to the Iberian Peninsula, settling instead on the island of Cuba.

Columbus benefited greatly from the scientific advances in astronomy, cartography and navigation made by Jewish scholars during the late Middle Ages. Columbus himself wrote that all nations had learned the principles of astronomy from the Jews. Names such as Jacob Corsino, Joseph Vecinho and Abraham Zacuto were central to Columbus's enterprise: Zacuto, a rabbi and professor of astronomy and navigation at the University of Salamanca, not only devised the copper nautical astrolabe, but also, using Corsino's astronomical tables, compiled the famous astronomical tables, the Perpetual Almanach, that Columbus took with him on his travels. The Portuguese scientist Joseph Vecinho translated Zacuto's "Bi'ur Luh.ot," which was published in a Latin translation under the title "Almanach Perpetuum" into Spanish and presented it to Columbus, even though Vecinho had been a member of the Portuguese Royal Commission which had turned down the project that was subsequently sponsored by Spain's Catholic Monarchs.

From a practical point of view, therefore, it is true to say that the voyages and discoveries of Columbus were, in part, thanks to the intellectual and financial assistance of Jews and individuals of Jewish origin. The help, both direct and indirect, given by prominent *conversos* to Christopher Columbus's project has led some Jewish historians, particularly those associated with the Samson Trust of America, to uphold the possible veracity of the theory of the Admiral's Jewish origin, based chiefly on the gaps in the censored, official Castilian version, a theory which bluntly challenges that of Columbus as a descendant of the Catalan nobility.

If, as a result of Castilian manipulation of the documents, the origins of Christopher Columbus's life were distorted and are now obscure, giving rise to all manner of speculations, the end of his life was no less beleaguered. After being interred in Seville, according to the wishes of his elder son Didac or Jaume, in 1542 Columbus's remains were taken to Santo Domingo. When the island was conquered by the French in 1795, they were transferred to Havana and, after Cuba's War of Independence in 1898, were returned to Seville, where they now lie in the Cathedral. In 1877, however, a lead casket containing dust and bones appeared in Santo Domingo Cathedral bearing the inscription "The illustrious and distinguished Don Cristóbal Colón". The casket remained in the Cathedral of Santo Domingo until 1992, when it was transferred to the Columbus Lighthouse ("Faro de Colón"), a monument of Pharaonic proportions erected by the Dominican authorities to honor and preserve the explorer's remains. While historians wrangle and the world awaits the unbiased results of DNA tests to determine Columbus's true origins, Jordi Savall and Montserrat Figueras offer in this double CD a treasure-trove of texts and music spanning the entire 15th century, a century which on the Iberian Peninsula was dominated by individuals who, directly or indirectly, brought about the loss of the multicultural paradises that had existed both in the kingdoms of Castile and Aragon and in the New World. Whatever his origins, and wherever he came from, the enigmatic figure of Christopher Columbus – Genoese, Catalan or Jew – was undoubtedly the chief protagonist of that century.

MANUEL FORCANO
Barcelona, 2006

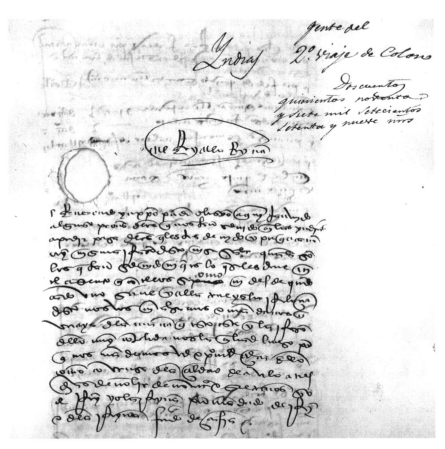

Relación de la gente que acompañó a Colón en el segundo viaje. Archivo General de Simancas. AGS. CMC-1 EP. 98

13. MUSIC:
Mowachah Billadi askara min aadbi lama (Instr. Al-Andalus)

II CONQUESTS AND THE BIRTH OF COLUMBUS

1410 (September) Prince Ferdinand's army conquers Antequera

14. MUSIC:
Romance: *El moro de Antequera* (The Moor of Antequera) – Anonymous Sephardic

The Moor goes out from Friday prayers,
from Friday prayers at noon,
and with him ride three hundred knights
to keep him company.
It was not for their company
but because it was his wish
that all the people should exclaim
"Oh, what great chivalry!"
The headdress that the Moor has on
was wonderfully embroidered.
Who embroidered it for him?
Xerifa, his lady fair.
Xerifa dwells in towers high,
the highest towers in Turkey;
deep within those towers, deep,
a fine young man there bides.
Who weeps for him as kinsman,
who weeps for him as brother?
The daughter of the king, she weeps
for her cousin and her lover.

15. MUSIC:
Percussion

READING:
Chronicle of the Kings of Castile. Ch. XXIX

Having reached Antequera, the prince commanded sixty men, among them Rodrigo de Narváez, to be ready and, when they received his order, to climb the ladder and take the tower. Taking the Moors by surprise, the prince signaled to the ladder-bearer to throw the ladder over the tower, and the soldiers climbed up it. Then the Moors rallied to defend their tower. Both knights and men at arms fought so bravely against the Moors that they routed them and took possession of the tower. All the great Knights who were there waged combat to take the city, and, being well supplied with catapults and stones, they fired many shots. Through all the streets of the town they fought the Moors, who, seeing that the town was being breached from all quarters, abandoned the towers and the ramparts and rushed to the castle. From their stronghold in the castle, the Moors fought as hard as they could with crossbows, slings and catapults, wounding many of the prince's men who were in the town; but to no avail, for the town was taken. The Moors who had held out in the castle spoke to the Constable and beseeched him to ask the prince to allow them to leave with all their possessions, saying that they were willing to surrender the castle to him. Having paid homage to the prince, they began to leave the castle; many of them died from their wounds. After the town and the castle had been taken and the Moors had departed, the prince gave the town into the keeping of Rodrigo de Narváez, to administer it well as governor in the name of the king, its lord.

16. MUSIC:
Zappay (instr.) – CMM 20

1443 (February) Alfonso V the Magnanimous enters Naples

17. MUSIC:
Colinetto (instr.) – CMM 22

READING:
From the *Diary* of Melcior Miralles, chaplain to Alfonso V and of the Cathedral of Valencia

Here I shall relate the great honour with which the king was received upon his entry into the city of Naples, and the manner of that entry on the 26th February, 1443. The king's entry was as follows: "First of all, a number of inhabitants of the city of Naples tore down some fifty meters of the city wall in the Carmen district, and after removing that section of stone, brought a fine, large four-wheeled carriage draped in brocade; and the king sat in the middle of the carriage on a royal throne, bare-headed and wearing a crimson cloak lined with sable; above him was held a canopy of double crimson brocade, the like of which had never before been seen, such was its beauty and sumptuousness. The throne was richly adorned and wonderful to behold. The carriage was drawn by five handsome white horses, each bearing on its back a beautiful cushion made of crimson velvet; and they pulled the said carriage by means of yellow and red silk ropes. And a figure dressed as an angel sang the praises of the king, saying "King Alfonso, may God give you long life and prosperity!"

18. MUSIC:
Villota: *Dindirindin* – Anonymous CMM 127

Dindinridin ridin rindayna
dindirindin dindi rindayna
rindayna dindiridin.

I got up one morning
early before dawn
to go to the garden
to pick alder blossom.
Dindirindin...

I rose early one fine morning
and in the meadow
I met a nightingale
singing on a bough.
Dindirindin...

I met a nightingale
singing on a bough
"Nightingale, oh, nightingale
carry this message for me."
Dindirindin...

"Nightingale, oh nightingale
carry this message for me
and tell my love
that I am already married."
Dindirindin...

1451 (October) Christopher Columbus is born

19. MUSIC:
O tempo bono (Introduction)

READING:
Hernando Colón, *History of the Admiral*. Ch. 1.

In his book *History of the Admiral*, Columbus's son Hernando Colón writes: "Seeing as how his forefathers were of the royal blood of Jerusalem, he chose to speak little of his parentage; accordingly, the more able and prepared he became to take on his great enterprise, the less willing he was for people to know about his ancestral land and origins."

His friend and confidant Friar Bartolomé de las Casas writes: "His parents were persons of note, at one time rich, whose trade or livelihood must have been that of sea merchants; they no doubt fell on hard times as a result of the wars and the hostile factions that were ever with us and always abound. Their lineage, it is said, was generous and very ancient."

20. MUSIC:
Strambotto: *O tempo bono* (Oh, happy time) – CMM 132

Oh happy time, who has robbed me of you,
that I no longer have you as once I did?
Oh, clement days, how you have clouded over!
Oh, Fortune, how ill you use one whose weather was fair!
Oh, happy time, why have you left me
to walk on blind and aimless?
Oh happy time, you have departed
and now my lantern shines elsewhere.

III NEW ROUTES AND GRAND PROJECTS

1474 (25 June) Letter from the physician Toscanelli to Prince Juan

21. MUSIC: *Voca la galiera* (instr.) – Anonymous CMM 18

READING:
Your westward voyage.
Salvador de Madariaga, *Vida del muy magnífico Señor don Cristóbal Colón*, p. 103

I have in my own hand drawn a map showing your coastlines and the islands from which you may depart on your voyage westward, together with the places you must encounter and the distance you must keep from the Pole and the Equinoctial Line, as well as the number of leagues you must travel in order to reach those regions that abound in manner of spices and gems; you may be surprised that I refer to those lands from which the spices come as the West, for they are usually thought of as coming from the East, but whoever sails westward in the lower hemisphere will encounter those lands in the West, while he who travels overland in the upper hemisphere will encounter them in the East.

22. MUSIC:
Basse danse: *Mappa Mundi* (Kyrie of the Mappa Mundi's Mass) – Johannes Cornago

1480 Columbus is shipwrecked off Cape St Vincent

23. MUSIC:
Chiave, chiave (instr.) – Anonymous CMM 131

READING:
Hernando Colón, *History of the Admiral*, Ch. V

The Admiral sailed out to meet four large Venetian galleys, engaging with them at Cape St. Vincent, in Portugal. Battle was joined and the two sides fought fiercely, the men scrambling aboard each other's vessels and fighting and killing one another without mercy. They had been fighting since morning, and then the Admiral's ship and one of the galleys caught fire. All those who could, leapt into the water, preferring to drown rather than die in the flames. The Admiral, being a strong swimmer, clung to a piece of wreckage that good fortune had put in his way and, using it as a float, began to swim. He reached dry land, but, being exhausted and weakened by his ordeal in the water, took many days to recover.

1485 Columbus is married during his time in Portugal

24. MUSIC:
Improvisation Ancient Song s. XI (flute, *palos de agua*)

READING:
Finding himself near Lisbon, he went there and was so handsomely treated and given such an excellent welcome that he settled in the city and there was married to a lady called Felipa Moniz. She was of noble blood and a companion of the Monasterio de los Santos, where the Admiral attended Mass. The two became close friends and the lady consented to become his wife.

25. MUSIC:
Meis olhos van por lo mare (My eyes stray over the sea) – Anonymous CMP 453

My eyes stray over the sea,
their gaze fixed on Portugal.
My eyes stray over the river,
seeking the Douro and the Minho.

1486 Columbus presents the project of his voyage to the Catholic Monarchs

26. MUSIC:
Introduction *In te Domine* (viols)

READING:
Hernando Colón, *History of the Admiral*, Ch. LXXXIII.

Finally, having recourse to the Spanish expression "Duda san Agustín" (St Augustine doubts) which is said of anything that appears unreasonable, because in his *De civitate Dei* St Augustine rejected both the existence of the antipodes and the possibility of crossing from one hemisphere to another, the king and queen responded to the Admiral citing these fables and other false arguments in which they placed their unquestioning belief, dismissing the enterprise as futile and impossible. Their majesties therefore answered that, being engaged in many other wars and conquests, they were unable to commit themselves to a new venture, and they turned deaf ears on the grand promises made by the Admiral.

27. MUSIC:
Frottola: *In te Domine speravi* (In thee, oh Lord, I have put my trust)
Josquin des Près CMP 84

In thee, oh Lord, I have put my trust,
in the hope of finding eternal mercy.
But I entered into a grim, dark hell
and all my labours were in vain.
In thee, oh Lord, I have put my trust.

Broken, and with all hope flown
I weep and see heaven turned against me.
Sighs and tears are all that remain
of my desperate hoping.
I was wounded,
but in my sorrow I cried out to thee:
In thee, oh Lord, I have put my trust.

IV THE WANING OF AL-ANDALUS

28. MUSIC:
Improvisation Arabo-Andalusian Song (santur & flute)

29. MUSIC:
Improvisation (psalterio)

READING:
Poem carved in stone in the Alhambra, Granada – Ibn Zamrak
Poem in the Hall of the Two Sisters on the beauties of Granada. Ibn Zamrak, in the time
of the Nasrid king Muhammad V (1354-1359). Verses 1, 3, 8, 9 and 19.

I am the garden adorned with beauty:
one glance suffices to reveal my rank.
The mansion is sublime, for Fortune
raised her higher than any other house.
The shining stars would willingly descend
and from their heavenly orbit cease,
to stand among these courtyards still
and slave-like do the bidding of the king.
Never was such a fortress seen as this,
so spacious or of such a prospect clear.

30. MUSIC:
Kharcha: *Ya amlaja halki* (Andalusia, 13th century)

Oh, finest and of all beings the most sublime!
My heart longs for you, but you do not return;
abject and bereft it weeps, for you it pines.

How shall I face such absence,
Oh eyes of my love, without you.

1492 (2 January) The conquest of Granada

31. MUSIC:
La Spagna (instr.)

32. MUSIC:
Drums and bells

READING:
Concerning the Treaty of the Alhambra and the surrender of Granada.
Andrés Bernáldez (d. circa 1513), priest and confessor to Queen Isabella I and to Torquemada,
Inquisitor General of Castile. *Memorias del Reinado de los Reyes Católicos*, Ch. II.

The months of July, August, September, October and November passed, and still the Moors
resisted. Then came December, and now they had very few provisions left, and almost
nothing to eat. It was then that they made a treaty with the King and Queen, according to
which they agreed that at the end of the month of December they would hand over all the
fortresses in the possession of King Muhammad XII, known as Boabdil. By means of other
conditions and capitulations, the King and Queen agreed that all those Moors who so
wished should be allowed to leave and to go where and when they pleased, and that they
should be granted safe conduct in exchange for the release of their Christian captives. It
was agreed that the authorities of the city should surrender on 6th January. So the King
and Queen prepared to take possession of the Alhambra palace, setting out with their

massed troops on Monday 2nd January.
As they approached the Alhambra, King Boabdil rode out to meet them in the company of many knights, carrying in his hand the keys of the city. He made to dismount and kiss the hand of King Ferdinand, but the latter would not consent to it. So the Moorish king kissed King Ferdinand's sleeve and handed over the keys, saying "Sire, receive the keys of your city. I and all those within it are your subjects". Upon which, King Ferdinand took the keys and gave them to the Queen. And the Castilian knights entered the Alhambra and took possession of it, and on the highest tower they placed the standard of Jesus Christ, the Holy Cross that the king always bore with him on his holy conquests.

33-34. MUSIC:
Villancico: *Levanta Pascual que Granada es tomada* (Get up, Pascual)
Juan del Enzina CMP 184

Get up, Pascual, get up,
let us go with our flock to Granada.
They say the city is taken.

Get up quickly, make haste,
take your dog and your pouch,
your sheepskin and your apron,
your shawm and your shepherd's crook.
Let us go and see the revels
in that city of renown.
They say the city is taken.

I trow you think you have me fooled.
You're pulling my leg, I'll be bound!
Upon my oath, more yet than you
I wish that it were so.
But upon my word, I see no proof
that what you say is true.
They say the city is taken.

Lord bless me, there you go again,
you always think I'm lying!
I'm sorry that I told you aught,
in future I'll tell you nothing!
Stir yourself now, come with me,
and mind you do not tarry.
They say the city is taken.

Never mind all that, my friend,
we had better tend our beasts,
lest they stray into hostile land
and are caught in a Moorish trap.
Let's pipe up a merry tune,
for the rest is idle gossip.
They say the city is taken.

I'll tell you how it came to pass:
our sovereigns, the king and queen,
who of our faith are the morning stars,
rode out from Santa Fe.
Upon my oath, they both rode out
before the break of day.
They say the city is taken.

The city with our assembled host
must at this hour be teeming,
with solemn celebrations,
with manners sweet and singing.
Oh, fairest of the Gothic line,
our glorious king and queen!
They say the city is taken.

What solace and what comfort
to see on towers and turrets high
the blessed cross displayed!
What joy and great relief!
And all the Court passed through the gates
most splendidly arrayed.
They say the city is taken.

For this great victory of our lords,
our victorious king and queen,
let us now give thanks and praise
to the eternal King of Glory!
For never so perfect a king or queen
was known to human memory.
They say the city is taken.

35. MUSIC:
Romance: *Qu'es de ti, desconsolado* (What has become of you?) – Juan del Enzina CMP

What has become of you, disconsolate one?
What has become of you, Granada's king?
What has become of your land and your Moors?
Where now is the place of your dwelling?
Forswear the prophet Mohammed
and all his villainous sect,
for to live in so great a folly
is by the greatest of tricks to be tricked.
Turn your allegiance, good king,
to our holy Christian law,
for although you have lost your kingdom,
your soul you may thus restore.
To be vanquished by such a king and queen
your honour is not less, but more.
Oh noble city of Granada,
throughout the world renowned,
until today you were captive,
now freedom you have found!
By King Rodrigo you were lost,
such was his sad fate.
King Ferdinand has won you back,
oh joyous to relate!
Queen Isabella, who is held in love and awe,
with her prayers for you did fight;
the king, he fought to win you
with all his army's might.
According to God's holy plan,
the city's defense could not thrive.
What seemed impossible is nought
when God is on our side.

Disc II

V THE SEPHARDIC DIASPORA

1. MUSIC:
Las Estrellas de los Cielos – Anonymous Sephardic

The Saint Inquisition
2. HYMN:
Patres nostri peccaverunt – Johannes Cornago CMM 2

Our fathers have sinned and are no more,
and we have borne their iniquities.

1492 (31 March) Expulsion of the unconverted Jews

3. MUSIC:
Improvisation (drums)

READING:
Edict of the Expulsion of the Jews
Written by Joan Coloma, Secretary to the King and Queen, in Granada on 31st March, 1492.

King Ferdinand and Queen Isabella, by the grace of God, King and Queen of Castile, Leon, Aragon, Count and Countess of Barcelona, health and grace unto you.

You well know that the Jews invariably try by whatever manner to subvert our holy Catholic faith and try to draw faithful Christians away from their beliefs. The Jews instruct these Christians in the ceremonies and observances of their Law, making them understand that there is no other law or truth besides the Law of Moses.

[...] To obviate and to correct such opprobrium and offence, because every day it appears that the said Jews increase in continuing their evil and harmful purposes if the principal cause of this harm is not removed, we have determined to expel the said Jews from our realms [...] Therefore, after much deliberation, we have agreed and resolved that all Jews be ordered to leave our kingdoms, and that they never be allowed to return. And we further order that all Jews and Jewesses of whatever age that reside in our realms and territories, that they leave with their sons and daughters, their servants and relatives, young and old, of whatever age, by the end of July of this year, and that they dare not return to our lands, not so much as to take a step on them nor trespass upon them in any other manner whatsoever. Any Jew who does not comply with this edict will incur punishment by death and confiscation of all their belongings.

[...] We further order that no person in our kingdom of whatever station or noble status hide or keep or defend any Jew or Jewess, either publicly or secretly, from the end of July onwards, upon punishment of loss of their belongings, vassals, fortresses, and hereditary privileges.

[...] We grant permission to the said Jews and Jewesses to take their goods and belongings out of our kingdoms, either by sea or by land, on condition that they take out neither gold nor silver nor minted money, nor any other items prohibited by the laws of the kingdom.

[...] And so that this may come to the notice of all, and so that no one may pretend ignorance, we order that this Edict be proclaimed in all the squares and markets and other meeting places of the cities and villages, that it be done by the town crier in the presence of the public scribe...

[...] Given in this city of Granada on the thirty first day of March in the year of our Lord Jesus Christ, 1492.

Signed, I, the King, I the Queen. Juan de Coloma, Secretary of the King and Queen, have written this by order of their Majesties.

4-5. READING:
Prayer in Aramaic: *Ha lahma 'anya. Music: Rebab* (impro. on *The Bread of affliction*)

The bread of affliction – Anonymous Sephardic (in Ladino)

This is the bread of affliction
which our forefathers ate in the land of Egypt.
All who are hungry, come and eat.
All who are needy, come and share our Passover.
Now we are here, the redeemed children of Israel.
Next year, all the People of Israel shall be redeemed.
This year we are slaves, next year we shall be free.

Account of the expulsion of the Jews
6. MUSIC:
Sephardic Song (percussion & flute)

READING:
Andrés Bernáldez (d. ca. 1513), priest and confessor to Queen Isabella I and to Torquemada, the Inquisitor General of Castile.
History of the Reign of the Catholic Monarchs

Within a few months, the Jews sold all that they could. They exchanged a house for an ass and a vineyard for a piece of cloth or canvas. Before leaving, they married off all the children over the age of twelve, so that every girl might be accompanied by a husband... Then, vainly trusting in blind hope, they departed, leaving behind them the land of their birth; young and old, infants and elders, they set out on foot or mounted on mules and other beasts and in carts, and made their way to the ports to which they had been assigned. They travelled the roads and fields amid great trials and misfortunes, some falling to the ground, others struggling to raise themselves, some dying, others being born, some stricken with illness, so that there was not a Christian who was not moved to pity on their account. Wherever they went, they were enjoined to receive baptism and some, in their sorrow, were converted and remained, although they were very few; and the rabbis urged them onward and encouraged them, persuading the women and young men to sing and play their tambourines so that the people might be cheered; and thus they departed from Castile.

7. MUSIC:
Lamentations in Hebrew: *Mà aidéj? Mà adamélaj* – Anonymous Sephardic
Lam. 2,13/5.2-4/2,11/2.13/2,15

To what shall I liken you, O daughter of Jerusalem?
With what shall I compare you, that I may comfort you,
o Virgin daughter of Zion?
For your ruin is vast as the sea!

Our inheritance has passed to strangers,
our homes to aliens.
We have become orphans, fatherless,
we must pay for the water we drink.

How the gold has grown dim,
and the finest silver tarnished!

My eyes are spent with weeping,
my soul writhes in torment;
all my courage fails me,
who shall make amends?

All who pass along the way applaud your disgrace;
they hiss and wag their heads
as they behold Jerusalem;

Is this the city that was called
"perfection of beaty" and "joy of all the world"?

VI OF DISCOVERIES AND WRONGS

1492 (3 October) First Voyage of Columbus

8. MUSIC:
Improv. on a *Fantasía* de Lluís del Milà (vihuela)

READING:
Letter from Columbus to the Catholic Monarchs (First voyage)
Salvador de Madariaga, *Vida del muy magnífico Señor don Cristóbal Colón*, p. 215.

Thus, after having expelled all the Jews from all your kingdoms and lands, in that same
month of January your Highnesses instructed that with a sufficient fleet I should under-
take the voyage to India; and to that end you ennobled me, commanding that thenceforth
I should be styled "Don" and be elevated to the rank of Admiral of the Ocean Sea, also
Viceroy and Governor of all the islands and mainland territories in the Indies.

9. MUSIC:
Voca la galiera (instr.) – Anonymous CMM 18

1492 (12 October) The New World is sighted from aboard the caravel the Pinta

10. READING:
Christopher Columbus, *Ship's log*.

Night of 11th October, 1492:
He sailed to the west-south-west. They had a much higher sea than they had had in all the voyage. They saw petrels and a green reed near the ship. Those on the caravel *Pinta* saw a reed and a stick and they fished out another small stick, apparently fashioned with iron, and a piece of a reed and other grass which grows on land, and a small board. With these signs everyone breathed a sigh of relief and rejoiced. They went 27 leagues during this day up to sunset.
After sunset he sailed on his first course to the west. They went about 12 miles an hour; and up to two hours after midnight, they had gone about 90 miles. And because the caravel *Pinta* was the best sailing ship and was going ahead of the Admiral, it was she that discovered land and sent the signals which the Admiral had ordered. A sailor called Rodrigo de Triana saw this land first. He was on the forecastle; he made out a light, but it was very faint and flickering and he did not dare to say anything. Then he called the Groom of the Chamber of the King, and told him that he thought he had spotted a light. He also peered into the darkness and saw it. It was like a small wax candle which rose and fell, coming ever closer. At two hours after midnight, land was sighted only two leagues distant.

1502 Forced conversion of all the Moors in the kingdoms of Castille

11. MUSIC:
Instrumental lament (improvisation)

12. MUSIC:
Praeludium of *Nuba*

READING:
Chronicle of the Kings of Castile, Ch. CXCVI

The King and Queen, seeing from the many signs given by the Mudejar Moors and those who had been baptised, could not excuse the many wrongs that the Moors continually perpetrated against Christians; and, after taking counsel, they commanded that all the Mudejar Moors of Castile and Andalusia should, within a period of two months, become Christians and convert to our holy Catholic faith, and be baptised; whosoever did not, would become the slaves of the King and Queen. The two months expired in April, 1502; and some converted willingly, while most converted against their will, and were baptised, considering that even if the parents were not good Christians, their children, grandchildren or great-grandchildren would be.

13. MUSIC:
Nuba Hiyay Msmarqi. Mizan Bsit. Ya muslimin qalbi – (Arabo-Andalusian lament, 16th century)

Oh, listen! It is a cry from my heart.
Who has caused love to dwell within it?

Filled with such great love and sorrow,
it suffers twixt fatal passion and despair.

1502 Moctezuma II is proclaimed emperor of the Aztecs

Nauhatl poem on the fleeting nature of all things
14 & 16. MUSIC:
Improvisation (flute – Colombia)

READING:
¿Cuix oc nelli nemohua in tlaltipac Yhui ohuaye? Cantares Mexicanos, fol. 17, r.

Do we truly live upon this earth?
Not for ever on this earth, only a short time here.
All things, even jade, will crack,
all things, even gold, will break,
even the quetzal's plumage fades;
not for ever on this earth, only a short time here.

15. MUSIC:
Homagio Kogui (Quena & Amerindian drums)

VII THE LAST WILL AND TESTAMENT OF ISABELLA AND THE DEATH OF COLUMBUS

17. MUSIC:
Departez vous (instr.) – Guillaume Dufay

1504 Queen Isabella's Last Will and Testament

18. MUSIC:
Improvisation (drums, bells, psalterio & voices)

READING:
On the treatment of the native Indians
From the testament of Queen Isabella in Fr Bartolomé de las Casas's reply to the physician
Ginés de Sepúlveda.

... And do not consent or allow the Indians who live on the said islands and mainland,
whether already in our possession or to be won in the future, to suffer any offence to their
person or their goods, but see to it that they are well and justly treated. And if any have
suffered any offence, it is to be remedied, and everything is to be done strictly according
to the orders and injunctions contained in the provisions of the said concession.

19. MUSIC:
Villancico: *Todos los bienes del mundo*
(All wordly things)
Juan del Enzina CMP 61

All worldly things are fleeting
and their memory, too,
save only fame and glory.

Some are borne away by time,
others by fortune and fate,
and last of all comes death
each one of us to claim.
All things are prey to fortune
and to meagre memory,
save only fame and glory.

Fame survives intact
although its owner dies;
all else that we posess are dreams
followed by a certain grave.
The greatest fortune and the best
with their memory quickly fade,
save only fame and glory.

Let us then procure good fame
that never shall be lost,
a tree that is forever green
with fruit upon the branch.
All good things which earn that name
with their memory quickly fade,
all save fame and glory.

1506 (20 May) Christopher Columbus dies in Valladolid

20. MUSIC:
Fortuna desperata – Heinrich Isaac

21. MUSIC:
Introduction *Miserere nostri*

READING:
Hernando Colón, *The Life of the Admiral*, Ch. CVIII.

In May, 1505, he set out for the court of the Catholic King. Glorious Queen Isabella had passed away the previous year, causing the Admiral great sorrow, because it had been she who had helped him and advanced his cause, wherereas the king had always seemed rather curt and unsympathetic to his projects. The king and queen had sent him on that voyage. As the Catholic Monarch was leaving Valladolid on his way to receive Columbus, the Admiral, whose condition had worsened due to gout and the affliction of seeing his health so deteriorated, among other ills, gave up his soul to God on the Feast of the Ascension, 20th May, 1506, in the aforementioned city of Valladolid, after having received the holy sacraments and having uttered his last words: "In manus tuas, Domine, commendo espiritum meum".(Into Thy hands, oh Lord, I commend my spirit); who, in His great mercy and goodness, we believe received him into His glory. "Ad quam nos eo perducat. Amen". (May God bring us also to everlasting glory. Amen).

22. MUSIC:
Miserere nostri / Vexilla Regis – CMM 106

[The standards of the King appear:
resplendent is the mystery of the Cross,
that in flesh the Creator of all flesh
is hung upon the cross.

From aloft his body wounded
by the sharp point of the spear
poured water and blood
to wash away our sins.

[The prophetic words are now fulfilled
that David wrote in song,
telling among the nations
that God reigned from a tree.]

Tree of dazzling beauty,
adorned with royal purple,
and chosen from a stock
worthy to bear such sacred limbs.

Sacred scales made of the body
from whose arms has hung
the ransom of the world,
and redeemed the prey of hell.

Hail oh cross, our only hope,
in this our time of Passion.
To the pious give their just deserts,
and bestow the gifts of the King.

Oh God, oh Trinity supreme,
be praised by every soul thou savest
through the mystery of the Cross;
reign for ever and ever. Amen.

Epitaph
23. MUSIC:
Fantasía I – Lluís del Milà

Fragment of a letter from the Admiral
24. MUSIC:
Anonymous Song (s. XI)

READING:
Salvador de Madariaga, *Vida del muy magnífico Señor don Cristóbal Colón*, p. 60.

I am not the first Admiral in my family. Let men call me what they will, for wise King
David tended sheep ere they made him King of Jerusalem; and I am a servant of that same
Lord who raised David to such distinction.

25. MUSIC:
Processional Hymn: *Hanacpachap cussicuinin* (in the Quechua language)
Juan Pérez Bocanegra

Joy from Heaven,
a thousand times I'll praise thee.
Listen to my plea,
oh tree full of fruit,
hope of mankind
helper of the weak.

Answer my plea,
pillar of God, mother of God.
Beautiful lily, yellow and white,
accept my offering
that with thy help I might
all my hopes fulfil.

Translations by Jacqueline Minett

Oceanica Classis

PARADISOS PERDUTS

1400 - 1506

"Este mundo bueno fue
si bien usáramos de él
como debemos. "

Jorge Manrique (1440-1479)

El nostre passat no és només nostre. L'espai geogràfic que la nostra cultura ha ocupat al llarg dels segles ha inclòs al seu dedins gent diversa amb d'altres formes culturals i religioses com, en els temps de l'antiga Hespèria, la musulmana i la jueva. Però durant l'Edat Mitjana –que va ser, com l'actual, una època d'odis religiosos i d'incomprensió– el paradís de l'Hespèria de les "Tres Cultures" es va anar degradant, i tot i la intolerància i les crueltats, àrabs i jueus habitaven entre nosaltres, vivien com nosaltres, eren nosaltres. A finals del segle XV, després de la conquesta de Granada, foren expulsats o convertits per decret, i la seva marxa significà la fi d'una època, la pèrdua d'un paradís possible: els textos ho denuncien, les músiques ho ploren, la memòria ho il·lumina i la nostra consciència ho dignifica.

Paral·lelament a aquestes convulsions, emergeix una figura excepcional: Cristòfor Colom, l'almirall que el 1492 descobreix el Nou Món. Un nou paradís serà transformat: l'arribada dels colonitzadors comportarà, per una banda la destrucció i la pèrdua de moltes cultures indígenes, i per l'altra, la cristal·lització d'un mestissatge social i cultural molt fructífer tant en el Vell com en el Nou Món.

Les músiques de l'època, juntament amb els textos que esglaonen la biografia de Cristòfor Colom, i especialment aquells que ell mateix va escriure als seus quaderns com la premonitòria cita del Cor de la Tragèdia *Medea* de Sèneca, (que anuncia l'existència d'un món desconegut més enllà de l'illa de Thule que serà descobert per un mariner audaç), són testimonis directes i reveladors de totes aquestes profundes transformacions. De la combinació entre aquestes fonts històriques i musicals, neix un espectacle renovador, la bellesa i l'emoció musical del qual estableixen un expressiu diàleg amb els textos recitats; uns descriptius, d'altres poètics, alguns vertaderament cruels i d'altres encara més dramàtics, però tots són profundament representatius d'una època de canvis, d'un passat llunyà, però que tanmateix no hauríem d'oblidar. La música ens permet atansar-nos amb una emoció intensa a les cròniques d'un segle excepcional que mostra l'extrema ambivalència d'una època a la vegada convulsa i molt creativa que, no obstant les seves nombroses ombres, també va destacar per un floreixement espectacular de l'art. Escoltem com la meravellosa música dels villancets i els romanços de l'època s'alterna amb el sentiment dolgut i sincer de les cròniques contemporànies d'Andrés Bernáldez, els laments sefardites, les descripcions d'Ibn Battuta, el diari de navegació de l'almirall, els contundents edictes reials, així com el magistral verb poètic tant de Juan del Enzina com del granadí Ibn Zamrak, sense oblidar el meravellós poema en llengua náhuatl sobre la fugacitat universal.

Amb aquesta proposta desitgem, a banda de recuperar un important patrimoni musical interpretat vocal i instrumentalment amb criteris històrics i amb instruments d'època, presentar també el nostre homenatge a les altres principals cultures de l'època. Així doncs, les músiques cortesanes conservades en valuosos manuscrits es complementen amb les músiques de tradició oral procedents de les cultures àrab, jueva, i les d'un Nou Món evocades simbòlicament pel suggestiu so de les diverses flautes originals de les antigues cultures ameríndies. Fer memòria dels moments més significatius d'aquest segle no és només sumar-se a la commemoració del Vè Centenari de la mort de Cristòfor Colom (1506-2006). D'una manera simbòlica, però profundament sincera, volem donar a aquest projecte tot el sentit d'un gest necessari de desgreuge per a uns homes i dones d'unes cultures que en el seu moment no vam ser capaços d'entendre ni de respectar. El disc *Paradisos perduts* trena la música i la literatura de l'època i ens ofereix un fris breu però intens d'aquells dies crucials de metamorfosis religiosa i cultural on un Vell Món desapareixia i un Nou Món emergia. El testimoni dels textos, seleccionats per Manuel Forcano, recitats per ell mateix en àrab, hebreu, arameu, llatí, català i náhuatl, i per Francisco Rojas i Núria Espert en castellà, així com les músiques cantades també en llatí, hebreu, àrab, quètxua, ladino, castellà, portuguès, català i italià per Montserrat Figueras. Begoña Olavide, Lluís Vilamajó i els solistes de *La Capella Reial de Catalunya* són la millor prova de la riquesa cultural d'una època que les va veure desaparèixer dels nostres horitzons i que actualment ens avisa de la importància i la necessitat del diàleg i la comprensió entre les diferents religions i cultures a fi de preservar i restaurar tot aquest bagatge cultural.

Els *Paradisos perduts* proposa un merescut reconeixement a la literatura, a la història, i a la música de l'antiga Hespèria i el Nou Món. Plenament conscients que més de cinccents anys ens separen d'aquelles èpoques remotes, creiem justament que, de la mateixa manera que la qualitat poètica i la força expressiva de l'evocació recitada pot fer que aquells esdeveniments més dramàtics tornin a estremir-nos, la bellesa i la vitalitat d'aquelles músiques puguin tornar a emocionar-nos ben intensament. Tinguem present que, per bé que la seva dimensió artística és sempre intemporal, totes aquestes músiques, els seus instruments, formes, sons, en definitiva el seu estil, duen inevitablement en elles mateixes la marca del seu temps. Per això hem optat per la justa adequació històrica vocal i instrumental, complementada amb la corresponent capacitat d'imaginació creativa que tan bé caracteritzen els solistes vocals i instrumentals d'*Hespèrion XXI* i de *La Capella Reial de Catalunya*, així com la presència dels solistes especialitzats en les tradicions orientals i en els instruments antics (flautes ameríndies) del Nou Món.

El poeta Jorge Manrique va escriure: *"¿Qué se hizo aquel trovar, las músicas acordadas qué tañían?"* Amb aquest disc, els escriptors, musicòlegs, recitadors, cantants i instrumentistes que col·laboren en aquest projecte, proposen donar no només una resposta a la pregunta del poeta, sinó també una hipòtesi de reflexió: les músiques vives de temps llunyans, ben trobades a la memòria de la nostra història, poden transformar-se en l'ànima d'una renovada visió crítica i humanística dels nostres orígens, i potser també alliberar-nos de la nostre greu amnèsia cultural. Només així, tot recuperant i revitalitzant l'antic patrimoni musical, així com aproximant-nos d'una altra manera a la història i al passat, podrem imaginar i construir millor la memòria del futur.

JORDI SAVALL
Bellaterra, estiu de 2006

DE PROFECIA A TRAGÈDIA

1. — *"Passats els anys vindran temps nous en què deixarà anar l'Oceà els llaços de l'orbe, i un gran continent emergirà de les aigües, i un gran mariner, com Tifis qui fou de Jàson guia, descobrirà un nou món, i llavors l'illa de Tule no serà ja de totes les illes la més remota."* L'evocadora veu de Montserrat Figueras és de nou la d'una sibil·la, envoltada per un cor remorós de sacerdots, i que pronuncia les profètiques paraules de Medea tal com foren escrites pel dramaturg i filòsof romà Sèneca el primer segle de l'era cristiana.

La profecia de Medea és gairebé esgarrifosa en la seva diàfana descripció d'un esdeveniment que no tindrà lloc fins a quinze segles més tard. Això no obstant, aquesta creença en un nou món encara per descobrir tenia arrels profundes en la tradició cultural de l'antiga Grècia i en el llegat dels grans profetes hebreus de l'Antic Testament, i restà de manera permanent en el cor mateix de la visió del món de l'edat mitjana i el primer Renaixement.

Cristòfor Colom va ser molt conscient d'aquesta línia de pensament secular. Entre altres fonts, havia llegit la *Historia rerum ubique gestarum* del papa Pius II i la *Imago mundi* del cardenal Pierre d'Ailly i estava familiaritzat amb els relats de viatges de Marco Polo a l'Orient Llunyà. Més tard, als anys finals de la seva vida, acabaria convençut que l'èxit del seu viatge de descoberta constituïa el veritable compliment de totes aquestes profecies. Amb l'ajuda del seu estimat amic el frare cartoixà Gaspar Gorricio, el 1501 començaria a escriure una àmplia antologia de tots els fragments d'autors clàssics, bíblics i eclesiàstics en què hi trobés qualsevol indici de cap visió semblant, el *Llibre de les profecies*, una obra que va escapar miraculosament el misteriós fat de tantes altres fonts originals relacionades amb l'Almirall, la qual cosa duria la biografia de Colom a una boira d'incertesa i alimentaria una inacabable cadena d'hipòtesis pel que fa als seus orígens familiars i les primeres etapes de la seva vida.

Fou certament Colom un italià de Gènova, tal com sempre ha mantingut la seva biografia habitual? O fou en realitat un jueu català desitjós d'escapar de la persecució religiosa? O fou potser un membre de la més alta noblesa portuguesa, seguint una missió del rei de Portugal? O potser encara gallec? Cap d'aquestes interpretacions alternatives, sovint molt entrellaçades amb les teories de conspiracions històriques més fantàstiques, ha pogut superar la crítica dels especialistes reconeguts, però totes elles són fruit, en el fons, d'aquesta enigmàtica absència de fonts originals rellevants, començant pels seus autèntics diaris de viatges. El mite sempre s'alimenta de la manca d'informació que la investigació erudita no ha estat capaç de fornir. D'altra banda, no deixa de ser molt curiós que un dels documents autògrafs més desconcertants que hi ha de Colom sigui precisament un text de vinculacions profundes amb la tradició mítica: l'esmentat *Llibre de les profecies*, que es conserva a la Biblioteca Colombina i Capitular de Sevilla (z. 138-25).

Sovint s'ha menyspreat aquesta recopilació aparentment caòtica de salms, profecies bíbliques, cites clàssiques i passatges dels pares de l'Església, perquè es considerava que era un simple text devocional, si no un testimoniatge evident de la suposada inestabilitat mental de l'Almirall al final de la seva vida. En realitat, és un document molt rellevant que mostra de quina manera la visió de Colom del significat últim del seu viatge de descobriment estava arrelada en el mite: una "gran narració" del cristianisme que acaba abastant la humanitat sencera, amb la conversió de totes les nacions, i on la renda extreta de les terres tot just descobertes generarien la riquesa necessària per pagar la reconquesta de Jerusalem i el degut compliment de la voluntat de Déu sobre la terra, tal com s'anunciava a les Escriptures. Colom creia fermament que ell era l'instrument del Senyor per assolir aquest propòsit d'unificació i salvació del món.

2. – Nasqués on nasqués, Colom és un producte de l'Europa meridional, d'aquesta costa nord-occidental del Mediterrani que comença a la península italiana i Sicília, continua pel migdia francès i Espanya, passa l'estret de Gibraltar i s'obre a l'Atlàntic al llarg de les costes de Portugal. Des de temps immemorials, aquesta regió havia estat sempre l'escenari d'innombrables trobades entre cultures diverses: l'Imperi romà -en si un complex mosaic intercultural- havia cedit a la progressió de les tribus migratòries germàniques en els segles IV i V, i ambdós s'havien acabat fusionant en els primers regnes cristians de l'alta edat mitjana. Les herències llatina i germànica es van combinar i van donar lloc a noves identitats culturals barrejades, amb elements de totes dues tradicions; i, a mesura que l'Església va aconseguir a poc a poc reconstruir la seva jerarquia transnacional, aquest impuls cap a la integració cultural es féu més fort.

Això no obstant, aquest procés hagué de fer front, gairebé des del seu inici, a un repte ben seriós amb l'arribada a la regió del Mediterrani occidental d'una altra religió monoteista amb una estratègia d'expansió igual de poderosa, l'Islam. Els àrabs de seguida conqueriren tot el Magrib, van penetrar a la península Ibèrica i la van ocupar gairebé del tot, amb l'excepció d'un petit enclavament cristià al Nord, a les muntanyes d'Astúries. Quan Carles Martell, majordom de palau del regne franc d'Austràsia, va derrotar l'exèrcit àrab d'Abd al-Rahman a Poitiers, l'any 732, la seva victòria va tenir l'efecte immediat d'aturar l'ofensiva militar musulmana a l'Europa occidental. També va tenir tanmateix dues conseqüències importants per a la història del continent en el seu conjunt: d'una banda, va ser la base del prestigi polític de la família de Carles, cosa que més tard va permetre al seu fill Pipí el Breu convertir-se en rei de tots els francs, el 750, i el 800 va convertir Carlemany, fill de Pipí, en el primer emperador d'Occident des de la caiguda de Roma; d'una altra banda, va convertir els Pirineus en una frontera cultural i militar, a l'altra banda de la qual les coses eren necessàriament molt diferents del que s'esdevenia a la resta d'Europa.

Al llarg de l'edat mitjana, l'antiga Hispània es va veure embolicada en un enrenou polític constant, ja que va ser un mosaic d'entitats polítiques en canvi permanent, tant a la banda cristiana com a la musulmana. L'Al-Andalus islàmic unificat va arribar al seu cim de poder, riquesa i esplendor amb l'establiment de l'emirat omeia (més tard, califat) de Còrdova, el 755. Però el 1031 la caiguda de l'últim califa va conduir a la subdivisió del territori en múltiples estats independents, els anomenats regnes de taifes, que aviat es van veure embolicats en permanents lluites dels uns contra els altres i també contra els nous exèrcits musulmans procedents del nord d'Àfrica, que aquests sobirans cridaven en el seu auxili en moments de desesperació (els almoràvits, després de la caiguda de Toledo, el 1085; els almohades, després de la caiguda de Lisboa, el 1147), amb el resultat que de seguida apareixia un nou contrincant en la lluita pel territori. Quant als cristians, l'inicial regne d'Astúries que havia sobreviscut a la invasió àrab no va trigar a donar lloc a noves entitats polítiques: els regnes de Lleó i Castella (més tard unificats en una sola corona), i els d'Aragó, Navarra i Portugal.

Aquesta subdivisió geopolítica de la Península estava en canvi constant a causa de tota mena de factors: la pura força militar i l'astúcia diplomàtica, els enllaços matrimonials i els pactes comercials. Sovint, els conflictes militars no seguien necessàriament de manera estricta les fronteres religioses: un monarca cristià i un rei musulmà podien aliar-se contra un enemic comú; i, en períodes de debilitat, un territori governat per qualsevol de les dues religions podia veure's obligat a pagar un fort tribut a la potència militar més forta d'un regne veí del credo oposat. A més, en l'àmbit peninsular, tant als estats musulmans com als cristians, va tenir lloc una àmplia circulació de productes de comerç diversos.

Internament, malgrat les migracions o les "neteges ètniques" ocasionals que seguien una operació militar, tots aquests regnes tenien una població constant i mixta d'àrabs i cristians, als quals s'afegien les comunitats jueves adinerades i cultes, situades a les ciutats més importants. Tot i que cal dir que els governants islàmics es van mostrar molt més tolerants amb les altres confessions religioses que els seus equivalents cristians, la veritat és que calia mantenir un cert equilibri en aquest sentit perquè l'economia funcionés i s'assolís la supervivència de tots. Les dues principals comunitats religioses es necessitaven en certa manera l'una a l'altra, de la mateixa manera que totes dues necessitaven els jueus, els quals, al seu torn, no podien sobreviure sols dintre d'aquest sistema.

La coexistència diària significà també necessàriament un intercanvi cultural. En tots els àmbits de la societat, els individus d'origen ètnic i religiós diferent escoltaven, per exemple, cançons i danses d'uns i altres, i els instruments com el *'ud* o el *rabab* circulaven d'una cultura a l'altra. Les primeres universitats cristianes, com les de Salamanca o Coïmbra, no podien evitar l'estudi de les obres dels matemàtics, astrònoms i cartògrafs àrabs i jueus, contractats moltes vegades pels propis reis cristians com a assessors i administradors; i, en particular en l'àmbit musical, els tractats d'Al-Farabí es consideraven com una referència bàsica. Quan els aristocràtics trobadors galaicoportuguesos van començar a desenvolupar la seva pròpia cançó cortesa sota la influència dels seus homònims del sud de França, van trobar un model molt més proper en els refinats esquemes de la poesia i la música àrabs; i va ser també entre les elits àrabs on es podien trobar aleshores tota mena d'apreciats articles de luxe aliens a l'austera tradició visigoda i oblidats des dels temps remots de l'Imperi romà. Les il·luminacions de les *Cantigas de Santa Maria*, reunides sota el patrocini del rei Alfons X de Castella i Lleó, i les del cançoner *Ajuda*, de Lisboa, mostren nombrosos músics àrabs dedicats a l'execució d'aquest repertori. Molts dels reis musulmans eren alhora poetes i/o músics: el rei de Granada Yusuf III, que va regnar entre 1408 i 1417, per exemple, ens va deixar alguns meravellosos passatges de poesia naturalista –i, en alguns casos, clarament homoeròtica–, els ecos dels quals ressonen en molts aspectes en les obres dels poetes cristians de l'època, de finals de l'edat mitjana i el primer Renaixement.

Colom, siguin quins siguin els seus orígens, va viure sens dubte aquesta realitat multiètnica de constant intercanvi cultural, intel·lectual i artístic, en el qual la música, per la mateixa naturalesa no verbal del seu discurs, era certament fonamental. Per desgràcia, la música araboandalusí no estava anotada i qualsevol intent de reconstruir la pràctica musical ha de confiar en el repertori transmès oralment i conservat en l'estricta tradició ensenyada a les escoles musicals marroquines, que afirmen que han preservat gran part d'aquest repertori i la pràctica interpretativa tal com van arribar-hi des de la Península en els segles XV i XVI. Gran part d'aquestes melodies comporten un grau substancial d'improvisació, d'acord amb regles codificades.

3. – A principis del segle XV, l'equilibri de poder havia evolucionat de manera significativa a la Península i ja no hi havia cap dubte del resultat militar de la confrontació entre els regnes cristians i musulmans locals. A Portugal, Castella i Aragó, la centralització del poder en mans dels sobirans estava creant a poc a poc l'esquema bàsic de l'Estat absolutista modern, en el qual l'Església i el funcionariat eren percebuts com a dos pilars de l'autoritat del monarca. Més que un simple cap militar i *primus inter pares* dintre de l'alta noblesa, el rei va buscar afirmar-se com una entitat per sobre de totes les classes, ungit i legitimat de manera directa per la voluntat i la gràcia de Déu. Creà una cort seguint les pautes del model promogut pels ducs de Borgonya a la seva opulenta cort de Dijon i tot reunint al seu redol els estrats més alts de l'aristocràcia com també funcionaris erudits del rang més alt;

d'altra banda, tampoc tingué objeccions a trencar els privilegis tradicionals de la jerarquia eclesiàstica o de comunitats urbanes tradicionals establertes a l'edat mitjana.

No es tractava tan sols d'un constructe polític. El creixement del comerç internacional i la transició gradual cap a una economia monetària va atribuir a l'Estat un paper regulador nou, que incloïa una recaptació molt més important i àmplia dels impostos i la seva redistribució en forma d'una administració pública organitzada i centralitzada. Potser en una mesura més gran que els altres sobirans absolutistes de la seva època, els monarques ibèrics també cregueren en la necessitat d'envoltar el seu poder tot just reforçat d'una aura afegida de majestat i d'una afirmació simbòlica del privilegi reial que afectava tots els àmbits de la producció artística patrocinada per l'Estat. La creació de capelles musicals amb una rica dotació econòmica al servei de cada sobirà peninsular, en el segle XV, i amb els millors músics disponibles, constitueix una part important d'aquesta estratègia. Les corts castellana, aragonesa i portuguesa de seguida es van convertir en sofisticats centres culturals, en els quals el desenvolupament de la cançó i la dansa seculars, d'acord amb les pautes més cosmopolites, acompanyava l'enfortiment del repertori polifònic sacre interpretat per les capelles reials.

Per a cadascun d'aquests estats, fou aquesta una època d'agressiva afirmació geopolítica i militar. Portugal, atrapat entre Castella i l'Atlàntic, i per tant incapaç d'expandir-se territorialment per la Península, va mirar d'obrir-se camí a ultramar: el 1415, els exèrcits portuguesos conqueriren la plaça forta de Ceuta, al Marroc; el 1418, els vaixells portuguesos van arribar a l'illa de Madeira; i uns anys més tard, van començar a explorar la costa d'Àfrica. L'Aragó es va dedicar a l'expansió dels seus territoris italians, i el 1443 Alfons V el Magnànim féu la seva entrada triomfal a Nàpols com a rei d'Aragó, Mallorca, Nàpols i Sicília. Castella va buscar, per damunt de tot, aconseguir la derrota final del regne morisc de Granada, i el 1410 una gran operació militar va assolir la conquesta d'Antequera.

El matrimoni entre els hereus dels trons d'Aragó i Castella, Ferran i Isabel, respectivament, que s'esdevingué el 1469, va crear una nova i poderosa aliança entre els dos adversaris tradicionals. No hauria estat realista per la seva banda intentar annexionar-se Portugal, però de totes maneres els resultava important poder competir amb els portuguesos en la lucrativa exploració de l'Atlàntic, en la qual els seus veïns estaven molt avançats, i per això, el 1470, Isabel i Ferran van ordenar l'ocupació de les illes Canàries. El 1482 es va llançar contra Granada una forta ofensiva conjunta: Alhama va caure el 14 de maig, amb la qual cosa es va obrir el camí cap a la capital mora i a partir de llavors una ciutat rera l'altra van caure en mans dels exèrcits castellanoaragonesos, fins que la parella regnant va entrar per fi a Granada, el 2 de gener de 1492, i va acceptar la rendició de l'últim rei musulmà de la dinastia nassarita, Abu 'Abd Allah o Muhammad XI, conegut pels cristians com a Boabdil.

Totes aquestes victòries van ser convenientment celebrades en cançons, i els cançoners polifònics reunits a la Península (*Cançoner del Palau*) o a Nàpols (*Cançoner de Montecassino*) incloïen, al costat de les refinades cançons d'amor que s'havien convertit en símbol clau de distinció musical per a la noblesa de cort, múltiples romanços estròfics que lloaven els triomfs dels monarques conqueridors. Era molt important per a Isabel i Ferran, que s'enfrontaven a la necessitat de crear una causa comuna capaç de mobilitzar dues nacions tradicionalment rivals, produir un discurs "catòlic" unificat oposat a l'enemic "heretge". Un immens repertori poètic i musical fa renéixer l'esperit d'una croada antimusulmana, vista com a base per a una identitat nacional "espanyola" compartida per aragonesos i castellans dirigits pel "rei i la reina catòlics" ("ella amb oracions, ell amb molts homes armats", com diu el poema d'un romanç narratiu de l'època).

4. – La victòria de Granada marca el principi d'una nova època de la cultura ibèrica, en la qual la diversitat cultural i religiosa que havia aconseguit sobreviure al llarg de l'edat mitjana queda del tot abolida pel nou Estat absolutista triomfant. Poc després, per l'anomenat decret d'Alhambra, de 31 de març de 1492, signat simbòlicament a la tot just conquerida ciutat de Granada, els dos sobirans expulsen del seu regne tots els jueus que no es converteixin al cristianisme, una mesura que el rei de Portugal Manuel I també promulgaria quatre anys més tard, aplicada a hebreus i moros. Aquells que se'n van duen amb ells el trist i benvolgut record de la terra que deixen enrere, un record que codificaran en cançons, com un element clau de la seva identitat específica en el si de les diverses comunitats que els accepten per tot el Mediterrani. Les cançons sefardites són conservades pels jueus ibèrics a les sinagogues de Dubrovnik, Venècia, Palestina o el Iemen, de la mateixa manera que les cançons andalusís continuaran sent, fins avui dia, la pràctica emblemàtica dels musulmans que van arribar al Magrib procedents d'Espanya i Portugal.

Dissortadament, és aquest model de fonamentalisme religiós controlat per l'Estat i de brutal intolerància cultural aquell que es durà al nou món. El somni de Colom d'una utòpica epifania cristiana adreçada a la humanitat en el seu conjunt cedirà pas a una operació a gran escala de genocidi i explotació, impulsada per la cobdícia i l'ambició. La història ens ensenya pocs exemples d'una brutalitat similar, d'una incapacitat similar de comprendre i respectar les diferències culturals, d'un menyspreu similar de la dignitat humana.

I, això no obstant, els artistes i els músics també aquí seran capaços de lluitar contra la crueltat i l'estupidesa amb els poders per guarir i comunicar fornits pel seu ofici. Tant a la Península com a tota l'Amèrica llatina, les diverses tradicions culturals trobaran formes d'interactuar, i no trigarà a aparèixer un mosaic de processos interculturals, amb una energia i una creativitat sorprenents, com els que van caracteritzar el repertori ibèric medieval. Un himne processional en quítxua, *Hanacpachap Cussicuinin*, publicat el 1631 en el *Ritual formulario* de Juan Pérez Bocanegra aconsegueix combinar una melodia ameríndia amb un marc polifònic europeu en una oració mariana que retrata la Verge com "l'esperança de la humanitat i la protectora dels febles". De la mateixa manera que el diàleg musical entre diferents cultures pot tenir lloc fins i tot sota les més opressives condicions, també la religió i el cant sacre poden transformar-se d'arma de dominació en discurs dels oprimits.

RUI VIEIRA NERY
Universitat d'Évora

Traducció: Traduït - traduit.cat

1492: L'ANY CRUCIAL

Al segle XV, tota una constel·lació d'idees noves influí sobre la realitat física, tant com la realitat física influí sobre el clima intel·lectual. L'anomenat "descobriment d'Amèrica", sigui quina sigui la nostra posició ideològica al respecte, fou un gran triomf de la hipòtesi científica sobre la percepció física. Els progressos de la navegació incrementaren el comerç i la comunicació entre els pobles, així com la invenció de l'impremta provocà una curiositat enorme i una set creixent d'informació i de saber en tot el món. Els homes de ciència es demanaren si aquest planeta nostre podria ser realment el centre de l'univers. I s'interrogaren a ells mateixos sobre la forma de la Terra, i els artistes també reflexionaren sobre el sentit de la presència humana a la Terra, així com sobre les formes dels cossos humans, masculins i femenins, tot celebrant l'aquí i l'ara més que la vida eterna. "Tot és possible", escrigué l'humanista italià Marsilio Ficino: "Res no ha de ser deixat de banda. Res no és increïble. Res no és impossible. Les possibilitats que neguem són només aquelles que ignorem". L'expansió d'Europa, primer vers Orient i tot seguit vers l'Occident, fou, en certa manera, una gesta de la imaginació renaixentista. Fou així mateix el triomf de la hipòtesi sobre la percepció i de la imaginació sobre la tradició.

Des del seu castell de Sagres, a la costa atlàntica de Portugal, el príncep Enric (1394-1460), fill del rei Joan I, reuní tota la saviesa nàutica del seu temps, perfeccionà la cartografia i els instruments de navegació, desenvolupà embarcacions noves, ràpides i de fàcil maniobra com la caravel·la, i entrenà tripulacions capaces de menar-les. Enric el Navegant, tal com se'l conegué, tenia en ment un gran designi: franquejar els turcs tot navegant per les costes africanes vers el sud i tot seguit vers Orient. Amb l'ajut dels banquers flamencs, Portugal saltà de l'illa de Madeira a les Açores i al Senegal i, finalment, a l'extrem mateix del continent africà, el Cap de Bona Esperança el 1488. Des d'allà, els portuguesos pogueren atènyer prou ràpid l'Índia. Pel camí, feren plantar canya de sucre i reclutaren esclaus.

Però mentre Portugal mirava vers el sud i vers Orient, no gosava mirar vers l'Occident, vers el *Mare Ignotum*, l'oceà del misteri, ni tan sols quan un tossut mariner de suposat origen genovès, llançat per un naufragi prop del castell d'Enric el Navegant, proposà que la millor manera d'atènyer l'Orient era navegar vers l'Occident. En molts aspectes, l'home era personalment menys impressionant que les seves obres o les seves idees: enfebrat, a voltes sense control d'ell mateix, sospitós d'ésser un mitòman. Però allò de què anava sobrat era coratge i determinació. El seu nom era Cristophorus Colombus: Cristòfol Colom. El navegant va dirigir-se aleshores a Espanya, aquell país aïllat, introspectiu, dedicat només a lliurar la seva prolongada guerra de Reconquesta. Ho féu en un moment propici, i va oferir el seu projecte als monarques catòlics Isabel i Ferran. Encesos per la victòria sobre els àrabs de Granada, els reis catòlics atorgaren a Colom els mitjans necessaris per a dur a terme el tercer gran esdeveniment de l'any crucial de la història d'Espanya: 1492: el descobriment d'Amèrica.

Una petita flota de tres caravel·les, la *Pinta*, la *Niña* i la *Santa Maria*, salpà del port de Palos el 3 d'agost de 1492. Tot navegant sempre vers l'oest, després de 66 dies de falses esperances, d'estels desplaçats, d'illes fantasmals de núvols, de queixes de la marineria i de motí obert, Colom tocà terra el 12 d'octubre de 1492 a la petita illa de Guanahaní, a les Bahames, batejada amb el nom de Sant Salvador. Colom pensà que havia atès l'Àsia. L'empenyien el coratge, el valor renaixentista de la fama, el plaer del descobriment, l'afany d'or i el deure d'evangelitzar. Gràcies a ella, Europa pogué veure's reflectida en l'espill de l'Edat d'Or i del bon salvatge.

Com hem d'entendre la denominació "descobriment d'Amèrica"? Els descobriments, al capdavall, no són sempre mutus? Els europeus descobriren el continent americà, però els pobles indígenes de les Amèriques també descobriren els europeus tot demanant-se si aquests homes blancs i barbuts eren déus o bé mortals, i si eren tan pietosos com ho proclamaven llurs creus, o tan despietats com ho demostraren llurs espases. Aquests individus duien l'energia sobrant de la Reconquesta espanyola, 700 anys de lluita contra l'infidel. Ells eren els portadors d'una fe militant i d'una política militant. Després de 1492, els jueus partiren obligats al nord d'Europa. Els àrabs tornaren a Àfrica, tot lamentant llur exili dels jardins de l'Alhambra. Però ara, cap a on aniria l'energia impetuosa de l'Espanya cristiana? L'any 1492, a Isabel i a Ferran els empenyia una visió unitària de la cristiandat, de la Reconquesta i de l'expansió. Indubtablement, els capitans de Castella i Aragó de l'altra banda de la mar compartien aquesta visió. Però no podem oblidar que aquests soldats eren també els hereus d'una experiència policultural de coexistència i mestissatge en tensió amb moros i jueus. Totes les excepcions que puguem oposar a la virtut de la tolerància empetiteixen el fet que les tendències vers la coexistència respectuosa amb l'altre efectivament estructuraren a Espanya una realitat tricultural, en contrast flagrant amb la política oficial d'expulsió i negació de jueus i àrabs, duta a terme durant Ferran i Isabel, i que va culminar amb el règim estricte de censura inspirat per la contrareforma i instrumentat per la Inquisició.

Els conqueridors del Nou Món eren part d'aquesta realitat, però no pogueren escapolir-se del dilema d'Espanya. Frares, escriptors, cronistes, obligarien Espanya a girar l'esquena a la seva alternativa humanista i policultural. La singularitat cultural d'Espanya consistí en reconèixer l'altre: combatent-lo, abraçant-lo, barrejant-se amb ell. Jean Paul Sartre va escriure en una ocasió que l'infern són els altres. Però, tanmateix hi ha un altre paradís que aquell que puguem construir amb els nostres germans i germanes? I, tot i així, la història insisteix en demanar-nos, com podem viure sense l'altre?, serem mai capaços d'entendre que jo sóc el que sóc perquè un altre ésser humà em mira i em completa? Aquesta pregunta contemporània, feta cada cop que el blanc i el negre, l'Orient i l'Occident, el predecessor i l'immigrant, es troben en el nostre mateix temps, va ser una realitat central de l'Espanya medieval i de seguida es va convertir en la qüestió central de la conquesta i la colonització de les Amèriques. En el moment en què Espanya va entrar en contacte amb allò radicalment oposat a ella: pobles d'una altra raça, una altra religió, una altra cultura, la pregunta fou: Qui eren aquests homes? Quina era la forma de llurs ànimes? N'arribaven a tenir, d'ànima?

Foren preguntes que dividirien Espanya. I si una part del seu cor va ordenar-li "Conquereix!", l'altra part, tot recordant Sèneca l'estoic, es diria: "No et deixis conquerir per res excepte per la teva pròpia ànima".

La gesta de Cristòfor Colom va va obrir el teló sobre una immensa col·lisió de civilitzacions, fou una gran epopeia, compassiva a voltes, sanguinolenta d'altres, però sempre conflictiva: la destrucció i la creació simultànies de la cultura del Nou Món.

CARLOS FUENTES
L'espill enterrat, cap. IV

Traducció: Manuel Forcano

EL MISTERI DE CRISTÒFOR COLOM

La història explica el que va passar.
La poesia, el que havia de passar.
Aristòtil

No sempre les històries oficials són les veritables. Sovint, la informació és víctima desemparada de manipulacions i, per conveniència ja sigui política o econòmica, moltes dades es transformen i la història es presenta amb unes dades a voltes molt allunyades d'allò que veritablement s'esdevingué. Tanmateix, som deutors dels documents, d'allò que resta, i només a partir d'allò que diuen així com també d'allò que callen, fem per reconstruir el passat entre els vels negres de l'oblit.

La història de l'Almirall Cristòfor Colom –o *Almirant*, tal com ell signa en algun dels seus documents– és un exemple clar d'aquest tipus de personatges la història dels quals, en la versió oficial, presenta tants interrogants i incongruències, que desperten les sospites i creen al seu voltant una aura de misteri. No és estrany, doncs, que d'ell es presentin nombroses teories i hom especuli sobre el seu origen, la seva nissaga, el seu país i les circumstàncies del fet més transcendent de la seva biografia: el descobriment del continent americà l'any 1492.

La versió oficial de la vida de Cristòfor Colom el fa fill d'una família humil dels encontorns de Gènova, amb un pare teixidor dedicat també al comerç. Sembla que ben aviat, per defugir la pobretat en què vivien, Colom decidí dedicar-se a la navegació. Els seus orígens, tanmateix, són obscurs i la seva veritable història no comença sinó el 1476 quan, víctima d'un naufragi en un combat naval entre mercaders i corsaris, arriba i s'instal·la a Portugal. El 1479, a Lisboa, maridarà sorprenentment una dona de rang nobiliari. Felipa Munis, néta del colonitzador portuguès de les Illes Madeira i que li donaria un fill, Dídac. A Portugal fa de mariner fins el 1485, tot duent a terme nombrosos viatges per la Mediterrània i l'Atlàntic vers les illes Canàries, el Cap Verd i les Açores. Així mateix, també trescaria les aigües de la Mar del Nord on algunes veus indiquen que podia haver-se arribat fins a Islàndia i on hauria sabut de les rutes que menaven vers noves terres a l'oest.

Fou en aquest ambient mariner, doncs, on Cristòfor Colom va començar a idear el seu pla per arribar a les Índies i a les terres del Gran Khan per l'oest. Els coneixements geogràfics i matemàtics del metge florentí Paolo dal Pozo Toscanelli, així com l'obra *La Descripció del món* de Marco Polo, l'empenyeren finalment a presentar una proposta en ferm en aquest sentit, primer al rei Joan II de Portugal el 1484 –que el va rebutjar–, i després als reis de Castella i Aragó, Isabel i Ferran el 1486, que tampoc no s'hi engrescaren –aqueferats com estaven amb la guerra de Granada– i el projecte tornà aiguapoll. Tanmateix, aconseguí dels reis catòlics una assignació de la corona i Colom s'establí a partir d'aquell moment a la ciutat de Còrdova. Vidu des de 1485, Colom hi conegué Beatriz Enríquez de Arana, la mare del seu fill Ferran o Hernand que havia de ser el biògraf més proper del seu pare amb la seva obra *Vida de l'Almirall Dom Cristòfol Colom* on s'enalteix –potser en excés– la figura del descobridor.

Colom, tanmateix, no donà el seu braç a tòrcer i insistí en la seva idea. Gràcies a la intercessió d'Hernando de Talavera –aleshores confessor de la reina Isabel–, així com del poderós duc de Medinaceli, la reina Isabel –que preveia ja la imminent rendició del reialme nazarí de Granada– accedí a rebre'l de bell nou i escoltar els seus arguments. Al desembre de 1491, Colom s'arribà al campament reial de Santa Fe de Granada i s'iniciaren les negociacions per aprovar definitivament el projecte. Les reticències de la corona foren vençudes gràcies a la intervenció dels conversos Lluís de Santàngel i Diego de Deza que convenceren el rei Ferran d'Aragó a acceptar les condicions de Colom. El resultat de les negociacions foren les famoses *Capitulacions de Santa Fe* del 17 d'abril de 1492 on, a *grosso modo*, direm que Colom, a canvi de concedir als reis el descobriment de noves terres, obtenia el títol d'Almirall amb caràcter hereditari, el títol de Virrei i Governador General de les terres i illes que descobrís, el delme del producte net de les mercaderies comprades, guanyades o trobades als nous territoris (quedant-ne un quint per a la corona), la jurisdicció comercial dels plets derivats del comerç en la zona del seu almirallat, així com el dret a contribuir amb un octau de l'expedició i a participar dels guanys, per tant, en aquella mateixa proporció. Un cop aconseguides aquestes substancioses prebendes per part de Colom, els reis catòlics signaren les *Capitulacions* a Granada el 30 d'abril de 1492.

La versió oficial ens diu aleshores que Colom organitzà la primera expedició que sortí del port andalús de Palos de la Frontera el 3 d'agost de 1492, i que no tocà terra –després d'una llarguíssima i inquietant travessa pel desert d'aigua de l'Atlàntic– fins el dia 12 d'octubre, en què desembarcaren a l'illa de Guanahaní de l'arxipèlag de les Bahames que fou batejada amb el nom de Sant Salvador. També desembarcaren a l'illa de Cuba i a la de L'Espanyola. El 25 de desembre de 1492, s'enfonsà la nau capitana, la *Santa Maria*, i amb les seves restes es construí el primer assentament en terres americanes, el Fort de *La Navidad*. Les dues caravel·les a les ordres de Colom tornaren a Palos el 15 de març de 1493, i el 3 d'abril, per anunciar oficialment el descobriment, Colom fou rebut pel rei Ferran a Barcelona.

El segon viatge (1493-1496) serví per explorar i colonitzar els territoris descoberts, i Colom desembarca a Puerto Rico. En el tercer viatge (1498-1500), Colom capitaneja sis vaixells i amb ell viatja el seu amic Fra Bartomeu de les Cases que després proporcionarà part de les transcripcions dels *Diaris* de Colom. Durant aquest viatge s'exploren les illes de Trinidad, Tobago, Granada, la costa de Veneçuela i la desembocadura de l'Orinoco. En la descripció d'aquests territoris, Colom creu encara que es troba en el continent asiàtic. El 19 d'agost, quan torna a la base de L'Espanyola, troba els colons revoltats juntament amb els indígenes. Alguns castellans que havien tornat cuitaren a acusar Colom de malgovern davant la cort. Els reis catòlics enviaren a L'Espanyola un nou administrador reial, Francisco de Bobadilla, el 1500, i a la seva arribada arrestà Colom i els seus germans, i els embarcà engrillonats cap a Castella. Durant el viatge, Colom va refusar que li traguessin els grillons, i així emmanillat va escriure una llarga i dolguda carta als reis catòlics. Un cop a Castella, recuperà la llibertat, però havia perdut definitivament el seu prestigi i molts dels seus privilegis.

En el seu quart i darrer viatge (1502-1504) –on el va acompanyar el seu fill Ferran–, Colom va explorar les actuals Hondures, Nicaragua, Costa Rica i Panamà. Dos anys després, el 20 de maig de 1506 morí a Valladolid i fou enterrat al monestir de La Cartoixa de Sevilla. En el seu testament, redactat per Pedro de Inoxedo, escrivà de cambra dels reis catòlics, Colom apareix citat amb els seus títols d'Almirall, Virrei i Governador de les illes i la terra ferma de les Índies descobertes i per descobrir. El seu primer fill Dídac havia de ser l'hereu dels seus títols i rangs.

Aquest resum de la seva biografia oficial presenta molts punts que fan de mal admetre i que, segons alguns historiadors, semblen demostrar una clara i premeditada adulteració de la història. Qui és aquest estranger de procedència humil que gosa exigir als reis catòlics prebendes altíssimes i honors desmesurats? Qui havia de ser perquè finalment ses majestats acceptessin d'atorgar-li-les? A la llum de les darreres investigacions dutes a terme per prestigiosos historiadors talment Jordi Bilbeny, Cristòfor Colom no seria sinó un príncep català emparentat a la casa reial catalana i portuguesa, de família noble que explicaria, per tant, els càrrecs que els reis de Castella i Aragó li concedirien sense massa inconvenients, així com el fet que casés amb una princesa portuguesa que, més que Felipa Munis, fou Felipa de Coïmbra. L'origen català de Colom s'explica, segons Bilbeny, per trasbalsadores evidències: els reis catòlics mai no haurien permès donar a un genovès uns càrrecs tan elevats ni tampoc uns privilegis tant substanciosos a un aventurer d'orígens foscos. En cas que hagués estat estranger, l'haurien obligat a naturalitzar-se, però això no fou necessari en tant que ja era súbdit i vassall seu. El títol de Virrei és, a més a més, un càrrec propi de l'administració de la Corona d'Aragó, i les famoses *Capitulacions*, per les formes jurídiques utilitzades, el contingut, els títols que s'atorguen a Colom, pels funcionaris que hi intervenen i les signen, i per l'arxiu on es guarda –l'Arxiu Reial, actualment l'Arxiu de la Corona d'Aragó amb seu a Barcelona–, són un document cent per cent català. Les lleis de Castella no contemplaven la possibilitat d'atorgar càrrecs de forma hereditària, ni tampoc existia a Castella, fins aleshores, el títol de Virrei ni cap règim virregnal. En tant que capítols de cort i de pacte entre rei i súbdit, la forma contractual de les *Capitulacions* era totalment inexistent a Castella. El *lapsus* de temps entre el 17 i el 30 d'abril de 1492 en què s'establiren les *Capitulacions* indica que les condicions exigides per Colom es negociaren a Catalunya, on es trobava portant a terme els preparatius del primer viatge, i no es confirmaren a Santa Fe –on es trobaven els reis– fins 13 dies més tard, el temps que trigaria el correu per anar de Catalunya a Granada.

A ulls de molts historiadors, la catalanitat de Cristòfor Colom és clara i sense dubtes atès l'ús del seu nom català "Colom" en la quasi totalitat de les edicions europees de la *Lletra* en què anunciava la descoberta, atès la multitud de topònims catalans amb què batejà les noves terres de les Índies a les quals creia haver arribat, així com pels catalanismes evidents en tots els seus escrits i el mot català "l'Almirant" en la seva signatura. Si bé Colom fou sempre considerat un estranger a Castella, però en els seus escrits es refereix als reis catòlics com els seus "senyors naturals", és evident que només podia ser de la Corona d'Aragó, pel que la tesi del seu origen genovès queda del tot invalidada, així com el seu origen humil i les seves professions manuals de teixidor, llaner o taverner a partir de les quals mai de la vida se li haguessin atorgat les altes dignitats d'Almirall, Virrei i Governador General dels nous territoris d'ultramar. Aquests títols, però, sí que podia reunir-los en la seva persona atesa la seva pertinença a la poderosa família barcelonina dels Colom-Bertran, de la qual el mateix Colom diu "*jo no sóc el primer almirall de la meva família*", ja que ell mateix ja n'havia exercit també el càrrec durant la guerra civil que assolà Catalunya quan la Generalitat es revoltà contra el rei de la dinastia castellana dels Trastàmara Joan II, pare de Ferran el Catòlic. Aquesta presa de posició política de la família Colom, a favor del Casal d'Urgell i a la seva descendència portuguesa, i per tant contra els reis d'origen castellà que des del Compromís de Casp de 1413 ja regnaven a Catalunya, podria explicar la poca avinença entre Ferran II i Cristòfor Colom i la necessària intervenció d'intercessors de pes per convèncer els monarques catòlics i negociar les *Capitulacions*.

Tot i les desavinences amb el rei, dos anys després de la mort de Colom, en la reial Provisió de 29 d'octubre 1508, Ferran II confirma els títols d'Almirall, Virrei i Governador de les Índies al seu fill Dídac o Jaume Colom: "*És la meva mercè i voluntat que en Jaume Colom, almirall de les dites Índies, illes i terra ferma, tingui per mi la governació i ofici de jutge d'elles.*" D'aquestes paraules es desprèn que l'empresa del descobriment fou catalana i per això és el rei català qui renova unilateralment els títols de l'hereu de Cristòfol Colom i l'envia al Nou Món perquè amb aquells càrrecs el servís com un oficial més de la seva cort. D'aquí doncs que es faci evident per la documentació posterior i alguns gravats que les caravel·les de Colom no van salpar pas del port andalús de Palos, ans del port empordanès del mateix nom, Pals, i amb banderes catalanes onejant al pal major. De fet, la potència marítima en aquell moment no és sinó el reialme de Catalunya-Aragó –amb possessions a Sardenya, Nàpols, Sicília i Grècia–, i no pas una Castella mancada totalment de cultura de mar i només capficada en la reducció definitiva de l'agonitzant reialme àrab de Granada.

A les envistes de tota aquesta contundent documentació, alguns historiadors coincideixen en concloure que la manipulació de la història de Cristòfor Colom per part de la corona castellana és un cas flagrant d'historicidi. Per què? Quins beneficis n'aconseguia en fer-ho? L'origen català de Colom i la conseqüent autoria del descobriment del Nou Món per part de la potència marítima de la Corona d'Aragó, deixaven Castella en un segon pla a l'hora de reivindicar part en la colonització i l'explotació dels nous territoris. Les riqueses que aviat fluïren a gavadals del continent americà foren de seguida cobejades per tothom i s'inicià un conflicte de drets i reivindicacions entre Castella i Aragó per fer valer la seva hegemonia sobre els territoris americans. Començà aleshores, ja en vida del propi Cristòfor Colom, una campanya de manipulació de les dades que feien referència al descobriment, a les condicions pactades entre l'Almirall i els reis catòlics, i a la seva pròpia biografia. Els hereus de Colom, tot veient com gradualment eren retallats els seus privilegis i, amb ells, les rendes establertes en les *Capitulacions*, iniciaren una batalla legal d'interminables plets en què la corona castellana s'anà apropiant dels percentatges i minà els seus privilegis i prebendes. Els títols de Colom, que el posaven al capdavant de tota l'aristocràcia del reialme, arribaren a representar una amença per als reis, ja que –emparentat com estava amb la casa reial catalana i la portuguesa– hom sospità si allò que pretenia no era sinó fundar una nova dinastia... D'aquí que, en el retrat de l'Almirall que pintà en Sebastiano del Piombo el 1519, Cristòfor Colom apareix representat amb la mà esquerra oberta sobre el pit, amb els dits separats executant el signe del Pentacle o pentagrama de l'estel de cinc branques, un signe cabalístic jueu que significa la interiorització i la meditació, però que també indica l'actitud reial, el ceptre de la reialesa... Fos com fos, els documents directament relacionats amb Colom o que feien esment directe a la seva persona, van ser manipulats a fi d'acabar per presentar-lo com un estranger d'orígens humils a qui no podien ser deguts tots els privilegis que els seus hereus reclamaven a partir del controvertit document de les *Capitulacions*.

A la història oficial i a les tesis que defensen l'origen català de l'Almirant, s'afegeix una nova teoria que fa del misteriós Colom un personatge d'ascendència jueva. En una Península Ibèrica sotmesa aleshores als més foscos dictats d'una Inquisició religiosa que perseguia amb acarnissament tot allò que no fos pur catolicisme, moltes famílies de conversos jueus amagaven llurs orígens a fi de no despertar sospites i no caure en mans d'uns tribunals que, per no res, enviaven gratuïtament molts innocents a la foguera o als fons de les garjoles. Els orígens misteriosos de Colom han dut a molts a creure que el silenci al voltant de la seva exacta procedència fou a causa de voler amagar intencionadament el possible origen jueu de la família. Si bé aquesta tesi té molta menys base històrica que les dues anteriors, és cert que el mateix Colom fa contínues referències en els seus textos a la seva connexió amb el Rei David i amb el seu Déu, que no seria sinó el dels jueus. Les tesis que judaitzen Colom el fan fill d'una família de conversos de procedència hispànica assentats a Gènova després d'haver escapat de la Inquisició, i val a dir que, documentalment, el nom italià de

Colom –Colombo– és prou comú entre els jueus italians del període baix-medieval. Segons alguns historiadors i grafòlegs, la mateixa signatura de l'Almirant, de vegades plena de signes misteriosos i inicials de difícil interpretació, han permès fabular sobre possibles fórmules cabalístiques, de benediccions hebrees o d'admonició al déu dels jueus. En l'extrem superior esquerra de les cartes privades de Colom al seu fill Dídac apareix una inscripció peculiar que bé podria tractar-se de la fórmula de benedicció jueva *B"H*, que utilitzaven normalment els jueus en la seva correspondència i que resumeix l'expressió hebrea *Be-ezrat Ha-Xem*, "Amb l'ajuda de Déu."

En els seus escrits Colom demostra ser capaç de citar perfectament la Bíblia i fins i tot de conèixer la història jueva. Precisament, quan parla del primer o del segon temple de Jerusalem, els anomena "Casa", traducció literal de la paraula hebrea *bayit* amb què els jueus s'han referit sempre al santuari jerosomilità. Sembla ser que Colom va posposar deliberadament l'inici del viatge (previst per al 2 d'agost de 1492) fins a un dia després a fi de no fer coincidir el dia de salpar amb la data fatídica del calendari jueu del 9 d'Av, data en què els jueus commemoren plorosament, entre d'altres desgràcies, la destrucció del segon temple de Jerusalem l'any 70 dC. Sorprèn, per inusual, que un cristià laic demostri tals coneixements de la història del poble d'Israel de la que fa esment manta vegades, fent gala, per tant, d'una sofisticada cultura personal que no fóra tan estranya en algú de procedència jueva. També en la lletra als reis catòlics on explica el seu primer viatge a les Índies, Colom inclou una referència crítica a l'expulsió dels jueus dels reialmes de Castella i Aragó, quan el tema poc té a veure amb el contingut central de la missiva.

Si el seu possible origen jueu no és sinó pura especulació, el que sí és evident i clar és la participació i l'ajuda entusiasta de personatges d'origen jueu de la cort catalano-aragonesa en benefici dels viatges de Colom, especialment els nobles Lluís de Santàngel, escrivà de Ració, i Gabriel Sanchís, tresorer reial. Aquests dos prohoms –plenament conscients dels seus orígens jueus i amb familiars perseguits per la Inquisició– oferiren a Colom suport moral i polític, i feren per convèncer els reis catòlics dels mèrits del projecte de l'Almirant. El primer viatge de Colom va ser possible gràcies al préstec privat de 1.140.000 meravedís de Lluís de Santàngel, a partir del qual també Ferran i Isabel s'involucraren en el patrocini de l'expedició. De fet, les primeres cartes on Colom relata el seu descobriment són adreçades, no pas als reis catòlics, sinó als seus valedors Santàngel i Sanchís, i són aquests documents els que, immediatament publicats i traduïts, van circular per tota Europa i feren conèixer arreu la seva gesta. El segon viatge de Colom –el més important dels quatre que faria ja que amb ell salparen 17 vaixells!– es va finançar íntegrament amb la venda de les nombroses propietats jueves confiscades després de l'edicte d'expulsió de 1492. Es fa difícil precisar quina proporció de la tripulació del primer viatge de Colom era d'origen jueu, però en un moment d'agressiva persecució inquisitorial, no fóra estrany que un bon nombre dels mariners ho fossin. D'entre tots ells destaca la figura de l'intèrpret Lluís de Torres, un jueu que parlava diversos idiomes, inclòs l'hebreu, que per unir-se a l'expedició es convertí just abans de salpar. Lluís de Torres no tornaria mai més a la Península Ibèrica i s'establiria a Cuba.

Colom aprofitaria en gran mesura el progrés científic que protagonitzarien els jueus durant la baixa Edat Mitjana en els camps de l'astronomia, la cartografia i la navegació. El mateix Colom va escriure que totes les nacions havien après dels jueus els principis de l'astronomia. Noms com Jacob Corsino, Yosef Vecinho i Abraham Zacuto són essencials en l'empresa de Colom: Zacuto, rabí i professor d'astronomia i navegació a la Universitat de Salamanca, va desenvolupar l'astrolabi nàutic de coure i, a partir de les taules astronòmiques de Corsino, va compilar les famoses taules astronòmiques –l'*Almanach Perpetuum*–

que Colom s'endugué amb ell en els seus viatges. El científic portuguès Yosef Vecinho va traduir l'obra de Zacuto al castellà i la va lliurar a Colom, per bé que ell hagués participat en la Comissió Reial portuguesa que en un primer moment va rebutjar l'idoneïtat del pla de Colom que després apadrinarien els reis catòlics.

Des del punt de vista pràctic, doncs, podem afirmar que l'empresa dels viatges de Colom i el seu descobriment van ser parcialment gràcies als esforços tan intel·lectuals com pecuniaris de personatges d'origen jueu. Aquesta ajuda directa i indirecta d'alguns conversos de pes al projecte de Cristòfor Colom ha fet que alguns historiadors jueus i especialment el Samson Trust d'Amèrica hagin cregut possible la teoria d'un possible orígen marrà de l'Almirant basada, sobretot, en els buits de la censurada història oficial castellana i que, tot i així, també entra en plena contradicció amb la teoria dels orígens nobiliaris catalans de Colom.

Si els orígens de Cristòfor Colom quedaren deformats per la manipulació documental castellana i ara ens són desconeguts i han donat peu a tota mena d'especulacions, la seva fi també s'ha vist envoltada de polèmica. Després de ser enterrat a Sevilla, per desig del seu primer fill Dídac o Jaume, les seves restes van ser dutes a Santo Domingo el 1542. Quan aquesta illa fou conquerida pels francesos el 1795, les restes van ser traslladades a La Havana, i després de la guerra d'independència de Cuba el 1898, les restes van tornar a ser traslladades a Sevilla on ara reposen a la Catedral. Tanmateix, el 1877, va aparèixer a la catedral de Santo Domingo una caixa de plom amb una inscripció on es podia llegir "Varón ilustre y distinguido Cristóbal Colón", amb pols i ossos al dedins. Fins l'any 1992 van romandre a la Catedral de Santo Domingo fins que van ser traslladats al *Faro de Colón*, un monument faraònic construït per les autoritats dominicanes a fi de servar memòria de les despulles de l'Almirall. Lluny de les disputes entre els historiadors i els asèptics resultats de les anàlisis de l'ADN de les restes de Colom que han de determinar d'una forma definitiva els seus orígens, Jordi Savall i Montserrat Figueras presenten en aquest doble disc el tresor de textos i músiques de tot un segle, el XV, els cabdals protagonistes del qual a la Península Ibèrica foren agents, directa o indirectament, de la pèrdua dels paradisos tant de la multiculturalitat en els regnes de Castella i Aragó com del Nou Món. El tant misteriós Cristòfor Colom –genovès, català o jueu–, fos d'on fos i vingués d'on vingués, en fou clarament el personatge principal.

MANUEL FORCANO
Barcelona, 2006

CHRISTOPH KOLUMBUS
Verlorene Paradiese

Licht- und Schattenseiten im Jahrhundert von Kolumbus:
Geschichte und Dichtung im Dialog mit der
arabisch-andalusischen, jüdischen und christlichen Musik
vom alten Hesperien bis zur Entdeckung der Neuen Welt.

Disk I

I ALTE WEISSAGUNGEN UND DEUTUNGEN

Medea. (Tragödie, 2. Akt) – Seneca. (I Jh. n.Chr.)
Musik: Chor: G. Binchois; Solo: Anonym s. XII
(Text zitiert und übersetzt von Kolumbus in seinem Buch der Weissagungen)

1. Einführung: Pierre Hamon (Doppelflöte), Pedro Estevan (Percussion)
2. Anrufung: Chor: „Tethysque novos detegat orbes"
3. Erinnerung 1: Medea: *„Nunc iam cessit pontus"*
4. Anrufung: Chor: „Tethysque novos detegat orbes"
5. Erinnerung 2: Medea: *Terminus omnis motus et urbes*
6. Anrufung: Chor: „Tethysque novos detegat orbes"
7. Erinnerung 3: Medea: *Venient annis saecula seris*
8. Rezitativ: „Venient annis sæcula seris quibus oceanus vincula rerum laxet..."
9. Anrufung: Chor: „Tethysque novos detegat orbes"
10. Rezitativ: *„Die Welt wird spätere Jahre erleben..."*

1408 Herrschaft des Nasriden-Emirs Jusuf III.

11. Improvisation: Hymn Sufi (Santur & Percussion)
12. Rezitativ: „Beschreibung der Schönheiten Granadas" – Ibn Battuta, *Die Reisen*
13. Musik: *Mowachah Billadi askara min aadbi Llama* (Al-Andalus)

II EROBERUNGEN UND GEBURT VON KOLUMBUS

1410 (September) Die Truppen des Infanten Ferdinand erobern Antequera

14. Alte Romanze: *El Moro de Antequera* – Sephardische Romanze
15. Rezitativ: „Als der Infant vor Antequera stand..."
    Bericht der Könige von Kastilien, Kap. XXIX
16. *Zappay* (instr.) – CMM 20

1443 (Februar) Alfons V. der Großherzige zieht in Neapel ein

17. Musik: *Colinetto* (instr.) – CMM
    Rezitativ: „Hier erwähne ich die große Ehre, die dem Herrn König zuteil wurde..."
    Aus dem *Tagebuch* von Melcior Miralles, Priester des großherzigen Königs
    und der Kathedrale zu Valencia.
18. Villota: *Dindirindin* – Anonym CMM 127

1451 Christoph Kolumbus wird geboren

19. Rezitativ: „Da seine Vorfahren vom königlichen Geschlecht Jerusalems waren ..."
    Hernando de Colón
20. Strambotto: *O tempo bono* – Anonym CMM 132

III NEUE WEGE UND GROSSE VORHABEN

1474 (25. Juni) Brief des Florentiner Arztes Toscanelli an den Prinzen Johann

21. Musik: *Voca la galiera* – Anonym CMM 118
    Rezitativ: „Ich habe eine Karte mit meinen eigenen Händen gezeichnet..."
22. Basse Dance: *Mappa mundi* (Kyrie von der Mappa Mundi Messe) Johannes Cornago

1480 Schiffbruch am Kap São Vicente

23. Musik: *Chiave, chiave* (instr.) – Anonym CMM
    Rezitativ: „Der Admiral lief gegen vier große venezianische Galeeren...".
    Hernando Colón, *Geschichte des Admirals*, Kap. V.

1485 Hochzeit Kolumbus' während seines Aufenthalts in Portugal

24. Musik: Altes Lied (s.XI)
    Rezitativ: „Da er sich nicht weit von Lissabon..." Hernando Colón,
    Geschichte des Admirals, Kap. LXXXIII.
25. Villancico: *Meis olhos van por lo mare* – Anonym CMP 453

1486 Kolumbus bringt sein Vorhaben vor die Katholischen Könige

26. Rezitativ: „Da er sich an den kastilischen Brauch hielt..."
    Hernando Colón, *Geschichte des Admirals*, Kap. LXXXIII.
27. Frottola: *In te Domine speravi* – Josquin des Près CMP 84

IV DAS ENDE VON AL-ANDALUS

28. Arabisch-andalusische Improvisation (Santur & Flöte)
29. Rezitativ: Gedicht in Stein von der Alhambra zu Granada – Text auf Arabisch von Ibn Zamrak
30. Jarcha: *Ja am lacha halki* (Andalusien, 13. Jh.)

1492 (2. Januar) Die Eroberung Granadas

31. Musik: *La Spagna* (instr.)
32. Rezitativ: *Von der Unterredung in der Alhambra und der Aufgabe Granadas*,
    von Andrés Bernáldez (Geistlicher und Beichtvater von Königin Isabella I. und des Generalinquisitors von Kastilien)
33-34. Villancico: *Levanta pascual que Granada es tomada* – Juan del Enzina CMP
35. Romance: *Qu'es de ti, desconsolado* – Juan del Enzina CMP

Disk II

V DIE SEPHARDISCHE DIASPORA

1. Musik: *Las Estrellas de los Cielos* (Sephardisch Anonym)
   Die Heilige Inquisition
2. Hymn: *Patres nostri peccaverunt* – Johannes Cornago

1492 (31. März) Ausweisung der nicht konvertierten Juden

3. Rezitativ: Erlass zur Ausweisung der Juden, Joan Coloma (Sekretär der Könige)
4-5. Rezitativ: Gebet auf Aramäisch: *Ha lachma 'anja*
   Musik: *Das Kummerbrot* (Gebet auf Ladino) – Sephardisch Anonym
   Zeugnis der Ausweisung der Juden
6. Rezitativ: „Innerhalb weniger Monate...", von Andrés Bernáldez, Beichtvater
   von Königin Isabella
7. Hebräisches Klagelied: *Mà aidej ? Mà adamélaj* – Sephardisch Anonym

VI ENTDECKUNGEN UND UNRECHT

1492 (3. Oktober) Kolumbus' erste Reise

8. Musik: Improvisation über eine Fantasía de Lluís del Milà (Vihuela)
   Rezitativ: Christoph Kolumbus, Brief an die Katholischen Könige (erste Reise):
   „Als alle Juden aus Eurem Reich und Landen vertrieben ..."
9. Musik: *Voca la galiera* (instr.) – Anonym CMM 18

1492 (12. Oktober) Von der Karavelle Pinta wird die Neue Welt gesichtet

10. Rezitativ: „Er segelte gegen Westsüdwesten...". Christoph Kolumbus, *Logbuch*.
    Nacht des 11. Oktobers 1492.

1502 Zwangskonvertierung aller Mauren des Königreichs Kastilien

11. *Lament instr.* (improv.)
12. Rezitativ: „Da der König und die Königin erkannten, dass trotz aller Anstalten
    der Mudejar-Mauren ..."
13. Musik: *Nuba Hiyay Msmarqi. Mizan Bsit. Ya muslimin qalbi*
    (Arabisch-andalusisches Klagelied, 16. Jh.)

1502 Moctezuma II. wird zum aztekischen Herrscher gewählt

14-16. Rezitativ: „¿Cuix oc nelli nemohua oa in tlalticpac Yhui ohuaye?"
    (Gedicht auf Náhuatl über die Vergänglichkeit der Welt)
15. Musik: *Homagio Kogui* (Quena & indianische Trommeln)

VII TESTAMENT VON ISABELLA UND TOD VON KOLUMBUS

17. *Departez vous* (instr.) – Guillaume Dufay

1504 Testament von Königin Isabella I. von Kastilien

18. Rezitativ: Über die Behandlung der Indianer, in einer Darstellung von Fray Bartolomé de las Casas an den Arzt Ginés de Sepúlveda
19. Villancico: *Todos los bienes del mundo* – Juan del Enzina CMM

1506 (20. Mai) Christoph Kolumbus stirbt in Valladolid

20. Musik: *Fortuna desperata* – Heinrich Isaac
21. Rezitativ: „Der Admiral, dessen Zustand sich ... verschlechtert hatte ...“
22. Musik: *Miserere nostri / Vexilla Regis* – CMM 106

Epitaph

23. Musik: *Fantasía I* – Lluís del Milà

Auszug aus einem Brief des Admirals

24. Rezitativ: „Ich bin nicht der erste Admiral in meiner Familie...“
25. Prozessions Hymne: *Hanacpachap cussicuinin* (Ritual auf Ketschua) Juan Pérez Bocanegra

Programmentwurf, Text- und Musikauswahl,
und musikalische Bearbeitung
Jordi Savall

Dramatik und Texte auf Aramäisch, Hebräisch,
Arabisch und Nahuatl
Manuel Forcano

VERLORENE PARADIESE
1400 - 1506

„Gut wäre diese Welt
Wenn wir sie so gebräuchten
Wie wir sollten"
Jorge Manrique (1440-1479)

Unsere Vergangenheit gehört nicht nur uns. Der geographische Raum, den unsere Kultur im Laufe der Jahrhunderte eingenommen hat, hat verschiedene Völker mit anderen kulturellen und religiösen Ausdrucksformen wie dem Islam und dem Judentum zu Zeiten des alten Hesperien aufgenommen. Doch im Laufe des Mittelalters – wie heute eine Zeit des religiösen Hasses und des Unverständnisses – verfiel das Paradies des Hesperien der „drei Kulturen", und doch lebten trotz aller Intoleranz und Grausamkeit Araber und Juden unter uns, sie lebten wie wir, sie waren wir. Gegen Ende des 15. Jahrhunderts wurden sie nach der Eroberung von Granada ausgewiesen oder per Erlass zum Christentum zwangskonvertiert, und ihr Abgang bedeutete das Ende einer Epoche, den Verlust eines möglichen Paradieses – so prangern es die Texte an, beweint es die Musik, beleuchtet es die Erinnerung und würdigt es unser Bewusstsein.

Parallel zu diesem Umbruch erschien eine außergewöhnliche Figur – Christoph Kolumbus, der Admiral, der 1492 die Neue Welt entdeckte. Ein neues Paradies wurde verändert: Die Ankunft der Besatzer führte einerseits zur Zerstörung und zum Verlust zahlreicher indigener Kulturen, andererseits zur Kristallisierung einer gesellschaftlichen und kulturellen Mischung, die sowohl in der alten als auch der neuen Welt sehr ertragreich war.

Gemeinsam mit den verschiedenen Texten, die die Biographie von Christoph Kolumbus begleiten, insbesondere die von ihm selbst in seinen Heften notierten, wie das weissagende Zitat des Chors der Tragödie *Medea* von Seneca (die die Existenz einer unbekannten Welt, die von einem kühnen Seefahrer entdeckt wird, jenseits der Insel Thule verkündet), ist die Musik aus jener Zeit ein direktes, bezeichnendes Zeugnis all dieser tief greifenden Veränderungen. Aus der Kombination dieser historischen und musikalischen Quellen entstand ein Szenario der Erneuerung, in dem die Schönheit und Gefühlsamkeit der Musik einen ausdrucksstarken Dialog mit den gesungenen Texten herstellt – die einen deskriptiv, die anderen poetisch, einige wahrlich grausam und andere dramatisch, sie alle jedoch bestens stellvertretend für das Geschehen in einer Zeit des Wandels, einer fernen Vergangenheit, die wir jedoch nicht vergessen sollten. Die Musik ermöglicht es, uns mit innigsten Gefühlen an die Berichte dieses außergewöhnlichen Jahrhunderts anzunähern, die die extreme Ambivalenz einer zugleich aufgewühlten und äußerst kreativen Zeit aufzeigt, die trotz ihrer zahlreichen Schattenseiten durch eine brillante Blüte aller Künste hervorstach. So werde den wunderbaren Weisen der *Villancicos* und *Romances* aus jener Zeit zugehört, die mit der schmerzvollen, ehrlichen Einfühlsamkeit der zeitgenössischen Berichte von Andrés Bernáldez abwechseln, den sephardischen Klageliedern, den Schilderungen von Ibn Battuta, dem Logbuch des Admirals, den zerschmetternden königlichen Erlässen sowie dem meisterhaften poetischen Wort sowohl von Juan del Enzina als auch des Granadiners Ibn Zamrak, ohne dabei das wunderbare Gedicht auf Nahuatl über die Vergänglichkeit der Welt außer Acht zu lassen.

Abgesehen von der Wiederbelebung eines bedeutenden vokal und instrumental dargebotenen musikalischen Erbes unter Berücksichtigung historischer Kriterien und der Zuhilfenahme zeitgenössischer Instrumente wünschen wir mit diesem Angebot, auch die anderen wichtigen Kulturen jener Zeit zu würdigen. So werden unsere in wertvollen Manuskripten erhaltenen höfischen Weisen durch Musik aus mündlicher Überlieferung aus der arabischen und jüdischen

Kultur sowie jene einer heute unbekannten Neuen Welt ergänzt, die symbolisch vom suggestiven Klang der verschiedenen Originalflöten der alten indigenen Kulturen dargestellt werden. Die Erinnerung an die bedeutendsten Momente dieses Jahrhunderts ist nicht nur ein Einstimmen in die Feierlichkeiten des 500. Todestags von Christoph Kolumbus (1506-2006). Vielmehr möchten wir auf symbolische aber zutiefst ehrliche Weise dieses Projekt im Sinne einer notwendigen Geste der Entschädigung gegenüber zahllosen Menschen verstehen, die wir wegen ihrer Zugehörigkeit zu Kulturen und Glaubensformen, die so anders als die unseren sind, weder zu verstehen noch zu respektieren vermochten. Die *Verlorenen Paradiese* verbinden die Musik und die Literatur aus jener Zeit und bieten uns ein kurzes aber intensives Bild jener entscheidenden Epoche des religiösen und kulturellen Wandels, als eine alte Welt verschwand und eine neue entstand. Das Zeugnis der von Manuel Forcano ausgewählten, von ihm selbst auf Arabisch, Hebräisch, Aramäisch, Latein und Nahuatl verlesenen sowie der von Francisco Rojas und Núria Espert auf Spanisch vorgelesenen Texte und weiters die von Montserrat Figueras, Begoña Olavide, Lluís Vilamajó und den Solisten von *La Capella Reial de Catalunya* auf Latein, Hebräisch, Arabisch, Quechua, Ladino, Spanisch, Portugiesisch, Katalanisch und Italienisch gesungenen Lieder sind der beste Beweis für den kulturellen Reichtum einer Zeit, die sie aus unserem Horizont verschwinden sah und heute an die Bedeutung und die Notwendigkeit des Dialogs und des Verständnisses zwischen den verschiedenen Religionen und Kulturen erinnert, um in diesem konfliktträchtigen 21. Jahrhundert ein so umfangreiches und bedeutungsvolles Kulturerbe zu wahren und wieder herzustellen.

Die *Verlorenen Paradiese* stellen eine verdiente Anerkennung der Literatur, Geschichte und Musik des alten Hesperien und der Neuen Welt dar. Im vollen Bewusstsein, dass uns über fünf Jahrhunderte von jenen fernen Zeiten trennen, glauben wir somit, dass so wie die dichterische Qualität und Ausdruckskraft der besungenen Erinnerung uns durch deren dramatischsten Ereignisse erschüttert, die Schönheit und Lebenskraft ihrer Melodien uns auch zutiefst bewegen können. Dabei erinnern wir uns auch daran, dass obwohl ihre künstlerische Seite stets zeitlos ist, all diesen Weisen, ihren Instrumenten, Formen, Klängen, letzten Endes ihrem Stil unweigerlich der Stempel ihrer Zeit aufgedruckt wurde. Daher haben wir uns für eine genaue vokale und instrumentale historische Anpassung entschieden, ergänzt durch die entsprechende kreative Vorstellungskraft, durch die sich die Vokal- und Instrumentalsolisten der Musikensembles *Hespèrion XXI* und *La Capella Reial de Catalunya* auszeichnen, sowie die Mitwirkung der auf orientalische Traditionen und alte Instrumente (indigene Flöten) der Neuen Welt spezialisierten Solisten.

Der Dichter Jorge Manrique schrieb: *„Was ward aus jener Dichtung, was spielten die gereimten Weisen?"* Mit diesem CD-Buch bieten die an diesem Projekt mitwirkenden Schriftsteller, Musikwissenschaftler, Leser, Sänger und Instrumentisten nicht nur eine Antwort auf die Frage des Dichters, sondern auch eine Möglichkeit zur Überlegung – die lebendige Musik aus fernen Zeiten, angepasst an die Erinnerung an unsere Geschichte, kann zur Seele einer erneuerten kritischen, humanistischen Betrachtung unserer Anfänge wandeln und uns vielleicht sogar dazu verhelfen, uns ein bisschen von einer gewissen kulturellen Amnesie zu befreien, die in Bezug auf unsere Musik besonders gravierend ist. Nur auf diese Weise, durch die Neuentdeckung und Wiederbelebung des alten Musikerbes sowie durch die Annäherung an die Geschichte und die Vergangenheit aus einer anderen Perspektive, werden wir in der Lage sein, die Erinnerung der Zukunft besser zu erdenken und zu errichten.

JORDI SAVALL
Bellaterra, Sommer 2006

VON DER WEISSAGUNG ZUR TRAGÖDIE

1. – *„Die Welt wird spätere Jahre erleben, an denen der Ozean die Dinge lockert, ein großes Land sich öffnet und ein neuer Seemann wie jener Thyphis, der Iasons Lotse war, eine neue Welt entdeckt, und dann wird die Insel Thule nicht mehr das äußerste Land sein."* Die innige Stimme von Montserrat Figueras stellt hier wieder eine Sibylle dar, umgeben von einem flüsternden Priesterchor, die die weissagenden Worte Medeas ausspricht, wie sie der römische Philosoph und Dramaturg Seneca zu Beginn des ersten Jahrhunderts nach Christi Geburt schrieb.

Medeas Weissagung ist in ihrer glasklaren Beschreibung eines Ereignisses, das erst fast einhalb Jahrtausende später eintrat, geradezu furchterregend. Doch dieser Glaube an eine noch unerreichte neue Welt war bereits in der kulturellen Tradition von Hellas sowie im Legat der großen hebräischen Propheten des Alten Testaments tief verankert und blieb ein ständiger Dreh- und Angelpunkt der Weltanschauung des Mittelalters und der Frührenaissance.

Christoph Kolumbus war sich dieser im Laufe der Zeit gepflegten Denkweise deutlich bewusst. Nebst anderen Quellen hatte er die *Historia rerum ubique gestarum* von Papst Pius II. und *Imago mundi* von Kardinal Pierre d'Ailly gelesen und war mit den Reiseberichten von Marco Polo nach Fernost vertraut. Später überzeugte er sich in seinen letzten Lebensjahren selbst davon, dass der Erfolg seiner Entdeckungsreise die eigentliche Erfüllung all dieser Weissagungen war. Mit der Hilfe eines engen Freundes, des Kartäuserbruders Gaspar Corricios, begann er 1501, eine ausführliche Sammlung aller Auszüge von klassischen, biblischen und geistlichen Autoren zu erstellen, in der er alle möglichen Hinweise auf diese Betrachtung fand – das *Libro de profecías*, das wie durch ein Wunder dem geheimnisvollen Schicksal zahlloser anderer mit dem Admiral verbundener Originalquellen entging, was Kolumbus' Biographie in den Dunst des Ungewissen trieb und eine endlose Abfolge an Thesen zu seinem Ursprung und seinen ersten Lebensjahren auslöste.

War nun Kolumbus wirklich ein Italiener aus Genua, wie seine Standardbiographie stets behauptet hat? Oder war er ein konvertierter katalanischer Jude, der der religiösen Verfolgung zu entkommen versuchte? Oder vielleicht ein Mitglied des portugiesischen Hochadels, der im Auftrag des Königs von Portugal handelte? Oder gar ein Galicier? Keine dieser alternativen Auslegungen, oft mit den wildesten Theorien über historische Konspirationen eng verwoben, hat der Kritik der nach dem Kanon denkenden Gelehrten standgehalten, doch sie alle nehmen letzten Endes ihren Ursprung im geheimnisvollen Fehlen zahlloser relevanter Originalquellen, angefangen bei seinen authentischen Reiseberichten. Das Mythos lebt stets von den Informationslücken, die die akademische Forschung zu füllen nicht in der Lage ist. Doch andererseits ist es gewiss merkwürdig festzustellen, dass einer der verwirrendsten erhalten gebliebenen Autographen von Kolumbus ausgerechnet ein Text ist, der mit einer mythischen Tradition zutiefst verbunden ist – das bereits erwähnte, in der Biblioteca Colombina y Capitular (Z. 138-25) in Sevilla aufbewahrte *Libro de profecías*.

Diese scheinbar chaotische Aneinanderreihung von Psalmen, biblischen Weissagungen, klassischen Zitaten und Auszügen aus den Schriften der Kirchenväter wurde oft als rein frömmelnder Text, wenn nicht gar schlichtweg als Beweis für die angebliche geistige Labilität des Admirals zu seinem Lebensende abgetan. Doch Tatsache ist, dass es sich um eine äußerst aufschlussreiche Urkunde handelt, die belegt, dass Kolumbus' Betrachtung der letztlichen Bedeutung seiner Entdeckungsreise selbst auf einem Mythos beruhte – eine „große Erzählung" des Christentums, die durch die Konvertierung aller Völker die Menschheit letztlich als ein Ganzes umfasste, wobei der Ertrag aus den neu entdeckten Gebieten die notwendigen Mittel beisteuern sollte, um für die Rückeroberung Jerusalems und die entsprechende Erfüllung des in der Heiligen Schrift verkündeten Zwecks von Gottes Anwesenheit auf Erden aufzukommen.

In seinem Innersten glaubte Kolumbus, der vom Herrn auserwählte Bote für die Erfüllung dieses Zwecks zur Vereinigung und Rettung der Welt zu sein.

2. – Unabhängig von seinem konkreten Geburtsort ist Kolumbus jedenfalls ein südeuropäisches Produkt aus jener nördlichen Westmittelmeerküste, die sich von Sizilien und der Appenninenhalbinsel über den französischen *Midi* bis nach Spanien erstreckt, über die Straße von Gibraltar hinaus reicht und sich entlang der Küste Portugals zum Atlantik öffnet. Seit unvordenklichen Zeiten ist dieses Gebiet stets Schauplatz zahlloser Begegnungen verschiedener Kulturen gewesen: So wich im 4. und 5. Jahrhundert das Römische Reich – selbst ein komplexes interkulturelles Mosaik – den verschiedenen vorrückenden germanischen Wanderstämmen, worauf beide Seiten schließlich zu den verschiedenen christlichen Königreichen des Hochmittelalters zusammenschmolzen. Das lateinische und das germanische Erbe wurden miteinander vereint und bildeten neue, gemischte kulturelle Identitäten, die von beiden Traditionen zehrten, und als sich die Kirche mit der Wiedererrichtung ihrer transnationalen Hierarchie allmählich durchsetzte, wurde dieser Trieb zur kulturellen Integration auch stärker.

Doch dieser Prozess hatte sich fast von Anfang an mit der Ankunft im Westmittelmeerraum einer anderen monotheistischen Religion mit einer ebenfalls starken Expansionsstrategie einer ernsten Herausforderung zu stellen – dem Islam. Die Araber eroberten rasch ganz Nordafrika, setzten zur Iberischen Halbinsel über und besetzten sie fast zur Gänze, ausgenommen einer kleinen christlichen Enklave in den nördlichen Gebirgszügen Asturiens. Als Karl Martell, Pfalzherr des fränkischen Reichs Austrasien, das arabische Heer von Abd-al-Rahman 732 bei Poitiers schlug, hatte sein Sieg die unmittelbare Wirkung, den weiteren Vorstoß der moslemischen militärischen Offensive in Westeuropa aufzuhalten. Andererseits brachte dieses Ereignis auch zwei weitere schwerwiegende Folgen insgesamt für die Geschichte des Kontinents: Einerseits begründete es das politische Prestige von Karls Familie, was seinem Sohn Pippin „dem Kurzen" ermöglichte, 750 König aller Franken zu werden, und in weiterer Folge zur Krönung im Jahr 800 von Pippins Sohn Karl dem Großen zum ersten Kaiser des Westens seit dem Fall Roms führte; und andererseits wurden dadurch die Pyrenäen eine kulturelle wie militärische Grenze, zu deren Westen die Dinge notgedrungen ganz anders als im restlichen Europa verliefen.

Während des gesamten Mittelalters war das alte Hispanien in ständige politische Wirren begriffen, da sowohl auf der christlichen als auch der moslemischen Seite ein ständig wechselndes Mosaik unterschiedlicher politischer Einheiten einander ablöste. Das vereinte moslemische Al-Andalus erreichte 755 mit der Errichtung des Omajjadischen Emirats (später Kaliphat) von Cordoba den Höhepunkt seiner Macht, seines Reichtums und seiner kulturellen Blüte, doch 1031 führte der Fall des letzten Kaliphen zur Aufteilung seines Gebiets in mehrere unabhängige Staaten, die so genannten *Taifa*-Reiche, die sich bald auf ständige Kleinkriege untereinander sowie gegen die neuen moslemischen Heerscharen aus Nordafrika einließen, die mal der eine, mal der andere dieser Herrscher in seiner Verzweiflung zu Hilfe rief (die Almoraviden nach dem Fall von Toledo 1085, die Almohaden nach dem Fall von Lissabon 1147) und sich bald darauf als ein weiterer Widersacher um dessen Gebiet entpuppten. Auf christlicher Seite wich das frühe Königreich Asturien, das der arabischen Invasion standgehalten hatte, bald neuen politischen Gebilden – den Königreichen Leon und Kastilien (später unter der selben Krone vereint) sowie Aragonien, Navarra und Portugal.

Diese geopolitische Unterteilung der Pyrenäenhalbinsel war auf Grund mehrerer Faktoren in ständigem Wandel begriffen – reine militärische Stärke sowie diplomatisches Geschick, Heiratsallianzen sowie Handelspartnerschaften. Oft wurden die militärischen Konflikte nicht unbedingt entlang rein religiöser Grenzen ausgetragen. So konnten ein christlicher Fürst und ein moslemischer König zusammen einem gemeinsamen Feind gegenüber stehen, und in Zeiten der Schwäche konnte ein Gebiet im Einflussbereich einer der beiden Religionen die Zahlung eines schweren Tributs an die militärische Übermacht eines Nachbarreiches des jeweils anderen Glaubens aufgezwungen werden. Zudem herrschte auf der gesamten Halbinsel über die Grenzen zwischen moslemischen und christlichen Staaten hinweg ein reger Handel mit aller Art von Gütern.

Intern hatten all diese Reiche trotz gelegentlicher Migrationen oder „ethnischer Säuberungen" nach einem Feldzug eine ständige, gemischte, sowohl arabische als auch christliche Bevölkerung, zu der die wohlhabenden, hoch gebildeten jüdischen Gemeinden in den bedeutenderen Städten hinzukamen. Obwohl zu erwähnen ist, dass die moslemischen Herrscher bedeutend toleranter gegenüber anderen Religionen als ihre christlichen Amtsvetter waren, so galt es, in dieser Hinsicht ein gewisses natürliches Gleichgewicht im Sinne einer funktionierenden Wirtschaft und des Überlebens aller zu wahren. Die zwei großen Glaubensgemeinschaften benötigten sich gewissermaßen gegenseitig, ebenso wie sie beide die Juden benötigten, die in diesem System wiederum alleine nicht überleben konnten.

Das tägliche Nebeneinander bedeutete notgedrungen auch einen kulturellen Austausch. So hörten in allen Gesellschaftsschichten Menschen verschiedenen ethnischen und religiösen Hintergrunds den Liedern und Tänzen der jeweils Anderen zu, und Instrumente wie das *Ud* und der *Rabab* verkehrten zwischen den Kulturen. Die frühen christlichen Universitäten wie Salamanca und Coimbra kamen um das Studium der Werke arabischer und jüdischer Mathematiker, Astronomen und Kartographen nicht umhin, die oft von den christlichen Königen selbst als Berater und Verwalter angestellt wurden – besonders auf dem Gebiet der Musiktheorie galten die Abhandlungen von Al-Farabi als grundlegende Literatur. Als die galicischportugiesischen adeligen *Troubadours* unter dem Einfluss ihrer Kollegen aus Südfrankreich begannen, ihre eigene Sorte höfischen Gesangs zu pflegen, fanden sie ein viel verwandteres Modell in den hoch entwickelten Formen der arabischen Dichtung und Musik, und in den arabischen Eliten fand sich alle Art von nun hoch geschätzten Luxusgütern, die der strengen westgotischen Tradition fremd und seit der Blütezeit des Römischen Reichs in Vergessenheit geraten waren. In den Illuminationen der *Cantigas de Santa María*, unter der Schirmherrschaft von König Alfons X. von Leon und Kastilien vefasst, sowie jenen des *Ajuda*-Gesangbuchs in Lissabon sind zahlreiche arabische Musiker dargestellt, die eindeutig an der Aufführung dieses Repertoires mitwirkten. Viele moslemische Könige waren selbst Dichter oder Musiker: Der König von Granada Jusuf III., der von 1408 bis 1417 regierte, hinterließ beispielsweise einige wunderbare Auszüge naturalistischer – in manchen Fällen sogar ausgesprochen homoerotischer – Dichtung, deren Widerhall in vieler Hinsicht in den Werken christlicher Dichter aus dem Spätmittelalter und der Frührenaissance durchklingt.

Unabhängig von seiner Herkunft erlebte Kolumbus zweifelsohne diese multiethnische Realität des ständigen kulturellen, intellektuellen und künstlerischen Austausches, wo die Musik auf Grund der nonverbalen Natur ihrer Sprache gewiss grundlegend war. Leider wurde die arabisch-andalusische Musik jener Zeit nicht schriftlich überliefert, und jeder Versuch, die musikalische Praxis jener Zeit wieder herzustellen, beruht notgedrungen ausschließlich auf dem mündlich vermittelten Repertoire, das in der strengen Tradition der marokkanischen Musikschulen erhalten blieb, die den Anspruch erhebt, einen Großteil des Repertoires und der Spielpraxis so erhalten zu haben, wie sie im 15. und 16. Jahrhundert von der Iberischen Halbinsel mitgebracht wurde. Diese Musik erfordert weitgehend ein hohes Maß an Improvisation gemäß festgelegter Regeln.

3.– Zu Beginn des 15. Jahrhunderts hatte sich das politische Gleichgewicht auf der Iberischen Halbinsel deutlich verändert, und es bestand kein Zweifel über das militärische Ergebnis der

Auseinandersetzung zwischen den christlichen und moslemischen Königreichen mehr. In Portugal, Kastilien und Aragonien bildete die Zentralisierung der Macht in der Person des Herrschers nach und nach das Grundgerüst des modernen absolutistischen Staats, in dem die Kirche und die Beamtenschaft als zwei Pfeiler der Autorität des Monarchen galten. Statt eines reinen Heerführers und *Primus inter pares* innerhalb des Hochadels versuchte der König vielmehr, sich als eine über allen Gesellschaftsschichten stehende Körperschaft zu behaupten, die mit dem Willen und der Gnade Gottes versehen und dadurch unmittelbar legitimiert war. Er bildete einen Hof im Sinne des von den Herzögen von Burgund an ihrem wohlhabenden Hof in Dijon geförderten Musters, um den sich die höchsten Vertreter des Adels sowie hochrangige ausgebildete Beamte versammelten, und scheute auch nicht davor zurück, die traditionellen, im Mittelalter herausgebildeten Vorrechte der kirchlichen Hierarchie und des städtischen Bürgertums aufzubrechen.

Dies war nicht ein rein politisches Konstrukt. Das Wachstum des internationalen Handels und der allmähliche Übergang zu einer Währungswirtschaft versah den Staat mit einer neuen regelnden Rolle, die eine viel bedeutendere und weitläufige Anzahl von Steuern sowie deren Umverteilung in Form eines durchorganisierten zentralisierten Verwaltungsapparaats umfasste. Die iberischen Herrscher glaubten, vielleicht noch stärker als sonst damals ein anderer absolutistischer Monarch in Europa, an die Notwendigkeit, ihre neu gestärkte Macht mit einer zusätzlichen Aura der Majestät und der symbolischen Behauptung des königlichen Privilegs zu versehen, das jedes Gebiet der staatlich geförderten Kunstproduktion betraf. Die Errichtung reich dotierter Musikkapellen im Dienste jedes Herrschers auf der Halbinsel im 15. Jahrhundert, zu denen die besten verfügbaren Musiker zählten, war ein wichtiger Bestandteil dieser Strategie. Die kastilischen, aragonesischen und portugiesischen Höfe entwickelten sich rasch zu kulturellen Zentren ersten Ranges, wo die Entwicklung des weltlichen Gesangs und Tanzes gemäß der weltoffensten Muster Europas die Stärkung des polyphonischen Kirchenrepertoires begleitete, das an den königlichen Kapellen aufgeführt wurde.

Es war eine Zeit der aggressiven geopolitischen und militärischen Behauptung für diese drei Staaten. Portugal, eingezwängt zwischen Kastilien und dem Atlantik und somit unfähig, seinen Gebietsbesitz auf der Halbinsel zu erweitern, suchte einen Ausweg in Übersee: 1415 eroberte ein portugiesisches Heer das stark befestigte Ceuta in Marokko, 1418 erreichten portugiesische Schiffe die Insel Madeira, und wenige Jahre später begann die Erforschung der Küste Afrikas. Aragonien setzte sich stark für die Expansion seines italienischen Besitzes ein, so dass 1443 Alfons V. der Großherzige in Neapel als König von Aragonien, Mallorca, Neapel und Sizilien feierlich einzog. Kastilien suchte vor allem die endgültige Niederlage des maurischen Königtums Granada, wonach 1410 ein massiver Feldzug zur Eroberung der Stadt Antequera führte.

Die 1469 stattgefundene Heirat der Erben der Thröne von Aragonien und Kastilien, Ferdinand und Isabella, schuf eine neue, mächtige Allianz zwischen den zwei traditionellen Gegenmächten. Zwar war es für beide unrealistisch, Portugal zu annektieren, doch war es wichtig, mit den Portugiesen bei der ertragreichen Erforschung des Atlantik Schritt zu halten, in der diese bereits große Fortschritte erzielt hatten, und so befahlen 1470 Isabella und Ferdinand die Besetzung der Kanarischen Inseln. 1482 wurde eine gemeinsame starke Offensive gegen Granada eingeleitet – am 14. Mai fiel die Stadt Alhama, was den Weg zur maurischen Hauptstadt ebnete, und von da an fiel über ein Jahrzehnt Stadt um Stadt in die Hände des kastilisch-aragonesischen Heers, bis das Königspaar am 2. Januar 1492 schließlich in Granada einzog und die Stadt vom lezten moslemischen König der Nasridendynastie, Abu'abd Allah Muhammad XI., den Spaniern als Boabdil bekannt, überreicht bekam.

All diese militärischen Siege wurden in Gesangform gebührend gefeiert, und die polyphonischen Gesangbücher, die auf der Iberischen Halbinsel (*Cancionero del Palacio*) und in Neapel

(*Cancionero de Montecassino*) verfasst wurden, umfassen neben fein ausgearbeiteten Minneliedern, die zu einem Schlüsselsymbol der musikalischen Vornehmheit des Hofadels wurden, mehrere *Romances* in Strophen, die den Triumph der siegreichen Herrscher feiern. Besonders wichtig für Isabella und Ferdinand, die einen gemeinsamen Anlass benötigten, um zwei traditionell entgegengesetzte Völker zu mobilisieren, war die Produktion eines einheitlichen „katholischen" Diskurses als Gegensatz zum „heidnischen" Feind. Ein reichhaltiges dichterisches und musikalisches Repertoire wiedergab den Geist eines antimoslemischen Kreuzzugs, der als Grundlage für eine gemeinsame nationale, „spanische" Identität zwischen Aragonesen und Kastiliern unter der Führung des „Katholischen Königs und Königin" diente („sie mit ihren Gebeten, er mit vielen bewaffneten Mannen", wie das Gedicht einer erzählenden *Romance* aus jener Zeit besagt).

4. – Der Sieg zu Granada läutete ein neues Zeitalter in der iberischen Kultur ein, in dem die kulturelle und religiöse Vielfalt, die das Mittelalter hindurch zu überleben vermochte, vom neuen siegreichen absolutistischen Staat einfach abgeschafft wurde. Durch den so genannten „Erlass von der Alhambra" vom 31. März 1492, der symbolisch im frisch eroberten Granada unterzeichnet wurde, wiesen beide Herrscher alle Juden aus ihrem Reich aus, die nicht zum Christentum übertraten, eine Maßnahme, die der König von Portugal Manuel I. vier Jahre später ebenfalls umsetzte, indem er sie sowohl auf die Juden als auch die Mauren anwendete. Jene, die auswanderten, nahmen die traurige, liebevolle Erinnerung an das Land mit, dass sie zurücklassen mussten, und vertonten sie in Liedern als Schlüssel zu ihrer ureigenen Identität, die sie in den verschiedenen Gemeinschaften pflegten, wo sie überall im Mittelmeerraum Aufnahme fanden. So ertönten „sephardische" Lieder der iberischen Juden in Synagogen in Dubrovnik, Venedig, Palästina und Jemen, ebenso wie die „andalusinische" Gesang bis zum heutigen Tag die symbolhafte Praxis jener Moslems blieb, die von Spanien und Portugal nach Nordafrika auswanderten.

Leider wurde dieses Modell eines staatlich kontrollierten religiösen Fundamentalismus und der brutalen kulturellen Intoleranz auch in die Neue Welt gebracht. Kolumbus' Traum einer an die gesamte Menschheit gerichteten, utopischen christlichen Epiphanie wich einem groß angelegten Feldzug des Völkermords und der Ausbeutung, der von Gier und Herrschsucht getrieben wurde. In der Geschichte gibt es sonst kaum ein Beispiel einer solchen Brutalität, einer solchen Unfähigkeit, kulturelle Unterschiede zu begreifen und zu respektieren, einer solchen Missachtung der menschlichen Würde.

Und doch waren auch hier Künstler und Musiker in der Lage, mit der heilenden und vermittelnden Kraft ihres Handwerks gegen Greuel und Torheit anzukämpfen. Sowohl auf der Iberischen Halbinsel als auch in ganz Lateinamerika fanden die verschiedenen kulturellen Traditionen auf die eine oder andere Weise zu Formen der Wechselwirkung, so dass bald ein Mosaik kulturübergreifender Prozesse mit einer so überraschenden Energie und Kreativität wie jene des mittelalterlichen iberischen Repertoires stattfand. Eine Prozessionshymne auf Quechua, *Hanacpachap Cussicuinin*, 1631 in Juan Pérez Bocanegras *Ritual Formulario* veröffentlicht, vermag es, eine indigene Weise mit den Regeln der europäischen Polyphonie in einem marianischen Gebet zu vereinbaren, das die Mutter Gottes als „die Hoffnung der Menschheit und Beschützerin der Schwachen" darstellt. So wie der musikalische Dialog zwischen verschiedenen Kulturen selbst unter widrigsten Umständen stattfinden kann, können die Religion und der Kirchengesang von einer Waffe der Unterwerfung zum Diskurs der Unterdrückten wandeln.

RUI VIEIRA NERY
Universität Évora

1492: DAS SCHICKSALSJAHR

Im 15. Jahrhundert floss eine ganze Reihe neuer Gedanken in die physische Realität ein, ebenso wie die physische Realität in das intellektuelle Gemüt Eingang fand. Die so genannte „Entdeckung Amerikas" war, unabhängig vom ideologischen Zugang jedes Einzelnen, ein großartiger Sieg der wissenschaftlichen These über die physische Wahrnehmung. Die Fortschritte der Schifffahrt ermöglichten eine Entwicklung des Handels und der Kommunikation zwischen den Völkern, während die Erfindung des Buchdrucks große Neugierde und einen weltweit zunehmenden Informations- und Wissensdurst auslöste. Die Wissenschaftler fragten sich, ob dieser unsere Planet tatsächlich der Mittelpunkt des Universums sei. Und sie fragten sich auch nach der Form der Erde, während die Künstler über den Sinn des menschlichen Daseins auf der Welt nachdachten, einschließlich der Formen des menschlichen Körpers, männlich wie weiblich, und feierten dabei das Hier und Jetzt vielmehr als das ewige Leben. „Alles ist möglich", schrieb der italienische Humanist Marsilio Ficino. „Nichts ist auszuschließen. Nichts ist unwahrscheinlich. Nichts ist unmöglich. Die Möglichkeiten, die wir verweigern, sind lediglich jene, die wir nicht kennen." Die Expansion Europas, zunächst nach Osten, unmittelbar darauf nach Westen, war in gewisser Hinsicht eine Errungenschaft der Vorstellungskraft der Renaissance. Sie war auch der Sieg der These über die Wahrnehmung sowie der Vorstellungskraft über die Tradition.

Auf seiner Burg in Sagres an der portugiesischen Atlantikküste brachte Prinz Heinrich (1394-1460), Sohn von König Johann I., das gesamte zeitgenössische Wissen über Seefahrt zusammen – er vervollkommte die Kartographie und Seefahrtinstrumente, entwickelte neue Schiffstypen, schnell und wendig wie die Karavelle, und bildete Mannschaften aus, die sie steuern sollten. Heinrich der Seefahrer, wie er bekannt wurde, hatte ein großes Vorhaben – entlang der afrikanischen Küste süd- und anschließend ostwärts die Türken zu umgehen. Mit Hilfe flämischer Bankiers wurde die portugiesische Herrschaft von Madeira auf die Azoren und Senegal ausgeweitet und erreichte 1488 das Kap der Guten Hoffnung an der Südspitze des afrikanischen Kontinents. Von dort aus gelangten die Portugiesen schnell nach Indien. Auf dem Weg pflanzten sie Zuckerrohr und heuerten Sklaven an.

Doch während Portugal nach Süden und Osten blickte, wagte es sich nicht westwärts auf das *Mare Ignotum*, den geheimnisvollen Ozean, hinaus – auch dann nicht, als ein eigensinniger Seefahrer vermeintlich genuesischen Ursprungs, der nach einem Schiffbruch nahe der Burg Heinrichs des Seefahrers an Land gespült wurde, behauptete, dass der Osten am besten zu erreichen sei, wenn man westwärts segle. In vieler Hinsicht war jener Mann persönlich weniger faszinierend als seine Taten oder Gedanken – fiebrig, manchmal unbeherrscht, der Scharlatanerie verdächtig. Woran es ihm jedoch nicht mangelte war Mut und Entschlossenheit. Sein Name war Cristoforo Colombo – Christoph Kolumbus.

Portugal beachtete Christoph Kolumbus nicht. Daraufhin begab sich der Seefahrer nach Spanien, jenem isolierten, in sich verschlossenen Land, das sich seinem dahin schleppenden Wiedereroberungskrieg hingab. Doch er kam zum richtigen Zeitpunkt an, worauf er sein Vorhaben den katholischen Königen Isabella und Ferdinand vorlegte. Beflügelt durch den Sieg über die Mauren in Granada gewährten die Katholischen Könige Kolumbus die notwendigen Mittel, um das dritte große Ereignis von 1492, dem Schicksalsjahr der Geschichte Spaniens, zu vollbringen – die Entdeckung Amerikas.

Eine Flottille aus drei Karavellen, der *Pinta*, der *Niña* und der *Santa María*, lief am 3. August 1492 aus dem Hafen Palos aus. Nach einer 66-tägigen Reise westwärts voller falscher Hoffnungen, irreführender Sterne, gespenstischer Wolkeninseln, Beschwerden der Mannschaft und offener Meuterei erreichte Kolumbus am 12. Oktober 1492 die kleine Insel

Guanahani auf den Bahamas, die er San Salvador taufte. Kolumbus glaubte, Asien erreicht zu haben. Bewegt wurde er vom Mut, dem zeitgenössischen Wert des Ruhms, dem Genuss der Entdeckung, der Begierde nach Gold und der Missionierungspflicht. Ihm ist es zu verdanken, dass sich Europa im Spiegel des goldenen Zeitalters und des edlen Wilden wiedererkannte. Wie ist aber die Bezeichnung „Entdeckung Amerikas" aufzufassen? Beruhen nicht alle Entdeckungen letzten Endes auf Gegenseitigkeit? Zwar entdeckten die Europäer den amerikanischen Kontinent, doch die eingeborenen Völker Amerikas entdeckten auch die Europäer und fragten sich, ob diese weißen, bärtigen Männer Götter oder Sterbliche waren, ob wirklich so fromm, wie es ihre Kreuze verkündeten oder doch so gnadenlos, wie es ihre Schwerter belegten. Diese Männer hatten noch Kraft von der spanischen Wiedereroberung, von 700 Jahren des Kampfes gegen die Heiden übrig. Sie waren die Träger eines militanten Glaubens und einer militanten Politik. Nach 1492 zogen die Juden nach Nordeuropa. Die Araber kehrten nach Afrika zurück und beklagten ihre Ausweisung aus den Gärten der Alhambra. Doch wem sollte sich jetzt die ungestüme Kraft des christlichen Spanien zuwenden?

Isabella und Ferdinand wurden 1492 von einer einheitlichen Betrachtungsweise des Christentums, der Wiedereroberung und der Expansion getrieben. Zweifelsohne teilten die kastilischen und aragonischen Befehlshaber und Soldaten jenseits des großen Meeres diese Sicht. Doch ist nicht zu vergessen, dass sie auch die Erben einer multikulturellen Erfahrung des Nebeneinanders und der Mischung im Spannungsfeld mit Juden und Mauren waren. Alle Ausnahmen, die der Tugend der Toleranz entgegen zu setzen sind, dürfen über die Tatsache nicht hinweg täuschen, dass die Tendenz zum Zusammenleben in gegenseitigem Respekt eine trikulturelle Realität in Spanien schuf, die in krassem Gegensatz zur offiziellen Politik der Ausweisung und Verweigerung der Juden und Mauren unter Ferdinand und Isabella stand, deren Höhepunkt ein hartes Zensurregime war, das von der Gegenreformation getragen und der Inquisition ausgeführt wurde.

Die Eroberer der Neuen Welt waren ein Teil dieser Realität, doch sie konnten sich nicht dem Dilemma Spaniens entziehen. Priester, Schriftsteller und Chronisten zwangen Spanien, sich seiner humanistischen, multikulturellen Alternative gegenüber zu stellen. Die kulturelle Eigenheit Spaniens bestand in der Anerkennung des Anderen – ihn zu bekämpfen, umarmen, sich mit ihm vermischen. Jean-Paul Sartre schrieb einmal, dass die Hölle die Anderen sind. Doch gibt es ein anderes Paradies als jenes, das wir mit unseren Brüdern und Schwestern errichten? Und trotzdem stellt uns die Geschichte immer wieder vor die Frage: Wie können wir ohne den Anderen leben? Sind wir in der Lage zu verstehen, dass ich nur das bin, was ich bin, weil mich ein anderer Mensch sieht und vollendet? Diese zeitgenössische Frage, die immer dann aufkommt, wenn Schwarz und Weiß, Ost und West, der Ansässige und der Zugewanderte einander gegenüber stehen, war eine zentrale Realität im mittelalterlichen Spanien und wurde rasch zur zentralen Frage der Eroberung und Kolonisierung Amerikas. Als Spanien mit dem radikal Anderen – Völker anderer Rasse, anderer Religion, anderer Kultur – in Kontakt trat, stellte sich die Frage: Wer sind diese Menschen? Wie ist ihre Seele? Haben sie überhaupt eine Seele?

Das waren Fragen, die Spanien teilten. Und befahl ein Teil seines Herzens: „Erobere!", so sagte der andere in Erinnerung an Seneca den Stoiker: „Lasse dich durch nichts anderes als deine eigene Seele erobern."

Die Tat des Christoph Kolumbus leitete einen gewaltigen Zivilisationsschock, ein großes Epos ein, mal gefühlvoll, mal blutig, doch stets konfliktträchtig – die gleichzeitige Zerstörung und Schaffung der Kultur der Neuen Welt.

CARLOS FUENTES
Der begrabene Spiegel, Kap. IV

DAS GEHEIMNIS VON CHRISTOPH KOLUMBUS

Die Geschichte erklärt, was geschah.
Die Dichtung, was geschehen hätte sollen.
Aristoteles

Die offizielle Geschichtsschreibung spricht nicht immer die Wahrheit. Oft ist die Information ein hilfloses Opfer von Manipulationen, so dass aus politischen oder wirtschaftlichen Gründen viele Fakten geändert werden und die Geschichte in einer Weise dargestellt wird, die von den Tatsachen stark abweicht. Und doch beläuft sich unser Wissen auf die Urkunden bzw. was von ihnen übrig bleibt, denn nur ausgehend von dem, was sie besagen sowie worüber sie schweigen, können wir die Vergangenheit aus dem dunklen Schleier der Vergessenheit hervor ziehen.

Die Geschichte des Admirals Christoph Kolumbus (oder *Almirant*, wie er selbst in mancher Urkunde zeichnet) ist ein deutliches Beispiel für solche Persönlichkeiten, deren Geschichte offiziell so viele Fragezeichen und Ungereimtheiten aufwirft, dass sofort Zweifel aufkommen und eine geheimnisvolle Aura um sie herum entsteht. So verwundert es kaum, dass zahlreiche Theorien um Kolumbus entstanden sind, dass um seine Herkunft, Familie, Heimat und Umstände seiner bedeutungsvollsten Tat, der Entdeckung des amerikanischen Kontinents 1492, spekuliert wird.

Die offizielle Geschichtsschreibung will Christoph Kolumbus einen Sohn einer bescheidenen Familie aus der Umgebung von Genua wissen, dessen Vater ein Handel treibender Weber war. Kolumbus soll sich früh für die Seefahrt entschieden haben, um der Armut zu entkommen. Seine Abstammung ist jedoch recht unklar, und seine wahre Geschichte beginnt erst 1476, als er im Zuge einer Seeschlacht zwischen Kaufleuten und Piraten Schiffbruch erlitt und nach Portugal gelangte, wo er sich niederließ. 1479 heiratete er in Lissabon überraschenderweise eine adelige Frau, Philippa Munis, Enkelin des portugiesischen Besetzers der Insel Madeira, die ihm einen Sohn, Jakob, gebar. Bis 1485 lebte er in Portugal als Seemann und bereiste oft das Mittelmeer und den Atlantik bis zu den Kanarischen Inseln, Kapverden und Azoren. Ebenso soll er die Nordsee besegelt und angeblich sogar Island erreicht haben, wo er von den Wegen gehört haben soll, die zu neuen Landgebieten im Westen führten.

In diesem seemännischen Umfeld schmiedete also Christoph Kolumbus sein Vorhaben, Indien und die Gebiete des Großen Khan über den Westweg zu erreichen. Die Geographie- und Mathematikkenntnisse des florentinischen Arztes Paolo dal Pozo Toscanelli sowie Marco Polos Werk *Die Beschreibung der Welt* bewogen ihn schließlich, einen entsprechenden Vorschlag zu unterbreiten – zunächst König Johann II. von Portugal im Jahr 1484, der abgewiesen wurde, dann 1486 den Königen von Kastilien und Aragonien, Isabella und Ferdinand, die auch keine große Begeisterung zeigten, hatten sie doch mit dem Krieg gegen Granada andere Sorgen. Das Vorhaben schien zum Scheitern verurteilt, doch Kolumbus erhielt von den Katholischen Königen eine Zuwendung der Krone und ließ sich sogleich in Cordoba nieder. Seit 1485 verwitwet, lernte Kolumbus dort Beatriz Enríquez de Arana kennen, die Mutter seines Sohnes Ferdinand oder Hernand, der später mit seinem Werk *Leben des Admirals Christoph Kolumbus* der nächststehende Biograph seines Vaters wurde, wo – in vielleicht übertriebener Manier – die Persönlichkeit des Entdeckers gepriesen wird.

Kolumbus gab jedoch nie auf und verfolgte zielstrebig sein Vorhaben. Durch die Fürsprache von Hernando de Talavera – zu jener Zeit Beichtvater von Königin Isabella – sowie des mächtigen Herzogs von Medinaceli, willigte angesichts des unmittelbar bevorstehenden Falls des nasridischen Königreichs Granada Königin Isabella ein, ihn erneut zu empfangen und seine Beweggründe zu hören. Im Dezember 1491 erreichte Kolumbus das königliche Feldlager in Santa Fe de Granada, und es begannen die Verhandlungen zur endgültigen Genehmigung des Vorhabens. Den Konvertiten Lluís de Santàngel und Diego de Deza, die König Ferdinand von Aragonien überzeugten, Kolumbus' Bedingungen anzunehmen, ist es zu verdanken, dass die ursprünglichen Zweifel überwunden wurden. Das Ergebnis der Verhandlungen waren die berühmten *Vertragsbestimmungen von Santa Fe* vom 17. April 1492, wo in groben Zügen gegen Abtretung an die Könige der neu entdeckten Gebiete Kolumbus den Erbtitel eines Admirals zugesprochen erhielt, weiters den Titel des Vizekönigs und Generalstatthalters der von ihm entdeckten Gebiete und Inseln, die Zehent des Nettoertrags der in den neuen Gebieten gekauften, gewonnenen oder gefundenen Güter (ein Fünftel blieb für die Krone), die Rechtssprechung über die vom Handel im Gebiet seines Admiralats abgeleiteten Streitfälle sowie das Recht, mit einem Achtel zur Expedition beizutragen und sich im selben Verhältnis an dessen Gewinn zu beteiligen. Als Kolumbus diese großzügigen Zusagen erhalten hatte, unterzeichneten die Katholischen Könige die *Vertragsbestimmungen* in Granada am 30. April 1492.

Die offizielle Geschichtsschreibung besagt, dass Kolumbus die erste Expedition organisierte, die vom andalusischen Hafen Palos de la Frontera am 3. August 1492 aufbrach und nach einer endlos scheinenden, beunruhigenden Überfahrt über die atlantische Wasserwüste erst am 12. Oktober Land erreichte, als sie zur Insel Guanahani auf den Bahamas gelangte, die sodann den Namen San Salvador erhielt. Kolumbus ging auch auf Kuba und Hispaniola an Land. Am 25. Dezember 1492 ging das Flaggschiff, die *Santa Maria*, unter, mit dessen Überresten die erste Siedlung auf dem amerikanischen Kontinent, die Festung *La Navidad*, erbaut wurde. Die zwei übrig gebliebenen Karavellen kehrten unter Kolumbus' Führung zur Iberischen Halbinsel zurück, wo sie am 15. März 1493 ankamen, und am 3. April wurde Kolumbus von König Ferdinand in Barcelona empfangen, um die Entdeckung offiziell bekannt zu geben.

Die zweite Reise (1493-1496) diente der Erforschung und Besiedlung der entdeckten Gebiete, wobei Kolumbus auf Puerto Rico an Land ging. Auf seiner dritten Reise (1498-1500) führte Kolumbus sechs Schiffe, und mit ihm reiste sein Freund Bartolomé de las Casas, der später für einen Teil der Transkriptionen seiner *Tagebücher* sorgte. Während dieser Reise wurden die Inseln Trinidad, Tobago, Grenada, die Küste Venezuelas und die Mündung des Orinoco erforscht. Bei der Beschreibung dieser Gebiete glaubte Kolumbus noch, sich auf dem asiatischen Kontinent zu befinden. Am 19. August, als er zu seinem Stützpunkt auf Hispaniola zurückkehrte, fand er einen gemeinsamen Aufstand von Siedlern und Indianern vor. Einige heimgekehrte Kastilier beeilten sich, Kolumbus vor dem Hof der schlechten Führung zu beschuldigen. Die Katholischen Könige entsandten 1500 einen neuen königlichen Verwalter, Francisco de Bobadilla, nach Hispaniola, der bei seiner Ankunft Kolumbus und seine Brüder gefangen nehmen und nach Kastilien in Ketten bringen ließ. Während der Reise lehnte es Kolumbus ab, sich losketten zu lassen, und so schrieb er einen langen, schmerzerfüllten Brief an die Katholischen Könige. Als er in Kastilien angekommen war, erlangte er seine Freiheit wieder, hatte jedoch all sein Prestige und einen Großteil seiner Privilegien endgültig verloren.

Auf seiner vierten und letzten Reise (1502-1504), auf die ihn sein Sohn Ferdinand begleitete, erforschte Kolumbus das heutige Honduras, Nicaragua, Costa Rica und Panama. Zwei Jahre später starb er am 20. Mai 1506 in Valladolid und wurde im Kloster La Cartuja in Sevilla beigesetzt. In seinem von Pedro de Inoxedo, Kammerschreiber der Katholischen Könige, verfassten Testament wird Kolumbus mit seinen Titeln Admiral, Vizekönig und Statthalter der entdeckten und zu entdeckenden Inseln und Festlandgebieten Indiens zitiert. Sein ältester Sohn Jakob erbte seine Titel und Ränge.

Diese Zusammenfassung seiner offiziellen Biographie weist mehrere fragwürdige Stellen auf, die in den Augen einiger Historiker auf eine deutliche, absichtliche Fälschung der Geschichte hinweisen. Wer war dieser Fremde bescheidener Herkunft, der es wagte, von den Katholischen Königen erhebliche Vorrechte und maßlose Würden zu fordern? Wer musste er wohl sein, damit Ihre Hoheiten schließlich einwilligten, sie ihm zu gewähren? Angesichts der jüngsten Nachforschungen von namhaften Historikern wie Jordi Bilbeny war Christoph Kolumbus ein katalanischer Fürst, der mit dem katalanischen und portugiesischen Königshaus verwandt war, aus einem Adelsgeschlecht also, was somit die Amtswürden erklären würde, die ihm die Könige von Kastilien und Aragonien ohne allzu großes Zögern gewährten, ebenso wie seine Hochzeit mit einer portugiesischen Fürstin, die nicht Philippa Munis, sondern Philippa von Coimbra war. Kolumbus' katalanische Herkunft ist laut Bilbeny durch eindeutige Beweise erklärbar – die Katholischen Könige hätten es niemals zugelassen, einem Genuesen solch hohe Würden, einem Abenteurer unbestimmter Herkunft solch beträchtliche Vorrechte zu gewähren. Wäre er Fremder gewesen, hätten die Könige ihn zur Einbürgerung gezwungen, was jedoch nicht notwendig war, da er bereits deren Untertan und Lehnsmann war. Der Titel des Vizekönigs ist zudem ein Amt der Verwaltung des Königreichs Aragonien, und die berühmten *Vertragsbestimmungen* sind auf Grund der darin verwendeten Rechtsformen, ihres Inhalts, der Kolumbus gewährten Titel, der mitwirkenden und zeichnenden Beamten und des Archivs, wo sie aufbewahrt sind – das Königliche Archiv, gegenwärtig Archiv des Königreichs Aragonien mit Sitz in Barcelona – eine rein katalanische Urkunde. Den Gesetzen Kastiliens waren Erbämter fremd, und ebenso wenig war bis dahin in Kastilien der Titel eines Vizekönigs oder ein Vizekönigssystem bekannt. Als Hofklauseln im Zuge eines Pakts zwischen König und Untertan waren die *Vertragsbestimmungen* in ihrer Form in Kastilien absolut inexistent. Die Zeitspanne zwischen dem 17. und dem 30. April 1492, als die *Vertragsbestimmungen* aufgesetzt wurden, weist darauf hin, dass die von Kolumbus geforderten Bedingungen in Katalonien ausgehandelt wurden, wo er die erste Reise vorbereitete, und wurden in Santa Fe, wo die Könige weilten, erst 13 Tage später bestätigt – wohl der Zeitraum, den ein Bote von Katalonien nach Granada brauchte.

In den Augen vieler Historiker steht die katalanische Abstammung von Christoph Kolumbus außer Zweifel, da sein katalanischer Name „Colom" in fast allen europäischen Ausgaben des *Briefes* benützt wird, wo er seine Entdeckung verkündete, da er die neuen Gebiete Indiens, die er zu erreichen geglaubt hatte, mit einer Unzahl katalanischer Ortsnamen benannte sowie auf Grund der offensichtlichen Katalanismen in all seinen Schriften und des katalanischen Wortes „l'Almirant" in seiner Unterschrift. Kolumbus wurde zwar immer als Fremder in Kastilien betrachtet, doch in seinen Schriften bezieht er sich auf die Katholischen Könige als seine „natürlichen Herren", wodurch deutlich wird, dass er nur aus dem Königreich Aragonien stammen konnte, was die These seines genuesischen Ursprungs völlig ausschaltet, ebenso wie seine bescheidene Herkunft und die handwerklichen Berufe etwa eines Webers, Wollhändlers oder Wirten, die ihm niemals die hohen Würden eines Admirals, Vizekönigs oder Generalstatthalters der neuen Überseegebiete eingebracht hätten. Diese Titel konnte er aber sehr wohl in seiner Person vereinen, und zwar dank seiner Zugehörigkeit zu mächtigen barcelonesischen Familie der Colom-Bertran, von der Kolumbus selbst behauptete: „*Ich bin nicht der erste Admiral in meiner Familie*", da er selbst bereits dieses Amt während des Bürgerkriegs ausgeübt hatte, der Katalonien heimsuchte, als die Generalitat (Ständevertretung) gegen den König aus dem kastilischen Haus Trastámara, Johann II., dem Vater Ferdinands des Katholischen, aufbegehrte. Diese politische Stellungnahme der Familie Kolumbus zu Gunsten des Hauses Urgell und seiner portugiesischen Nachkommenschaft und somit gegen das Königshaus kastilischer Abstammung, das seit der Vereinbarung von Casp 1413 in Katalonien regierte, könnte die mangelnde Sympathie zwischen Ferdinand II. und Christoph Kolumbus sowie die Notwendigkeit des Eingreifens bedeutender Fürsprecher erklären, um die Katholischen Könige umzustimmen und die *Vertragsbestimmungen* auszuhandeln.

Trotz der Misstöne mit dem König bestätigte Ferdinand II. zwei Jahre nach Kolumbus' Tod in der königlichen Verfügung vom 29. Oktober 1508 die Titel des Admirals, Vizekönigs und Statthalters von Indien seinem Sohn Dídac oder Jakob Kolumbus: *„Es ist meine Gnade und mein Wille, dass Jakob Kolumbus, Admiral des besagten Indien, Inseln und Festlandes, in meinem Namen die Regierung und das Richteramt innehabe.“* Diesen Worten ist zu entnehmen, dass das Unterfangen der Entdeckung ein katalanisches war, und daher erneuert der katalanische König einseitig die Titel des Erben von Christoph Kolumbus und entsendet ihn in die Neue Welt, um ihn mit diesen Ämtern als einer der Beamte seines Hofes zu dienen. So wird auch aus späteren Urkunden sowie einigen Radierungen ersichtlich, dass Kolumbus' Karavellen nicht vom andalusischen Hafen Palos, sondern vom gleichnamigen Hafen Pals im katalanischen Empordà mit katalanischen Fahnen am Hauptmast in See stachen. Die Seemacht war damals ja auch das Königreich Katalonien-Aragonien – mit Gebietsbesitz in Sardinien, Neapel, Sizilien und Griechenland – und nicht Kastilien, das jeglicher Seefahrkultur entbehrte und zudem vollends auf die endgültige Zerschlagung des in den letzten Zügen liegenden arabischen Königreichs Granada gestellt war.

Angesichts all dieser eindeutigen Belege kommen einige Historiker zum Schluss, dass die Manipulation der Geschichte von Christoph Kolumbus seitens der kastilischen Krone ein krasser Fall von Geschichtstötung ist. Welchen Grund gab es dafür? Welchen Vorteil konnte sie dabei herausschlagen? Kolumbus' katalanische Abstammung und die daraus folgende Urheberschaft der Entdeckung der Neuen Welt durch die Seemacht Aragonien verdrängte Kastilien in den Hintergrund bei der Beanspruchung eines Teils der Besiedlung und Ausbeutung der neuen Gebiete. Die Reichtümer, die bald im Übermaß aus dem amerikanischen Kontinent strömten, wurden sofort von allen Seiten begehrt, und so begann zwischen Kastilien und Aragonien ein Streit um Rechte und Ansprüche auf die Vorherrschaft über die amerikanischen Gebiete. So begann noch zu Christoph Kolumbus' Lebzeiten eine Kampagne zur Manipulation der Fakten der Entdeckung, der zwischen dem Admiral und den Katholischen Königen ausgehandelten Bedingungen und seiner eigenen Biographie. Als Kolumbus' Erben mitansehen mussten, wie ihre Privilegien und damit die in den *Vertragsbestimmungen* festgelegten Einkünften nach und nach gekürzt wurden, leiteten sie einen Rechtsstreit voller endloser Prozesse ein, im Zuge dessen die kastilische Krone sich deren Anteile aneignete und deren Privilegien und Vorrechte untergrub. Kolumbus' Titel, die ihn an die Spitze des gesamten Adels im Königreich stellten, wurden zu einer Bedrohung für die Könige, da der Verdacht gehegt wurde, dass er gar eine neue Dynastie zu gründen vorhatte – schließlich war er mit dem katalanischen und portugiesischen Königshaus verwandt. Daher erscheint auf dem Porträt des Admirals, dass Sebastiano del Piombo 1519 fertig stellte, Christoph Kolumbus mit der offenen linken Hand auf der Brust und die getrennten Finger als Zeichen des Pentakels oder Pentagramms des fünfzackigen Sterns, ein kabbalistisches jüdisches Zeichen, dass für Einkehr und Besinnung steht, aber auch die königliche Haltung, das Zepter darstellt. Wie dem auch sei, die auf Kolumbus direkt bezogenen Urkunden bzw. jene, die seine Person direkt erwähnen, wurden manipuliert, um ihn schlussendlich als Fremden bescheidener Herkunft darzustellen, dem die Privilegien nicht zustanden, die seine Erben auf Grund der umstrittenen Urkunde der *Vertragsbestimmungen* einforderten.

Zur offiziellen Geschichtsschreibung und der These der katalanischen Abstammung des Admirals kommt eine neue Theorie hinzu, derzufolge der geheimnisvolle Kolumbus jüdischer Herkunft gewesen sein soll. In einem Iberien, das damals dem düsteren Diktat der Inquisition unterworfen war, die mit brutalsten Methoden gegen alles vorging, was vom Katholizismus in Reinkultur abwich, verbargen zahlreiche Familien konvertierter Juden ihre Herkunft, um keinen Verdacht zu hegen und in die Hände von Gerichten zu fallen, die aus fadenscheinigen

Gründen zahllose Unschuldige ohne weiteres zum Scheiterhaufen oder schweren Kerkerstrafen verurteilten. Kolumbus' geheimnisvolle Herkunft hat viele zur Annahme gebracht, dass sein Schweigen rund um seine genauen Ursprünge in der absichtlichen Verbergung einer etwaigen jüdischen Abstammung seiner Familie zu suchen sei. Obgleich die historische Grundlage dieser These deutlich schwächer als bei den zwei vorigen ist, so stimmt es sehr wohl, dass Kolumbus selbst in seinen Texten ständig Bezug auf seine Verbindung mit König David und seinem Gott, nämlich dem der Juden, nimmt. Die These, denen zu Folge Kolumbus Jude war, stellt ihn als Sohn einer konvertierten Familie spanischen Ursprungs dar, die sich in Genua niederließ, um der Inquisition zu entkommen – hier gilt es hervorzuheben, dass aus den Urkunden hervorgeht, dass Kolumbus' italienischer Name, Colombo, unter den italienischen Juden im Spätmittelalter häufig vorkam. Gemäß einiger Historiker und Graphologen hat die Unterschrift des Admirals, die mitunter voll von geheimnisvollen Zeichen und Initialen schwieriger Auslegung erscheint, einer Reihe von Vermutungen über mögliche kabbalistische Formeln, hebräische Segnungen oder Anrufungen an den jüdischen Gott stattgegeben. Am oberen linken Rand der privaten Briefe von Kolumbus an seinen Sohn Jakob erscheint eine eigenartige Inschrift, die sehr wohl die jüdische Segnungsformel *B"H* sein könnte, die die Juden üblicherweise in ihrem Schriftverkehr verwendeten und eine Abkürzung des hebräischen Ausdrucks *Be-ezrat Ha-Schem*, „mit Gottes Hilfe", ist.

Aus Kolumbus' Schreiben wird ersichtlich, dass er die Bibel bestens zitieren konnte und sogar mit der jüdischen Geschichte vertraut war. Wenn er gerade vom ersten oder zweiten Tempel zu Jerusalem sprach, nannte er sie „Haus", eine wörtliche Übersetzung des hebräischen Wortes *bayit*, das die Juden immer auf das Jerusalemer Heiligtum bezogen haben. Es scheint, dass Kolumbus absichtlich die Abreise um einen Tag verlegte (ursprünglich war sie für den 2. August 1492 vorgesehen), um sie nicht mit dem verhängnisvollen Datum des jüdischen Kalenders, dem 9. Av zusammenfallen zu lassen, an dem die Juden unter anderen Unsegen der Zerstörung des zweiten Tempels zu Jerusalem im Jahr 70 n.Chr. gedenken. Ein weltlicher Christ, der sich so gut mit der Geschichte des Volkes Israel auskannte, sie auch oft erwähnte und damit eine ausgereifte persönliche Kultur unter Beweis stellte, war eine ungewöhnliche Erscheinung, für eine Person jüdischer Abstammung war dies jedoch weniger verwunderlich. Ebenso umfasst der Brief an die Katholischen Könige, wo Kolumbus über seine erste Indienreise berichtet, eine kritische Bezugnahme auf die Ausweisung der Juden aus den Königreichen Kastilien und Aragonien – dabei hat diese Angelegenheit kaum einen Bezug zum Hauptinhalt des Schreibens.

Ist Kolumbus' mögliche jüdische Herkunft reine Spekulation, so besteht kein Zweifel über die begeisterte Teilnahme und Unterstützung durch Personen jüdischer Abstammung aus dem katalanisch-aragonesischen Hof zu Gunsten von Kolumbus' Reisen, insbesondere durch den Rechnungsschreiber Lluís de Santàngel und den königlichen Schatzmeister Gabriel Sanchís. Diese zwei Edelmänner, die sich ihrer jüdischen Abstammung voll bewusst waren und Familienangehörige hatten, die von der Inquisition verfolgt worden waren, boten Kolumbus moralische und politische Unterstützung an und unternahmen alles, um die Katholischen Könige von den Vorzügen der Vorhabens des Admirals zu überzeugen. Kolumbus' erste Reise wurde erst durch ein Privatdarlehen über 1.140.000 Maravedis von Lluís de Santàngel möglich, wodurch Ferdinand und Isabella ihre Unterstützung für die Expedition zusagten. Die ersten Briefe, in denen Kolumbus über seine Entdeckung berichtete, waren auch nicht an die Katholischen Könige gerichtet, sondern an seine Fürsprecher Santàngel und Sanchís, und diese Schreiben wurden sofort veröffentlicht und übersetzt, waren in ganz Europa im Verkehr und gaben überall seine Tat bekannt. Kolumbus' zweite Reise – mit 17(!) Schiffen die umfangreichste aller vier – wurde zur Gänze mit dem Verkauf der zahlreichen jüdischen Besitztümer finanziert, die nach dem Ausweisungserlass von 1492 beschlagnahmt worden waren. Zwar ist es schwierig zu bestimmen, wie hoch der Anteil der jüdischstämmigen Besatzung bei Kolumbus' erster Reise war, doch dürfte es zu einer Zeit der aggressiven Verfolgung durch die Inquisition kaum verwundern, dass er beträchtlich gewesen sei. Unter ihren Mitgliedern ist die Person des Dolmetschers Lluís de Torres hervorzuheben, ein Jude, der meherer Sprachen einschließlich Hebräisch mächtig war und kurz vor der Abreise übertrat, um sich der Expedition anschließen zu können. Lluís de Torres kehrte nie mehr wieder nach Iberien zurück, sondern ließ sich auf Kuba nieder.

Kolumbus machte sich größtenteils den wissenschaftlichen Fortschritt zunutze, an dessen Spitze die Juden auf dem Gebiet der Sternkunde, Kartographie und Seefahrt während des Spätmittelalters standen. Kolumbus selbst schrieb, dass alle Völker die Grundlagen der Sternkunde von den Juden erlernt hatten. Namen wie Jacob Corsino, Yosef Vecinho und Abraham Zacuto waren für Kolumbus' Vorhaben von grundlegender Bedeutung – Zacuto, Rabbiner und Professor für Sternkunde und Seefahrt an der Universität Salamanca, entwickelte das Kupferastrolabium und fertigte ausgehend von Corsinos Sterntafeln sein berühmtes *Almanach Perpetuum* an, das Kolumbus auf seinen Reisen mit sich führte. Der portugiesische Wissenschaftler Yosef Vecinho übersetzte Zacutos Werk ins Kastilische und überreichte es Kolumbus, obwohl er am portugiesischen Königlichen Ausschuss teilnahm, der Kolumbus' Vorhaben für ungeeignet erachtete, das die Katholischen Könige später unter ihre Ägide nahmen.

Aus praktischer Sicht kann also behauptet werden, dass Kolumbus' Reisen und die Entdeckung zu einem Teil den geistigen wie monetären Anstrengungen seitens Personen jüdischen Ursprungs zu verdanken ist. Diese direkte und indirekte Unterstützung einiger einflussreicher Konvertiten für Christoph Kolumbus' Vorhaben hat dazu geführt, dass einige jüdische Historiker, insbesondere der amerikanische Samson Trust, die Theorie einer etwaigen jüdischen Abstammung des Admirals für durchaus möglich halten, die vor allem auf den Leerstellen in der zensierten offiziellen kastilischen Geschichtsschreibung beruht und trotzdem auch in krassem Gegensatz zur These von Kolumbus' Herkunft aus einem katalanischen Adelsgeschlecht steht.

Ist Christoph Kolumbus' Abstammung durch die kastilische Urkundenfälschung verzerrt worden, so dass sie heute unbekannt ist und zu aller Art Spekulationen geführt hat, so ist sein Ableben ebenfalls nicht umumstritten. Nachdem er auf Wunsch seines Sohnes Jakob oder Dídac in Sevilla beigesetzt wurde, wurden seine sterblichen Überreste 1542 nach Santo Domingo gebracht. Als die Insel 1795 von den Franzosen erobert wurde, kamen sie nach Havanna, und nach dem Unabhängigkeitskrieg von Kuba 1898 wurden sie wieder nach Sevilla gebracht, wo sie jetzt in der Kathedrale ruhen. 1877 wurde jedoch in der Kathedrale von Santo Domingo ein Bleisarg mit einer Inschrift entdeckt, auf dem „Erlauchter und geehrter Herr Christoph Kolumbus" zu lesen war; er enthielt Staub und Knochen. Bis 1992 verweilte er in der Kathedrale von Santo Domingo und wurde dann zum *Faro de Colón* (Kolumbus-Leuchtturm) gebracht, einem Mammutprunkbau, den die dominikanischen Behörden errichteten, um den Überresten des Admirals Tribut zu pflichten. Fernab der Dispute zwischen Historikern und aseptischen Ergebnissen der DNS-Analysen von Kolumbus' sterblichen Überresten, aus denen seine Herkunft endgültig hervorgehen soll, stellen Jordi Savall und Montserrat Figueras in dieser Doppel-CD den Schatz an Texten und Musikweisen des gesamten 15. Jahrhunderts vor, deren Hauptdarsteller auf der Iberischen Halbinsel direkt oder indirekt am Verlust des Paradieses sowohl des Multikulturalismus in den Königreichen Kastilien und Aragonien als auch der Neuen Welt beteiligt waren. Der so geheimnisvolle Christoph Kolumbus, ob Genuese, Katalane oder Jude, wo er auch immer her gewesen sei, spielte dabei eindeutig die Hauptrolle.

MANUEL FORCANO
Barcelona, 2006

Mapa del mundo, 1550

CHRISTOPH KOLUMBUS
Verlorene Paradiese

Licht- und Schattenseiten im Jahrhundert von Kolumbus:
Geschichte und Dichtung im Dialog mit der
arabisch-andalusischen, jüdischen und christlichen Musik
vom alten Hesperien bis zur Entdeckung der Neuen Welt.

Programmentwurf, Text- und Musikauswahl
und musikalische Bearbeitung
Jordi Savall
Dramatik und Texte auf Aramäisch, Hebräisch, Arabisch und Nahuatl
Manuel Forcano

Disk I
I ALTE WEISSAGUNGEN UND DEUTUNGEN

Medea. (Tragödie, 2. Akt) – Seneca. (1. Jh. n.Chr.)
Musik: Chor: G. Binchois; Solo: Anonym s. XII
(Text zitiert und übersetzt von Kolumbus in seinem Buch der Weissagungen)

1. EINFÜHRUNG:
Pierre Hamon (Doppelflöte), Pedro Estevan (Percussion)

2. ANRUFUNG:
Chor: „Tethysque novos detegat orbes"

3. ERINNERUNG 1:
Medea (Tragödie, 2. Akt) Seneca (vv. 364-379)

Beherrscht ist bereits das Meer
und unterworfen allem Gesetz.
Jedes kleine Boot segelt auf hoher See.

Tethys wird uns neue Welten öffnen
und die Erde nicht mehr in Thule enden.

4. ANRUFUNG:
Chor: „Tethysque novos detegat orbes"

5. ERINNERUNG 2:
Auf neuen Landen wurden Städte errichtet
Nichts blieb wo vorher die Welt stand
Als sie von allseits bereist wurde.

Tethys wird uns neue Welten öffnen
und die Erde nicht mehr in Thule enden.

6. ANRUFUNG:
Chor: „Tethysque novos detegat orbes"

7. ERINNERUNG 3:
Mit den Jahren kommen Zeiten
Da sich der Ozean von allem loslöst
und die Erde sich in vollem Umfang öffnet.

Tethys wird uns neue Welten öffnen
und die Erde nicht mehr in Thule enden.

8. REZITATIV:
Im 2. Akt der Medea von Lucius Annaeus Seneca, von Kolumbus gebraucht, sind folgende Verse zu lesen: „*Venient annis saecula seris quibus oceanus vincula rerum laxet: et ingens pateat tellus: Typhysque novos detegat orbes: nec sit terris ultima Thyle.*"

9. ANRUFUNG:
Chor: „Tethysque novos detegat orbes"

10. REZITATIV:
Die doch gewissermaßen freie Übersetzung von Kolumbus, die in seinem Buch der Weissagungen erscheint, lautet: „*Die Welt wird spätere Jahre erleben, an denen der Ozean die Dinge lockert, ein großes Land sich öffnet und ein neuer Seemann wie jener Thyphis, der Iasons Lotse war, eine neue Welt entdeckt, und dann wird die Insel Thule nicht mehr das äußerste Land sein.*"

1408 Herrschaft des Nasriden-Emirs Jusuf III.

11. MUSIK:
Hymne Sufi Improvisation (Santur & Percussion)

12. MUSIK:
Improvisation (Oud)

REZITATIV:
Beschreibung der Schönheiten Granadas
Ibn Battuta, *Die Reisen*, Kap. XVI: Besuch im Nasridenreich Granada 1350.

Von Málaga zog ich nach Alhama, einer kleinen Stadt mit einer gut gelegenen, prächtig gebauten Moschee. Von Alhama reiste ich weiter nach Granada, der Hauptstadt von Al-Andalus, der Braut unter allen Städten. Ihre Umgebung ist von unvergleichlicher Pracht, die auf der ganzen Welt ihresgleichen sucht – sie erstreckt sich über vierzig Meilen und ist vom berühmten Fluss Genil sowie anderen Flüsschen und einer Unzahl von Bächen durchzogen. Obst- und Gemüsegärten, Weiden, Gehöfte und Weinberge umgeben die Stadt von allen Seiten. Einer der schönsten Orte wird ‚Der Tränenbrunnen' genannt, ein Hügel mit Gemüse- und Blumengärten, die sonst keine andere Stadt vorzuweisen vermag. Doch es ist eine Stadt von so gutem Ruf, dass es niemanden bedarf, sie hochzupreisen...

13. MUSIK:
Mowachah Billadi askara min aadbi Llama (Instr. Al-Andalus)

II EROBERUNGEN UND GEBURT VON KOLUMBUS

1410 (September) Die Truppen des Infanten Ferdinand erobern Antequera

14. MUSIK:
Sephardische Romanze: *El Moro de Antequera* (Der Mohr von Antequera)

Der Mohr zieht aus nach dem Gebet
dem Freitagsgebet zu Mittag
und nimmt dreihundert Reiter
mit in seine Gesellschaft
der Gesellschaft wegen tat er's nicht
sondern weil es sein Wunsch
dass alles Volk ausrufen möge:
„Welch prächtige Ritterschar!"
Der Kopfschmuck, den der Mohr nun trägt
ist wunderbar bestickt.
Wer hat ihm den Kopfschmuck bestickt?
Xerifa, seine holde Dame
Xerifa weilt in Türmen hoch
den höchsten Türmen der Türkei
Tief drinnen in den Türmen, tief
harrt ein edler junger Mann
wer weint um ihn als Angehörigen
wer weint um ihn als Bruder?
Die Königstochter, ja, sie weint
um ihren Vetter und Geliebten.

15. MUSIK:
Percussion

REZITATIV:
Bericht der Könige von Kastilien, Kap. XXIX

Als der Infant vor Antequera stand, *Bericht der Könige von Kastilien*, Kap. XXIX
Als der Infant vor Antequera stand, rief er sechzig Mannen, darunter Rodrigo de Narvaez,
auf dass sie jederzeit auf seinen Befehl bereit stünden, über die Leiter den Turm zu stürmen.
Als die Mauren ahnungslos waren, gab er dem Leitermeister ein Zeichen, die Leiter an den
Turm zu lehnen, und das Fußvolk stieg so empor. Die Mauren liefen, ihren Turm zu ver-
teidigen. Die Ritter und das Fußvolk kämpften so tapfer gegen die Mauren, dass sie diese
vom Turm vertrieben und ihn einnahmen. Alle großen Ritter, die zugegen waren, zogen
kämpfend durch die Stadt und bedienten sich vieler Pfeile und Steine, so dass sie viele
Schüsse tätigten. Sie kämpften mit den Mauren in den Gassen der Stadt, und als die Mauren
sahen, dass diese von allen Seiten gestürmt wurde, verließen sie die Türme und den
Wehrgang und suchten so schnell wie möglich Zuflucht in der Burg. Von dort aus kämpften
die Mauren so gut sie konnten mit Armbrusten und Schleudern und verwundeten viele, die

in der Stadt waren. Doch die Stadt wurde eingenommen. Die Mauren, die sich auf die Burg zurückgezogen hatten, sprachen mit dem Heerführer und baten ihn gnädigst, den Infanten zu ersuchen, sie mit ihrem Hab und Gut von dannen ziehen zu lassen, und sie würden die Burg räumen. Als dies vereinbart, begannen alle die Burg zu verlassen, und viele starben an ihren Wunden. Nachdem die Stadt und die Burg vom Infanten übernommen und die Mauren abgezogen, übergab der Infant dem Bürgermeister Rodrigo de Narvaez alles, damit dieser dem König, seinem Herrn, über die Eroberung dieser seiner Stadt berichte.

16. MUSIK:
Zappay (instr.) – CMM 20

1443 (Februar) Alfons V. der Großherzige zieht in Neapel ein

17. MUSIK:
Colinetto (instr.) – CMM 22

REZITATIV:
Aus dem *Tagebuch* von Melcior Miralles, Priester des großherzigen Königs und der Kathedrale zu Valencia.

Hier erwähne ich die große Ehre, die dem Herrn König zuteil wurde, als er in die Stadt Neapel einzog, und wie der Einzug am sechsundzwanzigsten Februar des Jahres 1443 war. Besagter Herr hielt wie folgt Einzug: „Zunächst brachen die Bürger Neapels dreißig Fäden aus der Mauer der besagten Stadt aus, im Viertel des Carmen, und sobald ein Steinblock von der Mauer entfernt, wurde ein riesiger, prächtiger Wagen herbeigezogen, mit vier Rädern und ganz mit Brokat überzogen; und der Herr König saß inmitten des besagten Wagen, vier Handbreit höher, auf einem Thronsessel auf Pelzen sitzend, gekleidet in karmesinrotem, mit Zobelpelz gefüttertem Kleid; mit ihm wurde ein Thronhimmel geführt, aus Brokat auf karmesinrotem Tuch, dem schönsten und reichhaltigsten, der jemals gesehen. Und vor dem besagten Herrn König befand sich auf dem Wagen der gehuldigte Sitz, überaus anmutig und wundervoll verziert; und diesen Wagen zogen fünf prächtige Schimmel, deren jeder ein schönes Kissen aus karmesinrotem Samt auf dem Rücken trug und den besagten Wagen mit Zügeln aus gelber und roter Seide zog. Und ein Engel besang lobend den besagten Herrn: „O König Alfons, möge Dir Gott Leben und Wohl schenken!"

18. MUSIK:
Villota: *Dindirindin* – Anonym CMM 127

Dindirindin ridin rindayna
dindirindin ridin rindayna
rindayna dindirindin.

Ich stand auf eines Morgens
früh vor Sonnenaufgang.
um in den Garten zu gehn
und Schwarzerlenruten zu sammeln.
Dindirindin...

Ich stand auf in schöner Morgenfrühe,
und auf der Wiese
traf ich auf eine Nachtigall,
die sang auf einem Ast.
Dindirindin...

Ich traf auf eine Nachtigall,
singend auf einem Ast.
„Nachtigall, o Nachtigall,
diese Botschaft überbringe für mich."
Dindirindin...

„Nachtigall, o Nachtigall,
diese Botschaft überbringe für mich
und sage meiner Liebsten,
daß ich schon verheiratet bin."
Dindirindin...

1451 (Oktober) Christoph Kolumbus wird geboren

19. MUSIK:
O tempo bono (Einführung)

REZITATIV:
Hernando Colón, *Geschichte des Admirals*, Kap. I.

Hernando de Colón schrieb in seiner *Geschichte des Admirals*: „Da seine Vorfahren vom königlichen Geschlecht Jerusalems waren, zog er es vor, dass seine Eltern kaum bekannt seien, und je geeigneter und fähiger er für das große Unternehmen war, umso weniger wünschte er, dass man von seiner Heimat und Herkunft wüsste."

Sein Freund und Vertrauter, Fray Bartolomé de las Casas, schrieb: „Seine Eltern waren von vornehmem Stand, zu gewissen Zeiten reich, denn deren Lebensunterhalt war wohl der Güterhandel über See; zu anderen Zeiten dürften sie aber auch wegen der Kriege und Misslichkeiten, die es schon immer gab und niemals fehlen, arm gewesen sein. Es heißt, sein Geschlecht sei großzügig und althergebracht."

20. MUSIK:
Strambotto: *O tempo bono* (O schöne Zeit) – CMM 132

O schöne Zeit, wer hat dich mir genommen
Dass ich dich nicht mehr habe wie gewohnt?
O teure Zeit, wie sehr bist du getrübt
Was tust, Fortuna, du ihm an, dem's wohl erging?
O süße Zeit, wie hast du mich verlassen
um ohne Weg und blindlings auszuschreiten?
Glückliche Zeit, du hast dich fortgestohlen
meiner Laterne Leuchten hat sich abgewandt.

III NEUE WEGE UND GROSSE VORHABEN

1474 (25. Juni) Brief des Arztes Toscanelli an den Prinzen Johann

21. MUSIK:
Voca la galiera (Instr.)

REZITATIV:
Eure Reise gegen Westen
Salvador de Madariaga, *Leben des sehr erhabenen Herrn Christoph Kolumbus*, S. 103.

Ich habe eine Karte mit meinen eigenen Händen gezeichnet, auf der Eure Küsten und Inseln dargestellt sind, von wo aus Ihr Eure Reise westwärts zu den Orten, die Ihr erreichen sollt, antreten könnt, mit dem Abstand zum Pol und der Äquinoktiallinie, an dem Ihr Euch richten sollt, und wie viele Meilen Ihr zu durchqueren habt, um jene überaus fruchtbaren Gefilde mit aller Art Gerüchen und Edelsteinen zu erreichen. Und wundert Euch nicht, dass ich das Gewürzland Westen nenne, da es üblich ist zu sagen, die Gewürze kommen vom Osten, doch wird, wer über die untere Halbkugel westwärts segelt, jene Länder stets im Westen und, wer über den Landweg durch die obere Halbkugel reist, sie im Osten vorfinden.

22. MUSIK:
Basse Danse: *Mappa Mundi* (Kyrie von der Mappa Mundi Messe) – Johannes Cornago

1480 Schiffbruch am Kap São Vicente

23. MUSIK:
Chiave, chiave (instr.) – Anonym CMM 131

REZITATIV:
Hernando Colón, *Geschichte des Admirals*, Kap. V.

Der Admiral lief gegen vier große venezianische Galeeren aus und stieß auf sie am Kap São Vicente in Portugal. Die Schlacht entbrannte, beide Seiten kämpften erbittert, stürmten aufeinander mit großer Wucht, töteten und schlugen ohne Erbarmen. Sie kämpften bereits den ganzen Morgen, als das Admiralschiff und eine Galeere Feuer fingen. Jene, die ins Wasser springen konnten, zogen es vor, auf diese Weise zu sterben als die Qual der Flammen zu ertragen. Der Admiral, ein guter Schwimmer, klammerte sich an ein Ruder, das ihm vom Schicksal geschickt, und begann darauf gestützt zu schwimmen. Er erreichte Land, doch von der Nässe des Wassers erschöpft und geschwächt, brauchte er mehrere Tage, bevor er sich erholen konnte.

1485 Hochzeit Kolumbus' während seines Aufenthalts in Portugal

24. MUSIK:
Improvisation Altes Lied (s. XI)

REZITATIV:
Da er sich nicht weit von Lissabon befand, begab er sich dorthin, und er wurde so gut
behandelt und aufgenommen, dass er sich in jener Stadt niederließ und eine Dame namens
Felipa Moniz heiratete, von edlem Geschlecht und Vorsteherin des Heiligenklosters, wo der
Admiral üblicherweise in die Messe ging, und sie pflegte einen so innigen Umgang und
Freundschaft mit ihm, dass sie seine Frau wurde.

25. MUSIK:
Meis olhos van por lo mare (Meine Augen gehen übers Meer) – Anonym CMP 453

Meine Augen gehen übers Meer
blicken gegen Portugal.
Meine Augen gehen übern Fluss
suchen den Douro und Minho.

1486 Kolumbus bringt sein Vorhaben vor die Katholischen Könige

26. MUSIK:
Einführung *In te Domine* (Violen)

REZITATIV:
Hernando Colón, *Geschichte des Admirals*, Kap. LXXXIII.

Da er sich an den kastilischen Brauch hielt, angesichts des Unvernünftigen *Es zweifelt der
Heilige Augustinus* Allen gegenüber zu sagen, denn dieser Heilige glaubte in seinem *De
civitate Dei*, es sei unmöglich, dass es Antipoden gäbe und man von einer Halbkugel zur
anderen gelangen könne, und da die Könige sich dieser Mär und anderer Lügen bedienten,
denen sie blind glaubten, hielten sie das Unternehmen für nutzlos und unmöglich. So ant-
worteten ihre Hoheiten dem Admiral, dass sie mit vielen anderen Kriegen und
Eroberungen beschäftigt seien, wodurch es ihnen unmöglich sei, ein neues Unternehmen
in Kauf zu nehmen, und sie lehnten es ab, den großen Versprechen des Admirals Gehör zu
schenken.

27. MUSIK:
Frottola: *In te Domine speravi* (In dir, Herr, hoffte ich) – Josquin des Près CMP 84

In dir, Herr, hoffte ich
Gnade in aller Ewigkeit zu finden.
Doch durch eine trübe, dunkle Hölle
Ging und mühte ich mich vergeblich
In dir, Herr, hoffte ich.

Dahinverweht ist jegliche Hoffnung
des Weinens blicke ich in den Himmel
Seufzer und Tränen eilen mir voraus
vor lauter traurigem Warten.
Ich bin verletzt, wie sehr, weiß ich nicht
voll des Grübelns rief ich nach dir
in dir, Herr, hoffte ich.

IV DAS ENDE VON AL-ANDALUS

28. MUSIK:
Arabisch-andalusische Improv. (Santur & Flöte)

29. MUSIK:
Improvisation (Psalterio)

REZITATIV:
Gedicht in Stein von der Alhambra zu Granada von Ibn Zamrak.
Gedicht des Saals der Zwei Schwestern über die Schönheiten der Alhambra. Ibn Zamrak,
zu Zeiten des Nasridenkönigs Mohammed V. (1354-1359). Verse 1, 3, 8, 9 und 19.

Ich bin der Garten, der die Pracht verziert
Sie ohne Weiters zu sehen erklärt meinen Rang.
Erhaben ist das Heim, denn Fortuna
befahl ihm, alles Haus zu übertreffen.
Herunter möchten die glitzernden Sterne
ohne sich am Himmelstrich weiter zu drehen.
Auf dem Hof stehen, vom König
auf Befehle warten mit den eifrigen Sklavinnen.
Niemals sahen wir solch holde Feste
so rein am Horizont und so weit.

30. MUSIK:
Jarcha: *Ja amlacha halki* (Andalusien, 13. Jh.).

O Du schönstes aller Wesen!
Mein Herz schlägt für Dich, doch Du kehrst nicht zurück
höre hin, wenn es ihm vor Sehnsucht schmerzt.

Sag, wie soll ich solch große Sehnsucht ertragen
o Augen des Geliebten, ohne Dich?

1492 (2. Januar) Die Eroberung Granadas

31. MUSIK:
La Spagna (instr.)

32. MUSIK:
Trommeln und Glocken

REZITATIV:
Von der Unterredung in der Alhambra und der Aufgabe Granadas.
Andrés Bernáldez († ca. 1513), Geistlicher und Beichtvater von Königin Isabella und des
Generalinquisitors von Kastilien Torquemada. *Erinnerungen der Herrschaft der Katholischen
Könige*, Kap. II.

Es vergingen Juli und August, und September, Oktober und November, und die Mauren gaben nie auf, und im Monat Dezember hatten sie nur noch wenige Vorräte, als sie den König und die Königin um eine Unterredung baten, die für den dreißigsten Tag im Dezember gewährt wurde, worauf alle ihre und des Königs Boabdil Festungen zu übergeben seien, und so verblieben sie. Der König und die Königin gewährten dies ihnen mit anderen Auflagen und Bedingungen, so dass jene, die davon ziehen wollten, es tun dürften, wann sie wollten und wohin sie wollten, sie freies Geleit erhielten und alle gefangenen Christen freilassen sollten. Die Vereinbarung war, dass sich die Verteidiger der Stadt am Tag der Heiligen Drei Könige ergeben sollten. Und der König und die Königin machten sich auf den Marsch auf die Alhambra und brachen am Montag, den zweiten Januar, vom Lager mit ihren geordneten Heerscharen auf.

Als sie sich der Alhambra näherten, zog der König Muley Boabdil unter Begleitung vieler Ritter zu Pferd aus, die Schlüssel in den Händen, und er wollte absteigen, dem König die Hand zu küssen, doch der König erlaubte ihm nicht, vom Pferd herunterzutreten, und wollte ihm auch nicht die Hand reichen. Der maurische König küsste ihn auf den Arm, gab ihm die Schlüssel und sprach: „Nimm, Herr, die Schlüssel Deiner Stadt, denn ich und die darinnen sind gehören Dir." Und König Ferdinand nahm die Schlüssel und reichte sie der Königin. Und die kastilischen Ritter drangen in die Alhambra ein und nahmen sie in Besitz, gingen und stürmten sie und hangen als erstes am höchsten Turm die Fahne Jesu Christi auf, das heilige Kreuz, das der König im heiligen Krieg stets mit sich trug.

33-34. MUSIK:
Villancico: *Levanta pascual* (Steh auf, Pascual, steh auf) – Juan del Enzina CMP 184

Steh auf, Pascual, steh auf
lass uns nach Granada ziehen
die Stadt, so heißt es, ist gefallen.

Steh schnell auf, los
nimm deinen Hund und deinen Ranzen
deinen Schafspelz und deinen Schurz
deine Schalmei und deinen Hirtenstock.
Lass uns den Aufruhr sehen
in dieser ruhmreichen Stadt,
die Stadt, so heißt es, ist gefallen.

Das hättest du gerne, dass ich dir glaube
nicht doch, du machst dich über mich lustig!
So sehr du dich danach sehnest
bei Gott, umso mehr wünsche ich es.
Aber leider kann ich keinen Beweis
für deine Worte erkennen.
Die Stadt, so heißt es, ist gefallen.

Sapperlott, hör auf damit
Du denkest stets, ich lüge!
Bereuen solle ich, zu dir zu sprechen
von nun an schweig ich nur!
Steh nun auf und komm mit mir
und zögere nicht länger
die Stadt, so heißt es, ist gefallen.

Es sind wohl schon alle dort
schon alle in der Stadt
mit riesig großem Prunk
mit lieblichem Gesang und Weisen.
O Licht der Goten
Könige ruhmreichen Namens!
Die Stadt, so heißt es, ist gefallen.

Welch ein Trost und Erleichterung
beim Anblick von Türmen und Zinnen
mit aufgestellten Kreuzen!
Welch eine Freude und Erleichterung!
und reich bekleidet
zog der Hof in die Stadt ein.
Die Stadt, so heißt es, ist gefallen.

Für diesen großartigen Sieg
unserer Herren Könige
sagen wir unser Dank und Lob
dem ewigen ruhmreichen König,
denn nie zuvor war Kunde
solch vollkommener Könige:
Die Stadt, so heißt es, ist gefallen.

Nun sprech keinen Unsinn, mein Guter
hüten wir lieber unser Vieh
bevor es auf fremdes Land gerät
und wir einem Mauren anheim fallen.
Blasen wir die Schalmei
denn der Rest ist wertloses Gerede.
Die Stadt, so heißt es, ist gefallen.

Ich sage dir, wie es geschah
unsere Königin und der König
unseres Glaubens Morgensterne
ritten aus Santafé,
bei Gott, sie brachen auf
so wird gesagt, im Morgengrauen.
Die Stadt, so heißt es, ist gefallen.

35. MUSIK:
Romanze: *Qu'es de ti desconsolado?* (Was ward aus dir, du Glückloser?)
Juan del Enzina CMP

Was ward aus dir, du Glückloser?
Was ward aus dir, König von Granada?
Was ward aus deinem Land und Mauren?
Wo nennst du dein Heim?
Kehr nun ab von Mohammed
und deinem verdammten Irrglauben
denn in solchem Wahn zu leben
verdient nur großen Spott und Hohn.
Wende dich, o guter König
unserem geweihten Gesetze zu
denn da du schon dein Reich verlorest
so sei doch deine Seele gerettet.
In diesem geschlagenen Reiche
soll dir große Ehre erblühen.
O du edles Granada
ruhmesreich in aller Welt
sogar da warst du gefangen
und nun bist du befreit!
König Roderich verlor dich
wegen seines glücklosen Schicksals
es gewann dich König Ferdinand
mit größerem Heil zurück
und Königin Isabella
so gefürchtet und geliebt:
Sie mit ihren Gebeten
Er mit vielen Waffenträgern.
Da Gott seinen Willen gebieten lässt
war die Verteidigung vergebens
denn wo Er seine Hand ausbreitet
ist das Unmögliche fast nichts.

Disk II

V DIE SEPHARDISCHE DIASPORA

1. MUSIK:
Las Estrellas de los cielos – Sefardisch Anonym

Die heilige Inquisition
2. HYMN:
Patres nostri peccaverunt – Johannes Cornago CMM 2

Unsere Väter haben gesündigt und sind nicht mehr.
Und wir haben ihre Missetaten zu tragen.

1492 (31. März) Ausweisung der nicht konvertierten Juden

3. MUSIK:
Improvisation (Percussion)

REZITATIV:
Erlass zur Ausweisung der Juden
Fassung des Sekretärs der Katholischen Könige, Joan Coloma, zu Granada am 31. März 1492.
Ferdinand und Isabella, von Gottes Gnaden König und Königin von Kastilien, von Leon, von Aragonien, Graf und Gräfin von Barcelona, Wohl und Gnade sei Ihnen gegeben:
     Wisset und wissen sollet, dass die Juden versuchen stets, wie auch immer sie vermögen, Unseren Heiligen Katholischen Glauben den Gläubigen auszutreiben, sie davon abzubringen und zu ihrem schädlichen Glauben und Urteil zu ziehen, indem sie sie im Glauben und in den Ritualen ihres Gesetzes unterrichten, sie zusammentragen und ihnen beibringen, dass es kein anderes Gesetz noch andere Wahrheit außer dem Gesetz Mose gibt.
     […] Dieses große Leid und Schande ist zu beheben und wieder gutzumachen, denn jeden Tag geschieht und scheint es zu sein, dass diese Juden in ihrer bösen und schädlichen Absicht beharren, und da die Hauptursache dessen nicht zu lösen ist, sind die Juden aus Unserem Reiche zu vertreiben.
     […] Da darüber viel beraten, beschließen Wir, alle Juden zum Verlassen unseres Reiches zu befehlen, und mögen sie niemals dahin zurückziehen. Wir befehlen allen Juden und Jüdinnen jeden Alters, wo sie wohnen und leben und sich in besagtem Reiche und Landen aufhalten mögen, bis zum Ende dieses Monats Juli mit ihren jüdischen Kindern und Burschen und Mägden und Angehörigen, groß wie klein, welchen Alters auch immer weg-zuziehen, und sich unter Androhung der Todesstrafe und der Beschlagnahme all ihrer Güter nicht zu getrauen, weder vorübergehend noch in jedweder Weise zurückzukehren.
     […] Wir befehlen und verfechten, dass niemand, kein Mensch noch kein Mensch aus besagtem Unseren Reiche, jeglichen Standes, Umstandes und Würde sich getrauen soll, nach Ablauf der Frist zu Ende Juli je wieder weder öffentlich noch geheim keinen Juden noch keine Jüdin unter Androhung des Verlustes all seiner Güter, Untertanen und Festungen und anderer Besitztümer zu empfangen noch aufzunehmen oder zu verteidigen.
     […] Wir gewähren den besagten Juden und Jüdinnen die Erlaubnis und Befugnis, aus besagtem Unseren Reiche ihr Hab und Gut über Land und über See auszuführen, außer es sei Gold oder Silber oder geprägtes Münzgeld oder sonstige andere von den Gesetzen

Unseres Reiches verbotenen Dinge.
[…] Und damit diese Kunde zu Ohren aller komme und niemand Unwissen geltend machen könne, befehlen Wir, dass dieser Brief öffentlich auf allen Plätzen und Märkten und an sonstigen üblichen Orten der besagten Städte und Gemeinden und Dörfer von einem Ausrufer und vor öffentlichem Schreiber verkündet werde.
[…] Geschrieben zur Stadt Granada am 31. Tag des Monats März, im Geburtsjahr Unseres Erlösers Jesus Christus Vierzehnhundertzweiundneunzig.
Ich, der König. Ich, die Königin. Ich, Joan de Coloma, Sekretär des Königs und der Königin, unsere Herren, ließ ihn in Ihrem Auftrag verfassen.

4-5. REZITATIV:
Gebet auf Aramäisch: *Ha lachma 'anja*

MUSIK:
Gebet auf Ladino: *Dies ist das Kummerbrot*. Sephardisch Anonym
Aramäisches Gebet zur *Hagada* des jüdischen Osterfests.

Dies ist das Kummerbrot
das unsere Väter in Ägypten aßen.
Mögen alle Hungrigen kommen und essen
Mögen alle Bedürftigen kommen und Ostern feiern.
Dies Jahr sind wir die Erlösten Israels
Nächstes Jahr ist es das ganze Volk Israels.

Zeugnis der Ausweisung der Juden
6. REZITATIV:
„Innerhalb weniger Monate...“ Andrés Bernáldez († ca. 1513), Geistlicher und Beichtvater von Königin Isabella und des Generalinquisitors von Kastilien Torquemada. *Erinnerungen der Herrschaft der Katholischen Könige.*

Innerhalb weniger Monate verkauften die Juden, was sie nur konnten. Sie tauschten ein Haus gegen einen Esel, einen Weinberg gegen einen Ballen Stoff oder Tuch ein. Vor der Abreise verheirateten sie miteinander die Kinder über zwölf Jahre, damit jedes Mädchen von einem Ehegatten begleitet sei … Im Vertrauen auf vergebliche Hoffnungen in ihrer Verzweiflung machten sie sich dann auf den Weg und verließen, groß und klein, alt und jung, zu Fuß und auf Eseln und anderen Tieren reitend und auf Karren ihre Geburts-stätten, und sie setzten ihre Reise fort, jeder zum Hafen, den er aufsuchen sollte, gingen über Wege und Felder, die sie mit großer Mühe und Schicksal begingen, da manche fielen, andere aufstanden, andere starben, andere geboren wurden, andere erkrankten, und da war kein Christ, der sich nicht ihrer erbarmte, und wo sie gingen, wurden sie zur Taufe eingeladen, und einige traten in der Not über und blieben, doch es waren sehr wenige, und die Rabbis forderten sie zur Anstrengung auf, ließen die Frauen und Jünglinge singen, Schellentrommeln und Tamburine zur Erheiterung der Leute spielen, und so verließen sie Kastilien.

7. MUSIK:
Klagelieder auf Hebräisch: *Mà aidéj? Mà adamélaj* – Anonym
Lam. 2.13/5.2-4/2.11/2.13/2.15

Womit soll ich dich vergleichen?
Wem soll ich dir gleichstellen, Tochter Jerusalems?

Wer soll dich erretten und trösten
Jungfrau Tochter Zions?

Unser Gut fiel an Ausländer
unser Heim an Fremde
groß wie das Meer ist dein Unheil
um Silber Wert trinken wir unser Wasser.

Verwaist und vaterlos sind wir
ach, wie ist das Gold erblasst!

Vor Tränen versiegen meine Augen
brodeln meine Eingeweide
schmilzt mein Herz auf dem Boden dahin
wer soll dich heilen?

Alle waren schadenfroh
die dich am Wege begegneten
pfeiften und schüttelten ihre Köpfe
vor der Tochter Jerusalems und sagten:

Und das ist die Stadt, in der
die Schönheit vollkommen sein soll?

VI ENTDECKUNGEN UND UNRECHT

1492 (3. Oktober) Kolumbus' erste Reise

8. MUSIK:
Improvisation über die *Fantasía* de Lluís del Milà (Vihuela)

REZITATIV:
Brief von Kolumbus an die Katholischen Könige (erste Reise)
Salvador de Madariaga, *Leben des sehr erhabenen Herrn Christoph Kolumbus*, S. 215.

Als alle Juden aus Eurem Reich und Landen vertrieben, geboten mir im selben Monat Januar Eure Hoheiten, mit ausreichender Flotte nach Indien in See zu stechen, und dafür ward mir große Gunst zuteil, wurde ich in den Adelsstand erhoben.

9. MUSIK:
Voca la galiera – Anonym CMM 18

1492 (12. Oktober) Von der Karavelle Pinta wird die Neue Welt gesichtet

10. REZITATIV:
Christoph Kolumbus, *Logbuch.*

Nacht des 11. Oktobers 1492:
Er segelte gegen Westsüdwesten. Sie hatten rauhe See, doch stärker war sie während der ganzen Reise gewesen. Sie sichteten Sturmtaucher und grünes Schilf beim Flaggschiff. Mit diesen Anzeichen atmeten sie auf, und alle freuten sich. Bis Sonnenuntergang legten sie an jenem Tag einundachtzig Meilen zurück.
Nach Sonnenuntergang segelten sie zunächst gegen Westen – zwölf Meilen jede Stunde, und bis zwei Stunden nach Mitternacht legten sie neunzig Meilen zurück. Die ganze Nacht hörten sie Vögel vorbeifliegen. Die See war glatt wie der Fluss zu Sevilla. Und da die Karavelle *Pinta* die tüchtigste war und dem Admiral voraussegelte, sichtete sie Land und gab die Zeichen, die der Admiral befohlen hatte. Dieses Land sah als Erster ein Seemann namens Rodrigo de Triana. Er ging auf das Achterkastell – er sah einen Schimmer, ganz schwach und flüchtig, jedoch traute er sich nicht, etwas zu sagen. Er rief den Königlichen Kammeroffizier und teilte ihm mit, ein Licht zu sehen geglaubt. Dieser schaute tief in die Dunkelheit und sah es ebenfalls. Es war wie ein kleines Kerzenlicht, das immer näher auf- und abflackerte. Zwei Stunden nach Mitternacht erschien das Land nur noch sechs Meilen weit.

MUSIK:
Flöte und *palos de agua*

1502 Zwangskonvertierung aller Mauren de Königreichs Kastilien

11. MUSIK:
Lament instr. (Improv.)

12. REZITATIV:
Bericht der Könige von Kastilien, Kap. CXCVI.

Da der König und die Königin erkannten, dass trotz aller Anstalten der Mauren, Mudejaren und Getauften der große Schaden, den die Mauren den Christen ständig anrichteten, nicht zu übersehen war, befahlen sie, dass alle Mudejaren aus Kastilien und Andalusien binnen zweier Monate Christen werden und zu unserem heiligen katholischen Glauben übertreten sollten, und es drohte jenen, die dem Herrn untertan waren und sich nicht taufen ließen, Sklaven des Königs und der Königin zu werden. Und es wurde die zweimonatige Frist im April dieses Jahres 1502 erfüllt, und so wurden sie freiwillig, die restlichen gegen ihren Willen getauft im Glauben, dass wenn die Eltern nicht gute Christen seien, es doch die Kinder, Enkel oder Urenkel würden.

13. MUSIK:
Nuba Hiyay Msmarqi. Mizan Bsit. Ya muslimin qalbi (Arabisch-andalusisches Klagelied, 16. Jh., Anonym)

Ach, höret mich doch! Mein Herz hat mich gerufen
Wer hat die Liebe dazu gebracht, es zu bewohnen?

So liebevoll, so traurig, solche Angst
Lässt es leiden zwischen Verzweiflung und tödlicher Leidenschaft.

1502 Moctezuma II. wird zum aztekischen Herrscher gewählt

Gedicht auf Náhuatl über die Vergänglichkeit der Welt.

14-16. MUSIK:
Improvisation (Flöte)

REZITATIV:
¿Cuix oc nelli nemohua oa in tlalticpac Yhui ohuaye? Cantares Mexicanos, Bl. 17, r.

Lebt man denn tatsächlich auf der Erde?
Man bleibt nicht ständig auf der Erde, nur ein wenig
obwohl es Jade ist, bricht es
obwohl es Gold ist, spaltet es sich
obwohl es Quetzal-Federn sind, lösen sie sich
Man bleibt nicht ständig auf der Erde, nur ein wenig.

15. MUSIK:
Homagio Kogui (Quena & indianische Trommeln)

VII TESTAMENT VON ISABELLA UND TOD VON KOLUMBUS

17. MUSIK:
Departez vous (instr.) – Guillaume Dufay CMM 21

1504 Testament von Königin Isabella von Kastilien

18. MUSIK:
Improvisation (Trommeln, Glocken, Psalterio und Stimmen)

REZITATIV:
Über die Behandlung der Indianer
Testament von Königin Isabella, in einer Darstellung von Fray Bartolomé de las Casas an den Arzt Ginés de Sepúlveda.

...Und sei nicht erlaubt noch verursacht, dass die Indianer, die auf besagten Inseln und dem Festland leben, ob erobert oder zu erobern, an ihrem Leib oder Besitztum Schaden tragen, sondern sei befohlen, dass sie wohl und gerecht behandelt werden. Und sollte ihnen Schaden zugefügt worden sein, so ist dieser zu gutzumachen und dafür zu sorgen, dass keine Übertretung von dem erfolgt, was uns über die Worte dieser Zulassung aufgetragen und befohlen.

19. MUSIK:
Villancico: *Todos los bienes del mundo*
(Alles Gute auf der Welt)
Juan del Enzina CMP 61

Alles Gute auf der Welt
geht schnell vorbei, auch die Erinnerung,
bis auf Glanz und Gloria.

Die Zeit trägt fort die einen,
die anderen Glück und Schicksal,
Und zuletzt kommt der Tod,
der nicht einen von uns verschont.
All dies sind Güter des Glücks
und kaum der Erinnerung wert,
bis auf Glanz und Gloria.

Der Ruhm lebt sicher weiter,
auch wenn sein Besitzer stirbt;
die anderen Güter sind nur Illusion
und ein sicheres Grab.
Das größte Glück und das beste
geht rasch vorbei, auch die Erinnerung,
bis auf Glanz und Gloria.

Laßt uns guten Ruhm sichern,
der nie mag verloren gehn,
ein Baum, der immer grün ist
und dessen Ast Früchte trägt.
Alles Gute, das gut sich nennt,
geht rasch vorbei, auch die Erinnerung,
bis auf Glanz und Gloria.

1506 (20. Mai) Christoph Kolumbus stirbt in Valladolid

20. MUSIK:
Fortuna desperata – Heinrich Isaac

21. MUSIK:
Einführung *Miserere nostri*

REZITATIV:
Hernando Colón, *Leben des Admirals*, Kap. CVIII.

Im Mai 1505 brach er zum Hof des katholischen Königs auf. Im Vorjahr war die glorreiche
Königin Isabella verstorben, was im Admiral tiefstes Bedauern auslöste, denn sie war ihm eine
große Stütze und Befürworterin gewesen, während der König ihn seit jeher für etwas trocken
und widerspenstig befand. Er selbst und Ihre Majestät die Königin hatten ihn aufgefordert,
diese Reise zu unternehmen. Zur selben Zeit, als der katholische König aus Valladolid auszog,
um ihn zu empfangen, verstarb dort am Himmelfahrtstag, den 20. Mai 1506 der Admiral,
dessen Zustand sich wegen der Gicht und des Schmerzes verschlechtert hatte, den ihm sein
körperlicher Verfall bereitete, zu dem noch weitere Leiden hinzugekommen waren. Zuvor
erhielt er die heiligen Sakramente der Kirche, wobei er diese letzten Worte sprach: „In manus
tuas, Domine, commendo spiritum meum", der ihn durch seine große Barmherzigkeit und
Güte, so sind wir uns sicher, selig aufnahm. „Ad quam nos eo perducat. Amen."

22. MUSIK:
Miserere nostri / Vexilla Regis – CMM 106
Erbarme dich unser, Herr, erbarme dich unser

[Die Fahnen des Königs rücken vor
Es erstrahlt das Geheimnis des Kreuzes
da im Fleische des Fleisches Schöpfer
am Kreuz aufgehängt wird.]

Da er, zudem verwundet
von der harten Speerspitze
uns von unseren Sünden zu reinigen
Wasser und Blut vergoss.

[Erfüllt hat sich, was gepriesen
David mit frommem Gesang
als er sprach: „Unter den Völkern
hat Gott von einem Baum regiert".]

Stattlicher, strahlender Baum
geschmückt mit königlichem Purpur
auserwählt aus einem würdigen Stamme
so heilige Glieder zu tragen.

Gesegneter Baum, an dessen Ästen
hing der Zeiten Lohn
Du hast gewogen den Leib
und der Hölle die Beute entrissen.

O Kreuz, sei gegrüßt, Hoffung ohnegleichen
vermehre nun zur Passionszeit
der Frommen Gerechtigkeit
und dem Herrscher gewähre deine Gunst.

Dich, Gott, Inbegriff der Dreifaltigkeit
mögen loben alle Seelen, die du
errettet durch das Geheimnis des Kreuzes
herrsche auf alle Zeit. Amen.

Epitaph
23. MUSIK:
Fantasía I – Lluís del Milà

Auszug aus einem Brief des Admirals

24. MUSIK:
Anonym (s. XVI)

REZITATIV:
Salvador de Madariaga, *Leben des sehr erhabenen Herrn Christoph Kolumbus*, S. 60.

Ich bin nicht der erste Admiral in meiner Familie. Möge ich genannt werden, wie man wolle, da David, sehr weiser König, ja Schafe hütete und danach zum König von Jerusalem gekrönt wurde, und ich bin Diener des selben Herrn, der David in diesen Stand erhob.

25. MUSIK:
Prozessions Hymne: *Hanacpachap cussicuinin* (auf Ketschua) – Juan Pérez Bocanegra

Vom Himmel gesandte Freude
Tausendmal preise ich dich
höre mein Flehen
Fruchtbeladener Baum
Hoffnung der Menschheit
und Helferin der Schwachen.

Erhöre meine Bitten
stütze Gottes, Mutter Gottes,
schöne Lilie, gelb und weiß
belohne meine Opfergaben
dass ich mit deiner Hilfe
all meine Träume erlange.

Übersetzung: Gilbert Bofill

CRISTOFORO COLOMBO
Paradisi Perduti

Luci e Ombre nel Secolo di Colombo:
la Storia e la Poesia in dialogo
con le musiche arabo-andaluse, ebraiche e cristiane
dell'Antica Esperia fino alla scoperta del Nuovo Mondo.

Disco I

I PROFEZIE ED EVOCAZIONI ANTICHE

Medea. (Tragedia, Atto II) – Seneca (Secolo I d.C.)
Musica: Coro: G. Binchois; Solo: Anonimo s. XII
(testi citati e tradotti da Colombo nel suo Libro delle Profezie)

1. Introduzione: Pierre Hamon (flauta doble) Pedro Estevan (percussione)
2. Invocazione: Coro: "Tethysque novos detegat orbes"
3. Evocazione 1: Medea: *"Nunc iam cessit pontus et omnes patitur leges"*
4. Invocazione: Coro: "Tethysque novos detegat orbes"
5. Evocazione 2: Medea: *Terminus omnis motus et urbes*
6. Invocazione: Coro: "Tethysque novos detegat orbes"
7. Evocazione 3: Medea: *Venient annis saecula seris*
8. Recitato: *"Venient annis sæcula seris quibus oceanus vincula rerum laxet..."*
9. Invocazione: Coro: "Tethysque novos detegat orbes"
10. Recitato: *"Verrano, nei tardi anni..."*

1408 Regno dell'Emiro Nazarita Yusuf III

11. Improvvisazione strumentale: *Inno Sufi* (santur & percussione)
12. Recitato: "Descrizione delle bellezze di Granada" – Ibn Battuta, *I Viaggi.*
13. Musica: *Mowachah Billadi askara min aadbi Llama* (strumentale Al-Andalus)

II CONQUISTE E NASCITA DI COLOMBO

1410 (Settembre) Le truppe dell'Infante Ferdinando conquistano Antequera

14. Romanza Antica: *El moro de Antequera* (Anonimo sefardita)
15. Recitato: "Stando l'Infante davanti ad Antequera..." *Cronaca dei Re di Castiglia,* cap. XXIX
16. Musica: *Zappay* (instr.) CMM 20

1443 (Febbraio) Alfonso V il Magnanimo entra in Napoli

17. *Collinetto* (instr.) CMM 22
Recitato: "Qui dirò del grande onore che fu fatto al Signor Re..."
Dal Dietari di Melcior Miralles, cappellano del Re Magnanimo e della Cattedrale di Valencia
18. Villota: *Dindirindin* – Anonimo CMM 127

1451 (Ottobre) Nasce Cristoforo Colombo
19. Recitato: "Essendo i suoi antenati del sangue reale di Gerusalemme..."
    Hernando Colón
20. Strambotto: *O tempo bono* – Anonimo CMM 132

III NUOVE ROTTE E GRANDI PROGETTI

1474 (25 giugno) Lettera del fisico fiorentino Toscanelli inviata al Principe Don Juan
21. Musica: *Voca la galiera* (strumentale)
    Recitato: "Una mappa fatta di mio pugno... sui viaggi verso l'Ovest..."
22. Danza Bassa: *Mappa mundi* (Kyrie della Messa Mappa Mundi) – Johannes Cornago

1480 Naufragio a Capo San Vicente
23. Musica: *Chiave, chiave* (instr.) – Anónimo CMM 131
    Recitato: "L'Ammiraglio uscì ad affrontare quattro grandi galere veneziane...",
    Hernando Colón, *Vita dell'Ammiraglio*

1485 Matrimonio di Colombo durante il suo soggiorno in Portogallo
24. Melodia antica (s. XI)
25. Villancico: *Meis olhos van por lo mare* – Anonimo CMP 453

1486 Colombo presenta il suo progetto ai Re Cattolici
26. Recitato: "*Finalmente, attenendosi al modo di dire castigliano...*"
27. Frotola: *In te Domine speravi* – Josquin des Près CMP 84

IV LA FINE DI AL-ANDALUS

28. Improvvisazione Arabo-Andalusa (santur & flauto)
29. Poema nella pietra dell'Alhambra di Granada. Testo in arabo di Ibn Zamrak
30. Jarcha: *Ya am laja halki* (Andalusia s. XIII)

1492 (2 gennaio) La Conquista di Granada
31. Musica: *La Spagna* (instr.)
32. Recitato: "Passarono, Luglio e Agosto..." *Del patto dell'Alhambra e di come si arrese Granada*, di Andrés Bernaldez (sacerdote e confessore della regina Isabella I e dell'Inquisitore Generale di Castiglia)
33-34. Villancico: *Levanta pascual que Granada es tomada* – Juan del Enzina CMP
35. Romance: *Qu'es de ti, desconsolado* – Juan del Enzina CMP

Disco II

V LA DIASPORA SEFARDITA

1. Musica: *Las Estrellas de los cielos* – Anonimo Sefardita
   La Santa Inquisizione
2. Inno: *Patres nostri peccaverunt* – Johannes Cornago

1492 (31 marzo) Espulsione degli ebrei non convertiti

3. Recitato: Editto di Espulsione degli ebrei, Joan Coloma (Segretario dei Re)
4. Musica: Improv. sopra *Il pane dell'afflizione* (rebab)
   Recitato: *Ha lahma 'anya* – *Il pane dell'afflizione* (Orazione in aramaico)
   Anonimo Sefardita
5. Musica: *Il pane dell'afflizione* (Orazione in ladino –spagnolo antico–)
   Anonimo Sefardita
   Testimonianza dell'espulsione degli ebrei
6. Recitato: "In pochi mesi...", di Andrés Bernáldez confessore della Regina Isabella
7. Lamento in ebraico: *Mà aidéj? Mà adamélaj* – Anonimo Sefardita

VI SCOPERTE E ACCUSE

1492 (3 ottobre) Primo viaggio di Colombo

8. Musica: Vihuela (improv. sopra una Fantasía de Lluís del Milà)
   Recitato: Cristoforo Colombo, Lettera ai Re Cattolici (Primo viaggio): "Sicché
   dopo avere buttato fuori tutti gli ebrei dai vostri regni e domini..."
9. Musica: *Voca la galiera* – Anonimo CMM 118

1492 (12 ottobre) Dalla caravella Pinta si vede il nuovo mondo

10. Recitato: "Navigò a Sudovest..."

1502 Conversione forzata di tutti i mori dei Regni di Castiglia

11. Musica: Lamento strumentale (improv.)
12. Recitato: "Vedendo il Re e la Regina che, nei vari comportamenti dei mori mudéjar..."
13. Musica: *Nuba Hiyay Msmarqi. Mizan Bsit. Ya muslimin qalbi*
    (Lamento arabo-andaluso s. XVI)

1502 Montezuma II è eletto imperatore azteco

14-16. Recitato: *¿Cuix oc nelli nemohua oa in tlalticpac Yhui ohuaye* (Poema náuhatl
       sulla fugacità universale)
15. Musica: *Homagio Kogui* (quena & tamburi amerindi)

VII TESTAMENTO DI ISABELLA E MORTE DI COLOMBO

17. Musica: *Departez vous* (strumentale) – Guillaume Dufay

1504 Testamento della Regina Isabella I di Castiglia

18. Recitato: Sul trattamento agli indiani, in una replica di Fray Bartolomé de las Casas al dottor Ginés de Sepúlveda
19. Villancico: *Todos los bienes del mundo* – Juan del Enzina CMP

1506 (20 maggio) Muore a Valladolid Cristoforo Colombo

20. Musica: *Fortuna desperata* – Heinrich Isaac
21. Recitato: "Nel maggio del 1505..."
22. Musica: *Miserere nostri / Vexilla Regis* – CMM 106

Epitaffio

23. Musica: *Fantasia I* – Lluís del Milà

Frammento di una lettera dell'Ammiraglio

24. Recitato: "Non sono il primo Ammiraglio della mia famiglia..."
25. Inno Processionale: *Hanacpachap cussicuinin* (in Quechua) Juan Pérez Bocanegra

Concezione del Programma, Selezione di testi e musiche
e Adattazioni musicali
Jordi Savall

Drammaturgia e Testi aramaici, ebraici, arabi e náuhatl
Manuel Forcano

PARADISI PERDUTI
1400 - 1506

"Buono è questo mondo,
se ben lo usiamo
come dobbiamo."

Jorge Manrique (1440-1479)

Il nostro passato non è solo nostro. Lo spazio geografico che la nostra cultura ha occupato nei secoli, ha incorporato genti diverse con altre forme culturali e religiose come, nei tempi dell'antica Esperia, quella musulmana e quella ebraica. Ma durante il Medioevo – che fu, come l'attuale, un'epoca di odi religiosi ed incomprensione – il paradiso della Esperia delle "Tre Culture" si degradò; eppure, nonostante l'intolleranza e le crudeltà, arabi ed ebrei abitavano tra noi, vivevano come noi, erano noi. Alla fine del secolo XV, dopo la conquista di Granada, furono espulsi, o convertiti al cristianesimo per decreto, e il loro esodo significò la fine di un'epoca, la perdita di un possibile paradiso: i testi lo denunciano, le musiche lo piangono, la memoria lo illumina e la nostra coscienza lo nobilita.

Nel mezzo di queste convulsioni, emerge una figura eccezionale: Cristoforo Colombo, l'ammiraglio che nel 1492 scopre il Nuovo Mondo. Un altro paradiso si avvia ad essere trasformato: l'arrivo dei colonizzatori comporterà, da un lato la distruzione e la perdita di molte culture indigene, dall'altro la cristallizzazione di un meticciamento sociale e culturale molto fruttifero tanto nel Vecchio come nel Nuovo Mondo.

Le musiche dell'epoca, insieme ai differenti testi che delimitano la biografia di Cristoforo Colombo, e specialmente quelli che furono annotati da lui stesso nei suoi quaderni, come la profetica citazione del Coro della Tragedia *Medea* di Seneca (che annuncia l'esistenza di un mondo sconosciuto oltre l'isola Thule che sarà scoperto da un audace marinaio), sono attestazioni dirette e rivelatrici di queste profonde trasformazioni. Dalla combinazione di queste fonti storiche e musicali, nasce uno spettacolo innovativo, nel quale la bellezza e l'emozione della musica stabilisce un espressivo dialogo coi testi recitati: alcuni descrittivi, altri poetici, alcuni veramente crudeli ed altri più drammatici, ma tutti profondamente rappresentativi del verificarsi di un'epoca di cambiamenti, di un passato lontano ma che non dovremmo dimenticare. La musica ci permette di avvicinarci con intensa emozione alle cronache di quel secolo eccezionale, che mostrano contemporaneamente l'estrema ambivalenza di un'epoca insieme convulsa e molto creativa, e che nonostante le sue numerose ombre, si distinse per una brillante fioritura di tutte le arti. Ascoltiamo come le meravigliose musiche dei *villancicos* e dei *romances* dell'epoca si alternano con il dolente e sincero sentimento delle cronache contemporanee di Andrés Bernáldez, i lamenti sefarditi, le descrizioni di Ibn Battuta, il diario di bordo dell'ammiraglio, i duri editti reali, così come col magistrale lessico poetico tanto di Juan del Enzina che del granadino Ibn Zamrak, senza dimenticare il meraviglioso poema in lingua nahuatl sulla fugacità universale.

Con questa proposta desideriamo, oltre che recuperare un importante patrimonio musicale interpretato vocalmente e strumentalmente con criteri storici e con strumenti d'epoca, porgere anche il nostro omaggio alle altre principali culture di quel tempo. Così le nostre musiche cortigiane, conservate in preziosi manoscritti, si integrano con le musiche di tradizione orale provenienti dalle culture araba ed ebraica, e di quelle di un Nuovo Mondo oggi sconosciuto, evocate simbolicamente dal suggestivo suono dei diversi flauti originali delle antiche culture indo-americane. Ricordare i momenti più significativi di questo secolo non è solamente associarsi alla commemorazione del V° Centenario della morte di Cristoforo Colombo (1506-2006). In una forma simbolica, ma profondamente sincera, vogliamo dare a questo progetto il senso di un necessario gesto di riparazione verso tanti uomini e donne, che, perché appartenevano ad alcune culture e credenze tanto differenti dalle nostre, non fummo capaci di capire né di rispettare. *Paradisi Perduti* intreccia la musica e la letteratura dell'epoca e ci offre una rappresentazione breve ma intensa di quei giorni cruciali di metamorfosi religiosa e culturale, in cui un Vecchio Mondo spariva ed un Nuovo Mondo emergeva. La testimonianza dei testi, selezionati da Manuel Forcano e da lui stesso recitati nelle lingue araba, ebraica, aramaica, latina e nahuatl, di quelli recitati da Francisco Rojas e Núria Espert in castigliano, e le musiche cantate, anch'esse, in latino, ebraico, arabo, quechua, romanzo, castigliano, portoghese, catalano e italiano da Montserrat Figueras, Begoña Olavide, Lluis Vilamajó ed i solisti di *La Capella Reial de Catalunya*, sono la migliore prova della ricchezza culturale di un'epoca che li vide sparire dai nostri orizzonti, e oggi ci ricordano quanto importanti e necessari siano il dialogo e la comprensione tra le differenti religioni e culture, per essere capaci di preservare e restaurare, in questo conflittuale secolo XXI, un bagaglio culturale di tale importanza e significato.

Paradisi Perduti propone un meritato riconoscimento alla letteratura, alla storia e alla musica dell'antica Esperia e del Nuovo Mondo. Pienamente coscienti che più di cinquecento anni ci separano da questa epoca remota, crediamo che, allo stesso modo che la qualità poetica e la forza espressiva dell'evocazione dei testi può far sì che i suoi avvenimenti più drammatici tornino a scuoterci, anche la bellezza e la vitalità delle loro musiche possano emozionarci intensamente. Ricordiamo anche che, sebbene la loro dimensione artistica sia sempre atemporale, tutte queste musiche, i loro strumenti, le loro forme, i loro suoni, in definitiva il loro stile, portano inevitabilmente in se stesse il marchio del loro tempo. Perciò optiamo per il giusto adeguamento storico vocale e strumentale, arricchito dalla capacità di immaginazione creativa che tanto bene caratterizza i solisti vocali e strumentali delle formazioni musicali di *Hespèrion XXI* e della *Capella Reial de Catalunya*, nonché dalla presenza dei solisti specializzati nelle tradizioni orientali, e negli strumenti antichi (flauti indo-americani) del Nuovo Mondo.

Il poeta Jorge Manrique scrisse: *"Che ne è stato di quel suonare, delle musiche accordate che eseguivano?"*. Con questo libro-disco, gli scrittori, i musicologi, i recitanti, i cantanti e gli strumentisti che collaborano in questo progetto, si propongono di dare non solo una risposta alla domanda del poeta, ma anche un'ipotesi di riflessione: le musiche vive di tempi lontani, armonizzate con la memoria della nostra storia, possono trasformarsi nell'anima di una rinnovata visione critica e umanistica delle nostre origini, e magari anche aiutarci a liberarci un po' di più di una certa amnesia culturale, specialmente grave per quel che si riferisce alla nostra musica. Solo così, recuperando e rivitalizzando l'antico patrimonio musicale, come avvicinandoci da un'altra prospettiva alla storia e al passato, potremo immaginare e costruire meglio la memoria del futuro.

JORDI SAVALL
Bellaterra, Estate 2006

DALLA PROFEZIA ALLA TRAGEDIA

1. – *"Tempi verranno al passare degli anni, in cui l'oceano allargherà i nostri confini, e mostrerà la terra tutta la sua grandezza, e un grande marinaio, come quello che fu guida di Giasone, il cui nome era Thyphis, scoprirà un nuovo mondo, ed allora l'isola di Thule non sarà la più remota di tutte le terre"*. La voce evocativa di Montserrat Figueras è ancora una volta quella di una Sibilla che, alzandosi su un coro maschile sussurrante di sacerdoti, pronuncia le parole profetiche di Medea, come sono state scritte dal filosofo e drammaturgo romano Seneca, all'inizio del primo secolo dell'Era cristiana.

La profezia di Medea è quasi sconvolgente, nella sua limpida descrizione di un evento che non si verificherà che quasi quindici secoli più tardi. Ma questa credenza in un mondo nuovo non ancora raggiunto era già profondamente radicata nella tradizione culturale della Grecia Antica, e così pure nel lascito dei grandi profeti ebrei del Vecchio Testamento, e rimase sempre nel cuore della visione del mondo del Medioevo e del primo Rinascimento.

Cristoforo Colombo era profondamente conscio di questa linea di pensiero conservatasi nei secoli. Tra diverse fonti, aveva letto l'*Historia rerum ubique gestarum* di Papa Pio II e l'*Imago mundi* del Cardinale Pierre d'Ailly, e conosceva bene i resoconti di viaggio di Marco Polo nell'Estremo Oriente. Più tardi, negli ultimi anni di vita, si sarebbe davvero convinto che il successo del suo viaggio di scoperta era l'effettivo compimento di tutte queste profezie. Con l'aiuto di un caro amico, il frate certosino Gaspar Corricios, avrebbe cominciato, nel 1501, a redigere un'ampia antologia di tutti gli estratti da autori classici, biblici ed ecclesiastici nei quali aveva trovato qualche accenno di tale visione – il *Libro de profecías* – che è sfuggita miracolosamente al misterioso destino avverso che ha colpito tante altre fonti originali relative all'Ammiraglio, immergendo la biografia di Cristoforo Colombo in una nebbia d'incertezza e alimentando una catena senza fine di ipotesi riguardo alle sue origini famigliari e ai primi periodi della sua vita.

Cristoforo Colombo era davvero un italiano di Genova, come ha sempre sostenuto la sua biografia ufficiale? O era un ebreo catalano convertito, che stava tentando di sfuggire alla persecuzione religiosa? O forse un membro della più alta nobiltà portoghese, in missione per conto del Re del Portogallo? O perfino un galiziano? Nessuna di queste interpretazioni alternative, spesso strettamente intrecciate con le più selvagge teorie di cospirazione storica, ha finora superato le critiche degli studiosi sostenitori della linea ufficiale, ma tutte derivano, dopotutto, dall'enigmatica mancanza di tante pertinenti fonti originali, a cominciare dagli esemplari autentici dei suoi diari di viaggio. Il mito si alimenta sempre dei vuoti d'informazione che la ricerca degli studiosi non è stata in grado di colmare. E d'altra parte è certamente curioso considerare che uno dei più intriganti autografi di Cristoforo Colombo sopravvissuti, è proprio un testo profondamente immerso in una tradizione mitica: il *Libro de profecías* summenzionato, conservato alla Biblioteca Colombina y Capitular di Siviglia (z. 138-25).

Questo assieme apparentemente caotico di salmi, profezie bibliche, citazioni classiche e passaggi dalle scritture di Padri della Chiesa, è stato spesso liquidato come un puro testo devozionale, se non come una chiara prova dell'instabilità mentale dell'Ammiraglio alla fine della sua vita. Ma in realtà è un documento estremamente rivelatore, che mostra come la visione che Cristoforo Colombo aveva del significato ultimo del suo viaggio di scoperta fosse in sostanza fondata su un mito: una "grande storia" del Cristianesimo che finalmente unisce in sé tutta l'umanità, in seguito alla conversione di tutte le nazioni, col ricavato dalle nuove terre scoperte che genera la ricchezza necessaria per pagare la riconquista di Gerusalemme, e il pieno compimento della volontà di Dio sulla Terra, come annunciato nelle Scritture. Egli credette con forza di essere lo strumento scelto da Dio per perseguire un tale obiettivo di unificazione e salvezza del mondo.

2. – Dovunque possa essere specificamente nato, Cristoforo Colombo è un prodotto dell'Europa Meridionale, di quella costa settentrionale del Mediterraneo Occidentale che comincia nella Penisola Italiana e in Sicilia, continua attraverso il *Midi* francese e la Spagna, oltrepassa lo stretto di Gibilterra e si estende nell'Atlantico lungo la costa del Portogallo. Da tempo immemorabile, questa regione era stata continuamente scenario di innumerevoli incontri di diverse culture: l'Impero romano – esso stesso un mosaico interculturale – aveva ceduto all'avanzata delle varie tribù migratrici germaniche nel IV e V secolo, ed entrambe le parti si erano infine fuse nei diversi regni cristiani dell'Alto Medioevo. Retaggi latini e tedeschi si erano combinati, formando nuove identità culturali miste, che attingevano ad entrambe le tradizioni, e sotto l'azione della Chiesa per ricostruire gradualmente la sua gerarchia transnazionale, questa spinta verso l'integrazione culturale divenne anche più forte.

Ma questo processo, quasi nel suo primo stadio, dovette affrontare una seria sfida con l'arrivo, nella regione occidentale del Mediterraneo, di un'altra religione monoteistica, con una strategia di espansione ugualmente forte, l'Islam. Gli arabi conquistarono rapidamente l'intero Maghreb, penetrarono nella Penisola Iberica e la occuparono quasi completamente, con l'eccezione di una piccola enclave cristiana sulle montagne settentrionali delle Asturie. Quando Carlo Martello, sovrano del regno franco di Austrasia, sconfisse l'armata araba di Abd-al-Rahman a Poitiers, nel 732, la sua vittoria ebbe l'effetto immediato di impedire l'ulteriore avanzata dell'offensiva militare musulmana nell'Europa Occidentale. Ebbe anche, comunque, due altre importantissime conseguenze per la storia dell'intero continente: da una parte fu la base del prestigio politico della famiglia di Carlo, che più tardi consentì a suo figlio Pipino il Breve di divenire, nel 750, Re di tutti i Franchi, e al figlio convertito di Pipino, Carlomagno, di diventare, nell'anno 800, il primo Imperatore d'Occidente dalla caduta di Roma; dall'altra parte fece dei Pirenei una frontiera culturale tanto quanto un confine militare, ad occidente del quale le cose erano necessariamente molto diverse da quello che accadeva nel resto dell'Europa.

Durante il Medioevo, l'antica Hispania visse in un'agitazione politica permanente, essendo un mosaico continuamente mutevole di entità separate, sia sul fronte cristiano che su quello musulmano. Lo stato islamico unificato Al-Andalus raggiunse il suo culmine di potere, ricchezza e splendore di civilizzazione con la costituzione dell'Emirato (più tardi Califfato) Omayyade di Cordova, nel 755, ma nel 1031 la caduta dell'ultimo Califfo condusse alla suddivisione del suo territorio in vari stati indipendenti, i cosiddetti regni *taifa*, che presto entrarono in conflitto permanente fra loro e contro le nuove armate musulmane provenienti dall'Africa Settentrionale, chiamate in proprio aiuto dall'uno o dall'altro di questi sovrani in un momento di difficoltà (gli Almoravidi a Toledo nel 1085, gli Almohadi dopo la caduta di Lisbona, nel 1147), col solo risultato di dovere presto confrontarsi con un ulteriore contendente per la loro terra. Quanto ai cristiani, il primo regno delle Asturie, che era scampato all'invasione araba, diede presto origine a nuove entità politiche. i regni di León e Castiglia (più tardi destinati ad unirsi sotto una sola corona), e quelli di Aragona, Navarra e Portogallo.

Questa suddivisione geopolitica della Penisola era in cambiamento continuo, a causa di ogni tipo di fattori: pura forza militare e astuzie diplomatiche, alleanze matrimoniali, partnership commerciali. Spesso, i conflitti militari non si verificavano necessariamente lungo nette linee di demarcazione religiosa: un monarca cristiano e un re musulmano potevano trovarsi alleati contro un nemico comune, e in periodi di debolezza un territorio dominato dall'una o dall'altra religione poteva essere costretto a pagare un pesante tributo al più forte potere militare di un regno vicino di credo opposto. Inoltre, una vasta circolazione di prodotti commerciali di vari generi si svolgeva su scala peninsulare, coprendo sia stati musulmani che cristiani.

Al loro interno, nonostante migrazioni occasionali o "pulizie etniche" in corrispondenza di un evento militare, tutti questi regni avevano una stabile popolazione mista di arabi e cristiani, cui si devono aggiungere le ricche e molto istruite comunità ebraiche presenti nelle più importanti città. Anche se si deve dire che i sovrani islamici erano notevolmente più tolleranti nei confronti di altre espressioni religiose di quanto lo fossero i loro pari cristiani, un certo naturale equilibrio doveva essere mantenuto sotto questo aspetto, perché l'economia potesse funzionare e si potesse garantire la sopravvivenza di tutti. Le due principali comunità religiose, in certo modo, avevano bisogno l'una dell'altra, proprio come entrambe avevano bisogno degli ebrei che, a loro volta, non sarebbero potuti sopravvivere da soli all'interno di questo sistema.

Coesistenza quotidiana significava necessariamente anche scambio culturale. A tutti i livelli sociali, persone di diverso background etnico e religioso ascoltavano, per esempio, canzoni e danze le une delle altre, e strumenti come il *'ud* o il *rabab* passarono da una cultura all'altra. Le prime università cristiane, come Salamanca o Coimbra, non potevano certo mancare di studiare i lavori di matematici, astronomi e cartografi arabi ed ebrei, che furono spesso assunti dagli stessi re cristiani come consulenti e amministratori. In particolare, nel campo della teoria musicale, i trattati di Al-Farabi erano considerati un riferimento fondamentale. Quando i trovatori aristocratici galiziano-portoghesi, sotto l'influenza dei loro colleghi del Sud della Francia, cominciarono a sviluppare un loro proprio genere di canzoni cortigiane, essi trovarono un riferimento molto più vicino nei modelli estremamente raffinati di poesia e musica arabe; ed era fra le élite arabe che si poteva trovare ogni genere di articoli di lusso, ora tanto apprezzati, mentre erano alieni alla austera tradizione visigota e dimenticati dai lontani tempi dell'Impero Romano. Le miniature delle *Cantigas de Santa María*, raccolte sotto il patronato di Re Alfonso X di León e Castiglia, così come quelle del libro di canzoni *Ajuda*, realizzato a Lisbona, rappresentano numerosi arabi indubbiamente impegnati nell'esecuzione di questo repertorio. Molti dei re musulmani erano essi stessi poeti e/o musicisti: il Re di Granada, Yusuf III, che regnò tra il 1408 ed il 1417, ci ha lasciato, per esempio, alcuni magnifici passaggi di poesia naturalistica – e in alcuni casi apertamente omoerotica –, eco di ciò che può essere trovato, in molti aspetti, nei lavori di poeti cristiani tardo-medievali e proto-rinascimentali del suo tempo.

Cristoforo Colombo, dovunque possano risiedere le sue origini, visse indubbiamente nel mezzo di questa realtà multi-etnica di continuo scambio culturale, intellettuale ed artistico, nella quale la musica, proprio per la natura non verbale della sua espressione, era certamente fondamentale. Sfortunatamente, la musica arabo-andalusa di quell'epoca non fu annotata, e ogni tentativo di ricostruire la pratica musicale del tempo deve contare sul repertorio trasmesso oralmente, che è stato preservato nello stretto rispetto della tradizione e che è insegnato nelle scuole di musica marocchine, che affermano di avere conservato molto di questo repertorio e delle sue pratiche esecutive come furono riportate dalla Penisola nei secoli XV e XVI. Molta di questa musica implica un sostanziale grado di improvvisazione secondo regole codificate.

3. – All'inizio del Quattrocento, l'equilibrio del potere era cambiato significativamente nella Penisola, e non c'era più dubbio ormai su quale sarebbe stata la conclusione dello

scontro fra i regni cristiani ed islamici. In Portogallo, Castiglia e Aragona, l'accentramento del potere nelle mani dei sovrani stava gradualmente costruendo il modello di base dello Stato assolutistico moderno, nel quale Chiesa e Amministrazione civile erano considerate i due pilastri dell'autorità del monarca. Piuttosto che un puro comandante militare e un *primus inter pares* all'interno dell'alta nobiltà, il Re cercò di affermarsi come un'entità al di sopra di tutte le classi, consacrato e legittimato direttamente dalla volontà e dalla grazia di Dio. Si sarebbe costruito una corte secondo il modello creato dai Duchi di Borgogna nella loro ricca corte di Digione, riunendo intorno a sé i rappresentanti più eminenti dell'aristocrazia, insieme ad impiegati esperti del più alto livello, senza scrupoli nel frantumare privilegi consolidati della gerarchia ecclesiastica o delle tradizionali corporazioni urbane costituitesi nel Medioevo.

Questa non era una struttura puramente politica. La crescita del commercio internazionale e la transizione graduale verso un'economia valutaria, attribuivano allo Stato un nuovo ruolo normativo, che comprendeva una raccolta assai più significativa ed estesa di tasse, e la loro ridistribuzione nella forma di un'amministrazione organizzata e centralizzata. Forse anche più di ogni altro sovrano assolutista d'Europa del tempo, i monarchi iberici ritennero anche necessario circondare il loro nuovo accresciuto potere di un'ulteriore aura di maestà e di un'affermazione simbolica di privilegio reale che toccò ogni campo di produzione artistica patrocinata dallo Stato. L'istituzione di cappelle musicali riccamente dotate, composte dei migliori musicisti disponibili, al servizio di ogni sovrano della Penisola nel XV secolo, è un'importante parte di questa strategia. Le corti castigliana, aragonese e portoghese si evolvono rapidamente in sofisticati centri culturali, nei quali lo sviluppo di canzoni e danze secolari secondo i modelli più cosmopoliti d'Europa accompagna il rafforzamento del repertorio polifonico sacro eseguito dalle Cappelle Reali.

È un'epoca di aggressiva affermazione geopolitica e militare per ognuno di questi stati. Il Portogallo, stretto tra la Castiglia e l'Atlantico e così impossibilitato ad espandersi territorialmente nella Penisola, cerca la sua via oltremare: nel 1415 le armate portoghesi conquistano la fortezza di Ceuta, in Marocco; nel 1418 navi portoghesi arrivano all'isola di Madera, ed alcuni anni più tardi cominciano ad esplorare la costa dell'Africa. Aragona investe fortemente nell'espansione dei suoi territori italiani, e nel 1443 Alfonso V il Magnanimo fa il suo ingresso trionfale a Napoli come Re di Aragona, Maiorca, Napoli e Sicilia. Castiglia cerca, sopratutto, di ottenere la sconfitta definitiva del regno moresco di Granada, e nel 1410 una massiccia operazione militare porta alla conquista della città di Antequera.

Il matrimonio degli eredi ai troni di Aragona e Castiglia (Ferdinando e Isabella, rispettivamente), che ha luogo nel 1469, crea una nuova, potente alleanza tra i due avversari tradizionali. Sarebbe irrealistico per loro tentare di annettere il Portogallo, ma è importante, ciononostante, essere capaci di competere coi portoghesi nella lucrosa esplorazione dell'Atlantico, nella quale quelli sono già bene avanzati; perciò nel 1470 Isabella e Ferdinando ordinano l'occupazione delle isole Canarie. Nel 1482 una potente offensiva congiunta è lanciata contro Granada: la città di Alhama cade il 14 maggio, lasciando indifesa la via verso la capitale moresca. Da allora in avanti, per una decade intera, una città dopo l'altra cadono nelle mani delle armate castigliano-aragonesi, fino a che la coppia regnante entra finalmente in Granada il 2 gennaio 1492, e accetta la resa dell'ultimo re musulmano della dinastia nazarita, Abu'abd Allah Muhammad XI, noto agli spagnoli come Boabdil.

Tutte queste vittorie militari sono bene celebrate in canzoni, e le raccolte di canti polifonici composte nella Penisola (*Cancionero del Palacio*) o a Napoli (*Cancionero de*

Montecassino) comprendono, accanto alle raffinate canzoni d'amore che sono divenute un simbolo di distinzione musicale per la nobiltà di corte, molteplici *romances* strofici che esaltano i trionfi dei monarchi conquistatori. Particolarmente importante per Isabella e Ferdinando, che hanno bisogno di costruire una causa comune capace di mobilitare due nazioni tradizionalmente rivali, è la creazione di un unico discorso "cattolico" di fronte al nemico "eretico". Un vasto repertorio poetico e musicale riaccende lo spirito di una crociata anti-musulmana, vista come la base per un'identità nazionale condivisa, "spagnola", tra aragonesi e castigliani, guidati dai "Re e Regina cattolici" ("lei con le sue preghiere, lui con molti uomini armati", come dicono i versi di un *romance* narrativo del tempo).

4. – La vittoria di Granada segna l'inizio di una nuova era nella cultura iberica, nella quale le diversità culturali e religiose che erano riuscite a sopravvivere per tutto il Medioevo sono semplicemente abolite dal nuovo trionfante stato assolutista. Presto, col cosiddetto "Decreto dell'Alhambra", del 31 marzo 1492, firmato simbolicamente nella città appena conquistata di Granada, i due sovrani espellono dal loro regno tutti gli ebrei che non si convertiranno al Cristianesimo, una misura che il Re del Portogallo, Manuel I, decreterà a sua volta quattro anni più tardi, applicandola tanto agli ebrei che ai mori. Quelli che se ne vanno portano con sé la triste, nostalgica memoria della terra amata che si lasciano alle spalle, una memoria che codificheranno nel canto, come una chiave della loro specifica identità all'interno delle varie comunità che li accoglieranno, lungo tutto il Mediterraneo. Canzoni sefardite sono conservate da ebrei iberici nelle sinagoghe di Dubrovnik, Venezia, Palestina o Yemen, proprio come il cantare "andaluso" rimarrà, fino ad oggi, pratica emblematica dei musulmani che migrarono da Spagna e Portogallo nel Maghreb.

Disgraziatamente, è questo modello di fondamentalismo religioso sotto il controllo statale, e di brutale intolleranza culturale, che sarà portato anche nel Nuovo Mondo. Il sogno di Colombo di un'utopistica Epifania cristiana indirizzata all'intera umanità, aprirà la strada ad un'operazione su larga scala di genocidio e sfruttamento, sostenuta da avidità e ambizione. La storia ci mostra pochi esempi di tanta brutalità, tanta incapacità di capire e rispettare le differenze culturali, tanto disprezzo per la dignità umana.

E tuttavia artisti e musicisti saranno anche qui capaci di ribellarsi contro la crudeltà e la stupidità, coi poteri di riparare e comunicare della loro arte. Tanto nella stessa Penisola che ovunque nell'America Latina, le varie tradizioni culturali troveranno in qualche modo percorsi per interagire, ed un mosaico di processi interculturali emergerà rapidamente con un'energia ed una creatività altrettanto impressionanti quanto quelle che avevano caratterizzato il repertorio iberico medievale. Un inno processionale in Quechua, *Hanacpachap Cussicuinin*, pubblicato nel 1631 nel *Formulario Rituale* di Juan Pérez Bocanegra riesce a combinare un motivo indo-americano con un'architettura polifonica europea, in una preghiera mariana che ritrae la Vergine come "la speranza dell'umanità e la protettrice della settimana." Proprio come il dialogo musicale tra le diverse culture può stabilirsi anche nelle condizioni di maggiore oppressione, religione e canto sacro possono trasformarsi da arma di dominazione nella parola degli oppressi.

RUI VIEIRA NERY
Università di Évora

1492: L'ANNO CRUCIALE

Nel XV secolo, tutta una costellazione di nuove idee influenzò la realtà materiale, così come la realtà materiale influì sul clima intellettuale. La cosiddetta "scoperta dell'America", qualunque sia la nostra posizione ideologica al riguardo, fu un grande trionfo dell'ipotesi scientifica sulla percezione fisica. I progressi della navigazione incrementarono il commercio e la comunicazione tra i popoli, mentre l'invenzione della stampa provocava enorme curiosità e una sete crescente di informazione e conoscenza in tutto il mondo. Gli uomini di scienza presero a domandarsi se questo nostro pianeta poteva realmente essere il centro dell'universo. E si interrogavano sulla forma della Terra, mentre gli artisti riflettevano sul senso della presenza umana nel mondo, dando rilievo alle forme del corpo umano, maschile e femminile, e celebrando il "qui ed ora", più che la vita eterna. "Tutto è possibile", scrisse l'umanista italiano Marsilio Ficino: "Niente deve essere trascurato. Niente è incredibile. Niente è impossibile. Le possibilità che neghiamo sono soltanto possibilità che ignoriamo". L'espansione dell'Europa, prima verso l'Oriente e poi verso l'Occidente, fu, in un certo modo, un'impresa dovuta all'immaginazione rinascimentale. Fu anche il trionfo dell'ipotesi sulla percezione e dell'immaginazione sulla tradizione.

Dal suo castello di Sagres, sulla costa atlantica del Portogallo, il principe Enrico (1394-1460), figlio del re Giovanni I, riunì tutta la sapienza nautica del suo tempo, perfezionò la cartografia e gli strumenti di navigazione, sviluppò nuove imbarcazioni, rapide e facilmente manovrabili come la caravella, e addestrò equipaggi capaci di utilizzarle. Enrico il Navigatore, come fu soprannominato, aveva un grande progetto: aggirare i turchi navigando lungo le coste africane fino al sud e poi verso l'Oriente. Con l'aiuto dei banchieri fiamminghi, il Portogallo balzò dall'isola di Madera alle Azzorre e al Senegal e, infine, al punto estremo del continente africano, il Capo di Buona Speranza, nel 1488. Di lì, i portoghesi poterono procedere rapidamente fino all'India. Lungo il percorso, si piantò zucchero e si reclutarono schiavi.

Però, mentre guardava al Sud e verso l'Oriente, il Portogallo non osava rivolgersi verso l'Occidente, verso il *Mare Ignotum*, l'oceano del mistero, neppure quando un testardo marinaio di supposta origine genovese, gettato da un naufragio vicino al castello di Enrico il Navigatore, sostenne che la migliore maniera di arrivare all'Oriente era di navigare verso Occidente. Sotto molti aspetti, l'uomo aveva un'apparenza meno impressionante che le sue referenze e le sue idee: esaltato, a volte incapace di controllarsi, sospetto di essere un mitomane. Ma quello che aveva in abbondanza erano coraggio e determinazione. Il suo nome era Cristoforo Colombo: Cristóbal Colón.

Il Portogallo non prestò attenzione a Cristoforo Colombo. Il navigatore si diresse allora verso la Spagna, il paese isolato, introspettivo, impegnato a concludere la sua lunga guerra di Riconquista. Lo fece nel momento propizio, e offrì il suo progetto ai monarchi cattolici Isabella e Ferdinando. Esultanti per la vittoria sui mori a Granada, i Re Cattolici diedero a Colombo i mezzi per realizzare il terzo grande evento dell'anno cruciale della storia di Spagna, il 1492: la scoperta dell'America.

Una flottiglia di tre caravelle, la *Pinta*, la *Niña* e la *Santa María*, salpò dal porto di Palos il 3 agosto del 1492. Navigando sempre verso ovest, dopo 66 giorni di speranze deluse, stelle apparentemente fuori posto, illusorie isole di nuvole, proteste dell'equipaggio e un aperto ammutinamento, Colombo toccò terra il 12 ottobre 1492 nella piccola isola di Guanahaní, nelle Bahamas, battezzata col nome di San Salvador. Colombo pensava di essere arrivato in Asia. Lo muovevano il coraggio, il valore che la fama rivestiva nel Rinascimento, il piacere della scoperta, il miraggio dell'oro e il dovere di evangelizzare. Grazie a lui, l'Europa potette riflettersi nell'Età dell'Oro e del buon selvaggio.

Come dobbiamo interpretare l'espressione "scoperta dell'America"? Non sono tutte le scoperte, alla fin fine, reciproche? Gli europei scoprirono il continente americano, ma i popoli indigeni delle Americhe scoprirono a loro volta gli europei domandandosi se questi uomini bianchi e barbuti erano dei o mortali, se erano tanto pietosi come proclamavano le loro croci, o tanto spietati come dimostravano le loro spade. Questi individui erano ancora carichi dell'energia della Riconquista spagnola, 700 anni di lotta contro "l'infedele". Erano i portatori di una fede militante e di una politica militante. Dopo il 1492, gli ebrei emigrarono nel nord dell'Europa. Gli arabi ritornarono in Africa, lamentando il loro esilio dai giardini dell'Alhambra. Ma ora, fin dove sarebbe arrivata l'energia impetuosa della Spagna cristiana?

Nel 1492, Isabella e Ferdinando erano spinti da una visione unitaria della cristianità, della Riconquista e della espansione. Indubbiamente, i capitani e i soldati della Castiglia e Aragona sull'altra riva dell'Oceano condividevamo questa visione. Ma non dobbiamo dimenticare che erano anche gli eredi di un'esperienza multiculturale di coesistenza e di meticciamento, piena di tensioni, con ebrei e mori. Tutte le eccezioni che possiamo opporre alla virtù della tolleranza sminuiscono il fatto che le tendenze alla coesistenza rispettosa dell'altro strutturarono effettivamente in Spagna una realtà triculturale, in flagrante contrasto con la politica ufficiale di espulsione e negazione di ebrei e mori, sviluppatasi sotto Ferdinando e Isabella, e che culminò con il duro regime di censura ispirato dalla controriforma e messo in atto dall'Inquisizione.

I conquistatori del Nuovo Mondo facevano parte di questa realtà, ma non potettero sottrarsi al dilemma della Spagna. Frati, scrittori, cronisti, avrebbero costretto la Spagna ad accogliere la loro alternativa umanistica e multiculturale. La singolarità culturale della Spagna consistette nel riconoscere l'altro: combattendolo, abbracciandolo, mescolandosi con lui. Jean Paul Sartre scrisse in un'occasione che l'inferno sono gli altri. Ma c'è altro paradiso di quello che possiamo costruire con i nostri fratelli e le nostre sorelle? E, del resto, la storia insiste nel domandarci: come possiamo vivere senza l'altro? Saremmo capaci di comprendere che io sono quello che sono solo perché un altro essere umano mi guarda e mi completa? Questa domanda contemporanea, che si pone ogni volta che il bianco e il nero, l'Oriente e l'Occidente, il nativo e l'immigrante, si incontrano in questo nostro tempo, fu una realtà centrale nella Spagna medievale e subito si convertì nella questione centrale della conquista e della colonizzazione delle Americhe. Nel momento in cui la Spagna entrò in contatto con il radicalmente altro, popoli di altra razza, altra religione, altra cultura, la questione fu: chi erano questi uomini? Quale era la forma delle loro anime? Avevano, almeno, un'anima?

Furono questioni che avrebbero diviso la Spagna. E se una parte del suo cuore le ordinò: "Conquista!", l'altra parte, ricordando Seneca lo stoico, avrebbe detto: "Non lasciarti conquistare da null'altro che dalla tua propria anima".

L'impresa di Cristoforo Colombo aprì il sipario su di un immenso scontro di civiltà, una grande epopea, a volte benevola, sanguinosa altre volte, ma sempre conflittuale: la distruzione e la creazione simultanee della cultura del Nuovo Mondo.

CARLOS FUENTES
El espejo enterrado, cap. IV

IL MISTERO DI CRISTOFORO COLOMBO

La storia spiega quello che accadde.
La poesia, quello che sarebbe dovuto accadere.
Aristotele

Non sempre le storie ufficiali sono quelle vere. Spesso, l'informazione è vittima indifesa di manipolazioni: per convenienza, politica o economica, alcuni fatti vengono modificati, e la storia ci presenta spesso dati lontani da ciò che veramente successe. In ogni modo, siamo debitori dei documenti, di quello che ci resta, perché solo a partire da ciò che dicono, così come da ciò che tacciono, possiamo cercare di ricostruire il passato tra i veli neri dell'oblio.

La storia dell'Ammiraglio Cristoforo Colombo è un esempio chiaro di questo tipo di personaggi la cui storia, nella versione ufficiale, presenta tanti punti interrogativi ed incongruenze da sollevare sospetti e creare intorno a loro un'aura di mistero. Non è affatto strano, dunque, che su di lui si presentino numerose teorie e si speculi sulla sua origine, il suo lignaggio, il suo paese e le circostanze del fatto più eccezionale della sua biografia: la scoperta del continente americano nel 1492.

La versione ufficiale della vita di Cristoforo Colombo lo presenta come figlio di una famiglia umile dei sobborghi di Genova, con un padre tessitore che si dedica anche al commercio. Sembra che, per allontanarsi dalla miseria del suo ambiente, Colombo abbia deciso in età precoce di dedicarsi alla navigazione. Le sue origini, in ogni caso, sono oscure, e la sua vera storia non incomincia che nel 1476 quando, vittima di un naufragio in un combattimento navale tra mercanti e corsari, arriva in Portogallo e vi si stabilisce. Nell'anno 1479, a Lisbona, contrae matrimonio, sorprendentemente, con una donna di rango nobile, Felipa Muñiz, nipote del colonizzatore portoghese delle isole di Madera, dalla quale avrà un figlio, Diego. In Portogallo si dedica all'attività in mare fino al 1485, effettuando numerosi viaggi nel Mediterraneo e in Atlantico, verso le Canarie, Capo Verde e le Azzorre. Avrebbe anche navigato nelle acque del Mare del Nord, dove alcune voci suggeriscono che abbia potuto raggiungere le coste dell'Islanda e dove sarebbe stato informato delle rotte che portavano verso nuovi territori all'ovest.

Fu in questo ambiente marino, dunque, che Cristoforo Colombo incominciò a ideare il suo piano per arrivare alle Indie e alle terre del Gran Can navigando verso ovest. Le conoscenze geografiche e matematiche del medico fiorentino Paolo dal Pozzo Toscanelli, e l'opera *La Descrizione del Mondo* di Marco Polo, lo spinsero infine a presentare decisamente una proposta in questo senso, prima al re Giovanni II del Portogallo nel 1484 – che la respinse –, e poi ai re di Castiglia e Aragona, Isabella e Ferdinando nel 1486. Neanche loro vollero appoggiarlo, occupati com'erano con la guerra di Granata, e il progetto rimase senza prospettive. Tuttavia, Colombo ottenne dai re cattolici un assegno della corona, e si stabilì da quel momento nella città di Cordova. Vedovo dal 1485, Colombo conobbe lì Beatriz Enríquez de Arana, la madre di suo figlio Ferdinando, o Hernando, che sarà poi il biografo più prossimo del padre con la sua opera *Vita dell'Ammiraglio Don Cristoforo Colombo*, dove si esalta - forse in misura eccessiva - la figura dell'esploratore.

Colombo, ad ogni modo, non si lasciò piegare ed insistette nella sua idea. Grazie all'intercessione di Hernando de Talavera – allora confessore della regina Isabella –, e del potente duca di Medinaceli, la regina Isabella – che prevedeva già l'imminente caduta del regno nazarita di Granada – acconsentì a riceverlo di nuovo e ad ascoltare i suoi argomenti. Nel dicembre del 1491. Colombo arrivò all'accampamento reale di Santa Fe di Granada, e cominciarono le trattative per approvare definitivamente il progetto. Le reticenze della corona furono vinte grazie all'intervento dei convertiti Luis de Santángel e Diego de Deza, che convinsero il re Ferdinando d'Aragona ad accettare le condizioni di Colombo. Il risultato delle trattative furono i famosi *Patti di Santa Fe* del 17 aprile 1492 dove, in sintesi, Colombo, in cambio della concessione ai re delle nuove terre scoperte, otteneva il titolo di Ammiraglio a carattere ereditario, il titolo di Viceré e Governatore Generale delle terre e delle isole che avrebbe scoperto, la decima del prodotto netto delle merci comprate, conquistate o trovate nei nuovi territori (mentre la corona ne tratteneva un quinto), la giurisdizione commerciale delle cause derivate dal commercio nella zona del suo ammiragliato, e infine il diritto a contribuire per un ottavo alla spedizione ed a condividerne i benefici, pertanto, nella stessa proporzione. Una volta che Colombo ebbe ottenute queste sostanziose prebende, i re cattolici firmarono i *Patti* a Granada il 30 aprile 1492.

La versione ufficiale ci dice dunque che Colombo organizzò la prima spedizione che salpò dal porto andaluso di Palos de la Frontera il 3 agosto 1492, e che non toccò terraferma – dopo una lunghissima ed inquietante traversata per il deserto d'acqua dell'Atlantico – fino al 12 ottobre, in cui sbarcò sull'isola di Guanahaní (nell'arcipelago delle Bahamas), che fu battezzata col nome di San Salvador. Sbarcò anche sull'isola di Cuba e su *La Española*. Il 25 dicembre 1492, la nave ammiraglia, la *Santa María*, naufragò, e coi suoi resti fu costruito il primo insediamento in terra americana, il Forte di Natale. Le due caravelle, agli ordini di Colombo, tornarono a toccare terra nella Penisola Iberica il 15 marzo 1493, ed il 3 aprile Colombo fu ricevuto dal re Ferdinando a Barcellona, per annunciargli ufficialmente la scoperta.

Il secondo viaggio (1493-1496) servì per esplorare e colonizzare i territori scoperti, e Colombo sbarcò a Portorico. Nel terzo viaggio (1498-1500), Colombo comanda sei imbarcazioni e con lui viaggia il suo amico Fray Bartolomé de las Casas, che in seguito fornirà parte delle trascrizioni dei *Diari* di Colombo. Durante questo viaggio si esplorano le isole di Trinidad, Tobago, Granada, la costa del Venezuela e la foce dell'Orinoco. Nel descrivere questi territori, Colombo crede ancora di trovarsi nel continente asiatico. Il 19 agosto, quando ritorna alla base di *La Española*, Colombo trova i coloni in aperta rivolta insieme agli indigeni. Alcuni castigliani che erano ritornati nella Penisola accusarono Colombo di malgoverno davanti alla corte. I re cattolici inviarono a *La Española*, nel 1500, un nuovo amministratore reale, Francisco de Bobadilla, che, al suo arrivo, arrestò Colombo e i suoi fratelli, e li imbarcò in ceppi verso la Castiglia. Durante il viaggio, Colombo rifiutò di essere liberato dai ceppi, e così ammanettato scrisse una lunga e addolorata lettera ai re cattolici. Una volta in Castiglia, recuperò la libertà, ma aveva perso definitivamente il suo prestigio e molti dei suoi privilegi.

Nel suo quarto e ultimo viaggio (1502-1504) – in cui l'accompagnò il figlio Ferdinando – Colombo esplorò gli attuali Honduras, Nicaragua, Costa Rica e Panama. Due anni dopo, il 20 maggio 1506, morì a Valladolid, e fu sepolto nel monastero della Certosa di Siviglia. Nel suo testamento, redatto da Pedro de Inoxedo, notaio di camera dei re cattolici, Colombo appare citato coi suoi titoli di Ammiraglio, Viceré e Governatore delle isole e terraferma delle Indie scoperte e da scoprire. Il primo figlio, Diego, sarebbe stato l'erede dei suoi titoli e gradi.

Questo riassunto della sua biografia ufficiale presenta molti punti difficili da accettare e che, secondo alcuni storiografi, sembrano dimostrare una chiara e premeditata manipolazione. Chi è questo straniero di umili origini che osa pretendere dai re cattolici altissime prebende e onori smisurati? Chi doveva mai essere perché alla fine le loro maestà accettassero di accordarglieli? Alla luce delle ultime indagini effettuate da prestigiosi storiografi come Jordi Bilbeny, Cristoforo Colombo sarebbe stato un principe catalano imparentato con le case reali catalana e portoghese, di famiglia nobile; il che spiegherebbe, pertanto, sia le cariche che i re di Castiglia e Aragona gli concessero senza troppa reticenza, sia il fatto che si sposasse con una principessa portoghese che, piuttosto che Felipa Muñiz, fu Felipa de Coimbra. L'origine catalana di Colombo si spiega, secondo Bilbeny, sulla base di evidenze che gli appaiono sconcertanti: i re cattolici non si sarebbero mai permessi di concedere ad un genovese delle cariche tanto elevate, e neppure privilegi così sostanziosi ad un avventuriero di origini oscure. Nel caso che fosse stato uno straniero, l'avrebbero obbligato a naturalizzarsi, ma questo non fu necessario perché era già loro suddito e vassallo. Il titolo di Viceré, inoltre, è una carica propria dell'amministrazione della Corona d'Aragona, e i famosi *Patti*, per le forme giuridiche utilizzate, il contenuto e i titoli che si concessero a Colombo, per i funzionari che intervennero in essi e li firmarono, e per l'archivio dove si conservarono – l'*Arxiu Reial*, attualmente *Arxiu de la Corona d'Aragó* con sede a Barcellona –, sono un documento al cento per cento catalano. Le leggi della Castiglia non contemplavano la possibilità di concedere cariche a titolo ereditario, né esisteva in Castiglia, fino ad allora, il titolo di Viceré né alcun'altra istituzione vicereale. Trattandosi di risoluzioni di corte e di intese tra re e suddito, la forma contrattuale dei *Patti* era totalmente inesistente in Castiglia. Il lasso di tempo tra il 17 e il 30 aprile 1492 durante il quale si misero a punto i *Patti* indica che le condizioni richieste da Colombo si negoziarono in Catalogna, dove si trovava per preparare il primo viaggio, e non si confermarono a Santa Fe – dove si trovavano i re – se non 13 giorni più tardi, il tempo necessario alla posta per andare dalla Catalogna a Granada.

Per molti storiografi, la cittadinanza catalana di Colombo è chiara e senza ombra di dubbio, a causa dell'uso del suo nome catalano "Colom" nella quasi totalità delle edizioni europee della *Lettera* in cui annunciava la scoperta. A questo si aggiungono la moltitudine di toponimi catalani con i quali battezzò le nuove terre delle Indie alle quali credeva di essere arrivato, le espressioni idiomatiche catalane evidenti in tutti i suoi scritti e la parola catalana "Almirant" nella sua firma. Sebbene Colombo venisse sempre considerato uno straniero in Castiglia, nei suoi scritti si riferisce ai re cattolici come ai suoi "signori naturali", per cui appare evidente che poteva appartenere soltanto alla Corona d'Aragona, e la tesi della sua origine genovese cade da sola, così come la sua pretesa umile origine e le sue professioni manuali di tessitore, lavoratore della lana o oste, a partire dalle quali non sarebbe mai riuscito ad accedere alle alte dignità di Ammiraglio, Viceré e Governatore generale dei nuovi territori di oltremare. Questi titoli poteva invece bene assumerli su di sé appartenendo alla potente famiglia barcellonese dei Colom-Beltran, visto che lo stesso Colombo dice: "*io non sono il primo ammiraglio della mia famiglia*", poiché egli stesso aveva esercitato già quella carica durante la guerra civile che distrusse la Catalogna quando la Generalità si alzò contro il re Giovanni II della dinastia castigliana dei Trastámara, padre di Ferdinando il Cattolico. Questa presa di posizione politica della famiglia Colom a favore della dinastia catalana della Casa de Urgell e della sua discendenza portoghese, e quindi contro i re di origine castigliana che dal Compromesso di Caspe del 1413 regnavano in Catalogna, potrebbe spiegare i rapporti tesi tra Ferdinando II e Cristoforo Colombo, così come il necessario intervento di intercessori di peso per convincere i monarchi cattolici e negoziare i *Patti*.

Nonostante i dissapori col re, due anni dopo la morte di Colombo, nella disposizione reale del 29 ottobre 1508, Ferdinando II conferma i titoli di Ammiraglio, Viceré e

Governatore Generale delle Indie al figlio Diego o Jaume Colombo: "*È mia mercé e volontà che Jaume Colom, ammiraglio delle dette Indie, isole e terra ferma, eserciti in mio nome il governo e la funzione di giudice in esse.*" Da queste parole si deduce che l'impresa della scoperta fu catalana e per questo motivo è il re catalano che rinnova unilateralmente i titoli all'erede di Cristoforo Colombo e lo invia al Nuovo Mondo perché, con quei titoli, lo serva come uno degli ufficiali della sua corte. Di qui, quindi, ecco apparire evidente, da documentazione posteriore e da alcune incisioni, che le caravelle di Colombo non salparono dal porto andaluso di Palos, bensì del porto catalano con lo stesso nome, Pals, e con le bandiere catalane sventolanti sull'albero principale. In realtà, la potenza marittima di quel tempo era il regno di Catalogna-Aragona – con possedimenti in Sardegna, Napoli, Sicilia e Grecia –, e certo non una Castiglia priva di cultura di mare e totalmente ossessionata dalla soppressione definitiva dell'agonizzante regno arabo di Granada.

Di fronte a tutta questa convincente documentazione, alcuni storiografi sono d'accordo nel concludere che la manipolazione della storia di Cristoforo Colombo da parte della corona castigliana è un flagrante caso di falso storico. Perché? Che benefici ne otteneva? L'origine catalana di Colombo e la conseguente paternità della scoperta del Nuovo Mondo da parte della potenza marittima della Corona d'Aragona lasciavano la Castiglia in secondo piano nel momento di rivendicare parte nella colonizzazione e dello sfruttamento dei nuovi territori. Le ricchezze che presto incominciarono a fluire in quantità dal continente americano furono subito ambite da tutti, e incominciò una battaglia di diritti e rivendicazioni tra Castiglia ed Aragona per imporre la propria egemonia sui territori americani. Incominciò allora, mentre ancora era in vita lo stesso Cristoforo Colombo, una campagna di manipolazione dei dati che facevano riferimento alla scoperta, alle condizioni concordate tra l'Ammiraglio ed i re cattolici, ed alla sua stessa biografia. Gli eredi di Colombo, vedendo che gradualmente si ritagliavano i loro privilegi e, con essi, i redditi stabiliti nei *Patti*, iniziarono una battaglia legale di interminabili cause in cui la corona castigliana andò appropriandosi delle percentuali e minò i loro privilegi e prebende. I titoli di Colombo, che lo situavano davanti a tutta l'aristocrazia del regno, arrivarono a rappresentare una minaccia per i re, poiché – imparentato com'era con la casa reale catalana e quella portoghese – si sollevarono sospetti sul dubbio che in fondo quello che pretendeva fosse di fondare una nuova dinastia... Per questo motivo, nel ritratto dell'Ammiraglio dipinto da Sebastiano del Piombo nel 1519, Cristoforo Colombo appare rappresentato con la mano sinistra aperta sul petto, con le dita separate a formare il segno del pentacolo, o pentagramma della stella a cinque punte, un segno cabalistico ebreo che significa l'interiorizzazione e la meditazione, ma che indica anche l'atteggiamento regale, lo scettro della maestà... Sia come sia, i documenti direttamente correlati a Colombo o che menzionassero direttamente la sua persona, furono manipolati in modo da arrivare a presentarlo come uno straniero di umili origini a cui non potevano essere dovuti tutti i privilegi che i suoi eredi reclamavano sulla base del controverso documento di *Patti*.

Alla storia ufficiale e alle tesi che difendono l'origine catalana dell'Ammiraglio, si aggiunge una nuova teoria che trasforma il misterioso Colom o Colombo in un personaggio di ascendenza ebrea. In una Penisola Iberica sottomessa allora ai più oscuri ed orribili dettami di una Inquisizione religiosa che perseguitava con puntiglio tutto ciò che non era puro cattolicesimo, molte famiglie di convertiti nascondevano le loro origini per non sollevare sospetti e non cadere nelle mani di tribunali che inviavano senza motivo molti innocenti in cella o sulla pira. Le misteriose origini di Colombo hanno fatto credere a molti che il silenzio attorno alla sua esatta provenienza derivi dalla volontà di nascondere intenzionalmente l'origine ebrea della sua famiglia. Sebbene questa tesi abbia certamente una base storica molto meno solida delle due precedenti, lo stesso Colombo insiste nel citare nei suoi testi la sua connessione col Re David della Bibbia ed il suo Dio, che è quello degli ebrei. Le tesi che vogliono Colombo giudeo lo presentano come figlio di una famiglia di convertiti ispanici sistematisi a Genova dopo essere sfuggiti all'Inquisizione, e bisogna riconoscere che è documentabile che il nome italiano "Colombo" è abbastanza comune tra gli ebrei italiani del periodo tardo medievale. Secondo alcuni storiografi e grafologi, la stessa firma dell'Ammiraglio, spesso piena di segni misteriosi ed iniziali di difficile interpretazione, ha permesso di fantasticare su possibili formule cabalistiche, benedizioni ebraiche o invocazioni al Dio dei ebrei. Nell'estremo superiore sinistro delle lettere private di Colombo a suo figlio Diego appare una peculiare iscrizione, che potrebbe ben essere la formula di benedizione ebraica *B"H* che utilizzavano normalmente gli ebrei nella loro corrispondenza e che riassume l'espressione giudaica *Be-ezrat Ha-Shem*, "Con l'aiuto di Dio".

Nei suoi scritti, Colombo dimostra di essere capace di citare perfettamente la Bibbia e anche di conoscere la storia ebraica. Ad esempio, quando parla del primo o del secondo tempio di Gerusalemme, li denomina "Casa", traduzione letterale della parola ebraica *bayit* con la quale gli ebrei si sono sempre riferiti al santuario gerosolimitano. Sembra che Colombo abbia posposto deliberatamente l'inizio del viaggio, previsto per il 2 agosto 1492, al giorno successivo al fine di non fare coincidere il giorno della partenza con la data fatidica del calendario ebraico, il 9 di Av, giorno in cui gli ebrei commemorano tristemente, tra le altre disgrazie, la distruzione del secondo tempio di Gerusalemme, nell'anno 70 d.C. Sorprende, essendo inusuale, che un cristiano laico dimostri tali conoscenze della storia del paese d'Israele, dando prova, pertanto, di una sofisticata cultura personale, che non sarebbe invece tanto strana in una persona di ascendenza ebraica. Anche nella lettera ai re cattolici in cui descrive il suo primo viaggio alle Indie, Colombo include un riferimento critico all'espulsione degli ebrei dai regni di Aragona e di Castiglia, laddove il tema non ha niente a che vedere con il contenuto centrale della missiva.

Se la sua possibile origine ebraica non è altro che pura speculazione, quello che sì è evidente e chiaro è la partecipazione e l'entusiastico aiuto di personaggi di origine ebraica della corte catalano-aragonese in favore dei viaggi di Colombo, specialmente quelli del nobile Luis de Santángel, capo della tesoreria reale, e di Gabriel Sánchez, tesoriere reale. Questi due nobili – pienamente coscienti delle loro origini ebraiche e che avevano perfino avuto parenti perseguiti dall'Inquisizione – offrirono a Colombo sostegno morale e politico, e fecero pressione sui re cattolici per convincerli dei meriti del progetto dell'Ammiraglio. Il primo viaggio di Colombo fu possibile grazie al prestito privato di 1.140.000 maravedí da parte di Luis de Santángel, sulla base del quale Ferdinando ed Isabella si impegnarono a loro volta nel patrocinio della spedizione. In realtà, le prime lettere in cui Colombo racconta la sua scoperta sono dirette, non ai re cattolici, bensì ai suoi protettori Santángel e Sánchez, e sono questi documenti quelli che, immediatamente editi e tradotti, circolarono per tutta l'Europa e fecero conoscere ovunque le sue gesta. Il secondo viaggio di Colombo – il più importante dei quattro poiché in esso salparono al suo comando niente meno che 17 imbarcazioni – fu finanziato integralmente con la vendita delle numerose proprietà ebraiche confiscate dopo l'editto di espulsione del 1492. È difficile precisare che percentuale dell'equipaggio del primo viaggio di Colombo fosse di origine ebrea, ma a giudicare dall'aggressiva persecuzione inquisitoria cui erano sottoposti molti convertiti, non sarebbe strano supporre che un buon numero di marinai lo fosse. Tra tutti loro emerge la figura dell'interprete Luis de Torres, un ebreo che parlava varie lingue, compreso l'ebraico, che si convertì giusto prima di salpare per unirsi alla spedizione. Luis de

Torres non sarebbe mai più ritornato nella Penisola Iberica e si sarebbe stabilito a Cuba.

Colombo avrebbe sfruttato in grande misura il progresso scientifico di cui furono protagonisti gli ebrei durante il basso Medioevo nei campi dell'astronomia, della cartografia e della navigazione. Lo stesso Colombo scrisse che tutte le nazioni avevano imparato degli ebrei i principi dell'astronomia. Nomi come Jacob Corsino, Yosef Vecinho e Abraham Zacuto sono essenziali nell'impresa di Colombo: Zacuto, rabbino e professore di astronomia e navigazione nell'Università di Salamanca, sviluppò l'astrolabio nautico di rame e, a partire dalle tavole astronomiche di Corsino, compilò le famose tavole astronomiche – l'*Almanach Perpetuum* – che Colombo si portò nei suoi viaggi. Lo scienziato portoghese Yosef Vecinho tradusse l'opera di Zacuto in castigliano e la consegnò a Colombo, nonostante avesse fatto parte della Commissione Reale che in un primo momento negò l'idoneità del piano di Colombo, che solo in seguito i re cattolici avrebbero fatto proprio.

Dal punto di vista pratico, dunque, possiamo affermare che l'impresa dei viaggi di Colombo e la sua scoperta avvennero in parte grazie agli sforzi sia intellettuali che finanziari di personaggi di origine ebraica. Questo aiuto diretto e indiretto di alcuni convertiti di fama al progetto di Cristoforo Colombo ha fornito il presupposto per cui alcuni storiografi ebrei e specialmente il Samson Trust degli Stati Uniti d'America hanno ritenuto plausibile la teoria di un probabile origine ebraica dell'Ammiraglio, che è basata soprattutto sulle lacune della censurata storia ufficiale castigliana, e che, a parte tutto, è anche in piena incompatibilità con la teoria delle origini nobiliari catalane di Colombo.

Se le origini di Cristoforo Colombo sono state alterate dalla manipolazione dei documenti ed ora non ci sono note con certezza, e quindi hanno incoraggiato ogni tipo di speculazioni, anche la sua fine si è vista avviluppare nella polemica. Dopo essere stato sepolto a Siviglia, per desiderio del suo primo figlio Diego o Jaume, i suoi resti furono trasferiti a Santo Domingo nel 1542. Quando quest'isola fu conquistata dai francesi nel 1795, essi furono trasportati a L'Avana, e dopo la guerra di Indipendenza di Cuba nel 1898, ritornarono a Siviglia dove ora riposano nella cattedrale. Tuttavia, nel 1877, apparve nella cattedrale di Santo Domingo una scatola di piombo con un'iscrizione in cui si poteva leggere: "Uomo illustre e distinto Cristoforo Colombo", con polvere ed ossa all'interno. Questi resti rimasero nella cattedrale di Santo Domingo fino all'anno 1992, quando furono trasportati al *Faro di Colombo*, un monumento faraonico costruito dalle autorità dominicane per onorare le spoglie dell'Ammiraglio. Lungi dalle dispute tra storiografi e dagli asettici risultati delle analisi del DNA dei resti di Colombo che dovrebbero determinare in modo definitivo le sue origini, Jordi Savall e Montserrat Figueras presentano in questo doppio disco il tesoro di testi e musiche di tutto un secolo, il XV, i cui grandi protagonisti nella Penisola Iberica furono gli autori, direttamente o indirettamente, della perdita dei paradisi della multiculturalità tanto nei regni d'Aragona e Castiglia quanto del Nuovo Mondo. Il Cristoforo Colombo tanto misterioso – genovese, catalano o ebreo – fosse chi fosse e venisse da dove venisse, ne fu chiaramente il personaggio principale.

MANUEL FORCANO
Barcellona, 2006

Vista de la ciudad de Barcelona, Anton Van Wyngaerde (1510-1572)

CRISTOFORO COLOMBO
Paradisi Perduti

Luci e Ombre nel Secolo di Colombo:
la Storia e la Poesia in dialogo
con le musiche arabo-andaluse, ebraiche e cristiane
dell'Antica Esperia fino alla scoperta del Nuovo Mondo.

Concezione del Programma, Selezione di testi e musiche e Adattazioni musicali
Jordi Savall
Drammaturgia e Testi aramaici, ebraici, arabi e náuhatl
Manuel Forcano

Disco I

I PROFEZIE ED EVOCAZIONI ANTICHE

Medea. (Tragedia, Atto II) – Seneca (Secolo I d.C.)
Musica: Coro: G. Binchois; Solo: Anonimo s. XII
(testi citati e tradotti da Colombo nel suo Libro delle Profezie)

1. INTRODUZIONE:
Pierre Hamon (flauta doppia) Pedro Estevan (percusione)

2. INVOCAZIONE:
Coro: "Tethysque novos detegat orbes"

3. EVOCAZIONE 1:
Medea (tragedia, atto II, vv. 364-379) – Seneca

Ormai l'oceano è dominato
e ad ogni legge è soggetto:
ogni piccola barca già si spinge in alto mare.

Teti ci svelerà nuovi mondi
e il confine della terra non sarà più Tule.

4. INVOCAZIONE:
Coro: "Tethysque novos detegat orbes"

5. EVOCAZIONE 2:
In nuove terre hanno innalzato le loro mura le città.
Niente ha lasciato dov'era prima, il mondo,
da quando è divenuto transitabile.

Teti ci svelerà nuovi mondi
e il confine della terra non sarà più Tule.

6. INVOCAZIONE:
Coro: "Tethysque novos detegat orbes"

7. EVOCAZIONE 3:
Tempi verranno al passare degli anni
in cui l'oceano allargherà i nostri confini
e mostrerà la terra tutta la sua grandezza.

Teti ci svelerà nuovi mondi
e il confine della terra non sarà più Tule.

8. RECITATO:
Nell'atto II di Medea di Lucio Anneo Seneca utilizzata de Colombo si leggono i seguenti
versi: "*Venient annis saecula seris quibus Oceanus vincula rerum laxet: et ingens pateat*
tellus: Typhysque novos detegat orbi: nec sit terris ultima Thyle"

9. INVOCAZIONE:
Coro: "Tethysque novos detegat orbes"

10. RECITATO:
La traduzione dello stesso Colombo, che figura nel suo *Libro delle Profezie*, alquanto libera
e interpretativa, recita: "*Verranno nei tardi anni del mondo certi tempi nei quali il mare*
oceano ci lascerà liberi dalla nostra limitatezza e si aprirà una grande terra, e un nuovo
marinaio, come quello che fu guida di Giasone, che aveva nome Thyphis, scoprirà un
nuovo mondo, e allora non sarà l'isola Tule l'ultima delle terre."

1408 Regno dell'Emiro Nazarita Yusuf III

11. MUSICA:
Inno Sufi – Improvvisazione (santur, percussione)

12. MUSICA:
Improvvisazione (oud)

RECITATO:
Descrizione delle bellezze di Granada.
Ibn Battuta, *I Viaggi*, cap. XVI: Visita al regno nazarita di Granada nel 1350.

Da Malaga mi trasferii ad Alhama, una piccola città con una moschea molto ben situata e
splendidamente costruita. Da Alhama proseguii il mio viaggio fino alla città di Granada, la
capitale dell'Al-Ándalus, che è la più adorabile tra tutte le città. I suoi paraggi sono di una
bellezza che non ha paragone in nessun altro paese del mondo: si estendono per quaranta
miglia e li attraversano il famoso fiume Genil e altri corsi d'acqua ed un'infinità di torrenti.
Verzieri, orti, pascoli, poderi e vigne circondano la città da tutti i lati. Uno dei posti più
belli è quello che chiamano "La fonte delle lacrime", una collina dove ci sono orti e giardini che nessun'altra città può vantarsi di avere. Ma è una città di tale rinomanza che non
occorre continuare a coprirla di elogi...

13. MUSICA:
Mowachah Billadi askara min aadbi Llama (Instr. Al-Andalus)

II CONQUISTE E NASCITA DI COLOMBO

1410 (Settembre) Le truppe dell'Infante Ferdinando conquistano Antequera

14. MUSICA:
Romance: *El moro de Antequera* (Il moro di Antequera) – Anonimo Sefardita

Dall'orazione esce il moro,
dall'orazione a mezzogiorno
portando con sé
trecento cavalieri.
Non era per la compagnia,
ma per il piacere
che tutta la gente dicesse:
Oh, che gran cavalleria!
La cuffia che porta il moro
è lavorata a meraviglia.
Chi lavorò questa cuffia?
Xerifa, la sua amica.
Xerifa vive tra alte torri,
le più alte di Turchia.
Lì, nel punto più interno
c'è un giovane raffinato.
Chi lo piange come parente,
chi lo piange come fratello,
la figlia del re lo piange
come suo primo amore.

15. MUSICA:
Percussioni

RECITATO:
Cronaca dei Re di Castiglia, cap. XXIX

Stando l'Infante davanti ad Antequera, comandò a sessanta uomini, tra i quali Rodrigo di Narvaez, che stessero pronti per il momento in cui egli avrebbe comandato che salissero la scala per prendere la torre. Mentre i Mori non sospettavano nulla, diede al maestro di scala l'ordine che la abbattesse sulla torre, e gli armati salirono. Allora i Mori salirono a difendere la loro torre. I Cavalieri e gli uomini in arme lottarono tanto valorosamente con i Mori, che li fecero precipitare e s'impadronirono di essa. Tutti i grandi Cavalieri che lì si trovavano, andarono ad intraprendere ciascuno la sua battaglia entro la città, ed erano assai dotati di frecce e di pietre, con cui fecero molti tiri. Lottavano con i Mori per le strade della città, e come i Mori videro che entravano in ogni parte della città, abbandonarono le torri e le mura, e si ritirarono quanto più rapidamente possibile nel castello. I Mori, dal castello, combattevano con ogni risorsa con balestre e fionde con pietre, e ferirono molti di quelli che erano entrati nella città. Ma la città fu presa. I Mori che erano rinchiusi nel castello parlarono col Conestabile, e chiesero che per sua grazia riferisse all'Infante che li lasciasse andare con tutto quello che avevano, e loro avrebbero ceduto il castello senza resistenza. Conseguito l'accordo, cominciarono ad uscire tutti insieme dal castello, e molti di loro morirono per le ferite. Dopo che la città e il castello furono nelle mani dell'Infante e i Mori furono partiti, l'Infante consegnò tutto a Rodrigo di Narvaez, alcalde, perché rendesse buon conto di ciò che riceveva al Re suo signore, di cui era quella città.

16. MUSICA:
Zappay (instr.) CMM 20

1443 (Febbraio) Alfonso V il Magnanimo entra in Napoli

17. MUSICA:
Collinetto (instr.) CMM 22

RECITATO:
Dal Dietari *di Melcior Miralles, cappellano del Re Magnanimo e della Cattedrale di Valencia*

Qui dirò del grande onore che fu fatto al Signor Re quando entrò nella città di Napoli, e come vi entrò il 27 febbraio 1443. Entrò il detto Signore nella seguente forma: "Innanzi tutto, i cittadini di Napoli abbatterono trenta braccia delle mura di detta città, dalla parte del Carmelo e, una volta rimossi i blocchi di pietra, fecero uscire un carro molto grande e bello, a quattro ruote, tutto coperto di broccato, e il Signor re era seduto nel mezzo del carro, sollevato di quattro palmi, seduto su un trono, a capo scoperto, vestito con un abito foderato di zibellino; e sopra gli reggevano un baldacchino fatto di broccato su un altro broccato cremisi, il più bello e ricco che si fosse mai visto. E davanti al Signor Re, sul carro, c'era il *siti perillós*, il sedile magico di Galeotto, molto riccamente adornato, che destava grande meraviglia; e questo carro era tirato da cinque cavalli bianchi, ciascuno dei quali aveva sul dorso un bel cuscino di velluto cremisi, e lo tiravano, il detto carro, con funi di seta gialla e rossa. E un angelo cantava lodando il detto Signore: "O Re Alfonso, Dio ti dia vita e prosperità!"

18. MUSICA:
Villota: *Dindirindin* – Anonimo CMM 127

Dindirindin ridin rindayna
dindirindin dindi rindayna
rindayna dindirindin.

Mi levai una mattina
di buon mattino avanti l'alba,
per andare in un giardino
per cogliere una rosa.
Dindirindin...

Mi levai un bel mattino
di buon mattino per il prato,
incontrai l'usignolo

che cantava su di un ramo.
Dindirindin...

Incontrai l'usignolo
che cantava su di un ramo.
"Usignolo, bell'usignolo
fatemi quest'ambasciata".
Dindirindin...

"Usignolo, bell'usignolo
fatemi quest'ambasciata,
e ditelo al mio amico
che già sono maritata".
Dindirindin...

1451 (ottobre) Nasce Cristoforo Colombo

19. MUSICA:
O tempo bono (introduzione)

RECITATO:
Hernando Colón, *Storia dell'Ammiraglio*, cap. I.

Dice Hernando Colón nella sua *Storia dell'Ammiraglio*: "Essendo i suoi antenati del sangue reale di Gerusalemme, preferì che i suoi genitori fossero appena conosciuti, di modo che, quanto più era considerato e stimato per la grande impresa, tanto meno volle che la sua patria ed origine fossero note."

Dice il suo amico e confidente Fray Bartolomé de las Casas: "I suoi genitori furono persone notabili, in un certo periodo ricchi, le cui condizioni e maniera di vivere dovette derivare dal mercanteggiare per mare; in altri momenti dovettero vivere poveramente a causa delle guerre e parzialità che sempre ci furono e non mancano mai. Il suo lignaggio, dicono che fu nobile e molto antico."

20. MUSICA:
Strambotto: *O tempo bono* – CMM 132

O tempo bono, e chi me t'a levato,
que non te tengo più como solea?
O tempo chiaro, e como si'turbato,
che fai fortuna da chi bonanza avea?
O dolze tempo, e como m'ai lassato
intrare senza vista e senza via?
Felice tempo, tu te nde si'andato
mo luce ad altro la lenterna mia.

III NUOVE ROTTE E GRANDI PROGETTI

1474 (25 giugno) Lettera del fisico fiorentino Toscanelli inviata al Principe Don Juan

21. MUSICA:
Voca la galiera (strumentale)

RECITATO:
Il vostro viaggio verso occidente
Salvador de Madariaga, *Vita del magnifico Signore don Cristóbal Colón*, p. 103.

Rimetto dunque alle vostra maestà una mappa, fatta di mio pugno, nella quale sono disegnati i vostri litorali e le isole da cui potrete intraprendere il viaggio verso l'Ovest, ed i luoghi ai quali dovete arrivare, e la distanza dal Polo e dalla linea dell'Equinozio a cui dovete attenervi, e quante leghe dovrete attraversare per arrivare a quelli regioni fertilissime di ogni sorta di spezie e gemme; e non vi meravigliate che chiami Ovest la terra delle spezie, perché chi navighi per l'emisfero inferiore incontrerà sempre quelle regioni ad Occidente, e chi viaggi per terra nell'emisfero superiore le troverà ad Oriente.

22. MUSICA:
Basse Dance: *Mappa Mundi* (Kyrie de la Messa Mappa Mundi) – Johannes Cornago

1480 Naufragio a Capo San Vicente

23. MUSICA:
Chiave, chiave (instr.) – Anonimo CMM 131

RECITATO:
Hernando Colón, *Storia dell'Ammiraglio*, cap. V.

L'Ammiraglio uscì ad affrontare quattro grandi galere veneziane e si scontrò con esse a Capo San Vicente, che si trova in Portogallo. Intavolato il combattimento, lottarono fieramente, si lanciarono all'abbordaggio con gran furore, ammazzandosi e battendosi senza pietà. Stavano combattendo dalla mattina quando s'incendiarono il vascello dell'Ammiraglio ed una delle galere. Quelli che poterono si gettarono, preferendo morire così che sopportare il tormento delle fiamme. L'Ammiraglio, che era un grande nuotatore, si afferrò ad un remo che la fortuna gli offrì e, appoggiandosi ad esso, cominciò a nuotare. Arrivò a terra, ma stanco e debilitato per l'umidità dell'acqua, tardò molti giorni a rimettersi.

1485 Matrimonio di Colombo durante il suo soggiorno in Portogallo

24. MUSICA:
Improvvisazione *Melodia antica* (s. XI)

RECITATO:
Siccome non era molto lontano da Lisbona, vi si recò, e gli fecero un così buon trattamento e così eccellente accoglienza che si stabilì in quella città e si sposò con una signora chiamata Donna Felipa Moniz, di sangue nobile e superiora del Monastero dei Santi, dove l'Ammiraglio abitualmente andava a sentire la messa. Ella fece tanta conoscenza ed amicizia con lui che si convertì in sua moglie.

25. MUSICA:
Villancico: *Meis olhos van por lo mare* – Anonimo CMP 453

I miei occhi solcano il mare
guardando verso il Portogallo.
I miei occhi solcano il fiume
cercando il Douro e Minho.

1486 Colombo presenta il suo progetto di viaggio ai Re Cattolici

26. MUSICA:
Introduzione *In te Domine* (viole)

RECITATO:
Hernando Colón, *Storia* dell'Ammiraglio, cap. LXXXIII.

Finalmente, attenendosi al modo di dire castigliano *Dubita San Agostino* davanti a tutto quello che non sembra ragionevole, perché detto santo nel suo *De civitate Dei* considerava impossibile che esistessero antipodi e che si potesse passare da un emisfero all'altro, servendosi contro l'Ammiraglio di queste favole ed altre falsità nelle quali credevano ciecamente, i Re decisero di considerare l'impresa vana ed impossibile. Cosicché, le loro Maestà risposero all'Ammiraglio che erano occupate in molte altre guerre e conquiste, per cui non avevano la possibilità di dedicarsi ad una nuova impresa, e non vollero prestare ascolto alle grandi promesse che faceva l'Ammiraglio.

27. MUSICA:
Frottola: *In te Domine speravi* – Josquin des Près CMP 84

In te Domine speravi
per trovar pietà in eterno.
Ma in un tristo e oscuro inferno
fui e frustra laboravi.
In te, Domine, speravi.

Rotto e al vento ogni sperança
vegio il ciel voltarmi in pianto.
Suspir lacrime me avansa
del mio triste sperar tanto.
Fui ferito, se non quanto
tribulando ad te clamavi:
In te, Domine Speravi.

IV LA FINE DI AL-ANDALUS

28. MUSICA:
Improvvisazione arabo-andalusa (santur & flauto)

29. MUSICA:
Improvvisazione (psalterio)

RECITATO:
Poema nella pietra dell'Alhambra di Granada di Ibn Zamrak.
Poema della sala delle Due Sorelle sulle bellezze dell'Alhambra. Ibn Zamrak, al tempo del
re nazarita Muhammad V (1354-1359). Versi 1, 3, 8, 9 e 19.

Sono il giardino che la bellezza adorna:
vederla, niente più, ti chiarirà il mio rango.
Sublime è la magione, perché Fortuna
le ordinò di sovrastare ogni casa.
Scendere vogliono le fulgide stelle
cessando di girare fra i raggi celesti,
e nei patii, a terra, aspettare i comandi
del re, in gara con le schiave.
Fortezza mai vedemmo tanto eccelsa,
di più chiaro orizzonte e vastità.

30. MUSICA:
Jarcha: *Di', come sopporterò* (Andalusia, s. XIII)

Oh tu, il più bello degli esseri!
Il mio cuore ti segue, e non ritorni.
Sentilo, quando dell'assenza si duole:

Di', come sopporterò tanta durezza dell'assenza,
oh occhi dell'amante, solo tu?

1492 (2 gennaio) La conquista di Granada

31. MUSICA:
La Spagna (strumentale)

32. MUSICA:
Tamburi e campane

RECITATO:
Del patto dell'Alhambra e di come si arrese Granada
Andrés Bernáldez (m. ca. 1513) sacerdote e confessore della regina Isabella I e dell'Inquisitore
Generale di Castiglia, Torquemada. *Memorie del Regno dei Re Cattolici*, cap. II.

Passarono luglio e agosto, e settembre, e ottobre, e novembre, e mai i mori vollero cedere,
ed era già dicembre quando, non avendo più di che mangiare se non pochi alimenti, chie-

sero di patteggiare al Re e alla Regina, sicché si concertò che, nei trenta giorni del mese di dicembre, avrebbero consegnato tutte le fortezze che essi e il Re Baudili possedevano, e furono tutti d'accordo. Il Re e la Regina concessero loro, con altre condizioni e risoluzioni, che se ne andasse chi voleva e dove voleva e quando voleva, e che si desse loro il diritto di transito, e che essi liberassero tutti i cristiani prigionieri. L'accordo era che le fortificazioni della città dovevano essere consegnare il giorno dell'Epifania. E il Re e la Regina si apprestarono ad andare a prendere l'Alhambra, e partirono dal quartier generale, lunedì due gennaio, con le loro milizie in bell'ordine.

Mentre giungevano vicino all'Alhambra, uscì il Re Mulay Baudili accompagnato da molti cavalieri, con le chiavi in mano, a cavallo, e volle scenderne per baciare la mano al Re, e il Re non gli consentì di smontare da cavallo, né gli volle dare la mano. Il re moro lo baciò sul braccio e gli diede le chiavi, e disse: "Prendi, Signore, le chiavi della tua città, ché io e quelli che vi siamo dentro, siamo tuoi". E il Re Don Ferdinando prese le chiavi e le diede alla Regina.

E i cavalieri castigliani entrarono nell'Alhambra e se ne impossessarono, e andarono e la presero e innanzitutto fecero sventolare sulla più alta torre lo stendardo di Gesù Cristo, la Santa Croce che il Re portava sempre con sé nella santa conquista.

33-34. MUSICA:
Villancico: *Levanta Pascual* (Alzati Pasquale) – Juan del Enzina CMP 184

Alzati, Pasquale, alzati
dirigiamoci verso Granada,
che si dice ch'è espugnata.

Alzati subito veloce,
prendi il tuo cane e il laccio,
la tua giubba ed il giubbone,
i tuoi flauti ed il bastone.
Andiamo a vedere la festa
di quella famosa città,
che si dice ch'è espugnata.

Ma figurati se ti credo!
Giuro su me stesso che di me ti stai burlando!
Se tu tanto lo aneli,
Bene! Io lo desidero ancor di più.
Ma certezze io non vedo,
solo questa diceria:
che si dice ch'è espugnata.

Adesso tu sia maledetto
Sempre pensi che ti mento!
Sta' pur certo che mi pento
perché a te niente non dico!
Vieni qui, parti con me,
di più ancora non tardare
che si dice ch'è espugnata.

Lascia perdere, tesoro:
al bestiame provvediamo,
che dove è proibito non si cacci,
che non lo catturi qualche moretto.
Lo zufolo suoniamo,
perché tutto il resto niente conta,
che si dice ch'è espugnata.

Io ti racconterò com'è andata:
che la nostra regina e il re,
fari della nostra legge,
partirono da Santafé,
e partirono, sai quando,
si dice che fosse stamattina all'alba.
Ce si dica ch'è espugnata.

Quindi là saranno tutti,
già dentro la città
con gran solennità,
con dolci canti e modi.
O splendore dei nobili,
sovrani di rinomata gloria!
Che si dica ch'è espugnata.

Che sollievo e che fortuna
veder per torri e postazioni
innalzar le croci benedette!
O che piacere e che felicità!
E l'intera corte entrava
mirabilmente adornata.
Che si dica ch'è espugnata.

Per una simile vittoria
dei re nostri signori,
ringraziamo e lodiamo
l'eterno Re di Gloria,
che giammai ci fu memoria
di re così perfetta.
Che si dica ch'è espugnata!

35. MUSICA:
Romance: *Qu'es de ti, desconsolado* (Che è di te, sconsolato) – Juan del Enzina CMP

Che è di te, sconsolato?
Che è di te, re di Granada?
Che è della tua terra, e dei tuoi mori?
Dov'é la tua residenza?
Rinnega, orsù, Maometto,
e la sua setta malvagia,
che vivere in tale stoltezza,
è ingannare se stessi.
Torna, ritorna, buon re
alla nostra legge sacra
perché, se hai perso il regno,
conservi la tua anima.
D'essere vinto da cotali re,
ti deve essere reso onore.
O nobile Granada,
in tutto il mondo famosa,
fin qui fosti schiava,
e ora infine liberata!
Ti perse il re Rodrigo,
per sua sorte infelice,
ti ebbe il re Ferdinando,
con ventura propizia,
e la regina Isabella,
la più temuta e amata:
ella con le sue orazioni,
egli con una grande armata.
Secondo la volontà di Dio,
non c'era scampo per la difesa,
perché dove Egli mette mano,
quasi nulla è impossibile.

Disco II

V LA DIASPORA SEFARDITA

1. MUSICA:
Las Estrellas de los cielos (strumentale) – Anonimo Sefardita

La Santa Inquisizione
2. INNO:
Patres nostri peccaverunt – Johannes Cornago CMM 2

I nostri podri peccarono, ed ora non sono più:
e noi abbiamo ricevuto il peso delle loro inquità.

1492 (31 marzo) Espulsione degli ebrei non convertiti

3. MUSICA:
Improvvisazione (tamburo)

RECITATO:
Editto di Espulsione degli ebrei.
Redazione del Segretario dei Re Cattolici, Joan Coloma, a Granada il 31 marzo 1492.

Don Ferdinando e Donna Isabella, per la grazia di Dio Re e Regina di Castiglia, di León, di Aragona, Conte e Contessa di Barcellona, salute e grazia.

Dovete sapere e sappiate che gli ebrei procurano sempre, in quante vie e maniere possono, di turbare i fedeli della Nostra Santa Fede Cattolica e li allontanano da essa e li attraggono al loro dannato credo e convincimento, istruendoli nelle credenze e nei riti della loro legge, facendo riunioni con loro é facendo loro intendere che non c'è altra legge né verità, se non la legge di Mosè. [...] Essi sono risultati di gran danno e detrimento e obbrobrio per la nostra Santa Fede Cattolica, ed essi sono stati anche giudicati molto colpevoli dei detti crimini e delitti.

[...] Per ovviare e rimediare definitivamente a così grande obbrobrio e offesa, poiché ogni giorno si giudica e appare che i detti ebrei si danno da fare e continuano nel loro cattivo e dannato proposito, se la causa principale di questo non sarà eliminata, ossia non siano cacciati gli ebrei dai nostri regni.

[...] Essendoci state su ciò molta deliberazioni, decidiamo di ordinare a tutti gli ebrei di uscire dai nostri regni, che mai tornino, né vi rientrino. Comandiamo a tutti gli ebrei ed ebree, di qualunque età, che vivano e abitino e si trovino nei detti regni e signorie, che prima della fine del mese di luglio ne escano coi loro figli e le loro figlie e i servi e le serve e i famigliari ebrei, grandi e piccoli, di qualunque età, e che non osino di ritornarvi né per rientrare né di passaggio, né in alcun'altra maniera, sotto pena di morte e di confisca di tutti i loro beni.

[...] E comandiamo e ribadiamo che nessuno, nessuno senza eccezione, nei detti nostri regni, di qualsiasi stato, condizione e dignità, osi ricevere, né accogliere, né difendere né pubblicamente né segretamente un ebreo o un'ebrea, dal termine della fine di luglio in poi, per sempre, sotto pena di perdita di tutti i suoi beni, vassalli e castelli e altri possedimenti.

[...] Diamo licenza e facoltà ai detti ebrei ed ebree di portare fuori dai detti nostri regni, i loro beni e le loro ricchezze per mare e per terra, ad eccezione di oro e d'argento, né moneta coniata né le altre cose vietate dalle leggi dei nostri regni.

[...] E perché questo possa venire a conoscenza di tutti, e nessuno possa pretendere di non saperlo, comandiamo che questo nostro Editto sia bandito pubblicamente per le piazze e i mercati e altri luoghi frequentati delle dette città e villaggi e borghi da un banditore e davanti a un pubblico cancelliere.

[...] Dato nella città di Granada, il 31 del mese di marzo, nell'anno millequattrocentonovantadue dalla Nascita del Nostro Salvatore Gesù. Io il Re. Io la Regina. Io Joan de Coloma, segretario del Re e della Regina, i nostri signori, la feci scrivere per loro mandato.

4. MUSICA:
Improvvisazione sopra *Il pane dell'afflizione* (rebab)

RECITATO:
Ha lahma 'anya – Il pane dell'afflizione (Orazione in aramaico) – Anonimo Sefardita

Questo è il pane dell'afflizione
che i nostri genitori mangiarono in terra d'Egitto.
Tutti gli affamati vengano e mangino.
Tutti i bisognosi vengano e celebrino la Pasqua.
Quest'anno, noi siamo i redenti d'Israele.
Il prossimo anno, lo sarà tutto il Popolo d'Israele.

5. MUSICA:
Il pane dell'afflizione (Orazione in ladino -spagnolo antico-) – Anonimo Sefardita

Testimonianza dell'espulsione degli ebrei
6. MUSICA:
Melodia Sefardita Improvvisazione (percussione e flauto)

RECITATO:
Andrés Bernáldez (m. ca. 1513), sacerdote e confessore della regina Isabella I e dell'Inquisitore Generale della Castiglia, Torquemada. *Memorias del Reinado de los Reyes Católicos.*

In pochi mesi, gli ebrei vendettero tutto quello che fu loro possibile. Davano una casa in cambio di un asino, una vigna per un taglio di tessuto o di tela. Prima di partire, sposarono tra di loro i bambini di più di dodici anni, affinché ogni ragazza avesse la compagnia di un marito... Poi, confidando nelle vane speranze della loro cecità, si misero in cammino abbandonando le terre della loro nascita, ragazzi e adulti, vecchi e bambini, a piedi ed a cavallo di asini ed altri animali, e su birocci, e fecero il loro viaggio, ognuno diretto al porto dove doveva arrivare, ed andavano per le strade e i campi dove passavano con molte tribolazioni e sventure, alcuni cadendo, altri rialzandosi, altri morendo, altri nascendo, altri ammalandosi, sì che non c'era cristiano che non avesse di loro compassione, e dovunque passavano li invitavano al battesimo ed alcuni, per la pena, si convertivano e si fermavano, ma erano molto pochi, e i rabbini li andavano incoraggiando e facevano cantare le donne e i giovani e suonare cembali e tamburelli per rallegrare la gente, e così uscirono dalla Castiglia.

7. MUSICA:
Lamentazioni in ebraico: *Mà aidéj? Mà adamélaj* – Anonimo
2,13/5,2-4/2,11/2,13/2,15

A chi ti comparerò?
A chi ti paragonerò, figlia di Gerusalemme?
Chi ti potrà salvare e consolare,
vergine, figlia di Sion?

La nostra eredità è passata a stranieri,
le nostre case ad estranei.
Grande come il mare è il tuo strazio.
A prezzo d'argento beviamo la nostra acqua.

Siamo orfani, senza padre.
Ahimè, come si è appannato l'oro!

Si consumano i miei occhi per le lacrime,
fremono le mie viscere,
il mio cuore è sparso per terra.
Chi ti potrà risanare?

Battevano le mani contro di te
tutti quelli che passavano per la via.
Fischiavano e scuotevano il capo
davanti alla figlia di Gerusalemme, dicendo:

"È questa la città della quale si diceva
che era perfetta nella sua bellezza?"

VI SCOPERTE E ACCUSE

1492 (3 ottobre) Primo viaggio di Colombo

8. MUSICA:
Improvvisazione sopra una Fantasía de Lluís del Milà (Vihuela)

RECITATO:
Lettera di Colombo ai Re Cattolici (Primo viaggio)
Salvador de Madariaga, *Vita del magnifico Signore don Cristóbal Colón*, p. 215.

Sicché dopo avere buttato fuori tutti gli ebrei dai vostri regni e domini, nello stesso mese
di gennaio mi comandarono le vostre Altezze che con armamento sufficiente intraprendessi
la partenza per l'India; e perciò mi fecero grandi grazie.

9. MUSICA:
Voca la galiera (strumentale) – Anonimo CMM 18

1492 (12 ottobre) Dalla caravella Pinta si vede il nuovo mondo

10. RECITATO:
Cristoforo Colombo, *Diario di bordo.*

Notte del 11 ottobre 1492:
Navigò a Sudovest. Ebbero mare forte più di quanto ne avevano avuto in tutto il viaggio. Videro gabbianelle ed un giunco verde vicino alla nave. A questi segni presero fiducia, e si rallegrarono tutti. Percorsero in quel giorno, fino al calare del sole, ventisette leghe. Dopo il tramonto, navigò nella sua originaria direzione, verso Ovest: sarebbero avanzati a dodici miglia all'ora; e alle due dopo mezzanotte avrebbero percorso novanta miglia. Tutta la notte sentirono passare uccelli. Il mare era piatto come il fiume di Siviglia. E poiché la caravella *Pinta* era la più veloce e precedeva l'Ammiraglio, scorse la terra e fece i segnali che l'Ammiraglio aveva ordinato. Questa terra la vide per primo un marinaio che si chiamava Rodrigo di Triana. Andò sul castello di poppa: vide un bagliore, molto tenue e furtivo, ma non si azzardò a dire nulla. Chiamò l'Ufficiale della Camera Reale e gli disse che gli sembrava di avere visto una luce. Egli scrutò l'oscurità ed anch'egli la vide. Era come una piccola luce di candela di cera che si alzava e si abbassava, sempre più vicina. Alle due dopo mezzanotte, la terra apparve distante soltanto due leghe.

MUSICA:
Improvvisazione (flauto indigeno e "palos de agua")

1502 Conversione forzata di tutti i mori dei Regni di Castiglia

11. MUSICA:
Lamento strumentale (improvvisazione)

12. MUSICA:
Preludio de la *Nuba*

RECITATO:
Cronaca dei Re di Castiglia, cap. CXCVI.

Vedendo il Re e la Regina che, nei vari comportamenti dei mori, i mudéjar e quelli che erano stati battezzati, non si potevano perdonare molti danni che i mori continuamente facevano ai cristiani, dopo chiedere consiglio comandarono che tutti i mori mudéjar di Castiglia ed Andalusia, entro due mesi divenissero cristiani e si convertissero alla nostra santa fede cattolica. E si compì il termine di due mesi nel mese d'aprile del suddetto anno 1502, e così tutti loro, alcuni convertiti di loro volontà e la maggioranza contro la loro volontà, furono battezzati, considerando che se i genitori non erano buoni cristiani, i figli o i nipoti o i bisnipoti lo sarebbero stati.

13. MUSICA:
Nuba Hiyay Msmarqi. Mizan Bsit. Ya muslimin qalbi (Lamento arabo-andaluso, s. XVI, Anonimo)

Oh, ascoltatemi! Il mio cuore mi ha chiamato.
Chi ha fatto sì che vi alberghi l'amore?

Estremamente amoroso, triste, tanta ansia
lo fa soffrire tra la disperazione e una passione che uccide.

1502 Montezuma II è eletto imperatore azteco

Poema náhuatl sulla fugacità universale
14-16. MUSICA:
Improvvisazione (flauto indigeno – Colombia)

RECITATO:
¿Cuix oc nelli nemohua oa in tlalticpac Yhui ohuaye? Canti Messicani, foglio 17, r.

Forse davvero si vive sulla terra?
Non per sempre sulla terra: solo un po' qui.
Anche se è giada si spezza,
anche se è oro si rompe,
anche se è piuma di quetzal si strappa.
Non per sempre sulla terra: solo un po' qui.

15. MUSICA:
Homagio Kogui (quena & tamburi amerindi)

VII TESTAMENTO DI ISABELLA E MORTE DI COLOMBO

17. MUSICA:
Departez vous (strumentale) – Guillaume Dufay

1504 Testamento della Regina Isabella

18. MUSICA:
Improvvisazione (tamburi, campane, psalterio e voci)

RECITATO:
Sul trattamento agli indiani
"Testamento della Regina Isabella", in una replica di Fray Bartolomé de las Casas al dottor
Ginés de Sepúlveda.

... E non permettano né facciano sì che gli indiani residenti ed abitanti delle dette Isole e
Terra Ferma, conquistate e da conquistare, ricevano danno alcuno nelle loro persone e nei
loro beni, ma comandino che siano bene e giustamente trattati. E se qualche danno hanno
ricevuto, vi pongano rimedio e provvedano in modo che non si ecceda in alcun modo
rispetto a quello che per quanto è scritto nella detta concessione ci è ingiunto e comandato.

19. MUSICA:
Villancico: *Todos los bienes del mundo* (Tutti i beni del mondo) – Juan del Enzina CMP 61

Tutti i beni del mondo
passano presto, e così il loro ricordo,
salvo la fama e la gloria.

Il tempo porta alcuni,
la fortuna o la sorte altri,
al capolinea della morte,
cui non sfugge nessuno.
Tutti sono beni fortuiti
e di ben poca memoria,
salvo la fama e la gloria.

Procuriamoci una buona fama,
che mai non si dissolve,
albero sempre verde
e carico di frutti.
Ogni bene che si dice tale
passa presto, e così il suo ricordo,
salvo la fama e la gloria.

La fama vive salda
anche alla morte del suo detentore;
gli altri beni sono illusione
e la certezza della sepoltura.
La migliore e più grande ventura
passa presto, e così il suo ricordo,
salvo la fama e la gloria.

1506 (20 maggio) Muore a Valladolid Cristoforo Colombo

20. MUSICA:
Fortuna desperata – Heinrich Isaac

21. MUSICA:
Intro *Miserere nostri*

RECITATO:
Hernando Colón, *Vita dell'Ammiraglio*, cap. CVIII.

Nel maggio del 1505 si mise in viaggio diretto alla corte del Re cattolico. L'anno precedente, la gloriosa Regina Donna Isabella era passata a miglior vita, il che aveva causato grande dolore all'Ammiraglio, poiché era state lei ad aiutarlo e favorirlo, mentre aveva trovato il Re sempre abbastanza asciutto e contrario alle sue proposte. Erano stati però lui e sua maestà la Regina a mandarlo a compiere quel viaggio. Ma proprio mentre il Re cattolico usciva da Valladolid per riceverlo, l'Ammiraglio, le cui condizioni si erano aggravate per la gotta ed il dolore di vedersi decaduto dal suo stato, cui si erano aggiunti altri mali, rese l'anima a Dio il giorno dell'Ascensione, il 20 maggio 1506, nella suddetta città di Valladolid, dopo aver ricevuto i santi sacramenti della Chiesa e pronunciato queste sue ultime parole: "In manus tuas, Domine, commendo espiritum meum", il quale, per la su somma misericordia e pietà, senz'altro lo ricevette nella sua gloria. "Ad quam nos eo perducat. Amen".

22. MUSICA:
Miserere Nostri / Vexilla Regis – CMM 106
Pietà di noi, Signore; pietà di noi.

[Avanzano i vessilli del re:
risplende il mistero della croce,
poiché il creatore della carne, incarnato,
è appeso al patibolo.]

Perché di lassù, ferito
dalla funesta punta di una lancia,
per lavare le nostre colpe,
versò acqua e sangue.

[Si sono così compiute le parole
del profetico canto di Davide
che disse: "Sulle nazioni
regnò dal legno Dio".]

Albero bello e fulgido,
adorno della porpora del re,
uscito da un ceppo degno
di toccare membra così sante.

Te beato dai cui rami
pendette il prezzo del peccato,
bilancia per il suo corpo,
strappasti la preda all'inferno.

Ave, croce, unica speranza,
in questo tempo di passione
accresci la giustizia per i fedeli,
procuraci i doni del Re.

Te, somma Trinità, Dio,
colmi di lodi ogni spirito.
Quelli che salvi per il mistero della croce,
reggi nei secoli. Amen.

Epitaffio
23. MUSICA:
Fantasia I – Lluís del Milà

Frammento di una lettera dell'Ammiraglio
24. MUSICA:
Melodia anonima

RECITATO:
Salvador de Madariaga, *Vita del magnifico Signore don Cristóbal Colón*, p. 60.

Non sono il primo Ammiraglio della mia famiglia. Mi si dia il nome che si vuole. Dopotutto Davide, Re molto saggio, fu pastore di pecore e poi fu fatto re di Gerusalemme; ed io sono servo di quello stesso Signore che mise Davide in quello stato.

25. MUSICA:
Inno Processionale: *Hanacpachap cussicuinin* (in lingua Quechua) – Juan Pérez Bocanegra

Gioia dai cieli,
mille volte ti adorerò.
Ascolta la mia supplica,
albero carico di frutti,
speranza dell'umanità,
aiuto del debole.

Rispondi alla mia supplica
pilastro di Dio, madre di Dio,
iride bella, bianca e gialla,
per tutto ciò che io ti ho offerto,
affinché tu mi aiuti
ad ottenere tutto ciò che spero.

Traduzione: MUSIKEON.NET

Primer mapa islámico
de la costas de América

الجنات المفقودة

1506 - 1400

ظلمات ونور في قرن كولومبوس:
التاريخ والشعر يتحاوران في الموسيقى
العربية الأندلسية واليهودية والمسيحية في هيسبيريا القديمة
إلى حين اكتشاف القارة الأمريكية.

"سيكون هذا العالم جميلاً
إذا نحن استخدمناه
أحسن استخدام"

خورخي مانريكي (1440-1479)

إن ماضينا ليس لنا لوحدنا. إن الفضاء الذي شغلته ثقافتنا على مر القرون ضم بداخله أشخاصاً
مختلفين لهم ثقافات وديانات مختلفة مثل المسلمة واليهودية في عهد هيسبيريا القديمة. إلا أنه خلال العصر
الوسيط ──الذي طبعته الكراهية الدينية وعدم التفهم مثلما يحدث في الزمن الحاضر── تدهورت جنة
هيسبيريا "الثقافات الثلاثة"، وبالرغم من انعدام التسامح والكراهية لم يكن العرب واليهود يعيشون بيننا
ومثلنا، بل أصبحوا جزءا منا. وفي نهاية القرن الخامس عشر، بعد سقوط غرناطة، طردوا أن أرغموا
على اعتناق المسيحية بموجب مرسوم، وشكل هذا الرحيل نهاية حقبة وضياع جنة ممكنة: فالكتب نددت به
والموسيقى نعثه والذاكرة أضاعته والضمير بجّله.

وبالموازاة مع تلك الاضطرابات، ظهرت شخصية خارقة متميزة: كريستوف كولومبوس،
الأميرال الذي اكتشف العالم الجديد سنة 1492. ستعترض الجنة الجديدة للتغيير: إن وصول المستعمرين
نتج عنه، من جهة، إبادة العديد من الحضارات المحلية، ومن جهة أخرى، تبلور تهجين اجتماعي وثقافي
مثمر استفاد منه العالمان القديم والجديد على حد سواء.

وتعد أغاني تلك الفترة، إلى جانب النصوص المختلفة التي تهتم بسيرة كريستوف كولومبوس
وخصوصا تلك التي تظهر في دفاتره ──مثل تنبؤ الكورس في تراجيديا ميديا لمؤلفها سينيكا (التي تعلن
عن وجود عالم مجهول وراء جزيرة تول سيكتشفه بحار شهم)، شهادات مباشرة ومعبرة عن هذه
التحولات العميقة. تولد عن مزج هذه المصادر التاريخية والموسيقية مشهد مجدد يخلق فيه جمال
الموسيقى وتأثيرها حواراً معبراً مع النص الذي يتم إلقاؤه: فالبعض من هذه النصوص وصفية أو شعرية،
والبعض الآخر تطبعه القسوة أو الدرامية، إلا أنها كلها عميقة في تمثيلها لزمن التغيير ولماض بعيد يجب
ألا ننساه. وتسمح لنا الموسيقى بالاقتراب مفعمين بالأحاسيس إلى أحداث ذلك القرن المتميز التي تشهد
على ازدواجية فترة مضطربة وغنية بالإبداعات في الوقت ذاته. وبالرغم من الظلام الذي توحي به تلك
الفترة في النفس، إلا أنها تميزت بازدهار كافة الفنون. فلنستمع إذن إلى كيف تتعاقب الموسيقى الرائعة
لأغاني أعياد رأس السنة والقصص الشعرية مع الأحاسيس الحقيقية المتألمة الواردة في أخبار أندريس
بيرنالديث أو التأوهات السفردية أو كتابات ابن بطوطة أو سجل سفينة الأميرال أو المرسومات الملكية
وكذلك أشعار خوان ديل إينثينا أو ابن زمرك، ولا يجب أن ننسى القصيدة الرائعة التي كُتبت بلغة ناهواتل
بخصوص زوال الكون.

ونحن نود من خلال هذا الاقتراح، علاوة على استرجاع موروث موسيقي هام يمكن أداؤه سواء بالأصوات أو بالآلات الموسيقية وفق معايير تاريخية وبواسطة آلات تلك الفترة، أن نقف وقفة احترام للثقافات الرئيسية الأخرى السائدة في ذلك العصر. وهكذا فإن موسيقاتنا البلاطية المحفوظة في مخطوطات ثمينة تكتمل بالموسيقى ذات التقليد الشفوي الصادرة عن الثقافتين العربية واليهودية وبموسيقى العالم الجديد الذي نجهله اليوم، والتي ترمز إليها مختلف أنواع المزامير الأصلية للثقافات الهندية الأمريكية. إن التذكير بأهم لحظات هذا القرن لا يقتصر على الاحتفاء بمرور خمسة قرون (1506-2006) على وفاة كريستوف كولومبوس فحسب. نود، وبشكل رمزي لكن بكل صدق، أن نضيف بالضرورة على مشروعنا صبغة تتمثل في الاعتذار لهؤلاء الرجال والنساء الذين لم نستطع فهمهم ولا احترامهم لأنهم كانوا ينتمون إلى ثقافة مختلفة عن ثقافتنا. إن مؤلف *Paraísos Perdidos* يقدم عرضاً لموسيقى وأدب تلك الفترة ويزودنا بملخص مركز للتغييرات الدينية والثقافية الحاسمة في فترة عرفت اختفاء عالم قديم وميلاد عالم جديد. إن النصوص التي اختارها مانويل فوركانو والتي سيقرؤها على مسامعكم باللغات العربية والعبرية والآرامية واللاتينية والناهواتل والتي سيقرؤها فرانسيسكو روخاس ونوريا إسبيرت بالإسبانية، وكذلك الموسيقى المغناة باللاتينية والعبرية والعربية والكيتشوا واللادينية والإسبانية والكتلانية والإيطالية من قبل مونتسيرات فيغيراس وبيغونيا أولابيدي ويويس فيلاماجو ومغنين منفردين ينتمون لجوقة *La Capella Reial de Catalunya*، خير دليل على الثراء الثقافي لتلك الحقبة، ويذكرنا اندثار ذلك التراث بأهمية وضرورة الحوار والتفاهم بين الثقافات والأديان حتى يتسنى لنا حماية واسترجاع تراث غني وكبير في القرن الواحد والعشرين الذي تطبعه النزاعات.

إن مؤلف *Paraísos Perdidos* يقترح علينا الاعتراف بأدب وتاريخ وموسيقى هيسبيريا القديمة والعالم الجديد. إننا على وعي بأنه تفصلنا عن تلك الفترة أزيد من خمسمائة سنوات، لذلك فإن القوة التعبيرية للنص المقروء قد تجعلنا نرتعش لما ورد فيها من الأحداث الدرامية وقد يثير جماله وروعة موسيقاه أحاسيسنا. والجدير بالذكر أنه بالرغم من أن البعد الفني لتلك الأعمال غير خاضع للزمان، فإن تلك الموسيقى وآلاتها وأشكالها وأصواتها وأساليبها تحمل بالضرورة بصمة ذلك العصر. لهذا فإننا اخترنا تكييفها تاريخياً من ناحية الأصوات والآلات وأتمناها بلمسة من الخيال المبدع الذي يطبع مغني فرقتي *Hespèrion XXI* و*La Capella Reial de Catalunya*، وبحضور مغنين منفردين متخصصين في التراث الموسيقي الشرقي وفي الآلات الموسيقية القديمة (المزامير الهندية الأمريكية) للعالم الجديد.

كتب الشاعر خورخي مانريكي: *"ماذا جرى لذلك الشعر واللحن الشجي الذي كانوا يعزفونه؟"*. لم يتوفق الكتاب والشعراء والموسيقيون والفنانون وعازفو الآلات الذين ساهموا في هذا المشروع في الإجابة عن هذا السؤال فقط، بل تمكنوا من وضع فرضية تستحق التفكير: يمكن للموسيقى الحية التي جاءت من عصور قديمة وبقيت حاضرة في ذاكرتنا التاريخية أن تتحول إلى روح نظرة نقدية وإنسانية جديدة لأصلنا، وقد تساعدنا كذلك على المزيد من التخلص من فقدان الذاكرة الثقافية الذي يطال الموسيقى بشكل خاص. بهذه الطريقة فقط، أي باسترجاعنا للتراث الموسيقي القديم وإحيائه ومقاربة التاريخ والماضي بشكل مغاير، يمكننا تخيل وبناء ذاكرة المستقبل بشكل أفضل.

جوردي سافالي
بياتيرّا، صيف 2006

من النبوءة إلى المأساة

1- "سيأتي زمان سيحُلّ فيه المحيط عُقد الأشياء وستُفتَح أرض وسيقوم بحار عظيم، مثل مرشد جازون، اسمه تيفيس باكتشاف عالم جديد وسوف لن تبقى جزيرة "تول" أبعد الأراضي" . وها هو صوت مونتسيرات فيغيراس يلازم المرء مرة أخرى كصوت "سيبيل" التي تطوقها أصوات المجموعة الصوتية للقساوسة الذي يذكرون نبوءة "ميديا"، كما كتب ذلك الفيلسوف والمسرحية الروماني سينيكا في مطلع القرن الأول للميلاد .

إن نبوءة ميديا تكاد أن تكون مخيفة في وصفها الدقيق لحدث لن يقع إلا بعد خمسة عشرة قرناً تقريباً . إلا أن الاعتقاد في عالم سيصل إليه الإنسان فيما بعد كان متجذراً منذ القدم في التراث الثقافي اليوناني وكذلك في موروث الأنبياء اليهود في العهد القديم وبقي حاضراً باستمرار في فكر القرون الوسطى وبداية عصر النهضة .

كان كريستوف كولومبوس واعيا تمام الوعي بهذه الفكرة التي تتمتع بقداسة القدم. إضافة إلى العديد من المصادر، قرأ كولومبوس كتاب " *Historia rerum ubique gestarum*" للبابا بيو الثاني وكتاب "*Imago mundi* " للكاردينال بيير دايي وكان على إطلاع بقصص رحلات المكتشف ماركو بولو إلى الشرق الأقصى. وبعد ذلك، خلال السنوات الأخيرة من حياته، اقتنع بأن نجاح رحلته الاستكشافية كان بمثابة تحقيق كل تلك النبوءات. وفي سنة 1501، بدأ بمساعدة صديق حميم له، وهو الراهب الكرتوزي غاسبار كوريثيوس، في كتابة مؤلف شامل يجمع كل المقتطفات من أعمال كتاب كلاسيكيين وكنسيين ومختصين بالتوراة وردت فيها إشارة إلى تلك المسألة -ويتعلق الأمر ب "*كتاب النبوءات*" الذي نجا بأعجوبة من المصير الذي عرفته العديد من المصادر الأصلية المقترنة بأمير البحر وما نتج عن ذلك من إحاطة سيرة كولومبوس بغيمة من الشكوك وظهور نظريات لا تعد ولا تحصى من الفرضيات بخصوص أصل عائلته والمراحل الأولى لحياته.

هل كان كولومبوس حقاً إيطالياً من جنوة، كما ذُكر في سيرة حياته المعروفة؟ أم كان يهودياً كتالانياً اعتنق المسيحية خوفاً من الاضطهاد الديني؟ أو ربما كان أحد النبلاء البرتغاليين يؤدي مهمة لحساب ملك البرتغال؟ أو كان أصله من غاليسيا؟ لم تصمد هاته التأويلات البديلة إلا حد الآن -التي غالباً ما تتخللها نظريات غريبة تتعلق بمؤامرة تاريخية- أمام نقد أهم الباحثين، إلا أنها كلها نتاج انعدام المصادر الأصلية، وخصوصاً اليوميات الحقيقية التي كان يدون فيها رحلاته. إن الأساطير دائماً ما تتغذى من الفراغات التي عجزت أبحاث الدارسين عن ملئها. إلا أنه من العجيب أن نجد أن أغرب عمل ألفه كولومبوس هو نص يغوص في أعماق تقليد أسطوري: ويتعلق الأمر ب "*كتاب النبوءات*" المذكور في إحدى الفقرات السالفة المحفوظ في مكتبة .z) Biblioteca Colombina y Capitular (138-25 بإشبيلية.

إن هذه المجموعة، التي يوحي ظاهرها بالفوضى، والمقتطفة من المزامير ونبوءات الكتاب المقدس وبعض الأقوال الكلاسيكية وفقرات من كتابات آباء الكنيسة الأوائل، طالما تم رفضها بدعوى أنها مجرد نص تعبدي، وفي بعض تم اعتبارها كشهادة صريحة عن إصابة أمير البحر بخلل عقلي في الفترة ا لأخيرة من حياته .   إلا أنه يشكل في الواقع وثيقة يظهر

من خلالها أن كولومبوس كان يرى أن معنى رحلته الاستكشافية كان يستمد أساسه من الأسطورة: "رواية متميزة" تصور المسيحية التي أصبحت في الأخير تشمل الإنسانية بأكملها، نظراً لاعتناق كل الشعوب لهذه الديانة، والتي تستمد مداخيلها من الأراضي المكتشفة حديثاً وستدر الأموال الكافية لاسترجاع القدس وتحقيق مشيئة الله في الأرض كما جاء في الكتاب المقدس . وقد كان له اعتقاد راسخ بأنه كان الأداة التي اختارها الله لتحقيق هدف توحيد العالم وإنقاذه .

2.- أينما كان مكان ولادة كولومبوس فإنه يبقى نتاج أوربا الغربية، على الساحل الشمالي لغرب البحر الأبيض المتوسط الذي يبدأ من شبه الجزيرة الإيطالية وصقلية ويمتد إلى *الجنوب الفرنسي* إلى إسبانيا، ويمر بمضيق جبل طارق وينفتح على المحيط الأطلسي، مروراً بسواحل البرتغال . كانت هذه المنطقة مسرحاً لالتقاء ثقافات مختلفة متعددة منذ عصور غابرة . استسلمت الإمبراطورية الرومانية ───التي كانت تتكون من فسيفساء مقعد من الثقافات المتداخلة─── للزحف التدريجي للقبائل الجرمانية الرحل خلال القرنين الرابع والخامس، وقد اختلط الطرفان في نهاية المطاف لتكوين الممالك المسيحية في القرون الوسطى الأولى . بهذه الطريقة اندمج الثقافتان اللاتينية والجرمانية لتكوين هويات ثقافية جديدة مختلطة تستمد مقوماتها من الثقافتين، وبما أن الكنيسة شرعت في بناء نظامها العابر للدول تدريجياً فإن هذا الميول نحو التكامل الثقافي أصبح يتقوى شيئاً فشيئاً .

إلا أن هذه العملية تعرضت منذ البداية إلى تحدٍ كبير يتمثل في وصول دين سماوي آخر ───وهو الإسلام─── إلى منطقة غرب البحر المتوسط، له استراتيجية توسع قوية مماثلة . استولى العرب بسرعة على المغرب العربي بأكمله وقطعوا البحر الأبيض المتوسط متوجهين إلى شبه الجزيرة الإيبيرية واحتلوا معظم أقاليمها، باستثناء محمية مسيحية كانت تقع على الجبال الشمالية لأستورياس . كانت نتيجة هزيمة الجيوش العربية بقيادة عبد الرحمن بمدينة بواتيي سنة 732 على يد محافظ قصر مملكة أوستراسيا الإفرنجية شارل مارتيل أن توقف توغل الجيوش المسلمة في أراضي أوربا الغربية . وكان لهذا الحدث بالإضافة إلى ذلك أثران رئيسيان على القارة بشكل عام: فمن جهة أدى ذلك إلى تثبيت دعائم أسرة شارل، إذ تمكن ابنه بيبين "القصير" من تنصيب نفسه ملكاً الإفرنجيين سنة 750، وفي سنة 800 أصبح ابن هذا الأخير، شارلمان، أول إمبراطور غربي منذ سقوط روما، ومن جهة أخرى حوّل البرانس إلى حاجز ثقافي وعسكري، حيث كانت الأمور على جانبه الغربي مختلفة بكثير مما هي عليه في باقي أوربا .

كانت إسبانيا خلال العصور الوسطى مسرحاً لإضطرابات سياسية مستمرة بسبب التغييرات المستمرة في فسيفساء كيانات مستقلة، سواء من الجانب المسيحي أو الجانب المسلم. بلغت دولة الأندلس أوج قوتها وغناها وتحضرها مع تأسيس الإمارة الأموية (التي تحولت فيما بعد إلا خلافة) في قرطبة سنة 755، إلا أنه مع حلول سنة 1031، تسبب سقوط الخلافة في تقسيمها إلى عدة دويلات مستقلة أطلق عليها اسم *طوائف* دخلت في حروب مستمرة فيما بينها وكذلك مع الجيوش المسلمة الجديدة القادمة من شمال أفريقيا لغوث

أي ملك استنجد بها للخروج من المأزق (المرابطون بعد سقوط طليطلة سنة 1085، الموحدون بعد سقوط لشبونة سنة 1147)، وغالباً ما كانت هذه الجيوش تضطر لمواجهة ملك آخر يحاول الاستيلاء على أراضي الملك الذي استنجد بها في البداية. أما فيما يخص المسيحيين، فسرعان ما تفرعت عن مملكة أستورياس التي صمدت في وجه الغزو العربي عدة كيانات سياسية—مملكات ليون وقشتالة (اللتان اندمجا لتشكيل مملكة واحدة) وأراغون ونافارا والبرتغال.

كان هذا التقسيم الجيوسياسي في تغيير مستمر بسبب العديد من العوامل: مجرد التفوق العسكري والدهاء الدبلوماسي والتحالفات عن طريق الزواج أو الاتفاقات التجارية. لم تكن النزاعات السياسية تحدث بالضرورة على حدود دينية معينة: إذ كان من الممكن أن يتحالف ملك مسيحي مع ملك مسلم ضد عدو مشترك، وخلال فترات الضعف، قد تكون مملكة —بصرف النظر عن عقيدتها—مرغمة على دفع ضريبة مرتفعة لمملكة مجاورة لها جيش قوي وديانة مختلفة. أضف إلى ذلك أنه ازدهرت تجارة لمختلف المواد على مستوى شبه الجزيرة غطت الدويلات المسلمة والمسيحية على سواء.

وعلى المستوى الداخلي، وبالرغم من الهجرات أو "التطهيرات العرقية" التي كانت تحدث من حين لآخر بعد كل عملية عسكرية، فإن كل هذه الممالكات كانت تضم ساكنة تتكون من عرب ومسيحيين، إضافة إلى بعض الجاليات اليهودية الغنية والمثقفة التي كانت تسكن في أهم المدن. وبالرغم من أن الحكام المسلمين كانوا أكثر تسامحاً في تعاملهم مع الديانات الأخرى من نظرائهم المسيحيين، إلا أنه كان من الضروري الحفاظ على توازن طبيعي في هذا المجال لضمان سير الاقتصاد وبقاء البشر. كانت الطائفتان الدينيتان تحتاج الواحد منهما الأخرى، كما كانتا في حاجة إلى اليهود، وكان هؤلاء عاجزين على البقاء بداخل النظام من دون مساعدة الطائفتين المذكورتين.

كان التعايش اليومي بالضرورة يفرض التبادل الثقافي. وعلى جميع مستويات المجتمع، كان الناس من أصل أو ديانة مختلفة يستمعون إلى موسيقى الجنس الآخر ويرقصون رقصاته وكانت الآلات الموسيقية مثل العود أو الرباب تنتقل من ثقافة إلى أخرى. لم يكن بإمكان الجامعات المسيحية، مثل سالمنكا أو كويمبرا، تفادي تدريس أعمال الرياضيين وعلماء الفلك والخرائطيين العرب واليهود، وكان الملوك المسيحيون أنفسهم يشغّلونهم كمستشارين ومسيّرين، وخصوصاً في مجال نظرية الموسيقى التي كانت مؤلفات الفارابي تعتبر المرجع الأساسي. عندما بدأ *التروبادوريون* الأرستقراطيون من أصل غاليسي-برتغالي يطورون نوعاً خاصاً بهم من غناء البلاط على غرار الشعراء الغنائيين من جنوب فرنسا، وجدوا نموذجاً أقرب إليهم في المقامات الشعرية والموسيقية العربية الرفيعة، إلى درجة أن من يبحث اليوم عن لإيقاعات الرفيعة المتميزة ——التي دخلت في طي النسيان منذ اندثار الأمبراطورية الرومانية—— سيجدها متداولة بين أوساط النخبة العربية وليس في التقليد القوطي الغربي القاتم. وتبين زخارف وصور مؤلف *Cantigas de Santa Maria* (القصائد الغنائية للقديسة ماريا) التي تم تجميعها برعاية ملك ليون وقشتالة ألفونسو العاشر وكتاب الأغاني *Ajuda* بلشبونة العديد من الموسيقيين العرب الذين شاركوا في أداء

هذه المجموعات. وكان العديد من الملوك العرب شعراء و/أو موسيقيي: على سبيل المثال ترك ملك غرناطة يوسف الثالث، الذي حكم من سنة 1408 إلى سنة 1417، قصائد شعرية رائعة يتغنى فيها بالطبيعة ––وفي بعض الأحيان بالجنس المماثل–– كانت آثارها ظاهرة في أعمال الشعراء المسيحيين في أواخر العصر الوسيط وبداية عصر النهضة .

فمهما كان أصل كولومبوس فإنه، ومن دون شك، عاش في هذا الواقع المتعدد الثقافات الذي كان يشهد تبادلاً ثقافياً وفكرياً وفنياً مستمراً كانت الموسيقى تلعب فيه دوراً أساسياً بحكم طبيعة خطابها الذي لا يعتمد على الكلمة . من المؤسف حقاً أنه لم يتم تدوين الموسيقى العربية–الأندلسية وأن أية محاولة لإعادة بناء الممارسات الثقافية في تلك الفترة يجب أن ترتكز على التراث الشفوي الذي تم الحفاظ عليه بفضل المدارس الموسيقية المغربية التقليدية التي تؤكد أنها حافظت على معظم التراث الغنائي بالشكل الذي نُقل عليه من شبه الجزيرة الإيبيرية في القرنين الخامس والسادس عشر .   إن حصة الأسد من هذه الموسيقى تحتوي على الارتجال حسب قواعد مدونة .

3 .– مع مطلع القرن الخامس عشر انقلب ميزان القوى بشكل حاسم في شبه الجزيرة الإيبيرية ولم يعد هناك أدنى شك بخصوص المواجهة العسكرية بين المملكتين المحليتين المسيحية والمسلمة . في البرتغال وقشتالة وأرغون ساهم تمركز السلطة تدريجياً بين أيدي الملوك في إرساء دعائم الدولة الاستبدادية التي كانت تعتبر فيها الكنيسة والإدارة المدنية ركيزتان لسلطة الملك . كان الملك يبحث عن تأكيد مكانته ككيان يعلو على كل الطبقات ويستمد مشروعيته من الإرادة الإلهية، بدل الوظيفة التي كان يحتلها كقائد عسكري وزعيم لأمثاله من بين النبلاء . وكان عليه أن يبني بلاطاً على طريقة النموذج الذي كان دوق بورغون يشهره من خلال بلاط ديجون، حيث كان يجمع حوله أشخاص قادمين من أعلى درجات الأرستقراطية وكذلك الموظفون السامون، ولم يكن يتردد في الإخلال بالامتيازات التقليدية لرجال الكنيسة أو المجموعات المدنية التي تكونت خلال العصور الوسطى .

لم يكن ذلك مجرد مفهوم سياسي. أدى ازدهار التجارة الدولية والانتقال التدريجي نحو اقتصاد نقدي منح الدولة دوراً تنظيمياً جديداً كان يشمل تحصيل الضرائب على نطاق أوسع وإعادة توزيعها على شكل إدارة عمومية مركزية منظمة . كان الملوك الإيبيريون يأمنون أكثر من غيرهم من الملوك الأوربيين المستبدين في ذاك العصر بضرورة إحاطة سلطتهم المكتسبة حديثاً بهالة من الجلالة وتأكيد رمزي لامتيازات الملوك طال شتى مجالات الإبداع الفني الذي ترعاه الدولة . وكان تكوين جوقات موسيقية كنائسية رفيعة تضم أجود الموسيقيين ووضعها في خدمة كل واحد من ملوك شبه الجزيرة خلال القرن 15 جزء هام من هذه الاستراتيجية . تحولت البلاط القشتالي والأراغوني والبرتغالي بسرعة إلى مراكز ثقافية رفيعة تطور فيها الفن الغنائي غير الديني والرقص وفق المعايير الأكثر كوزموبوليتانية التي كانت تسود في أوربا آنذاك وتقوى فيها في الوقت ذاته الغناء المقدس متعدد الأصوات من أداء الجوقات الكنائسية الملكية .

عرفت تلك الفترة محاولات شرسة من قبل كل الدول لفرض نفوذها العسكري والجيوسياسي . كان البرتغال محاصراً من قبل قشتالة من جهة والمحيط الأطلسي من جهة أخرى وكان عاجزاً عن الانتشار في شبه الجزيرة، لهذا بدأ يبحث عن مخرج في بلدان ما وراء البحار : وفي سنة 1415، احتلت الجيوش البرتغالية قلعة سبتة بالمغرب، وفي سنة 1418 وصلت السفن البرتغالية إلى جزيرة ماديرا وبعد ذلك ببضع سنوات بدأت تستكشف سواحل أفريقيا . استثمرت مملكة أراغون الكثير لتوسيع نفوذها في الأقاليم الإيطالية وفي سنة 1443 فتح ألفونسو الخامس مدينة نابولي بصفته ملك أراغون ومايوركا ونابولي وصقلية . كانت مملكة قشتالة تسعى أولا وقبل كل شيء إلى هزم مملكة غرناطة المورسكية آخر هزيمة، وفي سنة 1410 أدت عملية عسكرية إلى الاستيلاء على مدينة أنتيكيرا .

وأدى زواج ولي عهد مملكتي أراغون وقشتالة، فيرناندو نايزابيل على التوالي، سنة 1469 إلى خلق تحالف قوي بين خصمين قديمين . لقد كانت محاولة ضم البرتغال من قبل الملكين المسيحيين من ضرب الخيال، إلا أنه كان من الضروري التوصل إلى منافسة البرتغال الذي قطع أشواطا في الاستكشاف المربح للمحيط الأطلسي، لهذا أمرت إيزابيل وفيرناندو باحتلال جزر الكناري سنة 1470. وفي سنة 1482 تم هجوم مشترك على غرناطة: وسقطت مدينة الحمة بتاريخ 14 ماي، مما ترك العاصمة المورسكية من دون حماية، وخلال عقد من الزمن صارت المدن المورسكية تسقط الواحدة تلو الأخرى في أيادي جيوش قشتالة وأراغون، إلى أن دخل الملكان إلى غرناطة في يوم 2 يناير 1492 وقبلوا استسلام آخر ملك مسلم من بني نصر، ويتعلق الأمر بأبي عبد الله محمد الحادي عشر المعروف عند الإسبان بأبي عبد الله .

توجد أغاني تشيد بكل هذه الانتصارات العسكرية، وتضم كتب الأغاني متعددة الأصوات التي تم تأليفها في شبه الجزيرة (Cancionero del Palacio) أو في نابولي (Cancionero de Montecassino) ــــ إلى جانب أغان الحب الرفيعة ــــالتي أصبحت تشكل في تلك الفترة رمزاً من رموز تفوق نبلاء البلاط ــــ قصص شعرية تمجّد الملوك الفاتحين. وكان من بين الأولويات، بالنسبة لإيزابيل وفيرناندو، إيجاد خطاب "كاثوليكي" موحّد لمواجهة العدو "المهرطق" لأنهما كانا في حاجة إلى إيجاد قضية من شأنها أن تعبئ شعبان كان الواحد منهما يكِنّ العداء للآخر منذ القدم . كانت توجد ذخيرة شعرية وموسيقية كبيرة أدت إلى إضرام نار حرب صليبية معادية للمسلمين من جديد . وكانت هذه الحرب تشكل دعامة هوية وطنية "إسبانية" مشتركة بين الأراغونيين والقشتاليين تحت قيادة "الملك والملكة المسيحيين" (بفضل دعوات الملكة وسيوف جنود الملك) كما جاء في قصة شعرية من تلك الفترة .

4- شكّل سقوط غرناطة نقطة بداية عهد جديد في الثقافة الإيبيرية حيث قامت الدولة المنتصرة المستبدة بالقضاء على الاختلاف الثقافي والديني الذي استطاع البقاء طوال القرون الوسطى . وبعد ذلك قام الملكان ــوبالتحديد بتاريخ 31 مارس 1492ــ بتوقيع "مرسوم الحمراء" في مدينة غرناطة بصفة رمزية، طردوا بموجبه كل اليهود الذين رفضوا اعتناق

المسيحية وبعد مرور أربع سنوات على ذلك أصدر ملك البرتغال مانويل الأول مرسوماً مشابها طُبّق على اليهود والمورسكيين .   هؤلاء الذين رُحّلوا رافقهم حزن وحنين الأرض التي طردوا منها وعملوا على تدوين هذا الحنين في أغان أخذوها معهم إلى بلدان حوض البحر الأبيض المتوسط التي قبلت استضافتهم . مازال اليهود الإيبيريون يحافظون على الأغاني "السفردية" في معابد دوبروفنيك والبندقية وفلسطين واليمن، شأنهم في ذلك شأن المسلمين الذين حلوا بالمغرب العربي، قادمين إليه من إسبانيا والبرتغال والذين يحافظون على الطرب "الأندلسي" إلى يومنا هذا .

من المؤسف أن مثل هذا النموذج من الأصولية الدينية والتزمت العنيف اللذين تتحكم فيهما الدولة انتقل إلى القارة الأمريكية المكتشفة حديثاً . لقد تسبب حلم كريستوف كولومبوس الطوباوي المتعلق برسالة مسيحية موجهة للبشرية جمعاء في عملية إبادة واستغلال على نطاق واسع من جراء طموح وجشع الأوربيين .   هناك أمثلة نادرة في التاريخ عن مثل تلك الشراسة وانعدام التفهم واحترام الثقافات الأخرى واحتقار الكرامة الإنسانية .

إلا أن الفنانين والموسيقيين تمكنوا مرة أخرى من مقاومة الهمجية والبلادة بفضل قدرات العلاج والتواصل التي تمنحهم إياها مهنتهم . وسواء في شبه الجزيرة نفسها أو في مجموع أمريكا اللاتينية تمكنت الثقافات المختلفة من التواصل إلى طرق للتفاعل، إذ سرعان ما ظهرت فسيفساء من الثقافات المتداخلة، تتمتع بقوة وقدرة إبداعية مذهلتين مثل تلك التي كانت تميز الفن الإيبيري خلال القرون الوسطى .   استطاع نشيد *Hanacpachap Cussicuinin* الموكبي الذي نُشر في سنة *1631* في *Ritual Formulario* لخوان بيريث بوكانيغرا صياغة لحن أمريكي هندي في قالب أوربي متعدد الأصوات وتحويله إلى ترنيمة دينية تصور مريم العذراء كأنها "أمل الإنسانية وحامية المستضعفين" . كما نشأ حوار موسيقي بين ثقافات مختلفة في ظروف جد قاسية، من الممكن تحويل الدين والغناء المقدس من سلاح للهيمنة إلى خطاب في صالح المقموعين .

روي فييرا نيري
جامعة إيفورا

1492: سنة حاسمة

في القرن الخامس عشر أثر مجموعة من الأفكار الجديدة على الواقع الملموس وأثر هذا الأخير على المناخ الفكري آنذاك. وكان ما يُعرف "باكتشاف أمريكا"، بصرف النظر عن موقفنا الإديولوجي من هذا الحدث، نصراً كبيراً أحرزه العلم على الإدراك الحسي. وقد أدى تقدم تقنيات الملاحة إلى الرفع من حجم التجارة والتواصل بين الشعوب، بينما تسبب اختراع المطبعة في إثارة فضول الناس وتعطشهم المتزايد للمعلومات والمعارف بخصوص العالم. وكان رجال العلم يتساءلون إذا ما كان كوكبنا يشكل فعلا مركز الكون. وتساءلوا عن شكل الأرض، كما كان الفنانون يتساءلون عن معنى وجود البشر على الأرض وشكل الجسم البشري، ، بما في ذلك جسم الرجل والمرأة، محتفلين بالمكان والزمان الحاضرين أكثر من الحياة الأبدية. "كل شيء ممكن"، قالها العالم الإنساني الإيطالي مارسيلينو فيشينو: "لا يجب أن نستبعد أي شيء. لا شيء خارق للعادة. لا شيء مستحيل. إن الاحتمالات التي نرفضها ما هي إلا تلك الاحتمالات التي نجهلها." كان توسع أوربا في البداية نحو الشرق وبعد ذلك نحو الغرب، نوعا ما، نتاجاً للمخيلة النهضوية. وكان الاكتشاف كذلك انتصاراً للإدراك والمخيلة على التقاليد.

من قصره في ساغريس على شاطئ المحيط الأطلسي بالبرتغال، قام الأمير إينريكي (1460-1394)، ابن الملك خوان الأول، بجمع كل المعارف البحرية لزمانه وطوّر علم الخرائطية وأدوات الملاحة وبنى سفناً جديدة وسريعة وسهلة القيادة مثل الكارافيلا ودرّب أطقم قادرين على قيادتها. كان لإينريكي الذي كان يلقب بالبحار هدف أسمى: تجنب الأتراك وذلك بالإبحار في الشواطئ الأفريقية نحو الجنوب وبعد ذلك نحو الشرق. وتمكن البرتغال، بمساعدة المصرفيين الفلامينكيين، من الانطلاق من جزيرة ماديرا إلى جزر الآسور والسينغال وأخيراً إلى الجزء الأقصى من القارة الأفريقية، أي رأس الرجاء الصالح، في سنة 1488. واستطاع البرتغاليون انطلاقا من تلك النقطة الوصول بسرعة إلى الهند. وطوال الطريق زرع البرتغاليون قصب السكر وشغّلوا العبيد.

وبقدر ما كان البرتغاليون يتطلع نحو الجنوب والشرق، كانوا في نفس الوقت يجتنبون النظر إلى الغرب، نحو بحر الظلمات، بالرغم من مزاعم بحري عنيد، كانت غرقت سفينته قرب قصر إينريكي البحار، مفادها أنه توجد طريقة أفضل للوصول إلى الشرق بالإبحار نحو الغرب. على العكس من أعماله وأفكاره، كان مظهر الرجل لا يخلف انطباعاً جيداً في النفوس: كان محموماً وفاقد السيطرة على نفسه، كل ذلك كان يوحي بإصابته بالكذب المرضي. إلا أنه كان يتميز بالشجاعة والإصرار. كان اسم هذا الرجل كريستوفورو كولومبو: أي كريستوف كولومبوس.

لم يعر البرتغاليون أدنى اهتمام بكريستوف كولومبوس. لذا توجه البحار إلى إسبانيا التي كانت منعزلة ومنطوية على نفسها، وتخوض حرباً طويلة لاستعادة الأندلس. كانت الفرصة مواتية وعرض مشروعه على الملكين الكاثوليكيين إيزابيل وفيرناندو. كان الملكان آنذاك مخمورين بنصرهما على المورسكيين في غرناطة، حيث منحوا لكولومبوس الوسائل لتحقيق ثالث أهم حدث في تاريخ إسبانيا في سنة 1492، ألا وهو اكتشاف أمريكا.

أبحرت الكارافيلات الثلاثة –لابينتا ولانينيا ولاسانطا ماريا– من ميناء بالوس يوم 3 غشت 1492. وبعد أن أبحرت السفن في اتجاه الغرب لمدة 66 يوماً من آمال واهية ونجوم التي لا توجد في مكانها المعتاد وأشباح جزر من السحاب وشكاوي البحارة وتمرد الأطقم، أرست يوم 12 أكتوبر 1492 على شاطئ جزيرة غواناهاني الصغيرة في الباهاماس، والتي أطلق عليها من بعد اسم سان سالفادور. كان كولومبوس يعتقد أنه وصل إلى آسيا. كانت تحركه الشجاعة والرغبة في الشهرة ولذة الاكتشاف والطمع في الذهب وواجب التبشير. استطاعت أوربا بفضله أن ترى نفسها في الوقت ذاته في مرآة العصر الذهبي والإنسان المتوحش الطيب.

كيف يا ترى يجب علينا فهم تسمية "اكتشاف أمريكا"؟ أليست كل الاكتشافات متبادلة؟ إن الأوربيين اكتشفوا القارة الأمريكية، إلا أن السكان الأصليين لأمريكا كذلك اكتشفوا الأوربيين وكانوا يتساءلون ما إذا كان هؤلاء المخلوقات البيض الملتحين إلاهات أو بشر معرضين للفناء أو هل كانوا رحيمين كما توحي بذلك صلبانهم أو قساة كما يبدو من سيوفهم. هؤلاء الأشخاص كانوا مفعمين بطاقة النصر الإسباني على "الكفار" بعد 700 سنة من المقاومة. كانوا حاملين لعقيدة مناضلة وسياسة مناضلة. وبعد 1492، توجه اليهود إلى شمال أوربا. أما العرب فرجعوا إلى إفريقيا، وبنفوسهم حسرة على نفيهم من حدائق الحمراء. إلا أن السؤال الذي طرح آنذاك هو كالتالي: أين ستوجّه الطاقة الكبيرة لإسبانيا المسيحية؟

في سنة 1492، كان لإيزابيل وفيرناندو رؤيا وحدوية للمسيحية واسترجاع الأندلس والتوسع. من دون شك، كان قباطنة وجنود قشتالة الموجودين في الأقاليم ما وراء البحار يشاطرونهما هذه الرؤيا. إلا أنه يتعين علينا ألا ننسى أنهم في الوقت ذاته ورثة تجربة متعددة الثقافات يتعايش فيها العديد من الأجناس، وفي توتر مستمر مع اليهود والمورسكيين. إلا أن كل الاستثناءات التي قد نعترض بها على شيمة التسامح تقلل من ميول المجتمع نحو التعايش السلمي مع الآخر، ذلك الميل الذي ساهم في تشكيل بناء واقع ثلاثي الثقافات بإسبانيا، في مقابل سياسة إقصاء وطرد العرب واليهود الرسمية التي تم تطويرها في عهد فيرناندو وإيزابيل، والتي بلغت ذروتها مع نظام الحظر والرقابة القاسية الذي فرضه تيار الإصلاح المضاد وطبقته محاكم التفتيش.

كان غزات العالم الجديد جزءا من هذا الواقع، إلا أنه لم يكن بإمكانهم الهروب من موقف "أمران أحلاهما مر" الذي كانت تشكله إسبانيا بالنسبة لهم. أرغم الرهبان والكتاب والمؤرخون إسبانيا على الالتفات إلى بديلهم الإنساني والمتعدد الثقافات. وتمثل التفرد الثقافي لإسبانيا في الاعتراف بالآخر: عن طريق محاربته واحتضانه ثم تذويبه. كتب جون بول سارتر في إحدى أعماله أن الجحيم هو الآخرون. لكن هل هناك جنة أخرى غير الجنة التي يمكننا بناؤها مع إخواننا وأخواتنا؟ ومع ذلك فإن التاريخ يلح علينا بسؤاله "كيف يمكننا أن نعيش بدون الآخر؟ وهل بإمكاننا أن نفهم بأنني على هذا الحال بفضل شخص آخر ينظر إلي ويكمّلني؟ هذا السؤال المعاصر، الذي يُطرح كلما التقى الأبيض والأسود والشرق والغرب أو المواطن الأصلي والمهاجر في زمننا هذا، كان حقيقة مركزية في إسبانيا الوسيطية وسرعان ما تحول إلى مسألة مركزية في اجتياح واستعمار الأمريكيتين. في الفترة التي التقت فيها إسبانيا بالآخر "الراديكالي": أي شعوب من أجناس أخرى وديانات أخرى وثقافة أخرى كان السؤال المطروح هو: من هم يا ترى هؤلاء الأشخاص؟ ما هو شكل أرواحهم؟ أو هل لهم أرواح أولا وقبل كل شيء؟

كل هذه كانت تساؤلات نتج عنها انشقاق في إسبانيا. وإذا كان جزء من روح هذه الأخيرة يقول لها "هيا اجتاحي!"، فإن الجزء الآخر كان يذكر سينيكا الرواقي ويقول لنفسه: "لا تترك أحدا يجتاحك ما عدا روحك".

إن إنجاز كريستوف كولومبوس رفع الستار أمام اصطدام الحضارات وشكّل ملحمة كبرى، رحيمة تارة ودامية تارة أخرى، ولكن دائما محط خلافات: ويتعلق الأمر هنا بهدم ثقافة العالم الجديد وبنائها في آن واحد.

كارلوس فوينتيس
المرآة المدفونة، الفصل الرابع.

مترجم: مصطفى مهايا

لغز كريستوف كولومبوس

التاريخ يشرح ما وقع.

أما الشعر فيشرح ما كان يجب أن يقع

أرسطوطاليس

ليست كل القصص الرسمية حقيقية. فغالباً ما يكون الخبر ضحية سهلة للتلاعبات، إذ يتم تحريف العديد من المعطيات تُقحم في التاريخ ووقائع تبتعد أيما ابتعاد عن الحقيقة، لخدمة المصالح السياسية أو الاقتصادية لبعض الجهات. أضف إلى ذلك أننا مدينون للوثائق -أو ما تبقى منها- وانطلاقاً مما ذُكر فيها أو ما لم يُذكر فيها، نستطيع استعادة الماضي وانتشاله من براثن النسيان.

وما قصة أمير البحر كريستوف كولومبوس -أو *Almirant*، حسب توقيعه على بعض الوثائق- إلا مثال واضح على ذلك النوع من الأشخاص الذين تظهر من خلال قصصهم، كما تم تقديمها رسمياً، عدة تساؤلات وتناقضات تجعل الشكوك تحوم حولهم وتلفُهم في هالة من السرية. وليس من الغريب إذن أن نجد العديد من النظريات والآراء حول أصله ونسبه وبلده والظروف التي أحاطت بأهم حدث في حياته: أي اكتشاف القارة الأمريكية سنة 1492.

ويزعم التاريخ الرسمي أن كريستوف كولومبوس كان ينحدر من أسرة متواضعة من ناحية مدينة جنوة وأن أباه كان حائكاً ويزاول التجارة في ذات الوقت. ويبدو أن كريستوف كولومبوس سرعان ما قرر الهروب من الفقر الذي كان يعيش فيه لامتهان الملاحة. حتى بداياته غامضة وفي الواقع لم تبدأ قصته حتى سنة 1476 عندما غرقت السفينة التجارية التي كان على متنها على إثر صراع مع القراصنة، إذ وصل إلى البرتغال واستقر هناك. وفي العام 1479 بمدينة لشبونة، تزوج فجأة بسيدة من أعيان البلد تسمى فيليبا مونيس، حفيدة المستعمر البرتغالي لجز مادييرا، التي ستنجب منه ولداً سموه ديداك. واشتغل كولومبوس كبحار في البرتغال إلى حدود سنة 1485، وقام خلال هذه الفترة بعدة رحلات في البحر الأبيض المتوسط والمحيط الأطلسي، أخذته إلى جزر الكاناريّاس والرأس الأخضر وجزر الآسور. وأمخر عباب بحر الشمال، ويقول البعض أنه وصل إلى فنلندا حيث علم بالطرق التي تؤدي إلى الأراضي الجديدة التي توجد في الغرب.

في وسط هذه البيئة البحرية بدأ كريستوف كولومبوس في وضع خطته للوصول إلى جزر الهند الغربية وأراضي الخان الأكبر من الغرب. وقد دفعته المعارف الجغرافية والرياضية للطبيب الفلورنسي باولو دال بوزو طوسكانيلّي وكذلك كتاب *وصف العالم* لماركو بولو في النهاية إلى تقديم اقتراح في هذا الشأن إلى ملك البرتغال جوان الثاني سنة 1484 إلا أن هذا الأخير رفضه قطعاً، ثم إلى ملكي قشتالة وأرغون، إيزابيل وفيرناندو في سنة 1486، اللذين لم يتحمسا للفكرة بسبب انهماكهما في حرب غرناطة، وباء مشروعه بالفشل مرة ثانية. إلا أنه تمكن من الحصول على خراج ملكي من الملكين المسيحيين، وذهب ليستقر في مدينة قرطبة. كان كولومبوس أرملاً منذ سنة 1485 وتعرّف في هذه المدينة على بياتريث إينريكيّث دي أرانا التي ستنجب منه طفلاً اسمه فيرنّان أو إيرناند، والذي أصبح أقرب كاتب سير من والده بفضل كتابه *حياة أمير البحر السيد كريستوف كولومبوس* الذي يشيد فيه -ربما ببعض المغالاة- بشخص المكتشف.

إلا أن كريستوف كولومبوس لم يستسلم وأصر في فكرته. وبفضل تدخل إيرناندو دي طالابيرا ‑الذي كان يقوم بوظيفة معرّف الملكة إيزابيل آنذاك‑ ودوق ميديناثيلي صاحب النفوذ، قبلت الملكة إيزابيل ‑التي كانت تنتظر الاستسلام الوشيك لمملكة بني نصر الغرناطية‑ استقباله مرة أخرى والاستماع إلى حججه. وفي دجنبر 1491، حل كولومبوس بمعسكر سانطا في الملكي بغرناطة وبدأت المفاوضات الهادفة إلى المصادقة على المشروع بصفة نهائية. إلا أن تحفظات الملكين لم تصمد أمام تدخل اثنين من المتنصّرين، لويس دي سانطانجيل وديغو دي ديثا، اللذين أقنعا فيرناندو ملك أراغون بقبول الشروط التي اقترحها كولومبوس. وكانت النتيجة هي *اتفاقيات سانطا في* الشهيرة، والمؤرخة في 17 أبريل 1492 التي تنصبّ، *في مجملها*، على منح كولومبوس، مقابل تنازله على الأراضي المكتشفة حديثاً، لقب أمير البحر يرثه منه الخلف، لقب نائب الملك وحاكم عام للجزر التي سيكتشفها، عشور الناتج الصافي للبضائع التي تم شراؤها أو ربحها أو العثور عليها في الأقاليم الجديدة (ويحتفظ الملك بالخمس)، الاختصاص في فض النزاعات التي تنشأ خلال المعاملات التجارية في منطقة نفوذه، وكذلك الحق في المساهمة بنسبة الثُمن في البعثة والحصول على نفس النسبة من الأرباح. وبعد أن حصل كولومبوس على هذه الإيرادات الثمينة، وقع الملكان الكاثوليكيان على *الاتفاقيات* بغرناطة بتاريخ 30 أبريل 1492. ويروي لنا التاريخ الرسمي أن كريستوف كولومبوس نظم البعثة الأولى التي أبحرت من الميناء الأندلسي بالوس دي لافرونطيرا بتاريخ 3 أغسطس 1492 وأن سفنه أرست ‑بعد سفر طويل ومقلق في غياهب المحيط الأطلسي‑ يوم 12 أكتوبر على شاطئ جزيرة غواناهاني الواقعة في أرخبيل الباهاماس والتي أُطلق عليها اسم سان سالفادور. وأرست كذلك على شواطئ جزيرة كوبا وجزيرة لا إسبانيولا. وفي 25 ديسمبر 1492، غرقت سفينة القيادة *سانطا ماريا* واستعملت بقاياها في بناء أول مستوطنة على الأراضي الأمريكية أُطلق عليها اسم حصن *لانابيداد*. ورجعت السفينتان اللتان كان يقودهما إلى شبه الجزيرة الإيبيرية بتاريخ 15 مارس 1493، وفي 3 أبريل استقبل الملك فيرناندو كريستوف كولومبوس ببرشلونة للإعلان رسمياً عن الاكتشاف.

وكان الغرض من الرحلة الثانية (1493-1496) استكشاف الأراضي المكتشفة واستعمارها، وحل كولومبوس ببورتو ريكو. أما خلال السفر الثالث (1498-1500) فقد قاد كولومبوس ست سفن وكان يرافقه صديقه الراهب بارطوميو دي لاس كازاس الذي نقل جزءاً من *مذكرات* كولومبوس. خلال هذه الرحلة، تم استكشاف جزر ترينيداد وطوباغو، غرناطة، شاطئ فينزويلا ومصب نهر الأورينوكو. عندما كان كولومبوس يصف هذه الأراضي، كان يظن أنه يتواجد بالقارة الآسيوية. وفي 19 أغسطس، عندما رجع كولومبوس إلى قاعدة جزيرة لا إسبانيولا، وجد أن المستوطنين ثاروا إلى جانب السكان الأصليين. وبادر بعض القشتاليين الذين عادوا إلى وطنهم إلى اتهام كولومبوس لدى الملك بالفساد في تدبيره شؤون المستعمرات. كانت النتيجة أن أرسل الملكان الكاثوليكيان حاكماً جديداً لجزيرة لا إسبانيولا اسمه فرانثيسكو دي بوباديا سنة 1500، وفور وصوله اعتقل كريستوف كولومبوس وإخوانه وأرسلهم على متن سفينة في اتجاه قشتالة. وخلال الرحلة، رفض كولومبوس أن يُحرّر من الأصفاد وكتب بها رسالة طويلة ومتألمة للملكين المسيحيين. واستعاد حريته فور وصوله لقشتالة، إلا أنه فقد مكانته وامتيازاته وإلى الأبد.

وفي رحلته الرابعة (1502-1504) ‑رافقه فيها ابنه فيرناندو‑، قام كولومبوس باستكشاف الهوندوراس، نيكاراغوا، كوستا ريكا وباناما الحالية. بعد مرور سنتين على ذلك، وبالضبط بتاريخ 20 مايو 1506، توفي في مدينة بلد الوليد ودُفن في دير لاكارطوخا بإشبيلية. وفي وصيته، التي حررها كاتب قصر الملكين الكاثوليكيين، بيدرو دي إينوشدو، يُشار إلى كولومبوس بألقاب أمير البحر ونائب الملك وحاكم جزر الهند الغربية المكتشفة سابقاً و التي سُتكتشف لاحقاً، وعيّن ابنه ديداك وريثاً لألقابه ودرجاته.

وحسب بعض المؤرخين، تشوب هذه النبذة من سيرته الرسمية العديد من النقط التي يصعب استيعابها، مما يدل على تحريف واضح ومقصود للتاريخ. من يكون ذلك الغريب المنحدر من أسرة متواضعة الذي يتجرأ على فرض إيراد جد مرتفع وتشريفات مبالغ فيها على الملكين الكاثوليكيين؟ من يا ترى يكون هذا الشخص الذي توصل في الأخير إلى أن يقبل صاحبا الجلالة منحه ما طلب؟ في ضوء أبحاث حديثة أنجزها مؤرخون مرموقون من بينهم جوردي بيلبيني، تم التوصل إلى أن كريستوف كولومبوس كان أميراً كتلانياً تجمعه علاقة قرابة بالأسرتين الملكيتين الكتلانية والبرتغالية وينحدر من أسرة نبيلة، وهو الشيء الذي يفسر المهام التي أناطها به ملكا قشتالة وأراغون من دون عناء كبير، وكذلك زواجه من الأميرة البرتغالية التي كانت تحمل اسم فيبيلا مونيس، إلى جانب اسم فيليبا دي كويمبرا. إن الأصل الكتلاني لكريستوف كولومبوس يفسَّر، حسب بيلبيني، بواسطة دلائل دامغة: ليس من المعقول أن يسمح الملكان الكاثوليكيان بإعطاء مناصب عليا لجنويّ ولا امتيازات مهمة لمغامر لا يُعرف إلا القليل عن أصله. ولو افترضنا أنه كان أجنبياً، لكان مرغماً على التجنُّس، إلا أن كريستوف كولومبوس لم يكن في حاجة إلى ذلك لأنه كان من رعايا الملكين الكاثوليكيين. أضف إلى ذلك أن لقب نائب الملك هو لقب خاص بإدارة مملكة أراغون وأن *الاتفاقيات* الشهيرة، بحكم الصيغ القانونية المستعملة فيها ومحتواها والألقاب التي مُنحت لكولومبوس والموظفين المشاركين في تحريرها والموقعين عليها والأرشيف الذي تُحتفظ فيه –الأرشيف الملكي الموجود في برشلونة والذي يُسمَّى حالياً أرشيف مملكة أراغون–، فتعد وثيقة كتلانية مائة بالمائة. لم تكن قوانين قشتالة لم تكن تنص على إمكانية منح مناصب بصفة وراثية ولم يكن يوجد في قشتالة في تلك الفترة لقب نائب الملك ولا أي نظام يترأسه نائب الملك. وبصفتها اتفاقية ملكية واتفاق بين الملك وواحد من رعاياه، فإن الشكل التعاقدي *للاتفاقيات* لم يكن موجوداً قط في قشتالة. ويُستفاد من الفترة الواقعة ما بين 17 و 30 أبريل 1492 –وهي الفترة التي حُرِّرت فيها *الاتفاقيات* – على أن الشروط المفروضة من طرف كولومبوس تم التفاوض بشأنها في كتالونيا، حيث كان يستعد كولومبوس لأول رحلة له وليس في سانطا في –حيث كان يتواجد الملكان– بعد مرور 13 على الفترة المذكورة من قبل، وهي نفس المدة التي تستغرقها الرسائل المبعوثة من كتالونيا إلى غرناطة.

إن الأصل الكتلاني، في نظر العديد من المؤرخين، لكريستوف كولومبوس واضح ليس فيه أي شك من خلال استعماله للاسم الكتلاني "Colom" في غالبية الطبعات الأوربية *للرسالة* التي أعلن فيها عن اكتشافه ومن خلال الأسماء الكتلانية التي أطلقها على أراضي الهند الغربية (لأنه كان يعتقد أنه فعلا وصل إلى آسيا من الشرق) التي اكتشفها وأخيراً من خلال التعابير الكتلانية الواضحة التي تظهر في كتاباته وكلمة "l'Almirant" في توقيعه. بالرغم من أن كولومبوس كان دائماً يُعتبر أجنبياً في قشتالة، إلا أنه كان دائما ينعت الملكان الكاثوليكيان بـ "سيديّ الطبيعيين"، وهو الشيء الذي يجعله لا ينتمي إلى أي مكان غير مملكة أراغون، وبالتالي فإن أطروحة أصله الجنوي تصبح لاغية، ونفس الشيء ينطبق على انحداره من أسرة متواضعة وعلى كونه كان يزاول أعمالاً يدوية مثل حياك و صوّاف أو قهوجي، لأن ذلك كان سيحول بينه وبين تقلده المناصب العليا التي كان يشغلها مثل أمير البحر ونائب الملك وحاكم عام لأقاليم ما وراء البحار. كل هذه الألقاب، كان يحق لكريستوف كولومبوس الحصول عليها بحكم انتمائه إلى عائلة كولوم-بيرتران ذات النفوذ، والتي كان كولومبوس نفسه يقول عنها *أنا لست أول أمير بحر في عائلتي* لأنه قد شغل هذا المنصب خلال الحرب الأهلية التي دمرت كتالونيا عندما تمردت لا جينيراليتات على الملك خوان الثاني –والد الملك فيرناندو الكاثوليكي– الذي ينتمي لسلالة تراستامارا. كان هذا الموقف السياسي لعائلة كولومبوس المناصر لآل أورجيل والذين ينحدرون منها من أصل برتغالي، وبالتالي المناهض للملوك المنحدرين من أصل قشتالي والذين يحكمون كتالونيا منذ معاهدة كاسْب سنة 1413، هو سبب الخلاف بين الملك

فيرديناند الثاني وكريستوف كولومبو، وضرورة تدخل وسطاء على المستوى الرفيع لإقناع الملك والملكة الكاثوليكيين والتفاوض بشأن *الاتفاقيات*.

وبالرغم إلى الخلافات الموجودة بين الملك وكريستوف كولومبو، فإن الملك فيرناندو الثاني قام بعد موت كولومبوس بمقتضى مرسوم ملكي صادر بتاريخ 29 أكتوبر 1508 بتأكيد لقب أمير البحر ونائب الملك وحاكم الهندي الغربية لفائدة ابن كولومبوس المسمى ديداك أو جاوما كولوم: *"لقد قررنا أن نعيّن جاوما كولوم، أمير البحر للهند الغربية بما فيها الجزر، أن ينوب عنا فيها كحاكم وقاضٍ"*. ويُستفاد من هذه الكلمات أن الفضل في اكتشاف أمريكا يرجع إلى مواطن كتالاني، ولهذا فإن الملك الكتالاني هو الذي قام بصفة أحادية بتجديد ألقاب ووريث كريستوف كولومبو وأرسله إلى الأراضي المكتشفة حديثاً حتى يقوم بواجباته بصفته موظف من موظفيه. ويتضح من خلال وثائق لاحقة وبعض الصور المطبوعة بالحفر أن سفن كولومبوس لم تبحر من ميناء بالوس الأندلسي، وإنما من ميناء بمنطقة الأمبوردا يحمل نفس الاسم (بالس)، وعلم كتالونيا يرفرف على الصارية الكبرى. وفي الواقع كانت مملكة كتالونيا –أراغون– قوة بحرية لا تقهر، وكانت لها ممتلكات في جزيرة سردينيا، نابلس، صقيلية واليونان– على عكس قشتالة التي كانت تفتقر لتقليد بحري وكان همها الوحيد هو القضاء نهائياً على مملكة غرناطة العربية المحتضرة.

وأمام كل هذه الوثائق الحاسمة، أجمع بعض المؤرخين على أن التلاعب بتاريخ كريستوف كولومبوس من قبل الملوك القشتاليين يعد حالة مفضوحة من حالات اغتيال التاريخ. ما السبب وراء ذلك؟ وما الفائدة من ذلك؟ إن الأصل الكتالاني لكولومبوس وما يترتب عنه من مسؤولية اكتشاف القارة الأمريكية من قبل القوة البحرية لمملكة أراغون من شأنهما أن يهمشا قشتالة ويحرماها من المطالبة بنصيبها في استعمار واستغلال الأقاليم المكتشفة حديثاً. تسببت الخيرات القادمة من القارة الأمريكية والتي سرعان ما بدأت تتهاطل على إسبانيا في إيقاظ جشع الجميع ونشوب صراع بين قشتالة وأرغون بشأن حق كل واحدة في فرض هيمنتها على الأقاليم الأمريكية. كان كريستوف كولومبوس على قيد الحياة لما بدأت حملة لتزوير المعطيات التي تخص الاكتشاف والشروط المتفق عليها بين أمير البحر والملكان الكاثوليكيان وسيرة المكتشف. عندما لاحظ ورثة كولومبوس أن امتيازاتهم بدأت تتراجع ومعها الإيرادات المنصوص عليها في *الاتفاقات*، أعلنوا حرباً قضائية بلا هوادة، توصل من خلالها ملك قشتالة إلى تقليص نسب أرباح عائلة كولومبوس ومزاياها وإيراداتها. كانت ألقاب كولومبوس التي جعلته في صدارة أرستقراطية المملكة تشكل خطراً على ملوك إسبانيا، لأن قرابة كولومبوس من العائلة الملكية الكتالانية والبرتغالية زرعت الشكوك في قلوب الجميع وجعلتهم يظنون أنه كان ينوي تأسيس عائلة ملكية جديدة... إلى درجة أن الرسام سيباستيانو ديل بيومبو رسم في سنة 1519 لوحة لكريستوف كولومبوس يظهر فيها هذا الأخير واضعاً يده اليسرى مفتوحة على صدره، وأصابعه مفترقة على شكل نجمة خماسية –وهي رمز يستعمل عند اليهود في التنجيم– وهي لا ترمز إلى الاستبطان والتأمل فحسب، بل إلى المقام الملكي أو صولجان الملك... ومهما كان الأمر فإن الوثائق التي كانت لها علاقة مباشرة بكولومبوس أو التي كانت تذكره بصفة مباشرة تعرضت إلى التزوير بهدف تقديمه كأجنبي منحدر من أصل متواضع يستحيل أن يكون قد أحرز الامتيازات التي يطالب بها ورثته بموجب *الاتفاقيات* المتنازع فيها.

توجد إلى جانب التاريخ الرسمي والأطروحة التي تدافع عن أصل كولومبوس الكتالاني نظرية جديدة مفادها أن ذلك الشخص الغامض ينحدر من أصل يهودي. كانت شبه الجزيرة الإيبيرية تئن تحت وطأة محاكم التفتيش التي كانت تطارد بلا رحمة كل من انحرف عن المسيحية وكانت تطارد العديد من الأسر اليهودية التي اعتنقت المسيحية تخفي أصلها لكي لا تثيروا الشكوك ولكي لا يسقطوا في قبضة تلك المحاكم التي كانت تحكم عشوائياً على الأبرياء وتحرقهم أو ترميهم ظلماً في سجون مظلمة. إن أصل كولومبوس الغامض دفع بالعديد من الناس بأن يعتقدوا بأن الصمت الذي يحيط بتحديد أصله كان مقصوداً

لإخفاء أصل عائلته اليهودي المحتمل. وبالرغم من أن هذه الأطروحة أكثر افتقاراً إلى قاعدة تاريخية من سابقتيها، إلا أن كولومبوس نفسه كان دائماً يشير في كتاباته إلى العلاقة التي تجمعه بالملك داوود وربه، أي رب اليهود. إن أطروحة تهويد كولومبوس تجعله ابن عائلة من العائلات اليهودية الإسبانية التي اعتنقت المسيحية واستقرت في جنوة هرباً من محاكم التفتيش تؤكدها بعض الوثائق التي تفيد أن الاسم الإيطالي كولومبو اسم كان متداولاً بين اليهود الإيطاليين في أواخر العصور الوسطى. أدت نظريات بعض المؤرخين وأخصائي الخطوط، وحتى توقيع أمير البحر نفسه ─كان توقيعه في بعض الأحيان مليء بعلامات سرية وحروف من الصعب تفسيرها ─من الناس إلى الاعتقاد بأن الأمر كان يتعلق بطلاسيم وأدعية عبرية موجهة لإله اليهود. وفي الجزء الأيسر الأعلى لرسائل كولومبوس الخاصة الموجهة إلى ابنه ديداك تظهر عبارة غريبة من المحتمل أن تدل على ذلك الدعاء العبري (B''H) الذي يستعمله اليهود في مراسلاتهم والذي يلخص العبارة العبرية Be-ezrat Ha-Xem، أي "بعون الله".

أبان كريستوف كولومبوس في كتاباته على قدرة عالية على الاستشهاد بالتوراة وعلى معرفته للتاريخ اليهودي. وفي هذا الصدد، عندما كان يتكلم عن المعبد الأول أو الثاني للقدس، كان يسميهما "Casa"، وهي ترجمة حرفية لمقابل كلمة "بيت" بالعبرية، ويقصد بها اليهود معبد القدس. ويبدو أن كولومبوس تعمد تأجيل بداية الرحلة (وكان التاريخ المحدّد هو 2 غشت 1492) إلى اليوم الموالي لكي لا يتزامن ذلك اليوم مع تاريخ 9 آب، وهو التاريخ الذي يخلد فيه اليهود بالبكاء بعض الكوارث التي حلت بهم وبالخصوص هدم المعبد الثاني للقدس سنة 70 للميلاد. من دواعي الاستغراب أن يبدي شخص مسيحي عن معرفته لتاريخ الشعب اليهودي ويذكره في كتاباته باستمرار ويعبر عن ثقافة شخصية متميزة إن لم يكن ذلك الشخص نفسه من أصل يهودي. وفي رسالته التي وجهها إلى الملكين الكاثوليكيين والتي يشرح فيها سفره إلى الهند الغربية، أشار كولومبوس منتقداً إلى طرد اليهود من مملكتي قشتالة وأرغون، بالرغم من أن تلك المسألة لم تكن بأية صلة للمضوع الرئيسي للرسالة.

وإذا كان أصله اليهودي مسألة تخمينات فقط، فإن الدعم والمساعدة الفعالة التي منحها أشخاص من أصل يهودي مقربون إلى القصر الكتلاني-الأرغوني لكي يقوم كولومبوس برحلاته مسألة ثابتة، وخصوصا النبيلين يوويس دي سانتانجيل، أمين بيت المال، وغابرييل سانتشيس، الأمين الملكي. هاذان الرجلان ─كانا على وعي بأصلهما اليهودي وبالمضايقات التي كان يعاني منها أقاربهم من قبل محاكم التفتيش─ منحا لكولومبوس الدعّ المعنوي والسياسي وعملا جاهدين على إقناع الملكين الكاثوليكيين بفوائد مشروع أمير البحر. وقد تحققت أول رحلة لكولومبوس بفضل سلف شخصي قيمته 1.140.000 دينار مرابطي منحه له يوويس دي سانتانجيل، مما جعل فيرناندو وإيزابيل يدخلان في رعاية رحلة كولومبوس. وفي الواقع لم تكن الرسائل الأول التي عرض فيها كولومبوس اكتشافاته موجة للملكين الكاثوليكيين، وإنما لراعييه سانتانجيل وسانتشيس، وكانت تلك الوثائق هي الوسيلة التي أذاعت خبر اكتشاف كولومبوس في أوربا بعد نشرها وترجمتها. وتم تمويل الرحلة الثانية لكولومبوس ─وهي أهم الرحلات الأربعة التي قام بها، إذ شاركت فيها 17 سفينة!─ بأكملها بالأموال المحصّل عليها من بيع الممتلكات اليهودية المحجوزة بعد صدور قرار طرد اليهود لسنة 1492. من الصعب تحديد نسبة اليهود بين البحارين الذين شاركوا في أول رحلة لكولومبوس، إلا إنه في فترة كانت محاكم التفتيش تطارد فيها اليهود بشراسة، فإن ليس من الغريب أن يكون العديد من البحارة من أصل يهودي. ومن بين كل هؤلاء البحارة تبرز شخصية الترجمان يوويس دي طوريس، وهو يهودي كان يتكلم العديد من اللغات، بما فيها العبرية، اعتنق المسيحية لكي يتمكن من المشاركة في الرحلة مباشرة قبل الملاحة. لم يرجع يوويس دي طوريس بعد ذلك إلى شبه الجزيرة الإيبيرية حيث استقر بكوبا.

استغل كولومبوس التقدم العلمي الذي أحرزه اليهود خلال أواخر القرون الوسطى في ميدان علم الفلك والخرائطية والملاحة. وحتى كولومبوس نفسه كتب بأن كل الأمم تعلمت من اليهود مبادئ علم الفلك. كانت بعض الأسماء مثل جاكوب كورسينو ويوسف بيسينيو وأبراهام زاكوتو أساسية في مشروع كولومبوس: ثاكوتو، حاخام وأستاذ علم الفلك والملاحة في جامعة سالامانكا، قام بتطوير الأسطرلاب البحري المصنوع من النحاس ومن انطلاقا من الجداول الفلكية لكورسينو توصل إلى تجميع الجداول الفلكية –l'*Almanach Perpetuum* – الذي رافق كولومبوس في كل رحلاته. أما العالم اليوناني يوسف بيسينيو فقام بترجمة أعمال زاكوتو للإسبانية وأعطاها لكولومبوس، بالرغم من أنه شارك في اللجنة الملكية البرتغالية التي سبق لها أن رفضت مشروع كولومبوس الذي رعاه الملكان الكاثوليكيان.

من وجهة نظر عملية إذن، يمكننا أن نؤكد أن رحلات كولومبوس واكتشافه تعزى جزئياً للمجهودات الفكرية والمادية المباشرة أو غير المباشرة لبعض الأشخاص المنحدرين من أصل يهودي. هذا الدعم المباشر أو غير المباشر لبعض اليهود المتميزين من معتنقي المسيحية لفائدة مشروع كريستوف كولومبوس دفعت ببعض المؤرخين اليهود، خصوصاً صامصون تروست الأمريكي، إلى الاعتقاد باحتمال صحة النظرية التي تؤمن بأصل كريستوف كولومبوس اليهودي، معتمدين في ذلك على الفراغ الموجود في التاريخ الرسمي القشتالي المحرَّف، إلا أن ذلك مناقض تماماً للنظرية التي تدافع عن الأصل الكتلاني النبيل لكريستوف كولومبوس.

إذا كان أصل كريستوف كولومبوس تعرض للتحريف بواسطة تزوير الوثائق القشتالية والغموض الذي يحيط بأصله وما نتج عن ذلك من الافتراضات، فإن وفاته كذلك كانت محط العديد من الخلافات. بعد أن دُفن كولومبوس في إشبيلية نزولا عند رغبة ابنه الأول ديداك أو جاوما، فإن جثمانه نُقل إلى سانطو دومينغو سنة 1542. وعندما احتل الفرنسيون تلك الجزيرة في سنة 1795، نقل جثمانه إلى لاهافانا مرة أخرى، وبعد حرب استقلال كوبا سنة 1898، أعيد نقل الجثمان إلى إشبيلية حيث لا يزال يرقد في الكاتدرائية إلى الآن. أضف إلى ذلك أنه في سنة 1877، ظهر صندوق من الرصاص في كتدرائية سانطو دومينغو كُتبت عليه العبارة "الرجل النبيل والمتميز كريستوف كولومبوس"، يحتوي على بعض الغبار والعظام. وظل هذا الصندوق في كتدرائية سانطو دومينغو إلى حدود سنة 1992، إذ نُقل إلى *منار كولومبوس*، وهي معلمة فرعونية تم بناؤها من قبل السلطات الدومينيكانية ترحماً على روح أمير البحر. وبعيداً عن النقاشات الحادة بين المؤرخين ونتائج تحليلات الحمض النووي (DNA) لبقايا كولومبوس التي تهدف إلى تحديد أصله بصفة قطعية، فإن جوردي سافال ومونتسيرات فيغيراس يقدمان في هاذين القرصين المدمجين كنزاً يشمل نصوصاً ومقاطعاً موسيقية من القرن الخامس عشر بأكمله، أبطالها الرئيسيون كانوا عاملا مباشراً أو غير مباشر، في شبه الجزيرة الإيبيرية، في اندثار جنة التعدد الثقافي في مملكتي قشتالة وأرغون وفي العالم الجديد. ومهما كان أصل كريستوف كولومبوس –جنوي أو كتلاني أو يهودي– وبصرف النظر عن موطنه، فإنه كان الشخصية الرئيسية في هذا الاندثار.

مانويل فوركانو

برشلونة، 2006

مترجم: مصطفى مهايا

En la muy not[able]

E muy leal çibdad de Seuilla, miercoles, a [...]
dias del mes de Enero, año del nascimy[ento]
de nro Saluador ihu xpo de mill e quinye[ntos]
e dos años. En este dicho dia e ora de
bisperas poco mas o menos, estando en la plaça
del menor almy dlas yndias que es en esta
dha çibdad en la collaçion de sancta maria, e ante estenaud dela ro
drigo ffuys montero, alldes ordinarios en esta dha çibdad de seuilla
por el Rey e la Reyna nros señores. E en presençia de my mar
tin rodrigue escriuano publico desta dicha çibdad de seuilla e delos te
stigos yuso escriptos que a ello fueron presentes, paresçio end el muy
[...] muy magnifico señor, Don xpoual colon, Almyrante mayor
del mar oceano, viso Rey e gouernador dlas yslas e tierra firme
E [...] ante los dhos alldes çiertas cartas e preuis e çedulas
dlos dhos Rey e Reyna nros señores, escriptas en papel e parg
mino e firmadas de sus Reales nonbres, E selladas a sus se
llos de plomo pendientes en filos de seda e colores, E de çera col
rada en las espaldas, E refrendadas de çiertos ofiçiales de su
casa, segund por ellas e por cada vna dellas paresçia, el thenor
dlas quales vna en pos de otra, es este que se sigue: ———

El Rey e la Reyna.

Tierra de Soria lugar teniente de nro Almyrante mayor de castilla, nos
vos mandamos que le des e fagas dar, a don ypoual colon, nro
Almyrante dla mar oceano, vn traslado abtorizado en mana q
faga fee, de quales quier cartas e mercedes e preuis e confirmaçions q
dicho almy mayor de castilla tiene dl dho cargo e ofiçio de Almy
rradgo, onde el y otros por el lieue e osan los derechs e otras cosas a el
pertenesçientes con el dho cargo, por q auemos fecho mrd al dho don
xpoual colon, [...] e gose dlas mrds e honrras e preeminençias
e libertad e derechos e salarios, con el almyrantadgo dlas yndias
segund que las tiene e tener cosa el dho nro Almyrante mayor, e con el Almyrantadgo
de castilla, lo ql fazed e conplid luego como fueres requerido
esta nra carta syn q en ello pongais escusa ny dilaçion alguna...

גני עדן אבודים
1400 – 1506

אורות וצללים במאה של קולומבוס:
ההיסטוריה והשירה בשיח עם המוזיקה
הערבית-אנדלוסית, היהודית והנוצרית של *הספריה*
***העתיקה* עד גילוי העולם החדש.**

"עולם טוב זה היה
אם היינו משתמשים בו
כמו שצריך"
חורחה מנריקה (1440 – 1479)

העבר שלנו הוא לא רק שלנו. השטח הגאוגרפי שהתרבות שלנו
תפסה במשך מאות שנים, כלל בתוכו אנשים שונים וצורות
התבטאות תרבותיות ודתיות שונות כמו, בתקופת *הספריה* העתיקה,
המוסלמית והיהודית. אבל בימי הביניים – שהיתה כמו היום , תקופה
של שנאות דתיות וחוסר הבנה – גן העדן של *הספריה* של "שלושת
התרבויות" היה בשפל, ועל אף חוסר הסובלנות והאכזריות, ערבים
ויהודים גרו בינינו, חיו כמונו, הם היו *אנחנו*. בסוף המאה ה-15,
אחרי כיבוש גרנדה, הם גורשו או נאלצו להתנצר על פי צו, ויציאתם
היוותה סוף תקופה ואובדן האפשרות לגן עדן: הטקסטים מוחים על
כך, המוזיקה בוכה על כך, הזיכרון מאיר זאת והמודעות מכבדת את
זה.

במקביל לתעתועים ותנודות אלה, מופיעה דמות יוצאת מגדר
הרגיל, האדמירל שב-1492 מגלה את העולם החדש. גן עדן חדש
עומד להשתנות: הגעתם של המתיישבים החדשים תביא עמה, מצד
אחד הרס ואובדן של תרבויות אינדיאניות רבות ומצד שני, גיבוש

של תערובת חברתית ותרבותית פורה ביותר הן בעולם הישן והן בעולם החדש.

סוגי המוזיקה של התקופה יחד עם הטקסטים השונים שמעטרים את הביוגרפיה של כריסטופר קולומבוס, ובמיוחד אלה שנכתבו במו ידי, כמו הציטוט הנבואי של המקהלה מטרגדית "מדיאה" של סנקה (שמדבר על קיומו של עולם חדש מעבר לאי טולה שיתגלה על ידי ימאי נועז) מעידים באופן ישיר ומחודש על שינוי עמוק זה. מהשילוב של המקורות ההיסטוריים והמוזיקליים האלה, נולד מופע מחודש שבו היופי והריגוש של המוזיקה מכונן דיאלוג הבעתי עם הטקסטים הנקראים: חלקם תאוריים, חלקם פואטים, חלק מאוד אכזריים ואחרים יותר דרמטיים, אבל כולם מייצגים נאמנה ארועים שקורים בתקופה של שינוי, של עבר רחוק שאסור לשכוח. המוזיקה מאפשרת לנו להגיע, תוך כדי ריגוש עמוק לסיפורי המאה היוצאת מן הכלל הזאת, שמראה את האמביוולנטיות הקיצונית של תקופה של תסיסה ויצירה, ושעל אף הצללים הרבים שבה, בלטה בפריחה המרהיבה של כל האומנויות. אנחנו מקשיבים לדרך שבה המוזיקה הנפלאה של שירי חג המולד והרומנסרות של התקופה התחלפה לסרוגין עם הכרוניקות הכאובות ומלאות הרגש בנות זמנו של אנדרס ברנאלדס, קינות יהודי ספרד, התאורים של איבן בטוטה, יומן המסע של האדמירל, צווי החרם המוחצים שהוצאו על ידי המלכים, כמו גם הפועל הפואטי המבריק של חואן דל אנסינה ושל איבן זאמרק מגרנדה.

בעבודה זו אנחנו רוצים, חוץ מלהחזיר לשימוש את הירושה המוזיקאלית החשובה בביצוע קולי ואינסטרומנטאלי עם קריטריונים היסטוריים ושימוש בכלי נגינה מהתקופה, להציג בהוקרה את התרבויות הראשיות האחרות של התקופה. בצורה זאת, משלימה מוזיקת החצר שלנו, השמורה בכתבי יד בעלי ערך רב, מוזיקה עם

מסורת שבעל פה שמקורה בתרבויות הערבית והיהודית ושל עולם חדש שהיום הוא זר לנו כמו גם להתעלות באופן סימבולי על ידי צליליהם הקסומים של החלילים המקוריים של התרבות האינדו-אמריקאית. לזכור את הרגעים החשובים ביותר של המאה הזאת זה לא רק להצטרף לציון המאה החמישית למותו של כריסטופר קולומבוס (1506 – 2006). בצורה סימלית, אבל מאוד כנה, אנחנו רוצים לתת לפרוייקט הזה משמעות של תיקון, כלפי כל כך הרבה גברים ונשים, שבגלל השתייכותם לאמנות כל כך שונות משלנו, לא הצלחנו להבין אותם ולא לכבד אותם.

"גני העדן האבודים" שוזר את המוזיקה והספרות של התקופה ומציג בפנינו שכבה עליונה דקה אבל אינטנסיבית של אותם ימים אכזריים של מטאמורפוזה דתית ותרבותית שבה עולם ישן הלך ודעך ועולם חדש התהווה. עדות הטקסטים, שערך מנואל פורקנו ושהוא עצמו מקריא בערבית, עברית, ארמית, לטינית ונאוואטל, אלה שמקריאים פרנסיסקו רוחס ונוריה אספרט בספרדית, כמו גם המוזיקה ששרים מונטסרט פיגרס, בגוניה אולבידה, לואיס וילהמג'ו וסולני מקהלת הקאפלה המלכותית הקטאלנית בלטינית, עברית, ערבית, קצ'ואה, לדינו, ספרדית, קטאלנית ואיטלקית הם הראיה הטובה ביותר לעושר התרבותי שראתה אותם נעלמים מהאופק שלנו ושהיום אנו יודעים עד כמה חשוב הדיאלוג וההבנה הין דתות ותרבויות שונות כדי שאפשר יהיה לשמר ולשחזר, בתוך הקונפליקט של המאה ה-21, מטען תרבותי בסדר גודל וחשיבות זו.

"גני העדן האבודים" מציג הכרה ראויה לציון לספרות, להיסטוריה ולמוזיקה של *הספריה* העתיקה ושל העולם החדש. על אף שאנו מודעים לעובדה שחמש מאות שנה מפרידים בינינו לבין התקופות העתיקות האלה, נראה לנו לפיכך, שבאותה מידה שהאיכות הפואטית ויכולת ההבעה של החומר הנקרא, יכולים גרום לכך

שהאירועים הכי דרמטיים יזעזעו אותנו מחדש כמו שהיופי והחיות
של המוזיקה שלה יכולים לגרום לנו להתרגשות עמוקה. ברצוננו
להזכיר כמו כן שגם אם המימד האומנותי הוא תמיד נצחי, כל קטעי
המוזיקה,צורתם,צלילים ובסופו של דבר, סגנונם, נושאים את חותם
התקופה שבהם נכתבו. לכן בחרנו במידה הרצויה של ההתאמה
ההיסטורית הווקאלית והאינסטרומנטאלית, בהשלמה עם יכולת
הדמיון היצירתית שכל כך טוב מאפיינים את הסולנים הווקאלים
והאינסטרומנטאלים של להקות *הספריון* והקאפלה המלכותית
הקטאלנית, כמו גם נוכחותם של סולנים מומחים ממסורות מזרחיות,
ובכלי הנגינה העתיקים (חלילים אינדו-אמריקאים) של העולם
החדש.

המשורר חורחה מנריקה כתב: "מה עשה הטרובדור, מה היה לה
המוזיקה המוסכמת?" עם ספר-תקליט זה, הסופרים, המוזיקולוגים,
הקוראים, הזמרים והנגנים שמשתתפים פעולה בפרוייקט זה, רוצים
לא רק לתת תשובה לשאלת המשורר אלא גם השערה וחומר
למחשבה: המוזיקה החיה של זמנים רחוקים, שנחרטה בזיכרון
ההיסטורי שלנו, יכולים להפוך לנשמתה של ראיה מחודשת,
ביקורתית והומניסטית של המקורות וגם לעזור לנו להפטר מאמנזיה
תרבותית מסויימת, חמורה במיוחד בהקשר המוזיקלי. רק כך,
בהצילנו ובהחיותנו את הירושה המוזיקלית, כמו גם בהתקרבותנו
מפרספקטיבה אחרת להיסטוריה ולעבר, נוכל לבנות בצורה טובה
יותר את הזיכרון של העתיד.

ג'ורדי סאבל
בייה טרה, קייץ 2006

מנבואה לטרגדיה

1 - "יבוא היום בו האוקיאנוס יגלה את צפונותיו, יבשה גדולה תופיע וימאי מוכשר, כמו זה שהדריך את ג'ייסון, ושמו ת'ייפיס (Thyphis) יגלה עולם חדש, והאי טולה (Thule) לא יהיה עוד המקום המרוחק ביותר."קולה הבלתי נשכח של מונסרט פיגראס הוא, שוב, קולו של הסיביל (Sybil) הנתמך בדברי לחש של מקהלת כמרים גברית ומבטא את דברי הנבואה של מדיאה, כפי שנכתבו ע"י הפילוסוף והמחזאי הרומאי סנקה (Seneca) בתחילת המאה הראשונה לספירה הנוצרית.

נבואתה של מדיאה מדהימה בתיאור המדויק והבהיר של מאורע שעתיד להתרחש כ-15 מאות מאוחר יותר. אך אמונה זו בעולם חדש נטועה עמוק בתרבות ובמסורת של יוון העתיקה, לא פחות מהמורשת של הנביאים העבריים והברית הישנה, והייתה לחלק מרכזי בתקופת ימי הביניים ותחילת ימי הרנסאנס.

כריסטופר קולומבוס היה מודע למסורת המחשבה עתיקת יומין זו. בין המקורות הרבים שקרא נמצאו מסמכים של האפיפיור פיוס ה-II Historia rerum ubique gestarum ושל הקרדינל פייר דה איילי Imago mundi (Pierre d'Ailly) וכמו כן הכיר את רשימותיו של מרקו פולו מהמזרח הרחוק. מאוחר יותר, בדמי ימיו, הוא ישכנע את עצמו שהצלחת מסעותיו היו מימוש של כל אותם הנבואות. בעזרת חברו הטוב האח גספר קוריסיוס (Gaspar Corricios) מהמסדר הקרתוזייני התחיל קולומבוס ב-1501 לכתוב אנתולוגיה נרחבת בשם ספר הנבואות (Libro de profecías) שכלל קטעים נבחרים מתוך כתבים קלאסיים, תנכיים וכנסייתיים שבהם מצא רמזים לנקודת המבט שלו.

ספר זה שניצל בדרך נס מגורלם של כתבי יד מקוריים רבים אחרים
המתייחסים לאדמירל, תוך שהם מטביעים את הביוגרפיה של
קולומבוס בערפל של חוסר ודאות ומזינים אין ספור הנחות לגבי
מוצא משפחתו ולגבי השלבים הראשונים של חייו.

האם קולומבוס היה באמת איטלקי מגנואה כפי שטוענה הביוגרפיה
הסטנדרטית שלו? או אולי הוא היה יהודי קטלוני מומר שניסה
להימלט מרדיפות על רקע דתי? או שמא היה אציל פורטוגזי
בשליחות מלך פורטוגל? וייתכן שהיה בכלל גליציאני? אף לא אחת
מהאפשרויות שאוזכרו, שבדרך כלל נשזרו בתיאוריות הקונספירציה
ההיסטוריות הפרועות ביותר, לא צלחה את ביקורת המלומדים, אך
כולן נבעו, בסופו של דבר, מהמחסור במקורות מקוריים
ורלוונטיים ללא כל הסבר הגיוני כמו חסרונם של יומני משא
אותנטיים. המיתוס נסמך תמיד על הפערים במידע שמחקר
המלומדים לא הצליח למלא. מאידך גיסא ראוי במיוחד לציון שאחד
מהטקסטים המתמיהים שנכתבו ע"י קולומבוס מעוגן היטב במסורת
המיתית: הספר המוזכר לעיל *Libro de profecías* השמור
בסביליה בספרית קולומבינה וקפיטולר) *Colombina y*
Capitular).

ההרכב הכאוטי לכאורה של המזמורים, הנבואות התנכיות,
הציטוטים קלאסיים והקטעים שנכתבו על ידי אבות הכנסייה יוחסו
לטקסטים של תפילה, או לאשליות של האדמירל בסוף ימיו. אולם
למעשה זהו מסמך החושף בצורה משמעותית את נקודת הראות של
קולומבוס על מסע הגילוי שלו שהיווה מיתוס בפני עצמו: "סיפור
גדולה" של הנצרות המקיפה סוף-סוף את כל האנושות והופכת אותה
לישות אחת, לאור ההתכנסות של כל האומות וצפי להכנסות
מהיבשת החדשה שהתגלתה זה עתה שיספקו את המימון הדרוש
לכיבוש מחדש של ירושלים וההגשמה של הכוונה האלוהית על פני

האדמה, כמו שכתוב בכתובים.הוא האמין באמונה שלמה שהוא הכלי שנבחר על ידי האל להגשים מטרה זו של איחוד העולם והצלתו.

2- ללא קשר למקום היוולדו של קולומבוס, הוא תוצר של דרום אירופה, אשר בחוף הצפוני של מערב הים התיכון שתחילתו בחצי האי האיטלקי וסיציליה, המשכו דרך ה"מידי" הצרפתי ולתוך ספרד וסיומו אל מעבר מיצרי גיברלטר ונפתח לתוך האוקיאנוס האטלנטי לאורך החוף הפורטוגזי.

מקדמת דנה היווה איזור זה תפאורה למפגשים רבים בין תרבויות שונות: האימפריה הרומית – שהיוותה בעצמה פסיפס רב תרבותי- נכנעה להתקדמות למספר גלי הגירה של שבטים גרמניים במאות הרביעית והחמישית, ושני הצדדים התמזגו, בסופו של דבר, למספר ממלכות נוצריות בשיאם של ימי הביניים. הירושה הגרמנית לטינית התאחדה בכדי לייסד ישות חדשה ומעורבת המבוססת על שתי המסורות, ובעוד שהכנסייה הצליחה בהדרגה לבנות מחדש את ההיררכיה העל לאומית שלה, היא התקדמה לקראת מזיגה תרבותית שהתחזקה.

תהליך זה, כמעט מתחילתו, עמד בפני אתגר רציני עם הגעתה לאיזור הים התיכון המערבי של דת מונותיאיסטית נוספת בעלת אסטרטגיה של התרחבות השווה בעוצמתה לזו של הנצרות –האסלאם. הערבים כבשו במהרה את כל המגרב, חצו לתוך חצי האי האיברי וכבשו כמעט את כולו, מלבד איזור נוצרי קטן בהרים בשם אסטוריאס (Asturias). כשצ'ארלס מרטל מאיור (Charles Martel, Mayor) מהארמון של הממלכה הפרנקית מאוסטרסיה, הביס את צבאות ערב של עבדאל-אל-רחמן בפואטיה ב-732, הייתה לניצחון זה השפעה מיידית על מניעת המשך ההתפשטות של הצבא המוסלמי למערב אירופה. אולם הו לכך גם שתי תוצאות נוספות וחשובות

להיסטוריה של היבשת בכללותה: מחד גיסא ניצחון זה היווה את
הבסיס ליוקרה הפוליטית של משפחת צ'ארלס, שיותר מאוחר
איפשרה לבנו, פיפין (Pippin) "הנמוך", להיות בשנת 750 מלך כל
הפרנקים, ובשנת 800 הפך בנו של פיפין, צ'ארלמגנה
(Charlemagne), לקיסר הראשון של המערב מאז נפילתה של
רומא; מאידך גיסא, נהפכו הפירנאים לגבול התרבותי והצבאי
שממערבם הדברים היו בהכרח שונים מאשר אלה של שאר אירופה.
לאורך כל ימות הביניים היספניה הישנה הייתה נתונה במהומות
פוליטיות בלתי פוסקות, כפסיפס משתנה של זהויות נפרדות, הן בצד
הנוצרי והן בצד המוסלמי.הממלכה האסלמית המאוחדת באל-אנדלוס
הגיעה לשיא הכוח, העושר והזוהר של הציוויליזציה עם יסודה של
אמירות עמייד (שנקראה מאוחר יותר קליפטה) בקורדובה, בשנת
755, אולם ב-1031 נפילתו של הכליף הובילה לתת-חלוקה של
הטריטוריה לכמה מדינות עצמאיות, שנודעו בשם ממלכות טאיפה,
שבמהרה החלו ללחום זו בזו, כמו גם נגד צבאות המוסלמים בצפון
אפריקה שמדי פעם אחד השליטים האחרים נקרא לעזרה ברגע
מצוקה (האלמורבידים) Almoravids) שלאחר טולדו, ב-1085,
והאלמוהאדים(Almohads)שלאחר נפילת ליסבון ב-1147), רק
בכדי למצוא את עצמו ניצב מול ניסיון השתלטות נוסף על אדמתו.
באשר לנוצרים , ממלכת אסטוריאס הקדומה ששרדה את הפלישה
הערבית נכנעה במהרה לישויות פוליטיות חדשות – ממלכות ליאון
וקסטיליה (שהתמזגו מאוחר יותר לממלכה אחת), ולממלכות ארגון,
נאברה ופורטוגל.
תת החלוקה הגיאופוליטית הזאת הייתה נתונה לשינוי בלתי פוסק,
עקב גורמים שונים: עליונות צבאית מוחלטת וערמומיות דיפלומטית,
נישואים פוליטיים ושותפויות מסחריות. לעיתים קרובות עימותים
צבאיים לא קרו לאורך גבולות דתיים ברורים: מלך נוצרי ומלך

מוסלמי יכלו למצוא את עצמם כבני ברית נגד אויב משותף,
ובתקופות של חולשה, טריטוריה שנשלטה על ידי אחת מהדתות
נאלצה לשלם מס כבד לממלכה שכנה בעלת אמונה שונה אך כוח
צבאי רב יותר. תפוצה רחבה של מוצרים מסחריים מסוגים שונים
התקיימו בכל חלקי חצי האי, שכיסו הן טריטוריות מוסלמיות והן
טריטוריות נוצריות.

בתוך חצי האי, על אף הגירה לא קבועה וטיהור אתני בעקבות
מבצעים צבאיים, בכל הממלכות הללו הייתה אוכלוסיה מעורבת של
נוצרים ומוסלמים שלהם יש להוסיף את הקהילות היהודיות
העשירות ובעלות החינוך הגבוה שגרו ברוב הערים החשובות.
למרות שיש לציין שהשליטים המוסלמים היו, בדרך כלל, סובלניים
יותר כלפי דתות אחרות לעומת בני זמנם הנוצרים, היה צריך לשמור
על שיווי משקל מסוים בעניין זה בכדי לשמור על כלכלה יציבה
ושכולם יוכלו להתקיים. שתי הקהילות הדתיות העיקריות נזקקו זו
לזו כשם שנזקקו ליהודים, שבעצמם, לא יכלו לשרוד לבד במערכת
זו.

דו קיום יומיומי פירושו בהכרח גם חילופי תרבות. בכל שכבות
החברה אנשים ממוצא אתני ודתי שונה הקשיבו, לדוגמא, לשירים
ולריקודים של האחר, וכלי נגינה כגון עוד או ראבאב התגלגלו
מתרבות אחת לשנייה. האוניברסיטאות הנוצריות הראשונות, כגון
סלמנקה או קואימברה, לא יכלו להתחמק מללמד עבודות של
מתמטיקאים, אסטרונומים או קרטוגרפים יהודים וערבים שלעיתים
קרובות נשכרו על ידי המלכים הנוצריים בעצמם כיועצים, במיוחד
בתחום התיאוריה של המוסיקה, שם המחקרים של אל-פאראבי נחשבו
למקור בסיסי. כאשר הטרובדורים האריסטוקרטים מגליציה
ופורטוגל החלו לפתח את הסגנון המיוחד של שירי חצר, תחת
השפעתם של עמיתיהם מדרום צרפת, הם מצאו את התבנית

המעודנת של השירה והמוסיקה הערבית קרובה יותר לליבם, כמו כן
מוצרי מותרות שהיו בשימוש אצל העילית הערבית אך זרים לאצולה
הויסיגותית הצנועה הפכו לרצויים לאחר שנשכחו, ולא ניתן היה
למוצאם מאז ימי האימפריה הרומית. ההארה של ה"קנטיגס דה סנטה
מריה" (Cantigas de Santa María) נאסף תחת חסותו של המלך
אלפונסו ה-X מלאון וקסטיליה כמו אלה של ספר השירים איודה
(Ajuda),מליסבון, מתאר איך מספר רב של מוסיקאים ערבים היו
מעורבים בהופעה של הרפרטואר הזה. הרבה מלכים מוסלמים היו
בעצמם משוררים ו/או מוסיקאים: מלך גרנדה, יוסוף ה-III, שמלך
בין 1408 ו-1417, השאיר לנו, לדוגמא, מספר קטעים מופלאים של
שירת טבע – ובמקרים מסויימים שירה הומו-ארוטית בוטה – אשר
הדים שלה ניתן למצוא, באספקטים שונים, בעבודות של סוף ימי
הביניים ותחילת הרנסנס של משוררים נוצרים בני זמנם.
ללא קשר למוצאו, קולומבוס חי ללא ספק בתוך מציאות רב-גזעית
זאת של היזון הדדי בתחומי התרבות, האינטלקט והאומנות, שבו
המוסיקה, בגלל האופי הלא מילולי שלה, הייתה בהחלט בסיסית.
למרבה הצער המוסיקה הערבית-אנדלוסית של התקופה לא הועלתה
על הכתב וכל ניסיון לשחזר את המוסיקה מתקופה זו חייב להישען
על הרפרטואר שהועבר בעל פה ונשמר בתוך המסורת הקפדנית
שנלמדה בבתי הספר למוסיקה במרוקו, שטוענים לשימור רוב
הרפרטואר ודרך יישום הנגינה בדיוק כמו שהובאו מחצי האי האיברי
במאות ה-15 וה-16. רוב המוסיקה הזו מרמזת על דרגה גבוהה של
אלתור לפי כללים וחוקים ברורים.

3- בתחילת המאה ה-15 מאזן הכוח בחצי האי האיברי התפתח באופן
משמעותי, ולא היה עוד ספק לגבי תוצאת הקונפליקט הצבאי בין
הנוצרים המקומיים לבין הממלכות האסלאמיות. בפורטוגל, קסטיליה

וארגון, ריכוז הכוח בידי השליטים בנה בהדרגה את התבנית הבסיסית של מודל השלטון המוחלט, שבו הכנסייה והממשל האזרחי היוו את עמודי התווך של שלטון המלך. יותר מאשר קצין גבוה או אציל רב חשיבות, המלך החשיב את עצמו ישות הנישאת מעל כל המעמדות, שנמשח ונהנה מלגיטימציה ומחסדו הישיר של האל. הוא עמד לבנות חצר מלוכה לפי אותו מודל של הדוכסים מבורגנדי בחצרם העשירה שבדיז'ון, כשהוא אוסף סביבו אצילים רמי דרג וכן פקידים רמי דרג, וללא נקיפות מצפון שבר את הפריבילגיות המסורתיות של אנשי הכנסייה או של הקהילות העירוניות שהוקמו בימי הביניים.

לא הייתה זו תבנית פוליטית טהורה. הגידול במסחר הבינלאומי והמעבר ההדרגתי לכיוון כלכלה מוניטארית נתנה למדינה תפקיד רגולטורי חדש שכלל אוסף נרחב של מיסים משמעותיים וחלוקתם מחדש בצורה של ממשל מרכזי ומאורגן. אולי יותר מכל שליט אבסולוטי אחר באירופה של אותה התקופה, המלכים בחצי האי האיברי האמינו גם בצורך להקיף את כוחם החדש בהילה נוספת של מלכותיות והצהרתיות סימבולית של זכויות מלכותיות שנגעה בכל שטחי האומנות שמומנו על ידי המדינה. הקמת קפלות מפוארות בשירותם של כל השליטים מחצי האי במאה ה-15, שאיישו במיטב המוסיקאים של התקופה, היוו חלק מאסטרטגיה זו. חצרות המלך בקסטיליה, ארגון ופורטוגל פיתחו במהרה מרכזי תרבות מתוחכמים שבהם התפתחו שירים וריקודים עם חילוניים על פי המודלים הקוסמופוליטיים האירופאים שחיזקו את הרפרטואר הרב-קולי שהוצג בקפלות המלכותיות.

זו תקופה של חיזוק גיאופוליטי וצבאי אגרסיבי לכל מדינות אלה. פורטוגל הלכודה בין קסטיליה והאוקיאנוס האטלנטי ולכן חסרת יכולת התפשטות לתוך חצי האי חיפשה את דרכה מעבר לים: ב-

1415 צבא פורטוגל כבש את העיר המבוצרת סאוטה (Ceuta)
במרוקו, ב-1418 ספינות פורטוגזיות הגיעו לאי מדיירה ושנים
מספר לאחר מכן החלו לחקור את חופי אפריקה. ממלכת ארגון
השקיעה רבות בהתרחבות בשטחים האיטלקיים שלה, וב-1443
אלפונסו ה-V, רחב הלב, מבצע את כניסת הניצחון שלו לנפולי
כמלך ארגון, מיורקה, נפולי וסיציליה. קסטיליה מבקשת בעיקר
להביס את הממלכה המורית של גרנדה, וב-1410 מבצעת התקפה
צבאית מסיבית המביאה לכיבוש העיר אנטקרה (Antequera).
נישואיהם של יורשי העצר של ארגון וקסטיליה, פרדיננד ואיזבלה,
שנערכה ב-1469, יוצר ברית חדשה ומלאת כוח בין שני אויבים
מסורתיים. לא היה זה מציאותי, מבחינתם, לנסות ולספח את
פורטוגל, אך הייתה חשיבות ליכולת שלהם להתחרות עם
הפורטוגזים בחקר הרווחי של האוקיאנוס האטלנטי בו הם התקדמו
רבות, וב-1470 איזבלה ופרדיננד הורו על כיבוש האיים הקנאריים.
ב-1482 נפתחת התקפה משולבת גדולה על גרנדה: העיר אלהמה
(Alhama) נופלת ב-14 למאי, ומותירה את הדרך לבירת המורים
ללא הגנה. ומאז, במשך כל העשור, נופלת עיר אחרי עיר בידי צבא
קסטיליה וארגון עד שהזוג השליט נכנס כמנצח לגרנדה ב-2 לינואר
1492 ומקבל את כניעתו של המלך המוסלמי מהשושלת הנאסארית,
עבדל-אלה-מוחמד ה-XI שנודע בספרד בכינויו בואבדיל.
ניצחונות צבאיים אלו, שנחגגו כהלכה בשירים ובספרי שירה רב-
קוליים, שחוברו בחצי האי האיברי (Cancionero del Palacio)
או בנפולי (Cancionero de Montecassino) וכללו, זה לצד זה,
שירי אהבה מעודנים שנהפכו לסמל מרכזי של הייחודיות המוסיקלית
של מוסיקת החצר והייתה בעלת בתים רבים, רומנסות שמהללות את
ניצחונותיהם של המלכים הכובשים. למוסיקה זו ניתנה חשיבות
מיוחדת על ידי איזבלה ופרדיננד שעמדו בפני הצורך ליצור מכנה

משותף שיניע שתי אומות, שבאופן מסורתי היו יריבות , זו יצירת
הממלכה הקתולית המאוחדת בניגוד לאויב הכופר. רפרטואר
מוסיקלי ופואטי נרחב מצית מחדש את רוח מסעי הצלב האנטי
מוסלמים, שנתפס כבסיס לזהות לאומית "ספרדית" משותפת בין
ארגון וקסטיליה שהונהג על ידי ה"מלך והממלכה הקתוליים" ("היא
בתפילותיה והוא עם אנשיו המחומשים", כפי שמתואר השיר
מהרומנסה של אותה תקופה.)

4- הניצחון בגרנדה מסמל את תחילתו של עידן חדש בתרבות חצי
האי האיברי שבה הרב-גוניות התרבותית והדתית שהצליחו לשרוד
לאורך כל ימי הביניים בוטלו על ידי המדינה האבסלוטיסטית
המנצחת. מעט אחר כך על ידי "צו אלהמברה", שהוצא ב-31 למרץ
1492, ושנחתם בסמליות בגרנדה שנכבשה מחדש, שני השליטים
מגרשים מממלכתם את כל היהודים שלא ימירו את דתם צו שמלך
פורטוגל, מנואל ה-I, יוציא גם כן ארבע שנים מאוחר יותר כשהוא
מיישם אותו הן על היהודים והן על המורים. אלה שעזבו לקחו עימם
את הזיכרון העצוב והאוהב של הארץ שנשארה מאחור, זיכרון
שנשתמר בשירים כמפתח לשימור זהותם הייחודית בתוך הקהילות
שקיבלו אותם ברחבי הים התיכון. שירים ספרדיים נשמרו ע"י יהודי
ספרד בבתי הכנסת בדוברובניק, ונציה, פלסטינה או תימן בדיוק כמו
שהשירה האנדלוסית תישאר עד ימינו השירה הסימלית של
המוסלמים שעזבו את ספרד ופורטוגל לארצות המגרב.
לצערנו פונדמנטליזם דתי בשלטון המדינה וחוסר סובלנות תרבותי
ברוטאלי הוא זה שיאומץ על ידי העולם החדש.חלומו האוטופי של
קולומבוס על ההתגלות הנוצרית שכוונה לאנושות בשלמותה יפתח
את הדרך לרצח עם וניצול בהיקף נרחב שהונע על ידי תאוות בצע

ושאפתנות. ההיסטוריה נותנת לנו דוגמאות לברוטאליות, חוסר
יכולת להבין ולכבד שוני תרבותי וזילות בכבוד האדם.
ולמרות זאת אמנים ומוסיקאים ישיבו מלחמה שערה נגד האכזריות
והטיפשות בעזרת כוח הריפוי והתקשורת של אומנותם. הן בחצי האי
האיברי והן בשאר העולם הלטיני מסורות ותרבויות שונות ימצאו
דרך להשתלב ופסיפס של תהליכים רב תרבותיים יתגלה במהירות
עם אנרגיה ויצירתיות מהממת בדיוק כמו אלו שאפיינו את
הרפרטואר של חצי האי האיברי בימי הביניים. אחד מהמנוני
התהלוכה בקצ'ואה, *Hanacpachap Cussicuinin*, שפורסם ב-
Juan) בוקנגרה פרז חואן של *Ritual Formulario* ב 1631
עם מסגרת אירופאית רב-קולית, בתפילה מריאנית שמתארת את (*Pérez Bocanegra*) מצליח לשלב מנגינה אינדיאנית-אמריקאית
הבתולה כ"תקוות האנושות ומגינת השבוע". כשם שהדיאלוג
המוסיקלי בין תרבויות שונות יכול להתקיים בתנאי דיכוי קשים, דת
ושירה דתית יכולים להפוך מנשק של שליטה לכלי ביטוי של
הנדכאים.

רואי ויאיירה נרי
אוניברסיטת אבורה

תרגום לעברית: דניאלה אלדר ואמיר ליבנה

1492-השנה המכריעה

במאה ה-15, קונסטלציה שלמה של רעיונות חדשים השפיעו על המציאות הפיסית, באותה מידה כמו שהמציאות הפיסית הזאת השפיעה על האקלים האינטלקטואלי. מה שנקרא "גילוי אמריקה ", ללא קשר להשקפותנו האידיאולוגית לגביו, היה ניצחון גדול של ההיפותיזה המדעית על התפיסה הפיסית. יכולת ניווט ימית משופרת הגדילה את המסחר והתקשורת בין העמים, בעוד שהמצאת הדפוס הביאה לסקרנות עצומה וצמא גדול למידע וידע בכל העולם. המדענים תהו האם כוכב הלכת שלנו יכול באמת להיות מרכז היקום. הם שאלו את עצמם מהי צורתו של כדור הארץ, בעוד האומנים מהרהרים על מהות הנוכחות האנושית בכדור הארץ, כולל צורת גוף האדם הגברי והנשי, תוך שימת דגש על ה"כאן" וה"עכשיו" לעומת חיי הנצח. "הכל אפשרי ", כתב איש הרוח האיטלקי מארסיליו פיצ'ינו (Marsilio Ficino): " אין להשליך דבר. הכל יאמן. הכל אפשרי. האפשרויות שאנו מכחישים הן האפשרויות הנסתרות מעינינו." ההתרחבות של אירופה, תחילה בכיוון מזרח ומיד אחר כך בכיוון מערב, הייתה, במידה מסוימת, מעשה גבורה של דמיון הרנסנס. זה היה גם הניצחון של ההיפותיזה על התחושה ושל הדמיון על המסורת.

מטירתו בסאגרס (Sagres), השוכנת בפורטוגל לחוף האוקיאנוס האטלנטי, אסף הנסיך אנריק (1394 1460), בנו של המלך חואן ה-I, את כל חוכמת הניווט הימי של תקופתו, שיפר את המיפוי, שיכלל את מכשירי הניווט, פיתח כלי שייט מהירים וקלים לתמרון, כגון הקרבלה, ואימן ימאים מיומנים.

שאיפתו הגדולה של אנריק, המכונה הנווט, הייתה לגבור על הטורקים במסע לאורך חופי אפריקה בכיוון דרום ומשם בכיוון למזרח. בעזרת הבנקאים ההולנדים, הצליחה פורטוגל להגיע מהאי מדיירה (Madeira) לאיי אזורס (Azores), וסגל ובסופו של דבר (בשנת 1488) לכיף התקווה הטובה שבקצה היבשה האפריקנית. משם הדרך להודו הייתה קצרה. במהלך המסע נלקחו עבדים ונשתלו מטעי קני סוכר.

אך בעוד מאמציה של פורטוגל כוונו דרומה ומזרחה, היא לא העיזה להסתכל בכיוון הים העלום (Mare Ignotum) שבמערב-אוקיאנוס המסתורין, גם לא כשספינה נטרפה בחוף ליד טירתו של אנריק הנווט ועליה ימאי עקשן, כנראה מהעיר גנואה, שטען שהדרך הקצרה ביותר מזרחה היא לשוט בכיוון מערב. במובנים רבים מראהו של הימאי היה מרשים פחות מעבודתו או מרעיונותיו. הוא נראה חולני, לעיתים חסר שליטה על עצמו ואף מנותק מהמציאות. אך הוא ניחן באומץ ובנחישות. שמו היה כריסטובל קולון או כריסטופר קולומבוס

פורטוגל לא הקדישה תשומת לב לכריסטופר קולומבוס.
הנווט פנה אז לספרד שהייתה מבודדת, מכונסת בעצמה ועסוקה במלחמה הממושכת
לגירוש המוסלמים מאדמתה. הפנייה הגיעה ברגע המתאים והוא פרס בפני המלכים
הקתולים איזבלה ופרדיננד את תוכניתו. מעודדים מהניצחון על המוסלמים בגרנדה,
המלכים הקתולים נתנו לקולומבוס את האמצעים לבצע את המאורע השלישי
בגודלו בשנה המכרייעה בהיסטוריה של ספרד : 1492: גילוי אמריקה.

צי קטן של שלוש ספינות מסוג קראבלה שנקראו הנינה (la Niña), הפינטה (la
Pinta) והסנטה מריה (la Santa María) הפליגו מנמל פאלוס ב-3 לאוגוסט
1492. לאחר 66 ימים של הפלגה בכיוון מערב ללא תקווה, עם בעיות ניווט
קשות עקב שינוי מיקום הכוכבים ותלונות קשות של הימאים שהידרדרו למרד,
הגיעה לבסוף קולומבוס ב-12 לאוקטובר 1492 לחוף האי הקטן גוונאהני
(Guanahaní), המהווה חלק מאיי הבהאמה, וקרא לו בשם סאן סלבדור.
קולומבוס חשב שהגיע לאסיה. מניעיו למסע היו אומץ, ההנאה שבגילוי עצמו והתהילה
הנובעת מכך וכן התשוקה לזהב והחובה להפיץ את תורת הנצרות. בזכותו, אירופה יכלה
להסתכל על עצמה בראי תור הזהב והמעשים הטובים.

איך חייבים אנו להבין את המושג " גילוי אמריקה " ? האם בסופו של דבר לא כל
התגליות הדדיות ? האירופאים גילו את יבשת אמריקה אבל העמים המקומיים גם גילו הם
את האירופאים ושאלו את עצמם אם האנשים הלבנים והברברים האלה הם אלים או בני
תמותה והאם הם רחמנים, כמו שהצלבים שלהם הכריזו, או כל כך אכזריים כמו שהציגו
החרבות שלהם.

אנשים נישאו על גל ההצלחה של הכיבוש הספרדי על המוסלמים, 700 שנה של מלחמה
נגד הכופרים. הם היו נושאי האמונה המלחמתית והמדיניות הפוליטיקה המלחמתית. אחרי
1492, היהודים עברו לצפון אירופה, הערבים חזרו לאפריקה, מצטערים על הגלייתם
מגני האלהמברה ובספרד הנוצרית שאלו את עצמם לאן לנתב את האלימות המצטברת.

ב 1492 איזבלה ופרננדו הונעו על ידי ראיה ריכוזית של העולם הנוצרי, של הכיבוש
מחדש ושל ההתרחבות.בלי כל ספק, הקצינים והחיילים בני קסטיליה שמצדו השני של
הים, חלקו את אותו נקודת ראות אבל אל לנו לשכוח שגם הם היו יורשיה של רב-
תרבותיות ודו קיום מתוח שכלל נישואי תערובת בינם לבין יהודים ומוסלמים. כל
היוצאים מן הכלל שאפשר להעמיד כנגד סגולות הסובלנות לא מפחיתים מערך העובדה
שהנטיות ודו קיום עם האחר, יצרו למעשה בספרד מציאות תלת תרבותית. מציאות
שהיוותה ניגוד חד למדיניות הרשמית של גירוש ושלילה של יהודים ומוסלמים שהתפתחה

תחת שלטונם של פרדיננד ואיזבלה ושהגיע לשיאה במשטר הקשה של צנזורה, בהשראת הקונטרה רפורמה שבאה לידי בצוע ע"י האינקוויזיציה.

כובשי העולם החדש היוו חלק מהמציאות הזאת, אך לא יכלו להתחמק מהדילמה של ספרד. נזירים, סופרים, עיתונאים, יכריחו את ספרד להראות את הפן ההומניסטי והרב תרבותי שלה. הייחוד התרבותי של ספרד היה מורכב בעיקרו מהתייחסות אל האחר: מלהילחם בו, לחבק אותו ולהתערות בו.

ז'אן פאול סארטר כתב ברגע מסוים שהגיהינום הוא הזולת.
אך האם יש גן עדן אחר בלבד זה שאנו יכולים לבנות עם אחינו ואחיותינו ?
ולמרות זאת, ההיסטוריה עומדת על כך שנשאל את עצמנו איך אנו יכולים לחיות בלי הזולת? האם נהיה מסוגלים להבין שאני מה שאני רק בגלל שאדם אחר מסתכל עלי ומשלים אותי ?
שאלה המודרנית הזאת, שעולה כל פעם כשהלבן והשחור, המזרח והמערב, התושב והמהגר נפגשים בזמן הווה, הייתה מציאות מרכזית בספרד של ימי הביניים ובבת אחת הפכה לשאלה העיקרית של הכיבוש והקולוניזציה של יבשת אמריקה. ברגע שספרד באה במגע עם האחר הקיצוני: אני מגזע אחר, דת אחרת, תרבות אחרת, השאלה הייתה מי הם האנשים האלה ? מה צורת הנשמה שלהם? והאם יש להם נשמה בכלל?

שאלות אלה פילגו את ספרד . בעוד חלק אחד מלבה פקד עליה "כבשי!", החלק האחר, שזכר את תורת הפילוסוף סנקה, אמר: "הפסיקי כיבושיך אלה בעבור נפשך"

מעשה הגבורה של כריסטופר קולומבוס פתח פתח למאבק אדיר בין תרבויות, עלילת גבורה גדולה, לפעמים מלאת רחמנות, פעמים שותתת דם, אבל תמיד קונפלקטיבית: ההרס והיצירה הסימולטני של תרבות העולם החדש.

קרלוס פואנטס
הראי הקבור, פרק IV

תרגום לעברית: דניאלה אלדר ואמיר ליבנה

המסתורין של כריסטופר קולומבוס

ההיסטוריה מסבירה את מה שקרה
השירה מסבירה את מה שהיה צריך לקרות

אריסטו

לא תמיד ההיסטוריה הרשמית היא האמיתית. לעיתים קרובות היא
קורבן בלתי מוגן של מניפולציות ועובדות מסוימות, מטעמי נוחות
פוליטית או כלכלית, משתנות ופעמים רבות ההיסטוריה מציגה נתונים
שאין להם קשר למה שבאמת קרה. בכל מקרה, אנחנו חייבים
למסמכים, למה שנשאר, למה שהם אומרים ולמה שהם לא אומרים,
את האפשרות לנסות לשחזר את העבר בין צעיפי השכחה השחורים.

ההיסטוריה של האדמירל כריסטופר קולומבוס היא דוגמה ברורה
לדמות שהההיסטוריה שלה, בגרסתה הרשמית, מעלה שאלות ואי
התאמות כה רבות שהיא מעוררת חשד ויוצרת סביבה הילה של
ממסתורין. לכן אל לנו להתפלא שרבות התיאוריות לגבי חייו, ייחוסו,
ארצו והדבר הכי חשוב בביוגרפיה שלו: גילוי יבשת אמריקה ב-
1492.

***

הגרסה הרשמית של חיי כריסטופר קולומבוס מציגה אותו כבן
למשפחה צנועה מפרברי גנואה, עם אב אורג שעסק גם במסחר. נראה
שבגיל צעיר, כדי להתרחק מסביבת מצוקה זו, החליט קולומבוס

להתמסר לספנות. מוצאו, בכל מקרה, איננו ברור וההיסטוריה האמיתית שלו מתחילה רק ב-1476 כשהוא מגיע לפורטוגל, מספינה שנטרפה קורבן לקרב ימי בין סוחרים לפיראטים. בשנת 1479, בליסבון, הוא התחתן באופן מפתיע עם אישה ממוצא אצילי, פליפה מוניז, נכדתו של המתיישב הפורטוגזי באיי מדיירה,שממנה ייוולד לו בן, דייגו. בפורטוגל עסק קולומבוס בספנות עד 1485 והפליג פעמים רבות בים התיכון, האיים הקנריים, הכף הירוק ואיי אזורס. כמו כן, הוא הפליג במי הים הצפוני, ויש אומרים שהוא הגיע עד איסלאנד, מקום שבו הוא שומע על דרכי הפלגה שמובילות לשטחים חדשים במערב.

באווירת מלחים זו החל כריסטופר קולומבוס לתכנן את תכניתו להגיע להודו ולשטחי קאן הגדול מהמערב. הידע הרב בגיאוגרפיה ובמתממטיקה של הרופא הפלורנטיני פאולו דל פוסו טוסקנלי, כמו גם יצירתו של מרקו פולו "תאור העולם", דחפו אותו לבסוף להביא הצעה ברוח זו לחואן השני מלך פורטוגל ב-1484 – הצעה שנדחתה על הסף- ואחר-כך למלכי קסטיליה וארגון, איזבלה ופרדיננד ב-1486, שגם לא רצו לעזור לו – מכיוון שהיו עסוקים במלחמה בגרנדה – והפרויקט ירד לטמיון. בכל אופן הוא השיג מהמלכים הקתוליים תקציב מסוים ומאותו רגע קולומבוס עובר לגור בקורדובה. אלמן מ- 1485, קולומבוס מכיר שם את באטריס אנריקז דה ארנה, אם בנו פרננדו או הרננדו שיהיה אחר כך הביוגרף הכי קרוב לאביו, זה שיכתוב את היצירה "חייו של דון כריסטופר קולומבוס" שמאציל-אולי קצת יותר מידי- את דמות מגלה היבשת.
קולומבוס בכל אופן, לא הפסיק להתעקש ולנסות להגשים את רעיונו. הודות להתערבותו של הרננדו מטלברה – שהיה מוודא המלכה באותו

זמן- כמו גם להתערבותו של דוכס מדינה-סלי רב ההשפעה, המלכה
איזבלה- שצפתה כבר את הניצחון על המלכות הנצרית של גרנדה-
הסכימה לקבל את פניו ולשמוע את טיעוניו. בדצמבר 1491, קולומבוס
הגיע למחנה המלכותי בסנטה פה בגרנדה כדי להתחיל את המשא ומתן
לאישור הסופי של הפרוייקט. התנגדות הכתר לפרוייקט פחתה לאט לאט
הודות להתערבותם של לואיס דה סנטאנחל ודייגו דה דסה שני מומרים
ששכנעו את המלך פרננדו מארגון שיקבל את תנאיו של קולומבוס.
תוצאת המשא ומתן מהווים את ה "קפיטולסיונס דה סנטה פה"
המפורסמים מה-17 לאפריל 1492 שבהם, באופן כללי, אפשר לומר
שקולומבוס, בתמורה לנתינת השטחים החדשים למלכים, יקבל תואר
אדמירל, שאותו יוכל להוריש, תואר משנה למלך ומושל כללי של
השטחים והאיים שהוא יגלה, מעשר מתוצר הנטו של הסחורות שייקנו,
שיירכשו או יימצאו בטריטוריות החדשות (בעוד שהכתר יישאר עם
חמישית מהסכום), את יכולת השיפוט בתחום המסחר בתחום שיפוט
האדמירלות ואת הזכות למנן שמינית מהממשלחת ולהשתתף ברווחים
באותו יחס.
כשקולומבוס השיג תנאים נוחים אלה, המלכים הקתולים חתמו על
הקפיטולסיונס בגרנדה ב-30 באפריל 1492.

הגרסה הרשמית מספרת לנו שקולומבוס ארגן את המשלחת הראשונה
שהרימה עוגן מהנמל האנדלוסי של פאלוס דה לה פרונטרה ב-3
באוגוסט 1492, ולא הגיעה ליבשה – אחרי מסע ארוך ומסוכן ביותר
דרך מדבר המים של האוקיינוס האטלנטי - עד ה-12 באוקטובר, יום
בו הם עגנו באי גואנהני בקבוצת איי הבאהמה שנקראה בשם סאן
סלבדור. המשלחת עגנה גם באי קובה ובאי האספניולה. ב-25 בדצמבר
1492, הספינה הראשית, ה"סנטה מריה", טבעה ועם מה שניצל ממנה

נבנה היישוב הראשון על אדמת אמריקה, מבצר "חג המולד". שתי הקראבלות בפיקודו של קולומבוס חזרו לאדמות חצי האי ב-15 במרץ 1493, וב-3 באפריל, כדי להכריז באופן רשמי על הגילוי, המלך פרדיננד קיבל את קולומבוס בברצלונה.

המסע השני (1496-1493) שימש למחקר ולייישוב שטחים מוכרים ולהגיע לפורטו ריקו. במסעו השלישי (1500-1498), פיקד קולומבוס על שש ספינות ואיתו נסע חברו האח ברטולומה דה לאס קאסס שיותר מאוחר יהיה זה שיספק חלק מהתעתיקים של יומני המסע של קולומבוס. במשך המסע הזה נחקרו איי טרינידד, טובגו, גרנדה, חוף ונצואלה ושפך נהר אורינוקו. בתאורי שטחים אלה קולומבוס עדיין מאמין שהוא נמצא ביבשת אסיה. ב-19 באוגוסט, כשקולומבוס חוזר ל"אספניולה" הוא מוצא את המלחים במרד פתוח יחד עם הילידים. מספר ספרדים מקסטיליה שחזרו לחצי האי מיהרו להאשים את קולומבוס כשליט רע בחצר המלך. המלכים הקתולים שלחו לאספניולה מנהל חדש, פראנסיסקו דה בואדייה, שב-1500 עם הגיעו, שלח את קולומבוס ואחיו למעצר, ועם אזיקים בידיים חזרה לקסטיליה. במשך המסע, קולומבוס לא הסכים שישחררו אותו מאזיקיו וכך, כבול באזיקים כתב מכתב ארוך ומלא כאב למלכים הקתולים. הוא שוחרר בקסטיליה אבל איבד באופן סופי את כבודו והרבה מההטבות שמהן נהנה.

במסע הרביעי והאחרון שלו (1504 – 1502) – שבו הוא ליווה את בנו פרננדו – קולומבוס חקר את מה שאנו מכירים היום כהונדורס, ניקארגואה, קוסטה ריקה ופנמה. שנתיים אחר כך, ב-20 במאי 1506 נפטר קולומבוס בוואיאדוליד ונקבר במנזר הקרטוחה בסביליה.

בצוואתו, שנערכה בידי פדרו אינוקסדו, נוטריון החצר של המלכים הקתולים, קולומבוס מופיע עם תארי האצילות שלו: אדמירל, משנה למלך ומושל כללי של האיים ואדמת הודו הידועים ואלה שטרם נגלו. בנו הבכור דייגו יירש את תאריו ודרגותיו.

***

סיכום זה של הביוגרפיה הרשמית של קולומבוס מכילה נקודות רבות שקשה לקבל ושעל פי היסטוריונים מסוימים מראה על רצון מתוכנן מראש לזייף את ההיסטוריה. מי זה הזר הזה שמעיז לדרוש מהמלכים הקתולים תמלוגים גבוהים וכבוד מופרז? מי הוא היה צריך להיות בכדי שבסופו של דבר מעלתם יסכימו לתת לו אותם? לאור המחקרים האחרונים שנעשו על ידי חוקרים בעלי שם כגון ג'ורדי בילבן, כריסטופר קולומבוס היה נסיך קטלני בעל קשרי משפחה עם בתי המלוכה הקטלני והפורטוגזי, ממשפחת אצילים, מה שיכול להסביר את המשרות שמלכי קסטיליה וארגון העניקו לו בלי יותר מידי התנגדות כמו גם את העובדה שהוא התחתן עם נסיכה פורטוגזית, שיותר מפליפה מוניז, היתה פליפה מקואימברה. המקור הקטלני של קולומבוס מסביר, על פי בילבן, והחל מעדויות לא ברורות: המלכים הקתולים לעולם לא היו מסכימים להעניק לגנואני משרות כל כך גבוהות וגם לא להרפתקן ממקור לא ברור פריבילגיות כלכליות כל כך גדולות. במקרה שהיה זה זר, המלכים היו מחייבים אותו לקבל את האזרחות, אבל הליך זה לא היה נחוץ מפני שקולומבוס כבר היה נתין וסל שלהם. תואר המשנה למלך הוא, בנוסף, תפקיד במנהל האדמיניסטרטיבי של כתר ארגון, והקפיטולסיונס המפורסמים, לפי המונחים המשפטיים שבהם, התוכן, התארים שקולומבוס מקבל, הפקידים שהיו מעורבים ושחתמו

עליהם ולפי הארכיב שבו הם נשמרו – הארכיב המלכותי – כיום הארכיב של מלכות ארגון הממוקם בברצלונה - , הם מסמך קטאלני במאת האחוזים. חוקי קסטיליה לא לקחו בחשבון את האפשרות של העֶנקת משֹרות שאפשר להוריש, וגם לא היו קיימים עד אז בקסטיליה תואר משֹנה למלך ושום משֹטר דומה לזה. מכיוון שמדובר פה על חוזה חצר ועל הסכם בין מלך לנתין, צורת הקפיטולסיונס לא היתה קיימת בכלל בקסטיליה. פסק הזמן בין ה-17 ובין ה-30 באפריל 1492, זמן בו כוננו הקפיטולסיונס מצביע על כך שההתנאים שֶתבע קולומבוס נשֹאו ונתנו בקטלוניה, מקום הימצאו של קולומבוס כדי להכין את מסעו, ולא אושרו בסֶנֶטֶה פה – מקום המצאם של המֶלכים - עד 13 יום מאוחר יותר, הזמן שֶלקֶח לדואר להגיע מקטלוניה לגרנדה.

בשביל היסטוריונים רבים, הקטלניות של קולומבוס ברורה ואינה מוטלת בספק בגין השימוש בשמו הקטלני "קולום" כמעט בכל המהדורות האירופאיות של ה"מכתב" שמבשֹר על הגילוי. גם השימוש בהרבה שֹמות מקום קטלנים שבהם נקראו השֹטחים החדשים בהודו אליהם חשב קולומבוס שֶהגיע, כמו גם העגה הקטלנית בכל כתביו והמילה הקטלנית "אלמיראנט" בחתימתו. על אף העובדה שֶקולומבוס תמיד נחשב לזר בקסטיליה, בכתביו הוא מתייחס למֶלכים הקתולים כ"אדוניו הטבעיים", מה שמבהיר שֶרק יכול להיות מדובר כאן בכֶתֶר ארגון. כך גם ההשֹערה בדבר מוצאו הגֶנואי נופלת לבד, כמו גם ההתייחסות למקורו כצֶנוע ולמקצועות המיוחסים לו כגון אורג, או פונדקאי שֶמהם הוא לעולם לא היה מקבל תארים גבוהים כגון זה של אדמירל, משֹנה למלך ומושֹל כללי של השֹטחים החדשים שֶמֵעבר לים. אבל ללא ספק הוא כן יכול היה לקבל את כולם מכיוון שֶהיה חלק

מהמשפחה הברצלונאית רבת ההשפעה קולום-בלטראן, שעליה אומר
קולומבוס בעצמו: "אני לא האדמירל הראשון במשפחתי", מכיוון
שהוא עצמו כבר היה בתפקיד זה במלחמת האזרחים שהכתה את
קטלוניה כשהג'נראליטט מרדה במלך מהשושלת הקסטיליאנית
טראסטמרה חואן השני, אביו של פרדיננד הקתולי. בחירת המיקום
הפוליטי של משפחת קולום לטובת השושלת הקטלנית של בית אורג'ל
ושל צאצאיה הפורטוגזים, ולכן נגד המלכים ממוצא קסטיליאני שמאז
הסכם קספה ב-1413 כבר שלטו בקטלוניה, יכולים להסביר את טיב
היחסים המתוחים בין פרננדו השני ובין כריסטופר קולומבוס כמו גם
את הצורך במתווכים בעלי משקל כדי לשכנע את המלכים הקתולים
לשאת ולתת על הקפיטולסיונס.
על אף חילוקי הדעות עם המלך שנתיים לאחר מותו של קולומבוס, בצו
מלכותי של 29 באוקטובר 1508, פרדיננד ה-II מאשר מחדש את
תאריו של האדמירל, המשנה למלך, והמושל הכללי של שטחי הודו
לבנו דייגו או ג'אומה דה קולום: "זה חסדי ורצוני ש ג'אומה קולום,
אדמירל של שטחי הודו הנזכרים לעיל, איים ויבשה, יקבל מידי את
השלטון ואת כוח השיפוט בהם."ממילים אלה אפשר להסיק שהמשימה
של הגילוי הייתה קטאלנית ובדיוק בגלל זה, זה המלך הקטאלני
שמחדש באופן חד צדדי את התארים של יורשו של כריסטופר
קולומבוס ושולח אותו לעולם החדש כדי, שעם תארים אלו , ישמש
כמורשה נוסף בחצרו. מכאן שדי ברור, ממסמכים מאוחרים יותר
ומליטוגרפיות, שהקרבלות של קולומבוס לא הרימו עוגן בנמל
האנדלוסי של פאלוס, אלא מהנמל הקטלאני בעל אותו שם, פאלס, ועם
הדגלים הקטאלנים מתנפנפים מהתורן הראשי. למעשה, המעצמה
הימית של התקופה הייתה מלכות קטאלוניה וארגון - עם שטחי השפעה

בסרדיניה, נאפולי, סיציליה ויוון -, ובשום אופן לא קסטיליה, חסרת תרבות ים, מרוכזת לגמרי בלנצח את מלכות גרנדה הגוססת.

לאור כל המסמכים המשכנעים הללו, יש היסטוריונים שמסכימים על כך שהמניפולציה של ההיסטוריה של כריסטופר קולומבוס מצד כתר קסטיליה הוא מקרה ברור של רצח היסטורי. למה? איזה יתרונות הוא ישיג על ידי זה? המצע הקטלאני של קולומבוס והמקור של גילוי העולם החדש ע"י מעצמה ימית כמו ארגון השאיר את קסטיליה במקום שני בדיוק ברגע של טעינה על חלק מישוב השטחים החדשים וניצולם. העושר שהתחיל לזרום לפתע מהיבשת האמריקאית היה באופן מיידי נחמד על ידי כולם והחל קונפליקט של זכויות ומשחקי כוח בין קסטיליה וארגון בכדי לכפות את ההגמוניה שלהם בשטחים אלה. אז התחיל, עוד בימיו של כריסטופר קולומבוס, מסע המניפולציה לגבי הפרטים שנגעו לגילוי, ולתנאים שהוסכם עליהם בין האדמירל והמלכים הקתוליים ועל הביוגרפיה של קולומבוס. יורשיו של קולומבוס שראו איך ההטבות שלהם מתקזזות ואיתם ההכנסות שעליהם הוסכם בקפיטולסיונס, החלו במאבק משפטי של תביעות בלתי פוסקות שבהם כתר קסטיליה השתלט על ההטבות והמענקים. תאריו של קולומבוס, ששמו אותו במקום הראשון שבתוך אריסטוקרטית החצר, הגיעו למצב שבו הם היוו איום על המלכים, משום שקשריו המשפחתיים עם בתי המלוכה הקטאלנים והפורטוגזים, היווה מקור לחשד שקולומבוס בעצם רצה להקים שושלת חדשה... מסיבה זאת, הפורטרט של האדמירל שצייר סבסטיאנו דל ביאומבו ב-1519, כריסטופר קולומבוס מצויר עם יד שמאל פתוחה על החזה, עם רווח באצבעות וסמל את סמל הפנטגרמה של הכוכב בעל חמשת הקצוות, סמל קבלי יהודי שמשמעו פנימיות ומחשבה עמוקה אך הוא גם מסמל

עמדה מלכותית, מרכז המלוכה... בכל מקרה, המסמכים שעוסקים
בקולומבוס באופן ישיר או שמזכירים אותו אישית באופן ישיר עברו
מניפולציות כדי להציגו, לבסוף, כזר ממוצא צנוע שלא יכול היה
ליהנות מכל אותן פריבילגיות שיורשיו דרשו על פי המסמך השנוי
במחלוקת של הקפיטולסיונס.

***

להיסטוריה הרשמית ולהערות ולהשגיגנות שמדיגנות על עובדת מוצאו הקטאלני של
האדמירל נוספת עוד תיאוריה שהופכת את קולום המסתורי או קולון
(קולומבוס) לדמות ממוצא יהודי. בחצי אי איברי נתון באותו זמן
לתכתיבי האינקוויזיציה הדתית האפלים והנוראיים ביותר שרדפה
באכזריות רבה כל מי שלא היה קתולי טהור, הרבה משפחות מומרות
החביאו את דבר מוצאם בכדי לא לעורר חשד ולא ליפול בידי בתי
משפט שבעילות שונות שלחו הרבה חפים מפשע לבתי הכלא או
למדורות. מוצאו המסתורי של קולומבוס גרם לכך שרבים חשבו
שהשתיקה לגבי מוצאו המדויק נשמרת כדי להסתיר באופן מכוון
אפשרות של מוצא יהודי של משפחתו למרות שלהשערה זו יש הרבה
פחות בסיס במציאות מאשר לשתיים האחרות קולומבוס בעצמו נוהג
להדגיש בטקסטים שלו את הקשר שלו עם המלך דוד מהתנ"ך ועם
אלוהיו, שהוא יהודי. ההשערות שמייחדות את קולומבוס מציגות אותו
כבן למשפחת מומרים ספרדיים התיישבו בגנואה אחרי שברחו
מהאינקוויזיציה , ויש שמזכירים בזה, בתמיכת מסמכים, ששמו
האיטלקי של קולומבוס – קולומבו – היה די די שכיח אצל יהודי איטליה
של סוף ימי הביניים. לפי היסטוריונים מסוימים וגרפולוגים, אותה
חתימה בדיוק של האדמירל, שלעיתים קרובות לוותה בסימנים
מסתוריים ובראשי תיבות קשים לפירוש, פתחו את האפשרות

לספקולציות לגבי החשד שאלה הן נוסחאות של הקבלה, של ברכות יהודיות או של תוכחה לאלוהי היהודים. בקצה השמאלי העליון של המכתבים הפרטיים של קולומבוס לבנו דייגו מופיעה כתובת משונה שיכולה הייתה להיות בהחלט נוסח של ברכה יהודית הכתובת היא: B"H שבה השתמשו בדרך כלל היהודים בהתכתבויותיהם והיא קיצור של הביטוי העברי "בעזרת השם".

בכתביו, קולומבוס מראה בקיאות רבה בתנ"ך וגם ידיעות בהיסטוריה יהודית, בעיקר כשהוא מדבר על המקדש הראשון והשני בירושלים, הוא קורא להם "קאסה", תרגום מילולי של המילה העברית "בית", מונח שהיה תמיד בשימוש אצל היהודים כשדיברו על הבית המקדש. נראה שקולומבוס דחה בכוונה את תחילת המסע (שהיה צריך להתחיל ב-2 באוגוסט 1492) ליום אחר כך כדי שלא יחפוף עם התאריך המשמעותי בלוח השנה היהודי של תשעה באב שבו זוכרים בבכי, בין השאר, את חורבן במקדש השני ב-70 אחרי הספירה. מפתיע, בייחודיותו, שנוצרי חילוני יראה ידע כה רב בהיסטוריה של עם ישראל, בהראותו בכך, רמה תרבותית אישית גבוהה ומתוחכמת שלא הייתה מוזרה אצל מישהו ממוצא יהודי. גם במכתב של המלכים הקתוליים בו הוא מספר על מסעו הראשון להודו, קולומבוס מכניס אזכורים ביקורתיים לגירוש כל היהודים מממלכויות ארגון וקסטיליה, כאשר הדבר לא רלוונטי בכלל לנושא המרכזי של המכתב.

אם מוצאו היהודי הוא לא יותר מספקולציה, מה שכן ברור הוא ההשתתפות של דמויות ממוצא יהודי בחצר קטאלוניה-ארגון לטובת מסעותיו של קולומבוס, במיוחס האצילים לואים דה סנטאנחל,נוטריון וגבריאל סנצ'ז, שר האוצר של החצר, שני האצילים – לגמרי מודעים

למוצאם היהודי ואפילו עם בני משפחה שנרדפו ע"י האינקוויזיציה —
הציעו לקולומבוס תמיכה מוראלית ופוליטית, ולחצו על המלכים
הקתולים כדי לשכנע אותם שהפרוייקט של האדמירל ראוי לצאת
לפועל. המסע הראשון של קולומבוס התאפשר תודות להלוואה פרטית
של 1,140,000 מראוואדיס שניתנה ע"י לואיס דה סנטאנחל, שעזר
לכך שגם פרדיננד ואיזבלה ישקיעו כסף במשלחת.

למעשה המכתבים הראשונים שכותב קולומבוס, ובהם הוא מספר על
הגילוי, מיועדים לא למלכים הקתולים, אלא למייטיביו סנטאנחל וסנצ'ז
והם אלה שמיד אחרי פרסומם ותרגומם, עברו בעל אירופה ופרסמו את
האירוע. המסע השני של קולומבוס – החשוב ביותר מארבעת מסעותיו
משום שבו הרימו עוגן לא פחות מ-17 ספינות – מומן בכללותו ע"י
מכירת רכושם של יהודים רבים שעוכל אחרי הצו של 1492. קשה
לדעת בדיוק כמה מאנשי צוותו של קולומבוס במסע הראשון היו
ממוצא יהודי, אבל אם לשפוט על פי הרדיפה התוקפנית של
האינקוויזיציה שממנה סבלו מומרים רבים, לא יהיה זה מוגזם לשער
שמספר רב של מלחים היו יהודים. מתוכם בולטת דמותו של המתורגמן
לואיס דה טורס, יהודי שדיבר מספר שפות, כולל עברית, שבכדי
להצטרף למשלחת המיר את דתו הדיוק לפני ההפלגה. לואיס דה טורס
לא יחזור עוד לחצי האי האיברי ויתיישב בקובה.

קולומבוס ניצל במידה מרובה את הקדמה המדעית שהובילו היהודים
בימי הביניים המוקדמות בתחומי האסטרונומיה, הקרטוגרפיה
והספנות.קולומבוס בעצמו כתב שכל העמים למדו מהיהודים את
יסודות האסטרונומיה. שמות כמו יעקוב קורסינו, יוסף ויצ'ינו ואברהם
זאכונו הם שמות מרכזיים ביוזמה של קולומבוס: זאכונו, אב ומורה

לאסטרונומיה וניווט באוניברסיטת סלמנקה , פיתח את האסטרולאב
הימי מנחושת ועל בסיס הטבלאות האסטרונומיות של קורסיני, הוא
אסף את טבלאות האסטרונומיה המפורסמות – אל אלמנק פרפטום –
שקולומבוס לקח במסעותיו. המדען הפורטוגזי יוסף ויצ'ינו תרגם את
עבודותיו של זאכותי לספרדית ונתן אותו לקולומבוס, על אף העובדה
שהוא בעצמו השתתף בוועדה המלכותית שדחתה בפעם בראשונה את
תכניתו של קולומבוס שיותר מאוחר ייקחו תחת חסותם המלכים
הקתולים.

מנקודת מבט פרקטית,אפשר להגיד למעשה שיוזמת מסעותיו של
קולומבוס קרו, לפחות בחלק, הודות למאמצים האינטלקטואלים
והפיננסים של אנשים ממוצא יהודי. עזרה זו, ישירה ועקיפה, של
יהודים מומרים מפורסמים ליוזמתו של כריסטופר קולומבוס גרם לכך
שהיסטוריונים יהודים ובעיקר ה- SAMSON TRUST OF
AMERICA האמינו לתיאוריה על מוצאו המומר של האדמירל
שהתבססה בעיקר על החלקים הלא מוסברים של ההיסטוריה
הקסטיליאנית הרשמית המצונזרת , שעל אף הכול, מנוגדת לגמר
לתיאוריה הדבר מוצאו הקטאלני האציל של קולומבוס.
***

אם מוצאו של כריסטופר קולומבוס עוות ע"י מניפולציה במסמכים
וספקולציות רבות עד כדי כך שכיום הם פשוט לא ידועים לנו כך גם
סופו שנויי במחלוקת. אחרי שנקבר בסביליה, כמו שרצה בנו הבכור
דייגו או חיימה, נלקחו עצמותיו לסנטו דומינגו ב-1542. כשאי זה
נכבש ע"י הצרפתים ב-1795, הועברו עצמותיו ללה-הבנה ואחרי
מלחמת העצמאות של קובה ב- 1898, חזרו העצמות לסביליה ושם
בקתדרלה הם נמצאות עד היום. כמו כן ב- 1877, התגלתה בקתדרלה

של סנטו דומינגו קופסת עופרת עם כתובת שאמרה: "זכר מיוחס
ומפורסם כריסטופר קולומבוס",עם אבק ועצמות בתוכה.עד 1992
קופסה זו הייתה בקתדרלה של סנטו דומינגו עד שהועברה לפארו גה
קולון, מונומנט ענק שנבנה ע"י שלטונות הרפובליקה הדומיניקנית כדי
להוקיר כבוד לאדמירל. רחוק מויכוחי ההיסטוריונים והתוצאות
המדויקות של בדיקות הדי.אן.איי.של עצמותיו של קולומבוס, שיעזרו
לברר סופית את דבר מוצאו, ג'ורדי סבאל ומונטסראט פיגרס מציגים
בתקליטור כפול זה את האוצרות הפואטים והליריים של מאה שלמה,
המאה ה- 15,שגיבוריה הגדולים בחצי האי האיברי היו סוכנים, באופן
ישיר או עקיף, של הרב תרבותיות במלכויות קסטיליה וארגון וגם של
העולם החדש. כריסטופר קולומבוס המסתורי – גנואני, קטלאני או
יהודי – יהיה אשר יהיה מוצאו, היה ללא ספק הדמות המרכזית.

מאנל פורקנו
2006

תרגום לעברית: דניאלה אלדר

Ref. AV 9801

Ref. AV 9802 – CD Version
Ref. AVSA 9802 – SACD Stereo Hybrid Version

Ref. AV 9803

Ref. AV 9804

Ref. AV 9805 – CD Version
Ref. AVSA 9805 – SACD Stereo Hybrid Version

Ref. AV 9806 – CD Version
Ref. AVSA 9806 – SACD Hybrid Multichannel

Ref. AV 9807 – CD Version
Ref. AVSA 9807 – SACD Stereo Hybrid Version

Ref. AV 9808

Portrait 2001

Ref. AV 9809 A+B

Ref. AV 9810

Ref. AV 9812

Ref. AV 9813

Ref. AV 9814 – CD Version
Ref. AVSA 9814 – SACD Stereo Hybrid Version

Ref. AV 9815

Ref. AV 9816 A+B

Ref. AV 9820

New Remastering 2001

Ref. AV 9821 – CD Version
Ref. AVSA 9821 – SACD Hybrid Multichannel

Ref. AV 9822 A/C

266

Ref. AV 9819 A/C

New Remastering 2001

Ref. AV 9817

Ref. AV 9818 – CD Version
Ref. AVSA 9818 – SACD Hybrid Multichannel

Ref. AV 9823 A+B

Ref. AV 9824

Ref. AV 9825

Ref. AV 9826

Ref. AV 9829 A/C

Ref. AV 9827 A+B

Ref. AV 9828

Ref. AV 9830

Ref. AVSA 9831
SACD Stereo Hybrid Version

Ref. AV 9832

Ref. AV 9833

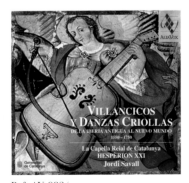

Ref. AV 9834

Ref. AV 9835

Ref. AV 9836

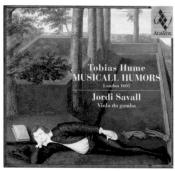

Ref. AV 9837

Ref. AV 9838 – CD Version
Ref. AVSA 9838 – SACD Hybrid Multichannel

Portrait 2004

Ref. AV 9839

Ref. AV 9840 – CD Version
Ref. AVSA 9840 – SACD Hybrid Multichannel

Ref. AV 9841 – CD Version
Ref. AVSA 9841 – SACD Hybrid Multichannel

Ref. AV 9842

Ref. AV 9844 – CD Version
Ref. AVSA 9844 – SACD Hybrid Multichannel

ÉDITION DE LUXE LIMITÉE

*IVe Centenaire de la Publication
de la Première Partie de
Don Quichotte*

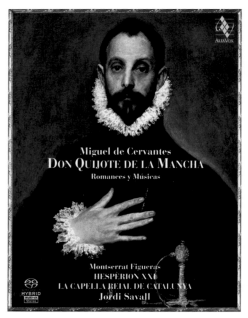

Ref. AVSA 9843 A+B
SACD Hybrid Multichannel

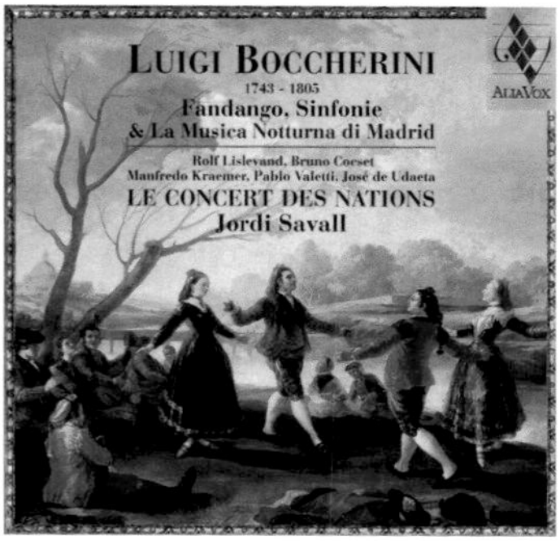

Ref. AV 9845 – CD Version
Ref. AVSA 9845 – SACD Hybrid Multichannel

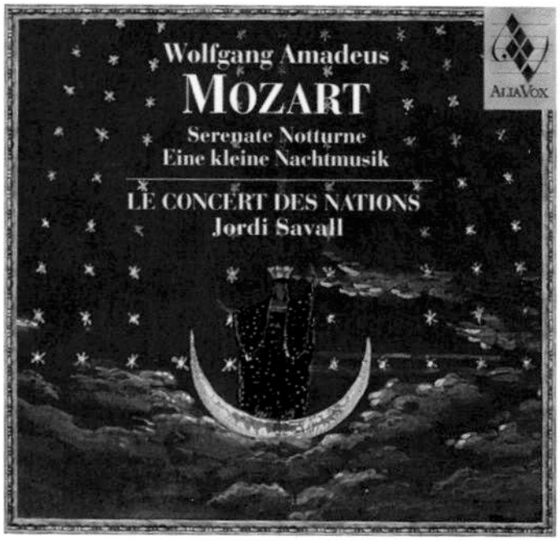

Ref. AV 9846 – CD Version
Ref. AVSA 9846 – SACD Hybrid Multichannel

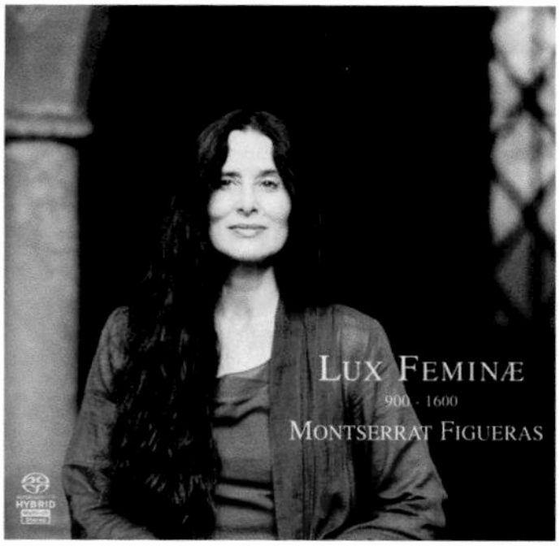

Ref. AVSA 9847 – SACD Hybrid Multichannel

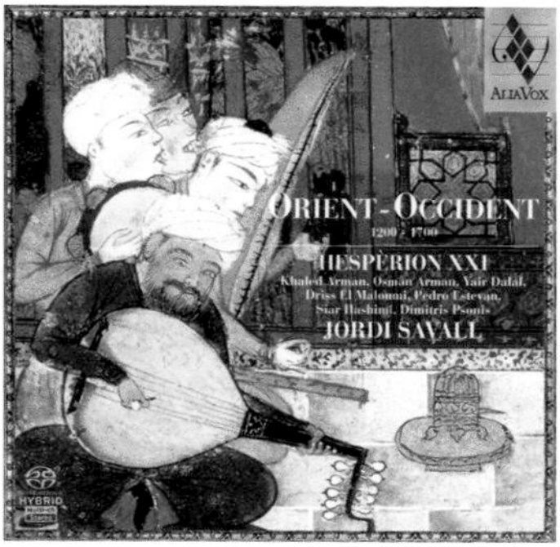

Ref. AV 9848 – CD Version
Ref. AVSA 9848 – SACD Hybrid Multichannel

Portrait 2006

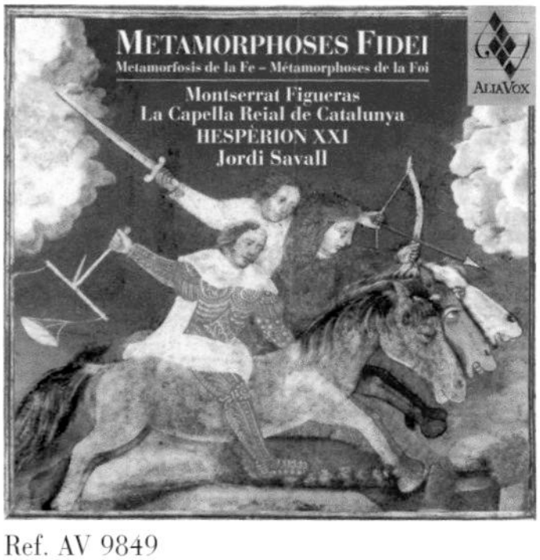

Ref. AV 9849

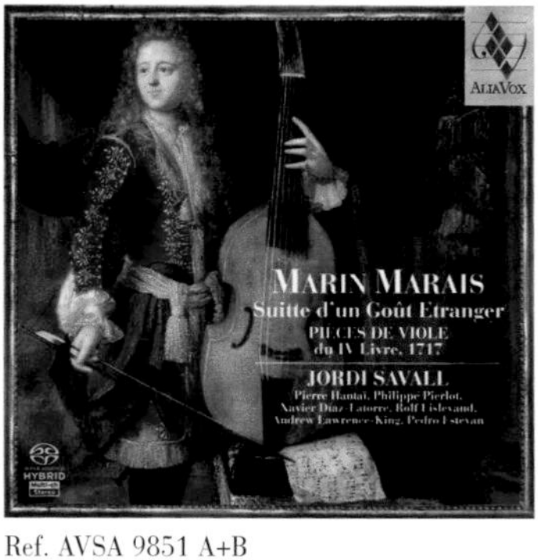

Ref. AVSA 9851 A+B
SACD Hybrid Multichannel

AVSA 9850 A+B

muy caro fijo / de mi dias partira de aq̃ luns en todo mes / despues
he ydo fable cõ amerigo vespuche portador desta el qual va alla
llamado pñr cosas de nabigaçion / el siempre tuvo diseo de me fa
zer plazer / es mucho hõbre de bien / la fortuna le ha sido contraria co
mo a otros muchos / sus trabajos no le han aprovechado tanto como la razõ
requiere / el va por mio y en mucho deseo de hazer cosa que redũde
a mi bien si a sus manos esta / yo no se de aqui en que yo le pu
eda aprovechar / por que no se que sera lo que alla lo quieren / el
determinado de hazer por mi todo lo que le fuere posible / v
ello es que puede aprovechar y trabajad por ello que el lo hara
y hablara / y lo porna en obra / y vra pd presentaras por que no
aya el despecho / yo todo lo que se aya podido dezir que toquen a
pro le he dicho / y informado / dla paga que a mi me han fecho y por q
esta carta sera para el señor adelantado tambien por q el vera
pueda aprovechar y lo abise dello / vra s.a que ese nabios fui
es lo mejor de las yndias y mas rico / y si queda algo por saber
de lo dicho yo lo presentare alla por palabra / por que es imposible
dizir por escrito / y ntõ señor te aya en su santa guarda fecha ev
5 de febrero

de padre que te ama
mas que si . . .

.S.
X M Y
Xpo FERENS